普通高等教育精编法学教材

国际商法学（第三版）

INTERNATIONAL COMMERCIAL LAW

刘惠荣 ◎ 主编

北京大学出版社
PEKING UNIVERSITY PRESS

图书在版编目(CIP)数据

国际商法学/刘惠荣主编. —3版. —北京:北京大学出版社,2013.9
(普通高等教育精编法学教材)
ISBN 978-7-301-23088-6

Ⅰ. 国… Ⅱ. 刘… Ⅲ. 国际商法-法的理论-高等学校-教材 Ⅳ. D996.1

中国版本图书馆 CIP 数据核字(2013)第 198266 号

书　　　　名：国际商法学(第三版)
著作责任者：刘惠荣　主编
责　任　编　辑：白丽丽
标　准　书　号：ISBN 978-7-301-23088-6/D·3403
出　版　发　行：北京大学出版社
地　　　　址：北京市海淀区成府路 205 号　100871
网　　　　址：http://www.pup.cn
新 浪 微 博：@北京大学出版社
电 子 信 箱：law@pup.pku.edu.cn
电　　　　话：邮购部 62752015　发行部 62750672　编辑部 62752027
　　　　　　　出版部 62754962
印　　刷　者：北京虎彩文化传播有限公司
经　　销　者：新华书店
　　　　　　　730 毫米×980 毫米　16 开本　21.75 印张　438 千字
　　　　　　　2004 年 4 月第 1 版　2009 年 5 月第 2 版
　　　　　　　2013 年 9 月第 3 版　2018 年 9 月第 6 次印刷
定　　　　价：39.00 元

未经许可,不得以任何方式复制或抄袭本书之部分或全部内容。
版权所有,侵权必究
举报电话:010-62752024　电子信箱:fd@pup.pku.edu.cn

第三版修订说明

《国际商法学》(第三版)是在第二版的基础上,为适应我国高等院校国际商法教学与研究的需要修订而成的。本书由主编刘惠荣、副主编樊静设计编写提纲,并组织修订完成。自 2009 年第二版出版后已历四年时光,国际商法伴随着国际贸易的风云变幻也发生了一定的变化,因此,第三版主要对近年来变化了的国际商事法律作了相应的增补、修正、删除。其中调整较大的内容主要有:第二章合同法中以 2010 年版的《国际商事合同通则》替换了 2004 年版的《国际商事合同通则》;第三章中增加了国际商会《2010 年国际贸易术语解释通则》的有关规定;在第四章国际货物运输与保险法中,根据 2009 年 3 月最高人民法院关于无单放货司法解释的内容,修改了"提单法律性质"部分的内容,根据 2009 年 3 月修订的《中华人民共和国保险法》作了相应的修改,删除了已被废止的《保险代理人管理规定》相关内容;第六章国际票据法律制度中更新了 1988 年《联合国国际汇票和国际本票公约》有关内容;第七章代理法中删除了已废止的《关于对外贸易代理制的暂行规定》的有关内容。其他各章节也作了个别修正。

由于第二版编写者个人原因,参加修订的各撰稿人与第二版作者有个别出入,他们来自中国海洋大学法政学院、大连海事大学法学院、青岛大学师范学院、烟台大学法学院和青岛农业大学经济与管理学院。他们是长期从事国际商法和国际经济法教学与研究的中青年教师。他们中绝大多数具有扎实的法学理论基础和较强的创新性的科研能力,同时拥有丰富的教学实践经验。

第三版的各章撰稿人、修订人及分工如下(按撰写章节顺序排列):

刘惠荣:第一章、第二章、第五章、第七章;

刘晓雯:第三章、第四章;

林懿欣(原名林一):第六章;

樊　静:第八章;

刘　玲:第九章;

朱广峰:第十章。

本书最后由主编刘惠荣统一定稿,朱广峰参加了全书的校对、整理。

北京大学出版社对本书的出版给予了大力的支持,在此致谢。

编　者
2013 年 7 月

第二版修订说明

为了适应我国高等院校国际商法的教学与研究的需要,我们对《国际商法学》(第一版)进行了修订。本书由主编刘惠荣、副主编樊静设计编写提纲,并组织修订完成。由于出国、工作调动等原因,参加修订的各撰稿人与第一版作者有个别出入,他们来自中国海洋大学法政学院、大连海事大学法学院、青岛大学师范学院和烟台大学法学院。他们是长期从事国际商法和国际经济法教学与研究的中青年教师和部分国际经济法专业的研究生,具有扎实的法学理论基础和较强的创新性的科研能力,同时拥有丰富的教学实践经验。

第一版、第二版的各章撰稿人、修订人及分工如下(按撰写章节顺序排列):

刘惠荣:第一章、第二章第一节至第四节、第五章;修订人刘惠荣;

张　岩:第二章第五节;修订人刘惠荣;

侯淑波:第三章;修订人刘晓雯;

刘晓雯:第四章第一节至第四节;修订人刘晓雯;

朱　莉:第四章第五节至第六节;修订人刘晓雯;

林　一:第六章;修订人林懿欣(原名林一);

柏　杨:第七章;修订人刘惠荣;

樊　静:第八章;修订人樊静;

张　辰:第九章;修订人刘玲;

宋　欣:第十章(再版新增章节)。

本书最后由主编刘惠荣统一定稿,宋欣博士参加全书的校对、整理。

北京大学出版社对本书的出版给予了大力的支持,在此致谢。

编　者
2009 年 2 月

内 容 简 介

《国际商法学》(第三版)是在《国际商法学》(第二版)的基础上,参考教育部《全国高等学校法学专业核心课程教学基本要求》以及"普通高等教育精编法学教材编写规划"的总体要求,针对大学本科法学专业的教学特点和人才培养目标,在借鉴、吸收国际商法学科最新科研成果和国际经贸实践的基础上,由国际商法和国际经济法学一线教学工作者和理论研究工作者修编而成。全书共分十章。

本教材全面、系统、科学地阐述了国际商法的基本理论和基本制度,将外国民商法基本理论、判例法司法实践与我国商事法律和对外贸易实践相结合,反映了国际商法理论与实践的最新发展动向。本教材立足于国际商事行为所需要的相关法律知识,比较系统地论述了国际商事行为中所涉及的主要法律问题,主要内容为:概括阐述国际商法的概念、特征、渊源、产生及历史发展等基本原理;阐述国际商事主体及商事行为的基本原则和制度,并概括介绍国际商事仲裁这一国际商事纠纷的主要救济制度;具体介绍合同法、国际货物买卖法以及相关的货物运输与保险法、票据法的基本理论、制度和实务,产品责任法,代理法,国际商事主体法,国际知识产权贸易法和国际商事仲裁的基本理论和制度。

本教材在理论上具有较强的系统性和概括性,在应用上具有针对性,在内容上反映了国际商法的最新发展成果,具有鲜明的时代性特色。

Abstract

International Commercial Law (the third edition) is the development of the second edition. Based on "Basic Requirements for Teaching and Learning of Core Courses for Law Majors in Higher Learning Institutions" and "Complication Plan of Legal Textbooks for Higher Learning" as required by the Ministry of Education, International Commercial Law, with ten chapters, is compiled by frontline professionals. With specific focus on the characteristics of BA law and cultivation objectives, this textbook has integrated the most recent research achievements and international business and trade practices. Furthermore, it was written by teachers and scholars from the professional area of international business law and international commercial law.

This textbook elaborates systematically on basic concepts and the system of international commercial law, integrates the commercial law and experience of international trade in China and the basic theories of civil and commercial law and judicial practice of case law in foreign countries, and reflects the latest developments of international commercial theories and practices. Based on the related law knowledge needed by international commercial conduct, the textbook addresses key legal issues involving international commercial conduct. The main contents are listed as following: generally elaborate the concept, characteristic, source and emergence of international commercial law and its historical development; elaborate the basic principles and regulations of international commercial subjects and commercial conduct; particularly introduce the basic principles and regulations and practices of contract law, international sale law of goods and the related transportation and insurance law, negotiable instrument law, and make a summary of international commercial arbitration. In addition, product liability law, agency law, subject law of international commerce, international trade law of intellectual property and international commercial arbitration are also mentioned in the textbook.

This textbook, theoretically rather systematic and generalized and practically targeted, is characteristic of contemporary developments in international commercial law.

目 录

第一章　国际商法导论 …………………………………………… (1)
　第一节　国际商法概述 ………………………………………… (3)
　第二节　大陆法系和英美法系概述 …………………………… (6)
　第三节　中国法律制度概述 …………………………………… (13)

第二章　合同法 …………………………………………………… (19)
　第一节　合同法概述 …………………………………………… (21)
　第二节　合同的成立 …………………………………………… (25)
　第三节　合同的履行 …………………………………………… (52)
　第四节　合同的让与 …………………………………………… (73)
　第五节　合同的终止 …………………………………………… (77)

第三章　国际货物买卖法 ………………………………………… (85)
　第一节　国际货物买卖法概述 ………………………………… (87)
　第二节　国际贸易术语 ………………………………………… (88)
　第三节　国际货物买卖合同 …………………………………… (94)
　第四节　买卖双方的主要义务 ………………………………… (99)
　第五节　违约及对违约的补救措施 …………………………… (103)
　第六节　货物运输风险的转移 ………………………………… (108)
　第七节　国际贸易支付与结算 ………………………………… (109)

第四章　国际货物运输与保险法 ………………………………… (123)
　第一节　国际货物运输法概论 ………………………………… (125)
　第二节　国际海上货物运输法 ………………………………… (130)
　第三节　国际铁路货物运输法和国际航空
　　　　　货物运输法 …………………………………………… (142)
　第四节　国际货物多式联运 …………………………………… (145)
　第五节　保险法 ………………………………………………… (147)

第六节　海上保险合同 ………………………………………… (153)
第五章　产品责任法 ……………………………………………………… (163)
　　　第一节　产品责任法概述 ………………………………………… (165)
　　　第二节　美国的产品责任法 ……………………………………… (166)
　　　第三节　欧洲各国的产品责任法 ………………………………… (172)
　　　第四节　关于产品责任的法律适用公约 ………………………… (176)
第六章　国际票据法律制度 ……………………………………………… (179)
　　　第一节　票据法基本理论 ………………………………………… (181)
　　　第二节　汇票 ……………………………………………………… (193)
　　　第三节　本票与支票 ……………………………………………… (208)
　　　第四节　联合国国际汇票和国际本票公约 ……………………… (211)
第七章　代理法 …………………………………………………………… (215)
　　　第一节　英美法系和大陆法系的代理制度 ……………………… (217)
　　　第二节　《国际货物销售代理公约》 …………………………… (220)
　　　第三节　中国的外贸代理制度 …………………………………… (225)
第八章　国际商事主体法律制度 ………………………………………… (229)
　　　第一节　国际商事主体概述 ……………………………………… (231)
　　　第二节　独资企业法 ……………………………………………… (232)
　　　第三节　合伙企业法 ……………………………………………… (237)
　　　第四节　公司法 …………………………………………………… (247)
　　　第五节　破产法 …………………………………………………… (259)
第九章　国际知识产权贸易法律制度 …………………………………… (269)
　　　第一节　国际知识产权贸易法概述 ……………………………… (271)
　　　第二节　国际知识产权贸易的标的 ……………………………… (276)
　　　第三节　国际知识产权贸易的方式 ……………………………… (283)
　　　第四节　国际知识产权贸易管理 ………………………………… (292)
　　　第五节　与贸易有关的知识产权协定 …………………………… (298)
第十章　国际商事仲裁 …………………………………………………… (309)
　　　第一节　国际商事仲裁概述 ……………………………………… (311)
　　　第二节　国际商事仲裁机构 ……………………………………… (313)
　　　第三节　国际商事仲裁协议 ……………………………………… (320)
　　　第四节　国际商事仲裁程序 ……………………………………… (324)
　　　第五节　国际商事仲裁裁决的承认和执行 ……………………… (329)

CONTENTS

Chapter 1　Introduction of International Commercial Law ...... (1)

　　Section 1　Outline of International Commercial Law ...... (3)
　　Section 2　Outline of Continental Law System and Anglo-American Law System ...... (6)
　　Section 3　Outline of Legal System in China ...... (13)

Chapter 2　Contract Law ...... (19)

　　Section 1　Outline of Contract Law ...... (21)
　　Section 2　Formation of Contract ...... (25)
　　Section 3　Performance of Contract ...... (52)
　　Section 4　Alienation of Contract ...... (73)
　　Section 5　Termination of Contract ...... (77)

Chapter 3　Law for the International Sale of Goods ...... (85)

　　Section 1　Outline of Law for the International Sale of Goods ...... (87)
　　Section 2　International Trade Terms ...... (88)
　　Section 3　Contracts for the International Sale of Goods ...... (94)
　　Section 4　Obligations of the Seller and the Buyer ...... (99)
　　Section 5　Contract-breaching and Remedy ...... (103)
　　Section 6　Passing of Risk in the Transportation of Goods ...... (108)
　　Section 7　Payment and Settlement of International Trade ...... (109)

Chapter 4　Law for the Transportation and Insurance Concerning International Sale of Goods ...... (123)

　　Section 1　Outline of Law for the Transportation Concerning International Sale of Goods ...... (125)

Section 2	Law of Transportation of Sale of Goods by Sea	(130)
Section 3	Law of Transportation Concerning Sale of Goods by Railway and by Air	(142)
Section 4	Multi-Transportation Concerning International Sale of Goods	(145)
Section 5	Insurance Law	(147)
Section 6	Marine Insurance Contracts	(153)

Chapter 5 Product Liability Law (163)

Section 1	Outline of Product Liability Law	(165)
Section 2	Product Liability of America	(166)
Section 3	Product Liability of Europe	(172)
Section 4	Conventions on the Law Appliance to Product Liability	(176)

Chapter 6 Legal System of International Negotiable Instrument (179)

Section 1	Basic Theory of Negotiable Instrument Law	(181)
Section 2	Bill of Exchange	(193)
Section 3	Promissory Note and Check	(208)
Section 4	UN Convention on International Draft and International Promissory Note	(211)

Chapter 7 Agency Law (215)

Section 1	Agency System of Anglo-American Law System and Continental Law System	(217)
Section 2	Agency Convention on International Sale of Goods	(220)
Section 3	China's Agency System of Foreign Trade	(225)

Chapter 8 Legal System of International Commercial Subject (229)

Section 1	Outline of International Commercial Subject	(231)
Section 2	Sole Proprietorship Law	(232)
Section 3	Partnership Law	(237)
Section 4	Corporation Law	(247)
Section 5	Bankruptcy Law	(259)

Chapter 9 Legal System of Intellectual Property on International Trade (269)

Section 1	Outline of Law of International Trade of Intellectual Property	(271)
Section 2	Object of International Trade of Intellectual Property	(276)

Section 3	Style of International Trade of Intellectual Property	(283)
Section 4	Administration of International Trade of Intellectual Property	(292)
Section 5	Agreement on Trade-Related Aspects of Intellectual Property Rights	(298)

Chapter 10　International Commercial Arbitration　(309)

Section 1	Outline of International Commercial Arbitration	(311)
Section 2	Institution of International Commercial Arbitration	(313)
Section 3	Protocol of International Commercial Arbitration	(320)
Section 4	Process of International Commercial Arbitration	(324)
Section 5	The Admitting and Performing of Arbitration of International Commercial Arbitration	(329)

第一章 国际商法导论

国际商法作为一门独立的法律学科,以国际商事组织和国际商事活动的各种关系为调整对象,具有鲜明的学科特点。本章重点介绍国际商法的基本法律问题和相关的法律制度,通过本章的学习可以对本课程形成基本的认识。本章主要介绍了国际商法的概念和特征、历史沿革和法律渊源。由于国际商法在发展过程中受到大陆法系和英美法系的巨大影响,本章还介绍了两大法系的形成和发展,并对两大法系的特点进行了比较,分析了两大法系在当代的发展趋势。最后,本章对我国法律制度的沿革、渊源以及我国民商事法律制度、经济法律制度和司法制度进行了概括性的介绍。

从古至今,存在着许多跨越国境进行的商事交易,也存在着许多跨国设立的商事组织。随着社会经济的发展,跨国交易的内容越来越丰富多样和复杂化,单纯靠国家与国家政府之间或者国际组织之间通过谈判签订条约或协议来规范这些活动和组织远远不能满足其需要。国际商事交易的私人性质决定了调整其关系的法律不能完全属于公法范畴。专门研究跨国商事组织及其交易的法律就是国际商法。

第一节 国际商法概述

▶ 一、国际商法的概念和特征

国际商法是指调整国际商事组织和国际商事交易活动的各种关系的法律规范的总和。传统国际商法主要调整货物贸易和投资行为,但随着经济全球一体化的不断发展,国际商法的调整对象已经扩展到货物贸易、技术贸易和服务贸易三大贸易领域,并且增加了融资租赁、工程承包等新型国际商事行为。

在我国法学界,国际商法的英文译名一般为 International Commercial Law,意指有关商业或商事的法律,但美国学者一般使用 International Business Law 一词,意指商人活动(所需)的法律。美国学者使用这一用语,更多地体现出美国人务实的风格,即凡是商人经商所涉及的法律问题,都可被纳入 Business Law 的范畴。基于本书给国际商法下的定义以及兼顾内容的完整性,我们仍倾向于使用 International Commercial Law 的英译名。

为了进一步理解国际商法的含义,我们须把握以下几个特征:

(1) 国际商法源于传统商法,但其调整对象和范围比后者更为广泛。传统的商法以货物买卖为中心,主要包括商行为法、公司法、票据法、海商法、保险法和破产法等内容。随着科学技术的空前发展和国际经济贸易交流规模的扩大,商事交易不断增多,交易形式也日益翻新,特别是第二次世界大战以后,国际技术转让、国际许可贸易、国际合作生产、国际工程承包、国际融资租赁、国际直接投资等新型交易涌现出来。关贸总协定乌拉圭回合谈判认识到这一点,顺应潮流将国际贸易的内涵从国际货物贸易扩展为国际货物贸易、国际技术贸易和国际服务贸易三大贸易领域。本书出于课程安排的考虑,并未涵盖当前所有的国际商事活动。

(2) 国际商法中的"国际"不是指"国家与国家之间",而是指"跨越国界"(transnational)。因为从事国际商事交易的主要是私法主体,如公司、企业或个人,而不是公法主体。

(3) 国际商法的性质属于跨国私法。与国际经济法[①]不同,国际商法不是国家

[①] 对于国际经济法的定位,学术界一直存在争论。有人主张它属于国际公法范畴,有人主张它是一个独立的法律部门。但无论如何,在国际经济法的研究对象中绝不能缺少国家之间或者与国际组织之间关于宏观经济管理的调整对象;而国际商法却不包括这部分内容。

干预经济的产物,它的调整对象只是商人们的跨国商事交易和商事组织,调整对象决定了其法律性质必然是私法性的。

(4) 国际商法主要是实体法。与国际私法不同,国际商法直接规范国际商事交易和商事组织;而国际私法属于冲突规范,它只是为具有涉外因素的私法案件确定准据法。

▶ 二、国际商法的起源和发展

国际商法的发展轨迹为国际法—国内法—国际法。国际商法是在古罗马私法的基础上建立起来的。众所周知,商法的产生和发展离不开商品经济。古罗马法中就出现了调整商品经济关系的法律,这些法律构成了古罗马私法的主要组成部分,成为后来整个西方世界私法制度的基石。

国际商法的起源与发展大致可以分为如下阶段:

第一阶段:中世纪的商人习惯法时期。欧洲进入中世纪以后,支配商事活动的并不是各国的成文立法,而主要是商人习惯法。自 11 世纪起,它首先出现于威尼斯,后来随着航海贸易的发展逐步扩展到西班牙、英国、法国、德国。各港口、集市之间的商人们约定俗成地采用从罗马法流传下来的商事交易习惯规则。为了维持交易秩序和维护共同利益,他们自愿接受这些习惯的约束,自发地推举"法官"运用这些习惯法,采用简易、迅速、灵活的程序,按照公平合理的原则裁决商事纠纷,建立起类似于现代的国际商事仲裁或调解的制度。

第二阶段:国内法时期。自 17 世纪以后,随着法、德等欧洲中央集权国家的逐步强大,各国为了保护本国的经济、政治利益,纷纷制定成文法,将中世纪的商人习惯法内容纳入本国的国内法中,英国则主要通过曼斯菲尔德(Mansfield)等法官的审判实践将商人习惯法融入普通法中,由此,中世纪商法的国际性或跨国性便消失了,代之以各国的国内商法。法国在路易十四时期颁布了《商事条例》(1673 年)和《海商条例》(1681 年),为大陆法国家的商法典颁布奠定了基础。资本主义制度建立后,法国又制定了 1807 年商法典,德国制定了 1897 年商法典,这两部法典成为近现代资本主义国家商法的典型。大陆法系国家在商法体例上采取两种模式:法国、德国、日本等国家采取民商分立模式,把商法和民法分开,独立编制法典;另外一些国家如瑞士、荷兰、意大利等则采取民商合一模式,把商法的内容包含在民法典中,使之成为民法的一部分,如 1881 年瑞士债务法典、1934 年荷兰民法典、1942 年意大利民法典等。英美法系的创始国——英国,在历史上没有民法与商法之分,只有普通法与衡平法的概念。18 世纪中叶,大法官曼斯菲尔德着手进行吸纳商人习惯法为普通法内容的改造工作。英美法系国家不存在独立的商法。

第三阶段:20 世纪、尤其是 60 年代以后的现代国际商法时期。第二次世界大战之后,随着各国经济的迅速发展,各国间的经济联系日益密切,经济一体化程度不断提高,联合国以及其他国际组织的作用越来越大,跨国公司等超越国家界限的经济组织发展势头猛烈,这些都在客观上产生了建立一套统一的调整国际经济贸易关系的商事法律规则的需要,一些新的国际经贸惯例和习惯做法在长期的经济贸易往来中被人们总结出来,许多政府间国际组织或者国际民间组织致力于研究和制订统一的国际商事法律规则的工作,形成了许多成果。新型的独立的国际商法得以重新出现。

三、国际商法的渊源

现代国际商法有两个方面的渊源:一是国际法方面的渊源;二是国内法方面的渊源。

（一）国际法方面的渊源

国际法方面渊源包括国际条约和国际惯例。各国缔结的有关国际经济贸易的国际条约或者公约是国际商法的重要渊源。这些国际条约或公约又分为实体法规范和冲突法规范。前者如1980年《联合国国际货物买卖合同公约》、1987年《国际汇票和国际本票公约》等,直接规范国际商事行为。后者如1973年《关于产品责任的法律适用公约》,它们通过确定冲突规则,间接规范国际商事行为。这些国际立法一旦被缔约国接受或批准,就被纳入该国国内法。如果与国内相关法律发生冲突,除声明保留者外,国际立法将优先适用。

国际条约中按照条约的缔约方数目划分,可以分为双边、区域性和全球性国际条约。对国际商事交易影响最大的是全球性的统一私法公约。因为它们是由多数国家缔结或者参加的,旨在统一国际商事交易规则。近几十年来,区域性的国际条约或者法律在统一本区域内各国法律方面的工作也越来越受到瞩目。最为突出的当属欧盟以及其前身欧洲经济共同体。① 1993年生效的建立欧盟的《马斯特里赫特条约》奠定了欧盟法的基础。在欧盟（欧共体）发展的历史上,欧盟（共同体）法与成员国法之间的协调大致包括这样一些形式:(1) 在成员国法没有规定或相互冲突的领域,在欧盟层次上制定新法律;(2) 相互承认国家标准;(3) 在跨国领域适用欧盟法,在国内领域适用国内法;(4) 最低限度的协调,即在欧盟层次上制定最低限度的规则,而允许成员国制定更高标准的规则的形式。

国际商事惯例是国际商法的另一个重要渊源。国际商事惯例是在国际交往中经过反复使用逐渐形成的,它已被国际交往的主体普遍接受和采纳。最初,国际商事惯例以不成文的形式出现。现在,许多重要的国际商事惯例已经由一些国际组织编纂成文,为人们提供了极大的便利。如2010年国际商会修订的《国际贸易术语解释通则》、2007年国际商会修订的《跟单信用证统一惯例》等,被人们广泛采用,在国际贸易往来中发挥着巨大的作用。国际商事惯例不同于国际条约或公约,它们本身

---

① 一般认为,欧盟法既具有区域性条约的特点,同时又有国内法的部分属性。为叙述方便,将欧盟法放在国际法渊源中介绍。

不是法律,不具有法律的普遍约束力。但是,当国际商事交易的当事人约定采用某种惯例调整和规范他们之间的权利和义务时,该惯例对当事人就具有法律约束力。

(二) 国内法方面的渊源

一般说来,国内法的效力只及于该国主权管辖范围,而不能延伸到国外,干涉他国内政。因此,有的国际商法学者如施米托夫不承认国内法也是国际商法的渊源。但客观地说,目前国际商法尚处于发展阶段,规范国际商事行为的国际条约、公约或者惯例不足以满足各种交易的需要,还须借助于大量的各国国内法:一方面是通过国际私法的冲突规范指引而适用的有关国家的民商法,另一方面是有些国家,特别是发展中国家专门制定的涉外立法。可以说,各国有关商事交易的国内法是国际商法的国际法方面渊源的重要补充。

第二节 大陆法系和英美法系概述

国际商法发端于欧洲,其内容深受两大法系的影响。研究国际商法,有必要先了解两大法系。法系是比较法学的核心概念,是指根据法的历史传统和外部特征的不同对法所做的分类。法系划分的理论依据主要是法的传统。许多国家的法律,在法律技术、法律术语、法律结构、法律观念、法律方法及相应的文化背景方面是相同或相似的。学者们一般认为,当代世界主要法系有大陆法系、英美法系和社会主义法系(以前苏联、东欧社会主义国家为代表)。前两个法系是在西方国家形成、发展起来的,具有浓厚的商品经济或市场经济的特征,对现代国际商法影响很大。

▶ 一、大陆法系的形成与发展

大陆法系又称为罗马法系、民法法系(Civil Law System)、成文法系,是指以罗马法为基础,以法国民法典和德国民法典为典型代表,包括许多模仿它们而制定的其他国家的法律的总称。大陆法系形成于13世纪的西欧,欧洲大陆国家多属于该法系,此外还有曾是法国、德国、葡萄牙、荷兰等国殖民地的国家及因其他原因受其影响的国家和地区。如非洲的埃塞俄比亚、南非、津巴布韦等;亚洲的日本、泰国、土耳其等;加拿大的魁北克省、美国的路易斯安那州、英国的苏格兰等。

大陆法系直接源于罗马法。罗马法是指罗马奴隶制国家从公元前6世纪罗马国家形成到东罗马帝国灭亡时期的全部法律。今天人们考察到的罗马法主要是公元前5世纪罗马最早的成文法——《十二铜表法》和公元6世纪东罗马帝国皇帝查士丁尼编纂的《国法大全》。东罗马帝国皇帝查士丁尼(527—565年)在即位的第二年为了使罗马法系统化,下令进行法典编纂工作,先后公布了三部法律汇编:第一部是《学说汇编》(Digest),收集了40名罗马历史上著名法学家的著作片段,于公元530—533年完成;第二部是《法学阶梯》(Institute),主要根据著名法学家盖优斯的著作编成法学教本,于公元533年完成;第三部是《查士丁尼法典》(Code),汇集了历代皇帝的敕令,并加以审订删改,于公元534年完成。在他死后,后人又编写了一部新法令汇编——《新律》(Novels),将他及其后继者的若干敕令汇编成册。以上四部著作被称为《查士丁尼国法大全》,或《罗马法大全》,该书集罗马法之大成,既包括公法也包括私法,但主要内容是私法,对欧洲后来乃至整个西方世界法律产生了无与伦比的影响。

  大陆法系的形成经历了漫长的发展历史。西欧社会进入中世纪后重新回到农耕状态,自给自足的自然经济占据统治地位,商品经济遭到压制。罗马法失去了存在的社会基础。公元10世纪以后,随着地中海沿岸商业和贸易的迅速发展,意大利的威尼斯等港口城市逐渐形成。公元1096年第一次十字军东征标志着重新开放地中海作为西欧贸易的重要航线,这一事件促成了地中海和西欧北部沿海地区商业和贸易的发展。11、12世纪西欧经济的发展变迁迫切需要有统一的法律取代占据统治地位的日耳曼人的分散的法律,由此可见,此时的经济发展为罗马法的复兴提供了客观条件。客观环境产生的罗马法复兴的需求又使此时的欧洲大学兴起了研究罗马法的热潮,为罗马法复兴提供理论基础。11世纪末,伊利修斯(Irnerius)在意大利波仑亚大学讲授罗马法大全,推动了罗马法在西欧的广泛传播。意大利和法国等地有不少大学先后开设罗马法课程,学者们在查士丁尼皇帝的编纂工作的基础上,开展了适合当时社会条件的法学研究。12、13世纪时期的罗马法研究者主要把研究的重点放在探求和讲授罗马法的原意上,对查士丁尼的《国法大全》的各种文本进行解释,他们被称为"注释派"。14世纪后,学者们将研究的重点转向罗马法的系统化工程上,他们用罗马法的原始文本作为发展新兴的商法和国际私法的依据,摒弃罗马法原始文献中杂乱无章和实用主义的成分。这时的罗马法研究被称为"后注释派"。17世纪以后,古典自然法学派从人的理性出发,主张法是理性的体现和产物。他们认为,罗马法中蕴涵的法律原则都是符合理性的。他们强调成文法的作用,提倡编纂法典。他们的主张对于欧洲大陆各国接受罗马法产生了巨大影响。

  资本主义生产方式确立后,各国迫切需要有能适应其经济发展要求的法律制度,适合商品经济需要的罗马法可以满足这一要求。1804年法国颁布了民法典,即拿破仑法典,这部法典以《法学阶梯》为依据,除序言外,采用罗马法的结构形式分为"人、物、取得财产的各种方法"三编。法典的内容也大量吸收罗马法成分,尤其是物权和债权部分。将近一百年后,即1896年,德国又以罗马法为蓝本编纂了民法典。这部1900年施行的民法典借鉴《学说汇编》的内容。法国民法典和德国民法典的颁布实施,为其他一些欧洲国家树立了榜样。其他国家相继以这两部民法典为模本进行本国的立法体系确立工作。在欧洲以外,一些与欧洲大陆国家有千丝万缕联系的国家也建立了类似的法律体系。综上所述,大陆法系是在罗马法的直接影响下形成的一个法系。

  大陆法系最大的特点是法律的成文化,在法律结构上强调系统化、条理化、法典化和逻辑性。这主要体现在两个方面：第一，大陆法系各国直接继承了罗马法传统，也接受罗马法学家乌尔比安的公法与私法划分的观念，将全部法律分为公法和私法两部分，并在此基础上根据现代法律的发展和各国的实际情况，进一步把公法又分为宪法、行政法、刑法、诉讼法等法律部门；将私法分为民法、商法等。各国在这些法律领域使用相同的法律概念和法律制度。第二，大陆法系各国都注重法典的编纂。但是，各国采取的编制体例不尽相同。在私法领域，有些国家采取民商合一的立法体例，将有关商法的内容纳入其中，如意大利、荷兰；有些国家采取民商分立的立法体例，分别编纂独立的民法典和商法典，如法国、德国等。法国民法典不设总则篇（只有序言），而德国民法典则专门设总则篇。

大陆法系的第二个特点是其法律渊源以成文法为主。大陆法系的法律渊源依次表现为：法律、习惯、判例、学理。法律是最主要的法律渊源。法律包括宪法、法典、法律和条例等。宪法在一国的法律体系中居于最高的权威地位。法典是指将有关同一类内容的各种法规和原则加以系统化而汇编成的单一的法律文件。法典之外的法律则属于"例外法律"，是"权宜的法律"。条例则是指由行政机关制定的成文法。习惯在大陆法系的地位仅次于法律。至于判例，各国原则上不承认它具有与法律同等的效力，因为判例仅仅对被判处的案件有效，但也在例外情形下承认法官应受某些判例的约束。如德国规定，联邦宪法法院的判决在"联邦公报"上发表后即具有约束力，由"经常的判例"所形成的规则属于习惯法规则，法官应予以实施。尤其是20世纪以后，判例的重要作用越发明显。学理虽不是正式的法律渊源，但它可以为立法者提供法学理论方面的依据，指导立法工作，对法律进行解释，并影响法律实施。

大陆法系的第三个特点是法院的组织层次基本相同，各国除普通法院外，还同时存在一些专门法院，如商事法院、亲属法院、劳动法院等。

▶ 二、英美法系的形成与发展

英美法系又称为普通法系（Common Law System）、判例法系、英国法系，是以英国中世纪的法律、特别是以普通法为基础和传统产生和发展起来的，包括英、美以及模仿它们的其他国家的法律的总称。这一法系的范围，除英国（苏格兰不属于该法系）以外，主要是曾为英国殖民地、附属国的许多国家和地区，如美国、加拿大、印度、新加坡、澳大利亚、新西兰以及非洲的个别国家、地区等。

普通法（Common Law）来源于英国中世纪以法官判决形成的判例法，也经历了较为漫长的历史演变过程。公元5世纪中叶，日耳曼人部落的分支——盎格鲁、撒克逊人从欧洲大陆侵入不列颠，建立了许多王国，在当地推行分散的、地方性的盎格鲁撒克逊习惯法。1066年，诺曼底公爵威廉征服英国后，为了削弱封建领主势力，加强王权，除发布敕令作为适用于全国的法律外，还设立王室法院，实行巡回审判制度，通过法官有选择地采用各地的习惯法，形成了一套在全国普遍适用的判例法，即普通法。一般认为,从亨利一世即位至亨利三世逝世(1100—1272年)期间,是普通法的形成时期。

14世纪时,英国在普通法之外又产生了另一种独特的法律形式——衡平法。它是由国王命令枢密大臣不受普通法的束缚,按照公平和正义原则审理并裁决案件,以补充和匡正普通法的不足而形成的一种法律制度。按照普通法程序,当事人要向法院起诉,必须先请求国王的枢密大臣发给书面的"令状"(Writ)。每一种令状都有固定的程序和专门术语,随着客观经济形势的发展变化,为数不多的令状越来越难以满足社会需要。国王不得不命令枢密大臣另辟蹊径,在普通法之外,按照所谓"公平与正义"的原则裁决案件。衡平法也表现为判例法的形式,但它与普通法在救济方法、诉讼程序、法律术语等方面存在一定差距,比如普通法采用金钱赔偿和返还财产两种救济方式,而衡平法则开发出实际履行、禁令等更灵活的救济措施。另外,普通法和衡平法各自形成了一套法院组织系统,从14世纪后半叶到19世纪后半叶,它们相互独立,直到1875年英国颁布法院组织法,两者才合而为一。

与大陆法系不同,英国的普通法和衡平法并未直接继承罗马法传统,但是,英国教会法院管辖关于家庭关系、遗嘱继承和海事等案件,受罗马法影响较大。1756年,王座法院首席法官曼斯菲尔德法官通过对民间流行的、带有罗马法倾向的具体商事惯例作出特别判决,将商事惯例吸收到普通法中,这实际上是一种继承罗马法的工作。罗马法观念在衡平法中也有所体现。

英属北美13个殖民地在独立战争之前施行英国法律,主要是普通法。独立战争初期,出于对英国殖民者的敌视,英国的普通法也遭到排斥。但是,由于两地一直有较为深厚的历史渊源,加之语言相同,美国还是选择留在普通法系中。美国法与英国法的相同之处有:都以判例法为主要法律渊源,都有普通法与衡平法之分,在法律语言、概念和推理方面也具有近似之处。但是,由于美国实行联邦制,英国实行君主立宪制,两国在法律结构体制上仍有一定差异。

美国法分为联邦法与州法两部分。根据1791年美国联邦宪法修正案第10条的规定,凡宪法未授予联邦或未禁止各州行使的权力,均属于各州。立法权原则上应由各州行使,而联邦只在例外情况下行使立法权。但联邦的法律高于各州的法律,两者发生抵触时应适用联邦法。

英美法系的共同特点有:

第一,在法律渊源上都以判例为主。英国的法律渊源依次为:判例法、成文法、习惯。判例法是由高等法院(上诉法院、高级法院和上议院)的法官以判决的形式发展起来的法律规则。英国法院的判决包括两个部分:一是判决的理由,二是法院对判决理由的解释。只有判决的理由才构成判例,对作出判决的法院以及下级法院日后处理同类案件具有约束力。19世纪上半叶,英国确立了"先例约束力原则",除上述高等法院可以形成判例法以外,其他法院或准司法机关(如各种具有准司法权的委员会)的判决只有说服力而无约束力。成文法主要指立法机关或行政机关制定的法律或条例,它们是判例法的补充或修正。当成文法被法官在判决中加以解释和重新肯定后,就被吸收到法律体系中。20世纪以后,随着社会经济的复杂化程度日益提高,成文法的数量不断增加。习惯是指1189年时已经存在的地方习惯,并不是指判例法。习惯在法律渊源中的作用很小。

美国法的法律渊源依次为:判例法、成文法。英国的"先例约束力原则"在美国同样适用,但美国的判例法主要受其联邦体制的影响。在各州法律方面,州的下级法院受本州上级法院判例的约束;在联邦法律方面,州法院受联邦法院特别是美国最高法院判例的约束;联邦法院在审理涉及联邦法的案件时,受上级联邦法院判例的约束,而在审理涉及州法的案件时,则要受相应的州法院判例的约束。但是,联邦和州的最高法院则不受自己以前判例所确立的法律原则的约束,他们可以推翻先例,代之以新的判例和新的法律原则。值得注意的是,由于美国的判例数量惊人,为了克服各种判例的不确定性和矛盾之处,1923年成立的美国法学会(American Law Institute)将同经济活动密切相关的商法和部分民法领域的判例法进行了汇编整理,形成了《法律重述》①(Restatement of the Law)。它采用法典形式,分为篇、章,由条文组成,其内容主要涉及各州的法律。《法律重述》本身不是法典,它属于私人性质的法律汇编,没有法律效力,但经常被司法机关参考引用。美国的成文法有联邦和各州两种。20世纪以后,社会经济方面的成文法日益增多,甚至出现了取代判例法的趋势。

第二,在法律结构上,英美都将法律分为普通法和衡平法。美国法还分为联邦法和州法两类。联邦立法主要是国防、外交、货币、银行、税收、移民、国际贸易、海商、专利权等方面;州法主要集中于家庭、继承、侵权行为、州际法律冲突、公司、票据、保险、刑事及司法组织和程序法等方面。

第三,重视程序法。英国法有一句格言:"救济先于权利"(Remedies Precede Rights)。所谓救济是指通过一定的诉讼程序给予当事人法律保护,救济属于程序法范畴;权利则是指当事人的实体权利,属于实体法范畴。这句格言的意思是说,如果权利缺乏适当的救济方法,权利也就根本不能存在,不能得到法律保护。与大陆法系观念不同,英国法更重视程序法,这是由英国法的发展历史造成的。根据普通法规则,当事人若要提起诉讼,首先须获得特定的令状。令状的种类决定着诉讼程序的不同。得到令状之后,法官才会以判例的形式确定适当的救济方式保护当事人的实体权利。可以说,如果不通过诉讼程序,实体权利存在与否难以确定。

第四,法院组织复杂。英国的法律分为普通法和衡平法两类,基于这种法律分类,其法院也划分为普通法院和衡平法院两套组织。经过19世纪以后的多次法院

---

① 《法律重述》现出版有19卷,主要包括:(1)合同(二卷,1932年);(2)代理(二卷,1933年);(3)法律冲突(1934年);(4)侵权行为(四卷,1934—1939年);(5)物权(五卷,1936—1944年);(6)物权担保(1941年);(7)准合同(1957年);(8)信托(二卷,1935年);(9)司法判决(1942年)。参见冯大同主编:《国际商法》,对外经济贸易大学出版社1991年版,第34页。

改革,普通法院和衡平法院的区分已渐渐消失,但其法院组织仍十分复杂。它把法院分为高级法院和下级法院两种。高级法院(Supreme Court of Judicature,又称高等法院)现在由三部分构成：高等法院(High Court of Justice)、皇家刑事法院(Crown Court,负责刑事案件)和上诉法院(Court of Appeal,第二审法院)。下级法院主要有郡法院(County Court)和治安法院(Magistrates' Court)。郡法院负责审理金额较少的民事案件;治安法院负责审理轻微犯罪案件和某些亲属法方面的案件。英国还有许多名为"委员会"的准司法机关,有权审理涉及经济、土地、社会福利、税务等专门问题的案件。英国不设检察机关,因为"一个代表行政权的官员出场在英国人看来同司法权的独立自主与尊严是不可调和的"[①],此外,在刑事案件中会破坏原告与被告之间的平等。

美国的法院分为联邦法院和各州法院两套组织。联邦法院主要由地区法院(District Court)、上诉法院(U. S. Court of Appeal)和最高法院(U. S. Supreme Court)组成。最高法院由首席大法官一人和八位法官组成,是美国最高司法机构。它除受理特殊的一审案件和一般的二审案件之外,拥有的最重要的权力是司法审查权,即有权对法律是否违宪行使监督权。美国各州都有自己的法院系统,一般都设有两个审级,即一审法院和上诉审法院。

▶ 三、两大法系的比较

大陆法系和英美法系都属于西方国家,受其影响的国家也主要是资本主义国家,它们在经济基础、对法治的立场等方面存在许多共同之处。但因各自的传统不同,两大法系又有一定的区别。这些区别从宏观的角度看,主要表现为以下几个方面：

第一,法律的分类方法不同。大陆法系国家一般都将公法和私法的划分作为法律分类的基础,在此基础上进一步划分法律部门。公法部门以维护国家利益为要务,私法部门则更多地强调尊重私人意思自治。大陆法系的法律分类比较能够体现基本法律原则和概念的一致性和严谨性。英美法系则是以普通法和衡平法为法律的基本分类。这一分类是英国历史发展的结果,与英美国家崇尚实用主义哲学也有一定联系。

第二,法律的表现形式不同。大陆法系国家在私法方面倾向于编纂法典,特别是近代以来各国纷纷进行大规模的法典编纂活动;而英美法系从总体上看不倾向于进行系统的法典编纂,主要以判例法为主要形式。

第三,在法律思维方式的特点方面,大陆法系的法官审理案件以成文的法律条文为依据,运用演绎型思维分析案件;而英美法系的法官引证判例审理案件,运用归

---

① 〔法〕勒内·达维德:《当代主要法律体系》,漆竹生译,上海译文出版社1984年版,第353—354页。

纳式思维,注重类比推理。

第四,在诉讼程序方面,大陆法系与教会法程序接近,属于纠问制诉讼;而英美法系则采用对抗制诉讼程序,当事人举证居于主宰地位。

此外,两大法系在法院体系、法律概念、法律适用技术及法律观念等方面存在许多差别。

▶ 四、两大法系在当代的发展趋势

20世纪以后,尤其是第二次世界大战之后,两大法系发生了一定的变化,主要表现为以下三个特点:

第一,大陆法系中判例的作用日益增强。大陆法系的传统是原则上不承认判例与成文法具有同等法律效力,但当历史发生迅猛的变化时,大陆法系的法官以及学者们看到僵硬而缺乏灵活性的成文法有时难以适应形势变化的要求,于是,法国采取了赋予法官对法律作"扩展解释"的权力的改革措施。尽管这种扩展解释权被一再强调并不是真正的立法,但当它被法官多次使用、作为处理类似案件的参考时,实际上已具备了一定的判例法因素。德国甚至明确宣布,联邦宪法法院的判决对下级法院具有强制性约束力。尽管大陆法系国家中判例法的地位和作用迄今仍不能与英美法系国家同日而语,但已改变了原先的成文法一统天下的格局。

第二,英美法系成文法的数量迅速增多。英国自19世纪末就开始大规模制定成文法,如1893年的《货物买卖法》、1906年的《海上保险法》等。美国联邦和各州的国会及政府颁布的成文法也日益增多,导致法律混乱局面日益加重。因此,美国从19世纪下半叶起,就着手进行立法的整理编纂工作。1926年颁布了法律汇编性质的《美国法典》,并定期修订增补。同时,通过全国统一州法委员会和美国法律协会等团体拟定并向各州推荐示范法,以使各州法律趋于统一。20世纪50年代拟定的《统一商法典》现已被除路易斯安那州之外的所有州和除波多黎各以外的所有海外领地所采用。第二次世界大战之后,美国还成立了各种各样的委员会,它们不但被授权制定规章、条例,而且还可以在法院诉讼程序之外,相对独立地处理案件,并不受先例约束。上述活动都对传统判例法的变革产生了巨大影响。

第三,两大法系取长补短,逐渐融合。两大法系除在上述法律渊源领域不断靠近外,在法律种类及其具体内容上也相互吸收对方的科学合理成分。如美国的反垄断法、产品责任法对大陆法系的法国、德国等影响至深。英国作为欧盟成员国,在承认欧盟法的优先性的同时必然会吸收大陆法系的某些因素。伴随着全球经济一体化的发展,在WTO法律规则的指导下,两大法系的融合程度会越来越高。但无论如何,二者不可能完全弥合它们之间由于历史传统、思维定式等造成的差异。虽然英美法系的成文法日益增多,但改变不了其以判例法为主的法律渊源和"救济先于权利"的观念。如果法官不适用成文法,成文法就只能是僵死的,没有约束力的。大陆法系国家的判例法也非英美法系国家意义上的判例法,它们是通过法官对成文法或

法典做扩展解释而形成的,仅仅是后者的派生物,只能作为特例存在。因此可以断言,两大法系在将来会逐渐融合,但不可能汇合为一个统一的法系。

第三节　中国法律制度概述

中国既不属于大陆法系国家也非英美法系国家。长期以来,其民商事法律制度对国际商法的产生与发展的影响远远不如两大法系。但是,自改革开放以来,中国参与国际经济贸易往来的程度越来越高,因此,有必要了解其法律制度的概貌。

▶ 一、中国法律制度的沿革

中国的法律制度可以追溯到公元前21世纪的夏朝,即中国奴隶社会产生时期。夏、商、西周是我国奴隶制社会法律形成和发展的时期。春秋战国时期,魏国大夫李悝制定了中国历史上第一部成文法典——《法经》。秦始皇统一中国后,经过汉、魏、晋、南北朝、隋等朝代,到唐朝达到封建社会的鼎盛时期。"唐律"是我国封建社会法律的集大成者,它是后人对唐朝时期的几部典型法律及其他法律著述的总称,包括公元637年唐太宗颁布的《贞观律》、公元651年唐高宗颁布的《永徽律》和公元652年唐大臣长孙无忌等人编写的《唐律疏议》。"唐律"不仅为唐以后的宋、元、明、清各代法律提供了经典范本,而且也对日本、朝鲜等亚洲国家的法律产生过重大影响。1740年,清朝的乾隆皇帝颁布了中国封建社会最后一部法律——《大清律例》。至此,中国封建社会法律绵延两千多年的历史,形成了独具中华文化特色的法律体系,被西方学者称为"中华法系"。

在中国古代的法律文化传统中,"法"与刑、律是相通的,核心是刑。所谓"法者,刑也"。法自君出,其功能主要是统治工具。《管子·七臣七主》中说:"法者,所以兴功惧暴也;律者,所以定分止争也;令者,所以令人知事也。法律政令者,吏民规矩绳墨也。"中国古代的"法"与西方的"法"不同,后者与权利、自由等相联系,强调权力要受到法律的约束。中华法系的特点可以总结为:民刑不分,诸法合一;重刑轻民;礼法结合,以礼为主;家族本位,执法原情。

1840年鸦片战争以后,中国受西方列强的武力威胁,在变法图强的压力驱使下,实施了法律改良。清末修律大臣沈家本、伍廷芳参照西方、日本等一些国家的法律,开始了西化的法律改良,制定了一批法律草案。由于清王朝的灭亡,这些法律草案大多未来得及实施。辛亥革命后,中国进入旧民主主义时期,孙中山领导的南京临时政府于1912年颁布了第一部资产阶级性质的宪法——《中华民国临时约法》。之后,在国民党统治时期,国民政府先后制定了宪法、民法、刑法、民事诉讼法、刑事诉讼法、行政法,统称为"六法"。由"六法"为主体,加上其他一些单行法规,形成了"六法体系"。目前仍在中国台湾地区施行。

1949年新中国成立后,在之前的中国共产党领导下的根据地、解放区颁布的新民主主义法律的基础上,开始了建设新中国社会主义法制的历史进程。新中国社会主义法制建设曾经历过1957年和"文化大革命"十年间的重大挫折。1978年以后,随着改革开放的进程发展,中国的社会主义法律制度日趋完善。

二、中国的法律渊源

中国现行法律受到大陆法系的一定影响,主要以成文法为主要形式。根据现行宪法和《立法法》的规定,当代中国的法律渊源包括如下几个方面:

(一) 宪法

宪法是我国的根本大法,它规定了我国根本的社会经济和政治制度,各种基本原则、方针、政策,公民的基本权利和义务,各主要国家机关的组成和职权、职责等,涉及社会生活各个领域的最根本、最重要的方面。一切法律、行政法规、地方性法规都不得同宪法相抵触。现行《宪法》颁布于1982年,经历过1988年、1993年、2000年、2004年四次修改。宪法由最高权力机关——全国人民代表大会制定和修改,全国人大有权监督宪法的实施,全国人大常委会解释并监督宪法的实施,对违反宪法的行为予以追究。

(二) 法律

法律有广义和狭义之分。这里仅指狭义的法律,即全国人大及其常委会制定的规范性文件。在当代中国法的渊源中,法律的地位和效力仅次于宪法。

法律由于制定机关的不同分为基本法律和基本法律以外的其他法律两类。基本法律由全国人大制定和修改,它是对刑事、民事、国家机构和其他方面的基本规范。基本法律以外的其他法律由全国人大常委会制定和修改。在全国人大闭会期间,全国人大常委会也有权对全国人大制定的法律在不同该法律的基本原则相抵触的条件下进行部分补充和修改。

我国《立法法》规定:下列事项只能制定法律:国家主权事项;各级人民代表大会、人民政府、人民法院、人民检察院的产生、组织和职权;民族区域自治制度;犯罪和刑罚;对公民政治权利的剥夺、限制人身自由的强制措施和处罚;对非国有财产的征收;民事基本制度;基本经济制度以及财政、税收、海关、金融和外贸的基本制度;诉讼和仲裁制度等。

全国人大及其常委会作出的具有规范性的决议、决定、规定和办法等,也属于"法律"类法律渊源。

(三) 行政法规

行政法规是指最高国家行政机关即国务院所制定的规范性文件,其法律地位和效力仅次于宪法和法律。国务院所发布的决定和命令,凡属于规范性的,也属于法的渊源之列。目前,此类法律渊源的数量远远超过全国人大及其常委会制定的法律的数量。行政法规调整的范围包括为执行法律而进行的国家行政管理活动中所涉及的各种事项和《宪法》第89条规定的国务院行政管理职权的事项,内容较为广泛。

国务院制定的行政法规,不得与宪法、法律相抵触。如果发生抵触,全国人大常委会有权将行政法规予以撤销。

(四)地方性法规、民族自治法规、经济特区的规范性文件

这三类都是由地方国家机关制定的规范性文件。地方性法规是一定的地方国家权力机关根据本行政区域的具体情况和实际需要,依法制定的在本行政区域内具有法的效力的规范性文件。根据《宪法》和1986年修改的《地方各级人民代表大会和地方各级人民政府组织法》、《立法法》的规定,省、自治区、直辖市以及省级人民政府所在地的市和经国务院批准的较大的市的人大及其常委会有权制定地方性法规。地方性法规在不与宪法、法律和行政法规相抵触的前提下才有效。地方性法规可以就下列事项作出规定:(1)为执行法律、行政法规的规定而需要根据本行政区域的实际情况作具体规定的事项;(2)属于地方性事务需要制定地方性法规的事项。

民族区域自治是我国的一项基本政治制度。民族自治地方的人大有权依照本地民族的政治、经济和文化的特点,制定自治条例和单行条例,但应报上一级人大常委会批准后才生效。自治条例是一种综合性法规,内容比较广泛。单行条例是有关某一方面事务的规范性文件。这两种自治法规只在本自治区域有效。

经济特区是指改革开放中为发展对外经贸,特别是利用外资、引进先进技术而实行某些特殊政策的地区。1981年以后,我国先后授权广东省和福建省(1981年)、海南省(1988年)、深圳市(1992年)人大及其常委会制定地方性的经济法规。

(五)规章

规章是行政性法律规范文件,从其制定机关而言可分为两种:一种是部门规章,由国务院组成部门及直属机构在其权限范围内制定,它所规定的事项应属于执行法律或国务院的行政法规、决定、命令的事项;另一种是地方政府规章,由省、自治区、直辖市人民政府以及省、自治区人民政府所在地的市和经国务院批准的较大的市人民政府依照法定程序制定,其立法范围包括:为执行法律、行政法规、地方性法规的规定,需要制定的事项;属于本行政区域的具体行政管理事项。规章在各自的权限内施行。

(六)特别行政区法

我国宪法规定,国家在必要时得设立特别行政区,在特别行政区内实行的制度按照具体情况由全国人大以法律规定。这是"一国两制"的构想在宪法上的体现。特别行政区实行不同于全国其他地区的经济、政治、法律制度。全国人大已于1990年4月和1993年3月先后通过了《中华人民共和国香港特别行政区基本法》和《中华人民共和国澳门特别行政区基本法》。在这两个特别行政区内实行的法律制度保持原有的特色50年不变,它们也是当代中国法的渊源之一。

(七)国际条约、国际惯例

国际条约是指我国政府缔结或参加的双边、多边协议和其他具有条约、协定性质的文件。条约生效后,根据"条约必须遵守"的国际惯例,国际条约对缔约国具有

法律约束力,也是缔约国的法律渊源之一。

国际惯例是国际条约的补充。我国《民法通则》第142条规定:"中华人民共和国缔结或者参加的国际条约同中华人民共和国的民事法律有不同规定的,适用国际条约的规定,但中华人民共和国声明保留的条款除外。中华人民共和国法律和中华人民共和国缔结或者参加的国际条约没有规定的,可以适用国际惯例。"

国家政策是当代中国法的非正式渊源之一。根据《民法通则》第6条规定:"民事活动必须遵守法律,法律没有规定的,应当遵守国家政策",因此,国家政策就成为我国法的渊源。

此外,由于我国幅员辽阔,历史悠久,各地的风俗习惯和传统差异较大。各民族特别是少数民族的习惯与现行法律、法规和社会公共利益不相抵触的,经国家认可的部分就具有正式法的渊源的意义,其他部分习惯应视为我国法的非正式渊源。

我国不采用判例法制度,判例不具有约束力,不是法的正式渊源。但最高人民法院对地方各级人民法院关于疑难案件请示的批复,对同类案件具有法律约束力。《最高人民法院公报》上公布的典型案件,对各级法院也有借鉴意义。

我国的正式法律解释包括立法解释、行政解释和司法解释。其中司法解释是由最高人民法院和最高人民检察院分别对法院审判工作和检察院检察工作中具体应用法律的问题进行的解释。这些解释对其下级法院和检察院的审判、检察工作均具有约束力,但它们不属于立法范畴。

▶ 三、中国的民商法和经济法

对于中国的民法和商法以及经济法的含义和范围,法学界长期存在争论,但近年来有逐步明朗化的趋势。

(一) 民商法

长期以来,我国由于实行计划经济,对商品经济一直持轻视和排斥的态度,以致影响到民事立法的进程。虽然自20世纪50年代起就曾着手起草民法典,但迄今为止民法典仍旧是千呼万唤未出来。改革开放以来,我国加快了民事立法的步伐,先后颁布了《民法通则》、《合同法》、《物权法》、《侵权责任法》等法律法规,初步形成了以《民法通则》为核心,包括物权、债权、人身权、知识产权、继承权和婚姻家庭关系等内容的民事法律体系。但由于《民法通则》过于原则、概括,有些内容已过时,亟待颁布民法典,建立更为完善和现代化、与国际接轨的民事法律体系。

根据《民法通则》的规定:"民法调整平等主体的公民之间、法人之间、公民和法人之间的财产关系和人身关系。"该条规定明确了民法的调整对象是横向的平等主体之间的财产关系和人身关系。由于我国长期处于计划经济时期,国家过多、过细地干预平等主体之间的财产关系和人身关系,导致"民法公法化"倾向较为严重,不能很好地适应市场经济的需要。20世纪90年代以后,立法者和民法学者们开始正视现实,重新规划私法化的民法体系①。

根据通说,商法是调整商事关系的法律规范的总称。我国至今还没有制定商法典,但这并不意味着我国不存在商法。我国现阶段实际上已存在若干调整商事活动的法律法规,只是它们散见于《民法通则》及其他众多的单行法律法规中。从目前的情况看,我国采取的是民商合一的立法体例,除了《公司法》、《票据法》、《证券法》、《保险法》、《海商法》、《企业破产法》等单行法以外,商法的基本原则、制度以及一些概念均出自民法。这是我国商法发展的一个特点。其次,由于中国历史上商品经济不发达,没有形成独立的商人阶层,新中国建立后又实行计划经济,所以未能形成适合商法充分发展的社会经济沃土,因此,中国的商法在传统上是依附于民法并作为其特别法的形式出现的,1978年以后又被包括在经济法之中,20世纪90年代后才逐渐从经济法中分离出来。

(二) 经济法

现代意义上的经济法形成于20世纪初的德国。经济法在西方国家的出现和兴起,反映出资本主义从自由竞争向垄断转变过程中国家直接干预增强的趋势。我国自改革开放以来,制定了大量的经济法律法规,对促进经济体制改革和对外开放、建立社会主义市场经济体制起到了决定性的作用。我国颁布的经济法律法规涉及企业组织法、外商投资法、银行法、税收征管法等各种税法、土地和房地产管理法、价格法、审计法、会计法、反不正当竞争法、反垄断法、劳动法、对外贸易法、海关法等领域。

尽管目前我国的经济立法数量已较为可观,但存在着立法观念上的混淆,即未能从立法理论上厘清商法和经济法之间的差别。国外学术界对经济法与商法的关系一直存在着激烈的争论。德国学者柯洛特认为,经济法是规范各种职业阶层的经济生活特别关系的法规的总称,其中包括商法。② 日本学者田中耕太郎认为,经济法的勃兴,是公法商化的结果,商法仍应存在。③ 本书作者认为,商法与经济法存在差别,这种差别主要体现在立法观念上④:经济法应侧重于调整政府宏观经济管理关系——纵向经济关系;商法则应侧重于调整平等主体的商事活动关系——横向经济关系。分清二者的区别,有助于深刻认识其中的法律理念和立法原则。

---

① 参见刘心稳主编:《中国民法学研究述评》,中国政法大学出版社1996年版,第1章第3节,第23—29页。

② 参见苏惠祥主编:《中国商法概论》,吉林人民出版社1996年版,第18页。

③ 同上。

④ 由于对象的单一性,立法者往往只能用一部法去体现经济法和商法两种立法观念。

▶ 四、中国的司法制度

我国宪法规定,司法权归各级人民法院;人民法院由同级人民代表大会产生,并向同级人民代表大会负责。人民法院分为普通法院和专门法院两类。普通法院分为最高人民法院和各级地方人民法院。各级地方人民法院又分为基层人民法院、中级人民法院和高级人民法院。专门法院有军事法院、海事法院等。

人民法院审理民事案件实行合议制,由审判员或陪审员共同组成合议庭。对于重大、疑难案件的处理,人民法院设立审判委员会讨论决定;简单的民事案件可以由审判员一人独任审判。

人民法院审理案件实行两审终审制。当事人对地方各级人民法院的判决或裁定不服的,可以向上一级人民法院上诉。上一级人民法院对于上诉案件所作的第二审判决或裁定,是终审判决或裁定,当事人不得再行上诉;但当事人如仍有疑义,可以通过审判监督程序请求重新审查。

在我国,除法院组织外,仲裁机构也有权依据当事人的仲裁协议受理民商事纠纷。对于国际商事纠纷,中国国际经济贸易仲裁委员会和中国海事仲裁委员会有权依照当事人的仲裁协议的选择进行仲裁。根据《中华人民共和国仲裁法》的规定,设在一些设区的市的仲裁委员会也有权受理普通的财产纠纷。仲裁庭仲裁案件时实行不公开审理的方式,一裁终局。当事人应自觉履行生效的仲裁裁决;当事人可以申请人民法院强制执行。

【参考书目】

1. 冯大同主编:《国际商法》,对外经济贸易大学出版社1991年版,第一章。
2. 〔法〕勒内·达维德:《当代主要法律体系》,漆竹生译,上海译文出版社1984年版。
3. 沈四宝、王军、焦洪津:《国际商法》,对外经济贸易大学出版社2003年版。

【思考题】

一、名词解释
1. 罗马法大全
2. 普通法
3. 衡平法
4. 大陆法系
5. 英美法系

二、简答题
1. 国际商法的调整对象是什么?国际商法与国际经济法、国际私法有哪些区别和联系?
2. 罗马法的含义是什么?它对两大法系的影响如何?
3. 大陆法系和英美法系有哪些区别?
4. 中国当代法的渊源包括哪些形式?

第二章 合 同 法

合同法是国际商事活动的基本法律,具有较高的国际统一性。目前国际商事合同统一性立法主要包括《国际商事合同通则》和《联合国国际货物买卖合同公约》。本章以这两个国际性法律文件为核心,系统阐述了合同的成立、合同的履行、违约及补救方式、合同的让与和合同的终止等法律问题。同时采用比较研究的方法,对德国、法国、英国、美国等代表性国家的合同立法,以及我国的《合同法》的规定进行横向比较,深入分析不同法系观点的冲突和融合,揭示统一性规则的产生依据和国际商事合同立法的发展趋势。另外,本章将国际电子商务中普遍采用的电子合同作为一种特殊的合同形式,对相关法律问题进行了分析。

第一节 合同法概述

一、合同的概念

现代商品经济社会中人们之间的经济活动大多是在自愿的基础上进行的。无论是生产、分配,还是流通活动,都应当在平等、自愿的基础上协商安排。因此,合同成为人们日常生活和经济生活中不可缺少的组成部分。离开合同,这些活动将无法进行。在国际经济交往中,买卖交易、货物运输与保险、公司的设立、产品的销售、代理人的委托,都要通过订立合同来实现。合同法知识是国际商事活动中当事人必须掌握的知识。

世界各国法律对合同的认识存在一定的差异,这种差异首先表现在对合同所下的定义有所不同。

（一）大陆法系的合同概念

《德国民法典》运用法律行为(Rechtsgeschäft)这个抽象概念,把合同纳入法律行为的范畴之内。《德国民法典》第305条规定:"依法律行为设定债务关系或变更法律关系的内容者,除法律另有规定外,应依当事人之间的合同。"按照大陆法学者的解释,法律行为是指当事人之间为了发生私法上的效果而进行的一种合法行为。法律行为包括意思表示和其他合法行为。意思表示行为是法律行为的基本要素,如果缺乏意思表示,就不可能成立合同。意思表示包含当事人内心意思以及表示这种意思的外在表示两个方面,二者缺一不可。所谓其他行为是指意思表示行为之外的一种行为。例如,依照德国法,动产转让中除了双方的意思表示行为之外,还要有一方把动产交付给对方的行为。

《法国民法典》没有法律行为这种抽象概念,而是把合同解释为一种较为具体的"合意"(consensu)。《法国民法典》第1101条规定:"合同是一人或数人对另一人或数人承担给付某物、做或不做某事的义务的一种合意。"所谓合意就是指当事人之间意思表示达成一致。

大陆法系学者把合同法作为民法的一个组成部分加以研究,他们认为,合同与侵权行为、不当得利、无因管理一样,都是债的发生根据,这些债的关系区别于物权关系,后者存在于权利主体与不特定的义务主体之间。对于合同的界定,应当立足于民法典的整体性,从法律理论的抽象意义上加以认识。

（二）英美法系的合同概念

如果说大陆法系的合同法理论主要是法学家创立和发展的话,英美法系的合同法理论则主要是由法官在审理案件过程中创制和发展起来的。二者的区别主要在于:大陆法系立足于从理论上认识合同,而英美法系注重的是在一个具体案件中如何为当事人提供救济。

英国早期的普通法根据允诺(promise)来定义合同。美国《合同法重述》将这一观点归纳为:"合同就是这样一种或者一系列允诺,违背它,法律将给予补偿;履行它,法律将通过某种方式确认它是一种义务。"按照这一定义,合同的基本要素是当事人所做的允诺,而允诺的关键是其法律上的可强制执行性。如弗雷德里克·波洛克爵士(Sir Frederich Pollck)指出:"合同是由法律强制履行的一个或一系列允诺。"把合同界定为法律为之提供救济的允诺突出了合同受到法院司法保护的效果,但允诺本身仅仅强调单方的义务,忽略了合同对各方当事人具有对等的约束力这一性质。从一定意义上说,允诺仅是合同订立的开始,合同是结果。

19世纪以后,英美法系转而从协议的角度来界定合同。据此,合同被定义为:合同是一份能够产生法律承认或者法律予以强制实施的义务的协议。这个定义强调了合同订立中当事人之间的协商一致。

(三)我国法律中的合同概念

《中华人民共和国合同法》(以下简称《合同法》)第2条规定:"本法所称合同是平等主体的自然人、法人、其他组织之间设立、变更、终止民事权利义务关系的协议。"这个定义排除了劳动合同、行政合同,又将有关身份关系的协议归入其他法律之中,因此,合同就被界定为双方或者多方为了设立、变更、终止民事(包括商事)财产关系,经意思表示一致而达成的协议。

从以上对各国法律的介绍来看,尽管各国法对合同的定义有所不同,但其实并无本质差别,都是把当事人之间的意思表示一致作为达成协议、形成合同关系的基本要素。

▶ 二、各国合同法的编制体例以及国际统一商事合同法

西方两大法系在法律渊源、合同法的形式、编制体例以及一些具体法律原则方面存在一定差别,呈现出不同的特点。

(一)大陆法系的合同法体例

大陆法系国家是成文法国家,合同法是以成文法的形式出现的,合同法大多出现在民法典或债务法典中。按照大陆法系的民法理论,合同是导致债发生的原因之一,因此,有关合同的法律规定应当出现在民法典的债编中。《法国民法典》第三卷第三编标题为"合同或合意之债的一般规定",该编内容涉及合同有效成立的条件、债的效果、债的种类、债的消灭等合同的一般原则性问题,其后的各编依次对各种具体合同如买卖合同、互易合同、合伙合同、借贷合同、委任合同、保证合同、和解合同等作出规定。《德国民法典》另设"总则"一编,对合同作为抽象法律行为的概念特征予以概括,表明合同成立的共同性问题。法典第二编为"债务关系法",规定了合同之债的产生、债的消灭、债权让与、债务承担以及各种债务关系。然后,也分别对买卖、互易、赠与、使用租赁、使用借贷、消费借贷、雇佣、承揽、居间、委任、寄托、旅店寄托、合伙、终身定期金、赌戏及赌博、保证、和解等18种合同作了具体规定。

(二) 英美法系的合同法体例

从法律渊源上说,英美合同法是由判例法(Case Law)和制定法(Statute)共同构成的。其中,判例法是合同法的核心,关于合同的法律原则主要包含在传统的以判例法为形式的普通法中。所以,很长一段时期,英美缺乏一套系统成文的合同法。19世纪以来,一些学者开始致力于对特定领域的合同判例研究。1920年,美国学者威利斯顿(S. Williston)发表《合同法论》(A Treatise on the Law of Contracts),把各种合同作为一个整体加以研究,并从中概括出适用于各种合同的一般原则。1933年,由执业律师、法官和法学教授组成的美国法学会发表了他们通过对各个领域的判例法规则加以整理后的研究成果——《合同法重述》(Restatement of Contracts),这部著作经过1952年、1962年、1981年多次修改,目前可谓英美合同判例研究的最高成就。尽管这部著作对法院的审判活动没有强制性的约束力,但它却有着十分重要的影响,法官在缺乏判例援引时,常常会援引或参考《合同法重述》的规定。

19世纪以来,英美等国也制订了一些有关某种具体合同的成文法。1893年,英国总结以往复杂的买卖判例,制订了《货物买卖法》。这部法律颁布不久,美国统一州法全国委员会委托威利斯顿起草一部与英国法类似的制定法草案。1906年,该草案获得通过,即《统一买卖法》(Uniform Sales Act)。该法后来在30个州被采纳。第二次世界大战结束后,统一州法全国委员会为了起草一部综合性的法规,与美国法学会合作,卡尔·卢埃林(Karl Llewellyn)被任命为该法典的报告人。1952年,《统一商法典》(Uniform Commercial Code,简称UCC)获得通过。该法典经多次修改,目前,其不同文本已经被除了路易斯安那州之外的所有其他州采纳。路易斯安那州也采纳了法典的一部分,但其中不包括有关货物买卖的规定。与《合同法重述》相比,《统一商法典》涉及各种有关商事交易合同法,但它不是一般性的合同法。对于像合同的成立等合同法的基本原则性问题,仍须按照判例法所确定的规则来处理。

(三) 我国的合同法体例

作为一个成文法体系的国家,我国的合同法主要见之于《民法通则》、《合同法》等,最高人民法院对上述两部法律所做的司法解释在审判实践中也起到一定的指导作用。《民法通则》作为民事基本法确定了合同法的一般原则和基本制度,阐述了民事权利能力和民事行为能力、民事法律行为、民事行为的代理、债权、民事责任等内容。《民法通则》确立的基本制度和原则,基本上适用于一切合同。在1999年颁布实施《中华人民共和国合同法》之前,我国曾一度呈现《经济合同法》、《涉外经济合同法》和《技术合同法》三足鼎立之势,加上还存在若干部单行的合同条例以及如《中外合资经营企业法》之类的法律,我国的合同法律制度较为混乱,无法适应市场经济条件下对外贸易发展的要求。

我国《合同法》适用于除涉及身份关系的合同之外的一切民事、商事合同。该法分为总则、分则和附则三部分,总则全面规定了从合同的订立、合同的效力、合同的履行、合同的变更和转让、合同的权利义务终止、违约责任以及合同解释等,属于合同法的一般规定。分则规定了买卖合同、供用电、水、气、热力合同、赠与合同、借款合同、租赁合同、融资租赁合同、承揽合同、建设工程合同、运输合同、技术合同、保管合同、仓储合同、委托合同、行纪合同和居间合同共 15 种合同。如果分则中对某种合同作出了不同于总则的规定,应适用分则的规定;如果分则中没有专门的规定,就适用总则中的规定。

(四) 国际统一商事合同法

在国际贸易中,由于各国法律规定的不同,当事人不可避免地产生法律冲突,造成国际交往的法律障碍。因此,制定有关国际交往的统一合同法,就显得十分重要。从 20 世纪以来,一些国际组织开始致力于这方面的工作。他们的思路是,先制定某种特定合同的统一法,然后再进而制定统一的国际商事合同法。

早在 1930 年,国际统一私法协会(UNIDROIT)就着手拟定一部有关国际货物买卖的统一法,以便协调和统一各国关于国际货物买卖的实体法。1964 年海牙会议正式通过了《国际货物买卖统一法公约》和《国际货物买卖合同成立统一法公约》。由于这两项公约都未能达到统一国际货物买卖法的预期目的,联合国国际贸易法委员会(UNCITRAL)在上述两项公约的基础上,于 1978 年完成了《联合国国际货物买卖合同公约》(United Nations Convention on Contract for the International Sale of Goods,简称 CISG)草案,并于 1980 年 3 月 10 日在维也纳召开的外交会议上通过了该公约。1988 年 1 月 1 日,该公约正式生效。

鉴于进一步发展和完善国际商事惯例的需要,国际统一私法协会于 1980 年成立了一个由来自不同法律文化和背景、具有实践经验的众多合同法和国际贸易法方面的专家、学者、律师、法官组成的工作组,负责起草《国际商事合同通则》(Principles of International Commercial Contracts,简称 PICC)。1994 年 5 月,国际统一私法协会理事会在罗马召开的第 73 届会议上,正式通过了《国际商事合同通则》(共 7 章,120 条)。该通则基本上囊括了世界各个法系主要国家的民法制度,可接受性非常大。1994 年版《通则》的成功,引起了其他国际组织的重视。在第二个工作组工作期间,联合国国际贸易法委员会、巴黎国际商会国际仲裁庭、米兰国内和国际仲裁庭与瑞士仲裁协会作为观察员,一直积极参加工作组会议。经过十年努力,又完成了扩增版的 2004 年版《通则》,共 10 章,185 条,涵盖范围更加广泛。[①] 2010 年 5 月又完成了通则第三版的编纂工作,在 2004 年版本的基础上作了增补:在第三章中增加了第三节,第五章增加了第三节,第七章完善了恢复原状制度,新增加了第十一章。第三

---

① 2004 年版《国际商事合同通则》内容结构包括:序言;第一章总则;第二章合同的订立与代理人的权限;第三章合同的效力;第四章合同的解释;第五章合同的内容与第三方权利;第六章履行;第七章不履行;第八章抵销;第九章权利的转让、债务的转移、合同的转让;第十章时效期间。其中后三章是全部新增章节,前七章部分有增减。

版共 11 章,211 条。尽管目前关于通则的性质尚有争议①,但可以认为,这实际上是一部国际统一的商事合同法。目前理事会决定进一步扩增内容,协会的目标是在合同法方面准备编纂一部在国际上被广泛承认的、内容齐全的统一合同法。

第二节 合同的成立

各国合同法几乎都把双方当事人达成合意作为合同成立的要素,但是,关于合同成立的含义存在形式和实质两种解释。从形式上说,合同的成立是指合同关系经历了要约阶段和承诺阶段,达成了合意。从实质上说,合同的成立不仅包括具备了合意的形式,而且还不存在影响当事人合意的错误、欺诈、胁迫、重大失衡等因素,也就是说,合同获得了有效成立。由此可见,实质意义上的合同成立实际上包含了合同有效要素。本节是从实质意义角度来研究合同的成立问题。

▶ 一、合同订立的过程——要约与承诺

无论是传统的交易方式还是现代的交易方式,当事人订立合同的过程千差万别,既有复杂的讨价还价,也有简捷迅速的交易。为了准确地把握合同成立的时间,各国合同法大多都对要约与承诺作出明确规定。

(一) 要约(Offer)

1. 要约的定义

《国际商事合同通则》第 2 章第 2 条规定:"一项订立合同的建议,如果十分确定,并表明要约人在得到承诺时受其约束的意旨,即构成要约。"②《联合国国际货物买卖合同公约》第 14 条规定,凡向一个或一个以上特定的人提出的订立合同的建议,如果内容十分确定,并且表明发价人有当其发价一旦被接受就将受其约束的意思,即构成发价。③提出要约的人叫做要约人(offeror),其相对方叫做受要约人(offeree)。

要约也许不需要许多文字或语言,例如,在自动售货机售货交易中,售货公司向插入必要硬币或其他货币的任何人提出了销售商品的要约。一项有效的要约必须具备以下条件:

第一,要约的内容必须明确、肯定。合同仅依对要约的承诺而成立,因此,要约中应对将来的协议内容有十分明确的表述。要约应当包括即将签订的合同的主要

---

① 国际统一私法协会理事会指出:"理事会清醒地意识到《通则》并不是一项即产生约束力的法律文件,因此,对《通则》的接受和认可将在很大程度上依赖于《通则》本身具有说服力的权威。"参见张玉卿主编:《国际统一私法协会国际商事合同通则 2010》,中国商务出版社 2012 年版,第 47 页。

② PICC Article 2.1.2: "A Proposal for concluding a contract constitutes an offer if it is sufficiently definite and indicates the intention of the offeror to be bound in case of acceptance." 同上书,第 120 页。

③ 这里的发价即指要约。

条款,能够表明当事人的基本权利义务。在商事交易中,要约一般应包括商品的名称、价格、数量、履约的时间和地点等,其他不确定的内容可以在日后加以补充确定,或者根据当事人之间业已建立的交易习惯加以解决。例如,A 已连续多年续展与 B 的合同,由 B 为 A 的机械设备提供技术服务。现在 A 又新开了一个分支机构,使用同一机械设备,且要求 B 为其提供同样的服务。B 作出承诺。尽管 A 的要约没有规定协议的所有内容,但完全可以从他们之间业已建立的习惯做法中推导出新的合同内容。

关于要约应当明确协商哪些内容,现代合同法理论出现简捷化趋势。美国的《统一商法典》第 2-204 条规定,即使在买卖合同中对某一项或某几项条款没有作出规定,但是,只要当事人之间确有订立合同的意思,并有合理的确定的依据给予相应的补救,则合同仍然可以成立。根据美国的理解,在买卖合同中,要约的内容最重要的是确定货物的数量或提出确定数量的方法,至于其他空缺条款可以等待日后按照合理的标准加以确定。根据《联合国国际货物买卖合同公约》第 14 条的规定,要约内容的"十分确定"应当符合三项要求:(1) 应当载明货物的名称;(2) 应明示或默示地规定货物的数量或规定如何确定数量的方法;(3) 应明示或默示地规定货物的价格或规定如何确定价格的方法。《国际商事合同通则》虽然没有具体列举须明确的事项范围,但也包含了空缺条款留待日后依惯例确定的意思。

第二,要约必须表明要约人愿意按自己的要约中所提出的条件与对方订立合同的意旨。要约不是"开始与对方协商"的建议,而是提出初步的协商条件,一旦这一初步条件被对方接受,合同即告成立的意思表示。一项真正的要约,一旦被承诺,要约人就必须受其约束。然而,一项缺乏订约意旨的建议本身并不是要约,它只是为了邀请对方向自己发出要约。这在法律上叫做要约邀请或者要约引诱。要约邀请与要约的区别在于:后者一经对方承诺,要约人就应当受其约束,因为合同已告成立;而前者仅仅是作出让对方向自己发出要约的邀请,因此,即使对方予以回应,只要自己没有承诺,合同仍未成立。

如何识别要约与要约邀请?在商事交易中,一方向交易对方寄送报价单、价目表、商品目录等材料,或者发布一般的商业广告,都被视为要约邀请。我国《合同法》第 15 条第 1 款中规定,"寄送的价目表、拍卖公告、招标公告、招股说明书、商业广告等为要约邀请。"第 2 款又规定,"商业广告的内容符合要约规定的,视为要约。"美国法院在确定是不是要约时首先考虑意思表示的措辞。如果一方使用了"Are you interested...?"(你是否有兴趣……?)"Would you give...?"(你是否愿意给……?)"I'd like to get..."(我希望得到……)等措辞,法院可能会认为该当事人的意图是开始与对方协商,即要约邀请。如果一方使用了"I bid..."(我请求……)、"I'm asking..."(请……)或"I'm quoting a price of..."(兹报价……),就可表明该当事人的意图是发出要约。《联合国国际货物买卖合同公约》第 14 条规定确定了一个准则,即,审查是否为要约,可以从建议是否向"一个或一个以上的特定人发出"这一点来加以判断。通常情况下,商业广告是向社会公众,也就是说任何不特定的人发出的,因此不具备要约的特征。但是,悬赏广告,如寻人启事、寻找失物广告等是向完成特定行为的人发出的给予一定报酬的声明。这类广告在各国法中均被认为是要约。

第三,要约必须送达。大多数国家的法律都规定,要约必须于送达受要约人时才能产生效力。英国合同法确立的要约送达的规则包括三个含义:要约必须送达才能生效,受要约人必须得知要约才能作出有效的承诺,要约只能由要约人送达才能有效。根据上述规则可以判断,一个要约人虽有要约之意而无送达之行为,或者要约虽送达但途中已丢失,都不可能产生要约的效力。如果有人向对方发出要约,同意以2万美元将一部汽车卖给对方,而对方在收到上述要约之前,主动写信表示愿意以2万美元购买其汽车,尽管信件中的内容与要约的内容相同,但它不是承诺,而是"交错的要约"(cross-offer),双方不能因此而形成有效的合同。因为写信的人写信时要约尚未生效,无要约,则无承诺。另外,基于英国法的第三项规则,要约必须由本人或者其授权的代理人送达,除此之外,别人送达的均不是要约。如,某甲购买了一辆新车,欲将旧车出售。一日甲与邻居某乙谈及此事,甲听说丙正需一辆车,乃随口表示可以将车出售给丙。乙随后将这一消息告诉丙,丙前来找甲买车,此时甲已将车卖与他人。在此情况下,丙无权指控甲违约,因为甲并未向丙发出要约,也未授权乙代为送达要约。《国际商事合同通则》规定,一项要约必须于其送达受要约人时方能生效。

2. 要约的约束力

要约的约束力应当从两个方面考查:一是对要约人,二是对受要约人。一般来说,要约对受要约人没有约束力,后者只有承诺或者不承诺的权利。因此,受要约人在接到要约时如果不想承诺,他可以表示沉默,因为他没有通知对方的义务。但一些欧洲国家的法律如德国商法典常常规定,在商业交往中作为例外情形,受要约人无论承诺与否,都应当通知要约人。如果怠于通知,则将被视为承诺。这主要是针对平日经常往来的客户。

要约对要约人的约束力须划分为几个阶段来分析。首先,当要约发出但尚未到达对方时,一般认为要约没有什么约束力,因为各国法规定,要约必须送达对方才能生效。既然要约没有生效,要约人完全可以撤回要约或者修改其内容。只要撤回或者修改的通知是在要约到达受要约人之前或者同时到达对方即可。其次,当要约已经到达对方之后,要约人是否受其要约的约束,对此问题,两大法系中的主要国家在法律规定上有所不同。

(1)英美普通法基于对价理论认为,一个人所作出的允诺在法律上有无约束力,取决于对方有无给付对价(consideration);或者如果没有给付对价,但已采取了签字蜡封(signed and sealed)的特殊允诺形式。如果欠缺对价或签字蜡封形式这两个条件之一,则该允诺对允诺人不具有约束力。例如,如果要约人向对方发出要约,声明可以在一个月之内不予撤销,但以对方支付一笔金钱为条件。如果对方同意支付,则双方就成立了一个关于保证该要约于1个月内不得撤销的担保合同或有选择权的合同。在此情况下,要约人在规定的期限内不得撤销或修改要约的内容。英美法认为,对价的主要作用就是法院"据以区分哪些允诺是可以强制履行的"。一项有对价的允诺,意味着允诺者要信守诺言,否则将遭到法院的强制执行。

由于英美普通法上的对价制度与现代高效快捷的经济生活不相适应,英美法学者中一直存在着废除或修改对价制度的主张。1937年英国法律改革委员会经过两年的研究,发表了一份改革对价制度的建议报告。① 美国《统一商法典》第2-205条规定,在一定条件下可以承认无对价的"确定的要约",即要约人在要约确定的期限内不得撤销的要约。其条件是:① 要约人必须是商人;② 要约已规定期限,或如果没有规定期限,则在合理期限内不予撤销,但无论如何不超过3个月;③ 要约须以书面作成,并由要约人签字。如果符合上述条件,即使要约没有对价支持,要约人仍须受其要约的约束,在要约规定的期限内或在合理期限内不得撤销要约。

(2) 大陆法系的基本立场是要约对要约人有约束力。《德国民法典》规定,除非要约人在要约中注明有不受约束的词句,要约人须受其要约的约束。如果在要约中规定了有效期,则在有效期内不得撤销或更改其要约;如果在要约中没有规定有效期,则依通常情形在可望得到答复以前,不得撤销或更改其要约。《法国民法典》对要约的约束力未作详细规定,但法国法院在判例中认为,如果要约人在要约中指定了承诺期限,要约人可以在期限届满之前把要约撤销,但须承担损害赔偿的责任。即使在要约中未规定承诺的期限,如果根据具体情况或正常的交易习惯,要约被视为应在一定期限内等待承诺者,要约人如不适当地撤销要约,亦须负损害赔偿之责。比较法国法与德国法的规定,可以发现二者之间存在一定的差异,即德国法较为鲜明地表示出要约人应受要约约束的立场,而法国法则有限度地以承担损害赔偿责任的方式表示了这种约束力。

从总体上说,大陆法系与英美法系在此问题上的立场有重大分歧。1980年通过的《联合国国际货物买卖合同公约》旨在消除两大法系在此问题上的重大分歧。公约规定,要约在被受要约人接受之前,原则上可以撤销,但有下列情况之一者不能撤销:

① 要约写明承诺的期限,或以其他方式表示要约是不可撤销的;

② 受要约人有理由信赖该项要约是不可撤销的,并已本着对该项要约的信赖行事。

显然,上述规定对两大法系的分歧进行了调和。这一成果现已被《国际商事合同通则》以及我国的《合同法》接受。

---

① 参见杨桢:《英美契约法论》,北京大学出版社2007年版,第149—151页。

3. 要约的终止

一项要约创立一项承诺。但要约可能在被承诺之前因以下各种原因而致效力终止：

（1）要约因要约人撤回或者撤销要约而失效。要约在被送达到受要约人之前或者同时可以用更为便捷的通讯方式通知撤回，撤回通知须与要约同时或在要约到达受要约人之前到达受要约人；即使是注明"不可撤销"的要约也可以如此。至于要约的撤销，大陆法系一般持否定态度，英美法系采取认可态度。英美法系对承诺采取"投邮主义"（Deposited Acceptance Rule）原则，即受要约人只要把承诺通知投入邮箱或送到邮电局，承诺即生效。因此，撤销要约须在受要约人作出承诺之前通知受要约人。

（2）要约因期间已过而失效。如果要约规定了承诺期间，则有效期届满要约即终止。此后受要约人作出的承诺表示被视为新要约。如果要约未规定有效期，英美法法院通常认为要约经过一个合理期间（reasonable time）也会失效。至于合理期间的确定，要视具体情形而定，如当事人之间以前的商业做法或者该行业的习惯，这是一个事实问题。大陆法系对于未规定有效期的要约往往区分其送达方式：如果当事人之间以对话方式进行磋商谈判，承诺须立即作出，否则要约将失效；如果当事人分处异地，以函电方式发出要约，则承诺应在"依通常情形可期待承诺达到的期间内"作出（德国、日本、瑞士等国）。依照大陆法的学理解释，这个期间应包括要约到达受要约人的时间、受要约人考虑承诺的时间和承诺到达要约人的时间。这一问题也是事实问题，应由法院酌情裁判。《联合国国际货物买卖合同公约》和《国际商事合同通则》也有类似规定。根据《国际商事合同通则》第2.1.7条规定，"要约必须在要约人规定的时间内承诺，或者如果未规定时间，应在考虑到交易的具体情况，包括要约人所使用的通信方法的快捷程度，在一段合理的时间内作出承诺。对口头要约必须立即作出承诺，除非情况有相反的表示。"第2.1.8条进一步解释了这一期间的起算时间和其他须考虑的因素："① 要约人在电报或信件内规定的期间，应从电报被交发的时刻或从信件中所载日期起算。要约人以快捷通讯方式规定的承诺期间，从要约送达受要约人时起算。② 在计算承诺期间时，此期间内的正式假日或非营业日应计算在内。但是，如果承诺通知在承诺期间的最后一天未能送达要约人地址，因为该天在要约人营业地是正式假日或非营业日，则承诺期间应顺延至下一个营业日。"

（3）要约因拒绝要约或者反要约而失效。要约一经拒绝即终止，受要约人不能再通过承诺恢复其效力。如果承诺是附条件的，包含了新的条款或者以某种方式改变了原要约中的条款，则构成反要约（counter offer），它是一项新要约，须经原要约人承诺，合同才能成立。例如，甲提出以2000英镑的价格出售其房产，乙表示只能接受1000英镑的购买价格。乙的答复构成了新要约。但是，如果乙接到甲的表示后问甲："你开的价包含过户费吗？"这就是一项询问，而不是反要约。询问与反要约的区别在于，一个通情达理的人处于要约人地位是否会把受要约人的表示理解为一项能够被承诺的要约。

（4）要约因法律原因而失效。美国法区分了两种情形：一是要约人死亡或丧失行为能力时，受要约人的承诺权即告终止，不管受要约人是否知道这种情况。① 但是，如果受要约人已经获得了作出承诺的选择权（即支付了对价），要约人的死亡或丧失行为能力不会使该选择权终止。例如，乙在甲死亡之前已经向甲支付了1美元，作为甲的要约的名义上的对价，乙便获得了在甲规定的承诺期间内作出承诺的选择权。此后，甲的死亡不会使这一选择权的效力终止。二是当情况发生变化时，如建议订立的合同出乎意料地变成了违法合同，或者合同的标的物发生灭失，此时要约便会失效。

（二）承诺（Acceptance）

1. 承诺的定义

承诺是指受要约人在要约有效期内按照要约所规定的方式对要约的内容表示接受的一种意思表示。承诺可以是明示的，也可以用某种行为默示表达。要约一经承诺，合同即告成立。

一项有效的承诺须具备下列条件：

（1）承诺的主体必须是受要约人或者其授权的代理人。除此之外任何第三者作出的表示只能是另一项要约，而不是对要约的承诺。

（2）承诺须在要约确定的有效期内作出。关于该期限的确定，已在要约的终止问题中予以叙述，在此无须赘述。

（3）承诺的内容须与要约的内容一致。从理论上说，承诺应当与要约完全一致，承诺内容中对要约的扩充、限制或变更不是承诺，而是反要约，不发生承诺的效力。英国法的镜像规则表明了这一观点。② 需要注意的是，美国法认为，在承诺中改变、限制或者增减要约内容的反要约是具有确定特征的。并不是说受要约人的任何与要约不一致的回答都构成反要约。一方当事人发出要约后，对方在作出承诺前详细询问情况，进一步了解有关信息，则不属于反要约。如，甲发出要约，表示愿以每吨405英镑的价格出售一定质量的钢，乙接到要约后，先是询问能否赊购4个月，未获答复，然后又按照原要约作出承诺。后来双方涉诉。法院认为，乙的赊购询问并未附加任何条件，故不构成反要约，原要约和后来的承诺应视为有效，双方合同关系成立。现代英美法院还针对格式合同引起的"表格之战"确定了一些新规则。商业交往中，要约人（买方）发出一份标准订单，订单正面列有他需要购买的货物的品种、

---

① 参见美国第二次《合同法重述》第48条。
② 1840年的Hedy v. Wrench一案中，被告向原告发出要约，愿以1000英镑出售自己的一处房产，原告复信表示愿以950英镑购买，被告表示不同意。后原告又要求按照1000英镑的价格购买，但被被告拒绝。法院判决中认为，双方并未达成合同，因为原告回信表示愿意以950英镑购买房产不能构成承诺，只是一项反要约，而被告拒绝了这一反要约，双方之间显然无合同关系。法官在本案的审理中确定了镜像规则：承诺应当像镜子一样地反射要约，即二者应完全一致。

价格、数量和交货条件、地点等,订单背面则详细列出各项条款和条件,且声明合同条款应以他的表格中的条款和条件为准。卖方收到订单后,未直接准确答复买方,而是将自己的标准表格送回要约人,表格的正面与要约人的要求相符,但背面的详细条款却与要约人不同,同时他也声明,合同条款应以他的表格中的条款和条件为准。这样,双方虽经多次讨价还价,仍未充分重视背面条款。一旦在履行中发生针对背面条款执行的争议,究竟应以哪一方的标准格式为准,是一大难题。法院在实践中一般采用所谓"最后一枪"(Last Shot)的理论或者"最后一句话"(Last Word Doctrine)理论,即以最后一份标准表格中的条款为正式合同的内容①。

为了适应现代社会经济发展的需要,合理区分反要约和承诺,1980年的《联合国国际货物买卖合同公约》以及2004年的《国际商事合同通则》确立了"非实质性变更要约"理论。《国际商事合同通则》第2.1.11(2)条规定:"对要约意在表示承诺但载有添加或不同条件的答复,如果所载的添加或不同条件没有实质性地改变要约的条件,那么,除非要约人毫不迟延地表示拒绝这些不符,则此答复仍构成承诺。如果要约人不作出拒绝,则合同的条款应以该项要约的条款以及承诺通知中所载有的变更为准。"②何谓"实质性变更",公约与通则的态度稍有不同:公约具体指出,凡承诺中载有关于价格、支付、货物的质量和数量、交货地点和时间、当事人一方对他方的责任范围或解决争端等方面的附加条件或不同条件,均视为在实质上变更了要约的条件。但是通则没有做详细列举,而是认为这一问题应当视具体交易的情形来定。一个重要的考虑因素是,变更条款或差异条款在有关的贸易领域中须是常用的,而不能出乎要约人的意料之外。

(4) 承诺的传达方式须符合要约所提出的要求。各国法普遍认为,如果要约人在要约中规定了承诺的方式,受要约人必须按照规定的方式作出承诺;擅自变更承诺方式的,承诺不能成立。如果要约人在要约中对此未作具体规定,应按照以下规则办理:① 承诺人一般应按要约所采用的传达方式办理,如要约采用电报形式,则承诺也应采用电报形式;如要约是用空邮,承诺也应用空邮。② 承诺人可以采用比要约方式更为快捷的传达方式作出承诺。要约人不能予以拒绝。

2. 承诺的生效与撤回

承诺生效的时间在合同的成立中十分重要,因为承诺一旦生效,合同即告成立。在此问题上各国法存在较大分歧,理论上有"投邮主义"(mail-box rule)、"到达主义"(received the letter of acceptance)和"了解主义"(knowledge of the letter of acceptance)三种主张。

(1) 英美法系基本上持投邮主义观点。当承诺是以书信、电报等邮寄方式送达时,承诺从承诺人妥当贴上邮票和写上地址投递时完成,即使信件被交付还没有被

---

① 何宝玉:《英国合同法》,中国政法大学出版社1999年版,第97—98页。
② 张玉卿主编:《国际统一私法协会国际商事合同通则2010》,中国商务出版社2012年版,第151页。

阅读,或者迟延交付,或者没有到达目的地,承诺的生效均不受影响。因为要约人曾默示指定某邮局作为他接受承诺的代理人,即使邮局有疏忽而致承诺送达延误,这不至于影响合同的生效。这一规则不适用于通过电话或电传送达的承诺,在此情形下,承诺自要约人收到时才有效。英美法系采取投邮主义立场主要是为了限制在要约撤销问题上的随意性。

(2) 大陆法系以到达主义为主要立场,以法国的投邮主义为例外,兼采了解主义。德国为代表的大陆法系国家采取到达主义原则,《德国民法典》对待要约、承诺等意思表示的态度是,对于相对人以非对话方式所作的意思表示,于意思表示到达于相对人时发生效力。这里的"到达"是指到达收信人的支配范围。德国法合理划分了表意人以及收信人之间的风险责任:表意人承担从发信时起至送到收信人时为止这段时间的风险,收信人则须承担信件到达己方通讯地址而自己尚未拆阅时这段时间的风险。过去,大陆法系曾采取了解主义,即不仅要收到对方的意思表示,而且要真正了解其内容时,该意思表示才生效。

法国法对承诺生效的时间未作具体规定。法国学者认为,承诺的生效时间问题属于事实问题,应当由当事人自己决定,法院常常推定适用投邮主义。

(3)《联合国国际货物买卖合同公约》第18条第1、2、3款和《国际商事合同通则》主要采取到达主义原则。通则第2.1.6(2)条规定,"对一项要约的承诺于同意的表示送达要约人时生效"。第2.1.6(3)条规定,"但是,如果根据要约本身,或依照当事人之间建立的习惯做法或依照惯例,受要约人可以通过作出某行为来表示同意,而无须向要约人发出通知,则承诺于作出该行为时生效"。如果是口头要约,则须立即承诺。

既然各国法以及国际公约、惯例对承诺的生效多采到达主义原则,也就允许承诺人在要约人收到其承诺之前将它撤回,只要撤回通知比承诺的通知提前或者同时到达要约人即可。

▶ **二、合同成立的特殊要求——对价(consideration)与约因(cause)**

尽管最近的2004年《国际商事合同通则》未涉及各国法关于合同成立的一些特殊要求,但是,在国际商业交往中应当重视这些内国法中的特殊要求,因为它们将影响商事合同争议在某个国家法院的司法裁判,特别是判决的强制执行。

(一) 英美法的对价制度

在英美合同法中,对价十分重要,它不仅是使合同获得强制执行效力的要件之一,而且是整个合同法的基石。对价,简单说来就是"一方为取得合同权利而向另一方支付的代价。对价可以是某种允诺,也可以是某种行为"[1]。传统观点是用"利益—受损"标准来界定对价。1875年英国高等法院在 Currie v. Misa 案的判决中这

---

[1] 苏号朋主编:《美国商法》,中国法制出版社2000年版,第46—47页。

样规定,对价是指合同一方得到的某种权利、利益、利润或好处,或是他方当事人克制自己不行使某项权利或遭受某项损失或承担某项义务。例如,甲以 1000 英镑的价格向乙出售自己的房产,这里甲向乙交付房产和乙向甲支付 1000 英镑价款就是互为给付的对价。现代观点则强调对价的"互换性",只要一方得到了他想要的东西,即使这种东西并不能给他带来什么利益或好处,亦可成为对价。对价是"使诺言对诺言人产生约束力的与诺言互为交易对象的对应的诺言、行为或不行为"[1]。例如,甲欠乙 1000 美元,到期无力偿还,乙准备起诉。甲请求乙不要起诉,给他 3 个月的宽限期,他将另外付给乙 100 美元。乙同意。甲另外支付的 100 美元在法院可以强制履行,其对价就是乙在 3 个月内不起诉。

现代英美法上的对价制度包括以下内容:

(1) 简式合同需要对价支持。普通法把合同分为两类:签字蜡封的合同[2]和简式合同。前一种合同由于具备严格的合同形式,不要求对价支持;后一类合同包括口头合同和非签字蜡封的一般书面合同,这类合同必须有对价支持,才有约束力。

(2) 对价包括待履行的对价和已履行的对价,而不能是过去的对价。所谓待履行的对价(excecutory consideration)是指双方相互允诺在将来履行的对价。例如,甲乙双方签订协议,明年 2 月,甲向乙支付 100 美元的货款,乙向甲交付 100 吨食品。协议中甲的允诺和乙的允诺都是将来待履行的对价。所谓已履行的对价(excecuted consideration)是指一方当事人已履行了他那部分义务时,其所提供的对价就是已履行的对价(excecuted consideration)。例如,甲主动向乙供货,乙予以接受。这时买卖合同已经成立,甲以要约形式完成的合同义务,构成乙将来支付合理货款这一合同义务的已履行的对价。再如,甲发出向乙出售一批货物的要约,乙直接以按照要约要求付款的行为代替承诺,这时乙的承诺性质的已履行的对价即可以换取甲将来交付货物这一对价。所谓过去的对价(past consideration)是指一方在对方作出允诺之前已全部履行完毕的对价。它不能作为对方将来作出的允诺的对价。英美法有一项原则:"过去的对价不是对价"。例如,某人曾经见义勇为他人无偿做了一件好事,即使事后受益人表示将给予一定报答,这种允诺是没有约束力的,因为过去的事情不能作为现在允诺的对价,这种允诺是无偿的。

(3) 对价必须具有某种价值,要求法律上充足而不一定相称。这里所说的价值应指金钱或有财产价值的其他东西。如,甲把一幅价值 2 万元的画以 1 万元的价格卖给乙。对双方来说,对价在法律上是充足的,但却在事实上不相称。法院认为,只要对价充足,合同即具有约束力。如果对价极不相称,足以构成诈欺或错误,当事人可以请求给予衡平法上的救济,要求撤销合同。

(4) 已经存在的义务、法律上的义务、爱、感情及道德义务不能成为对价。英国

---

[1] 王军编著:《美国合同法》,中国政法大学出版社 1996 年版,第 19—20 页。

[2] 早期,蜡封是指依特定方式将文件用火漆加封。现在当事人通常是在文件上加上"seal"或"L. S."的标记。

法院有一例典型判例:船方雇用一批船员作一次往返于伦敦与波罗的海的航行,途中两名船员开了小差,船长答应其他船员,如果他们努力把船开回伦敦,他将把那两人的工资分给他们。事后船长食言,船员起诉到法院。法院判决中认为,船长的允诺是无效的,因为缺乏对价。理由是,船员开船时已承担了义务,答应在航行中遇到例外情况应尽力而为。两名船员开小差就属于这类例外。其余的船员应依照原来的雇佣合同承担安全返航的义务。这就是已经存在的义务不能作为一项新的允诺的对价。一名警察与一名商人达成协议:该警察在巡逻时对商人的商店多加关照,该商人每月付给该警察50美元作为报酬。此例中商人的允诺也无对价支持,因为警察同意履行的是法律上的义务。一位祖父允诺承担其爱孙的学费,其爱孙未付任何对价。祖父从中得到爱和感情上的满足,这不是对价。一旦祖父食言,其孙无权要求强制履行。

对价制度的基本作用是通过对价的衡量使欺诈、恩惠等性质的合同归于无效。对价制度的实施必将增加当事人撤销合同的机会,这对现代商业活动来说并非有利。英美学者中一直存在改革对价制度的呼声,美国《统一商法典》就改变了大量对价的原则,如第2-209条规定,即使没有对价也可以具有约束力。①

(二) 法国法的约因

法国法中的约因是指当事人产生某项债务所追求的即时而且直接的目的(immediate and direct end)。约因与动机不同,约因直接影响从法律上对当事人之间的债务关系的分析,而动机则主要引向事实层面,可能多种多样。如某甲购买房子的动机可能是为了自己居住,或是为了出租而使财产升值,但甲的约因只是获取房产这一标的物。甲的对方,即卖方的约因是获取合同价款。

法国法把约因作为合同有效成立的要素之一。《法国民法典》第1131条规定:"凡属无约因的债,基于错误约因或不法约因的债,都不发生任何效力。"这里的"不法约因"是指当事人订约时的最直接的目的违反法律的强行性规定,或违反善良风俗或公共秩序。以上三种情形均不发生法律效力。

通常在双务合同中存在双方当事人各自而且相互给付的约因。但是在无偿或赠与合同中,受赠人具有从赠与人处获取赠与物的约因,而赠与人的约因难以用一般的理论加以解释。因此,法国法强调赠与合同应具备一定的严格形式,比如公证形式,否则无效。

(三) 《国际商事合同通则》的相关规定

鉴于各国法对合同有效成立的其他要求存在较大差异,难以协商达成共识。通则有关合同的效力的第三章采取了回避各国法的法律冲突的立法原则,把对价、约因制度以及诸如合同内容的非法或者不道德等问题留给内国法解决。第3.2条规定:"合同仅由双方的协议订立、修改或终止,除此别无其他要求。"该条的意思是,所

---

① 参见王军编著:《美国合同法》,中国政法大学出版社1996年版,第32—33页。

有合同只需双方同意,而无需对价或者约因。尽管如此,国际贸易中的当事人仍应重视各国合同法中有关合同成立的特殊要求。

▶ **三、当事人订立合同的能力**

当事人的订约能力也是考察合同是否有效成立的要素之一。以下将从自然人、法人以及其他组织两大类别分别介绍当事人的订约能力。

（一）自然人的订约能力

概括来说,各国法中自然人的订约能力取决于他的民事行为能力;自然人只要具备完全民事行为能力,除法律另有规定外,就具有完全的订约资格。在各国法中,完全民事行为能力的取得与法定的成年人年龄标准、精神状况等因素有关。各国法对成年人的法定年龄规定不一,有些国家规定为年满20岁或者21岁,有些国家规定为年满18岁。目前各国法的发展趋势是成年年龄标准逐渐降低。至于不同行为能力的自然人订立合同的结果如何,各国法的规定差异较大,以下作分别介绍。

1. 中国法关于自然人订约能力的规定

我国有关自然人订约能力的规定见诸《民法通则》和《合同法》。主要划分为三种类别。

第一种是完全民事行为能力人。年满18周岁的公民是成年人,具有完全民事行为能力,可以独立进行民事活动,独立取得民事权利和承担民事义务。16岁以上不满18周岁的公民,如果以自己的劳动收入为主要生活来源,可以视为完全民事行为能力人。第二种是限制民事行为能力人。他们包括10周岁以上的未成年人和不能完全辨认自己行为的精神病人。所谓限制民事行为能力,就是指行为人除了可以独立进行与他们的年龄、智力、精神健康状况相适应的民事活动外,其余的民事活动应当由其法定代理人代理,或者征得法定代理人同意才能自己进行。第三种是无民事行为能力人。他们包括不满10周岁的未成年人以及不能辨认自己行为的精神病人。无民事行为能力人须经法定代理人代理才能从事民事活动。①

我国《合同法》坚持《民法通则》的原则性规定,将不具有完全民事行为能力人订立的合同区分为有效、无效以及效力待定三种情形。限制行为能力人独立订立的与其年龄、智力或者精神状况相适应的合同是有效的;无民事行为能力人独立订立的合同以及限制行为能力人独立订立而未获法定代理人追认的合同是无效的;限制行为能力人独立订立而尚未征得法定代理人追认的合同是效力待定的。我国法没有考虑到未成年人在接近成年时擅自订立无权独立订立的合同能否待本人成年后由本人追认的问题。

---

① 最高人民法院在相关司法解释中指出,限制行为能力人和无民事行为能力人独立地接受奖励或者赠品的行为是有效的,他人不得以行为人限制民事行为能力或者无民事行为能力为由而主张行为无效。此乃上述一般规定之例外。

2. 大陆法系国家关于自然人订约能力的规定

大陆法系国家对自然人民事行为能力的规定有一些细微差异。在年龄方面,德国法将无行为能力的年龄标准界定为7岁,无行为能力的人所作的意思表示一概无效。年满7岁不满18岁的未成年人为限制行为能力人。根据《德国民法典》的规定,限制行为能力的未成年人所作的意思表示,须取得其法定代理人的同意。在获得同意之前,意思表示暂时不发生效力。但德国法又规定,未成年人达到法定的成年年龄或者依照法律的其他规定取得完全的行为能力之后,对于其先前未经法定代理人同意所签订的合同,得以自己所作的追认代替法定代理人的追认。另外,《德国民法典》还规定,未成年人的法定代理人经法院同意,允许未成年人独立经营业务者,未成年人对其营业范围所做的一切法律行为有完全的行为能力,他所签订的合同无须取得法定代理人的同意即可生效。① 这一规定与我国法中"视为完全行为能力的人"相似。

除年龄这一决定行为能力的标准外,大陆法系还有一个独特的概念——禁治产者。所谓禁治产者是指因精神病或因有酒癖不能处理自己的事务,或因浪费成性有败家之虞者,经其亲属向法院申请,由法院宣告禁止其治理财产。一旦被法院宣告为禁治产者,也就成为无行为能力的人,则其订立的合同一概无效。

法国法有一项特殊制度——解除亲权。它是针对未成年人设立的。法国的成年年龄为21岁。未成年人解除亲权的情形有二:一是未成年人因结婚而依法当然解除亲权;二是虽未结婚,但年满16岁以后,由其父母双方或其中一方向监护法官提出申请,宣告解除亲权。无父母的,依亲属会议的要求,亦可以同样方法解除亲权。解除亲权的未成年人与成年人一样,有处理一切民事生活行为的能力,但不得经营商业活动。②

3. 英美法系国家关于自然人订约能力的规定

英美法系缺乏禁治产者这样的抽象概念,而是用具体概念来衡量人们的订约能力。英美法为了保护那些易受欺骗或易受合同损害的人,往往规定未成年人、精神病人、智力不健全者或酗酒者属于缺乏订约能力的人,允许他们毁约,不履行所订的合同。

对于未成年人,美国大多数州规定,未满18岁的人为未成年人,无订约能力。为了便于未成年人获得生活必需品,法律承认未成年人有订立必需品(necessaries)合同的资格。其中的理论依据是:"一个未成年人如果对于必需品也没有信誉,他就会挨饿。"③按照英国著名法官科克④的理解,必需品一般包括必需的食品、饮料、衣

---

① 见《德国民法典》第112条。
② 见《法国民法典》第487条。
③ 特纳诉盖瑟(北卡罗来纳州,1879年),转引自王军编著:《美国合同法》,中国政法大学出版社1996年版,第76页。
④ 爱德华·科克爵士(Sir Edward Coke,1552—1634)曾任英国高等民事法院首席法官、王座法庭首席法官等职,是普通法理论方面的权威学者,其代表作是《科克评李特尔顿》。

服、必需的药品以及诸如此类的其他必需品,还有类似的为获得良好的教育或指导所必需的东西。一个人在成年之前订立的合同,在成年之后可自己予以追认;如果成年后的合理时间内未表示撤销合同,则视为追认了合同。所谓合理时间是一个事实问题,应依具体情形而定,一般在判例中被理解为两年。

美国法对未成年人所订的合同往往不作无效处理,而是以撤销权对待。撤销权仅属于未成年人,与未成年人订立合同的成年人无权撤销合同。未成年人有权要求强制成年人履行合同,或者撤销合同,而成年人既不能撤销合同,也不能要求强制履行。未成年人行使撤销权只需书面通知对方,但原则上应同时返还其因订约所取得的财物。

至于智力不健全者,即因缺乏精神或智力上的能力而不能理解其行为的性质与后果的人,如精神病人、智力低下者、酗酒者等,他们订立的合同的有效性取决于订约的时间以及当时该人的精神状况。经合适的法院宣告为精神病人或智力不健全的人所订立的合同完全无效,而且他(或她)恢复正常后不能追认。如果未经法院宣告但在订约时该人患精神病或智力不健全,该合同可以撤销,即在他(或她)精神恢复后可以追认合同也可以撤销合同。订约时因醉酒而不能认识自己的行为的人,醒酒后对合同可以撤销也可以追认。法院应对其醉酒的程度以及对订约的影响作出判断。依照美国的法例,酗酒者订立的合同原则上有强制执行力。

(二) 法人以及其他组织的订约能力

法人是指依法定程序成立,具有独立的财产,能够以自己的名义享受民事权利,承担民事义务的经济组织。在经济活动中,公司是最常见的法人。其他组织是指不具有法人资格,但能以相对独立的财产从事经济活动的组织。这里主要是指合伙组织。关于法人以及其他组织的法律地位问题,本书"商事组织"一章有详细说明,在此不作赘述。关于法人以及其他组织的订约能力,根据各国公司法的规定,公司须通过其授权的代理人方能订立合同,公司行为不能超越其章程的规定或者法律的强行性规定。

▶ 四、合同的形式

依合同的形式要求,可将合同分为要式合同和不要式合同两种。要式合同必须按照法定形式或手续订立,否则无效或不能强制执行;法律对不要式合同无特殊的形式要求。合同法关于合同形式的发展历史经历了从要式合同为原则到不要式合同为原则的变迁。要式合同起源于古罗马法。当时,由于商品交换不够发达,合同的种类少,订立合同的形式要求也比较严格,一项交易需要履行特定的语言表达和行为表示要求方可生效。但是,随着商品经济的发展,交易种类和数量越来越多,订立合同的形式也越来越简化,到罗马法后期,合意合同应运而生,此即后来的不要式合同。近代西方国家的法律,多采"不要式为原则,要式为例外"的体例。

（一）英美法

英国法基本上把合同分为签字蜡封合同(contract under seal,亦称为盖印合同、契据合同)和简式合同(simple contract)两种,此外还有记录合同和准合同。

签字蜡封合同是要式书面合同,无须对价支持。根据英国的法例,下列三种合同必须采用签字蜡封形式订立:(1)无对价的合同;(2)转让地产或者土地权益的合同,包括租赁期在3年以上的合同;(3)转让船舶的合同,此外,注册公司的组织章程也须采用签字蜡封形式。上述合同如未采用签字蜡封形式订立,则合同是无效的。

简式合同一般是不要式的,以对价为成立要件,可以口头订立,也可以采用书面形式。至于书面形式的作用,因合同种类的不同而有所区别。按照英国的法例,票据合同、海上保险合同、抵押证券合同、债务承认合同以及卖方继续保持占有的动产权益转让合同等,以书面形式作为合同有效成立的要件,如无书面形式,合同归于无效。担保合同、土地买卖或以其他方式处分土地权益的合同、金钱借贷合同等,以书面形式作为证据,如无书面形式,合同不能强制执行;但当事人自愿执行的,合同仍属有效。对合同书面形式的要求,主要源于"防止诈欺法"(Statute of Fraud)。1677年,为了防止不断增加的诈欺和伪证现象,英国议会通过了《防止诈欺和伪证的法案》,要求某些合同必须以书面形式作成,并由承担义务一方当事人签字才能作为证据,否则不能向法院起诉。该法案被称为"防止诈欺法",在英美普通法地区广泛适用。20世纪以后,经过几次修改,法案中要求必须采用书面形式的合同种类有所减少。美国各州基本仿照英国的"防止诈欺法"而制定本州的"防止诈欺法",一般来说,不动产买卖合同、履行期超过1年的合同、为他人担保债务的合同、价金超过500美元的货物买卖合同非采用书面形式者不能强制执行。

在美国,合同是否必须采用书面形式,不仅看"防止诈欺法",还要看州与联邦其他成文法有无专门要求。

（二）大陆法

大陆法国家对某些合同规定法定形式主要基于两种目的和作用:一是以此作为合同生效的要件;二是作为证明合同存在的证据。一般来说,德国法侧重于前者,法国法侧重于后者。

按照《法国民法典》的规定,赠与合同、夫妻财产制合同、设立抵押权合同等必须以公证人的文书作为合同有效成立的形式要件,否则不能产生法律上的效力,法院有权不依当事人的申请,而只依照其职权宣告缺少法定形式的合同无效。除此之外,其他要式合同的法定形式仅被作为证明合同存在及其内容的证据。缺乏此证据,合同并非无效,但法院将不予强制执行。《法国民法典》第1341条规定:"一切物件的金额或价额超过50新法郎者,即使是自愿的寄存,均须于公证人前作成证书,或双方签名作成私证书。私证书作成后,当事人不得再主张与证书内容不同或超出证书所载以外的事项而以证人证明……"上述规定主要适用于民事合同,商事合同例外。该条第 2 款规定:"前项决定不妨碍有关商业法律所作的规定。"而《法国商法典》第 109 条规定,对商人来说,"商事法律行为得采用一切证据方式来证明"。即使 50 法郎以上的交易,也可以用口头或其他非书面方式证明。显然,这主要是为了适应商事交易快捷频繁的特点。

《德国民法典》在总则中规定,不依法律规定方式的法律行为无效。这里所谓"法律规定方式"是指法定的书面形式、公证形式或者登记形式。除总则对法律行为的形式有所规定外,分则对不同类型合同的形式也作出了具体规定,如规定赠与合同应有公证形式,转移土地所有权的合同除必须有书面形式外还须在土地登记部门登记才能有效。但总体说来,德国法在合同形式上也是以不要式为原则,《德国民法典》规定必须以书面形式为有效要件的合同,仅仅是一种例外,仅限于赠与合同、保证合同、土地买卖合同和遗产买卖等少数几种。① 至于其他大多数合同,都可依照当事人的意见决定订约的形式。尤其是买卖合同,不论标的物价格如何,一律无形式要求。此外,《德国商法典》采用"商人本位原则",对商人所进行的一些法律行为给予特别的形式方面的自由。例如,该法典第 350 条对于"商事担保"规定了完全取代《德国民法典》第 766 条的"形式自由原则"。

(三) 中国法

中国的《民法通则》第 56 条规定,民事法律行为可以采取书面形式、口头形式或其他形式。法律规定用特定形式的,应当依照法律规定。相应地,我国原《经济合同法》、《涉外经济合同法》和《技术合同法》对合同的形式作了特别规定。原《经济合同法》规定,经济合同,除即时清结者外,"应当"采用书面形式。原《涉外经济合同法》更进一步规定"必须"采用书面形式。最高人民法院在关于后一部法律的司法解释中明确提出,订立合同未采用书面形式的,应确认为无效。但是,1999 年的《合同法》转而采取不要式原则,要式合同为例外。该法第 10 条第 1 款规定:"当事人订立合同,有书面形式、口头形式和其他形式。"第 2 款规定:"法律、行政法规规定采取书面形式的,应当采取书面形式。当事人约定采用书面形式的,应当采用书面形式。"这里所说的书面形式是指合同书、信件和数据电文(包括电报、电传、传真、电子数据交换和电子邮件)等可以有形地表现所载内容的形式。此外,在合同法分则以及其他一些单行法中对某些种类的合同形式有特殊规定。

《合同法》关于形式的规定体现了两方面的立法价值:一是订立合同必须迅速、便利;二是安全可靠。为了保障合同秩序的稳定,《合同法》还特别作出两项规定。第 32 条规定:"当事人采用合同书形式订立合同的,自双方当事人签字或者盖章时合同成立。"第 33 条规定:"当事人采用信件、数据电文等形式订立合同的,可以在合同成立之前要求签订确认书。签订确认书时合同成立。"

---

① 分别见《德国民法典》第 518、766、313、237 条等条款。

（四）《联合国国际货物买卖合同公约》和《国际商事合同通则》关于合同形式的规定

《联合国国际货物买卖合同公约》对国际买卖合同的形式原则上不加以限制。当事人不论采取书面形式还是口头形式，都不影响合同的效力，也不影响证据力。公约第11条规定："买卖合同无须以书面订立或书面证明，在形式方面不受任何其他条件的限制。买卖合同可以用包括证言在内的任何方法证明。"

这一规定旨在适应国际贸易的需要。同时，为了照顾不同国家法律的差异，公约允许缔约国对该条款予以声明保留。我国在加入公约时对此条就曾声明保留。

《国际商事合同通则》也采取了放任的态度。第 2.1.1 条规定："合同可通过对要约的承诺或通过当事人的能充分表明其合意的行为而成立。"

（五）EDI 与数据交换问题

EDI 是英文 Electronic Data Interchange 的缩写，中文译作"电子数据交换"。根据联合国国际贸易法委员会（UNCITRAL）1996 年 12 月 16 日通过的《电子商务示范法》（Model Law on Electronic Commerce）第 2 条的定义，"数据电文"是指"经由电子手段、光学手段或类似手段生成（generated）、发送（sent）、接收（received）或储存（stored）的信息，这些手段包括但不限于电子数据交换（EDI）、电子邮件、电报、电传或传真"。对电子商务应作广义理解，但目前，电子商务的主要载体与代表是 EDI。

EDI 产生于 20 世纪 60 年代的欧美。早期的 EDI 只是两个贸易伙伴之间的计算机通讯。后来，随着用户的增多与 EDI 技术的发展，出现了行业性的数据传输标准与网络系统，极大地拓展了 EDI 的应用空间。EDI 通过电子计算机，在当事人之间传送标准化的商业文件，减少甚至消除了贸易过程中的纸面单证，因而又被称为"无纸贸易"（paperless trading）。

EDI 与广义的电子商务所引发的法律问题主要是传统法律体制如何接纳 EDI 贸易方式并使之合法化，突出表现为如何用传统法律中的合同形式、签字与认证、证据力以及合同成立方式、时间、地点等问题的规定与之相协调。

1. 关于书面形式问题

关于合同的书面形式，各国法的具体规定不同。首先，从英美法的规定看，英美法将合同分为签字蜡封合同和简式合同两大类。如前所述，前一种合同适用范围极窄。一般的货物买卖合同属于简式合同，而且没有书面形式要求。因此，对于不要式合同，采用 EDI 方式应当无法律上的障碍；对于要式合同，EDI 可否被接纳则取决于对"书面"二字的法律解释。从英美法有关立法与判例来看，"书面"用 writing 或 document 表示。前者包括"打字、印刷、手版印刷、照片及其他的可见形式（visible form）表示或复制字词的方法"[①]；后者则被解释为"以有形形式（tangible form）传达信息的任何东西，包括磁带、胶片和照片"。美国《统一商法典》将 "writing or written"

---

① 见英国《1978 年解释法》。

定义为"包括印刷、打字或任何其他有意作出的有形形式(tangible form)"①,至于"可见形式"与"有形形式"的具体界定,则多体现于判例中。EDI可否算作"书面"的一种,主要取决于能否满足"防止诈欺法"的要求;就具体案件而言,则需要法官根据具体情形作出公平的判断。

大陆法系在书面形式问题上,法国强调书面形式作为合同存在及其内容的证据价值,德国则强调合同的有效要件作用。根据法国有关法律规定及判例,商事交易的当事人可以事先约定放弃法律对书面形式的要求。德国的商法典本着"商人本位原则"也对合同形式采取放任立场。所以,EDI在大陆法系的主要国家不存在特殊的法律障碍。

中国的《合同法》将数据电文明确规定在书面形式范围内。该法第11条规定:"书面形式是指合同书、信件和数据电文(包括电报、电传、传真、电子数据交换和电子邮件)等可以有形地表现所载内容的形式。"

综上所述,EDI要满足各国一般法对书面形式的要求比较容易,可以通过对书面形式作扩大解释的"法律途径"或者由当事人通过通讯协议约定将其视为"书面"的"合同途径"解决,但要满足像海商法、票据法之类的单行法的要求尚有一定的难度,需要做特别安排。

2. 关于电子签名与认证问题

根据联合国国际贸易法委员会2001年3月通过的《电子签名示范法》第2条的规定,"电子签名系指在数据电文中,以电子形式所含、所附或逻辑上与数据电文有联系的数据,它可用于鉴别与数据电文有关的签字人和标明此人认可数据电文所含信息。"可见,《电子签名示范法》采用了"功能等同"的方法,用一种宽泛的定义法,把口令、密钥、数字加密、生物鉴别等各种技术方法,统统归入电子签名的范畴中,只要它们能够起到传统签名的功能。

目前,电子签名的法律效力已基本上在世界范围内得到确认。但是就以何种技术手段生成的电子签名是具有法律效力的签名形式,各国立法模式不同。大致有三种立法例:

第一种是技术中立式,或称功能等同式。以UNCITRAL的《电子商务示范法》和《电子签名示范法》为代表。无论何种技术手段,只要能起到传统签名的作用,就给予其法律确认。此法把电子签名的选择权给予用户和市场,有助于各种电子签名技术的发展,但规定过于笼统,操作性较弱,在实践中作用有限。

第二种为技术特定化式。以美国犹他州的《数字签名法》为代表。该法规定,只有用非对称加密技术作出的数字签名才具有法律效力;基于其他技术生成的电子签名,均不被作为法定签名技术予以确认。此法将某一种技术作为法定技术标准,可以使电子交易在稳定、明确的环境下进行,但其不利之处是会限制其他同类技术的

---

① UCC.1-201(46).

发展和应用。

第三种是折中式。以新加坡《电子商务法》为代表。它一方面规定电子签名的一般效力,保持技术中立性,适用于以任何技术为基础的电子签名;另一方面又对所谓安全电子签名(即公共密钥技术为基础的数字签名)作出了特别规定,并建立了配套认证机制。这样做的结果是,既保持了法律的确定性,又不限制其他同类技术的发展。这种立法例颇受美、欧等发达国家和地区的关注和充分肯定。

签字其实是认证(authentication)的一种主要手段。根据联合国欧洲经济委员会第四工作组提出的《关于简化贸易措施的法律问题概览》报告,各国立法对签字的要求基于以下三种需要:"一为表明文件的来源;二为表明签字者已确认文件所载之内容;三为构成证明签字者对文件内容之正确性和/或完整性而负责任的证据。"[①]所谓认证,按照美国国际贸易文件国家委员会所下的定义,即为"在某法令、记录或其他书面文件的经核准的文本上赋以法律证明,以便将其作为法律可采纳的证据来提供的某种行为或方式"。[②] 在传统的签字盖章使用中,为了防止签字盖章方提供伪造的、虚假或被篡改的签字盖章或者防止发送人以各种理由否认该签字盖章为其本人所为,一些国家或地区采取由具有权威公信力的授权机关对某印章提前备案的办法,提供验证证明。同样的问题也存在于电子签名中。这就需要有一个权威机构对公开密钥进行管理以保证其可靠性,使第三者不能伪造或篡改;从技术上鉴定数据的发送、接收及其内容的真实性,以阻止发送方或接收方的抵赖行为。

电子签名认证服务提供商就是对电子签名及其签署者的身份的真实性进行验证的组织,英文为 certification authority,简称为 CA。认证机构提供的是涉及公众交易利益的信用服务,因此,有必要对其进行管理。目前各国立法采取的管理体制大致有官方集中管理型(美国犹他州、新加坡、韩国、德国等)、民间合同约束型(澳大利亚、美国加利福尼亚州等)和行业自律型(目前尚无实践者)。UNCITRAL 2001 年《电子签名示范法》对认证关系中的三方当事人的基本行为规范都作了规定。此外还有国际商会 1997 年《国际数字化安全商务应用指南》、欧盟 1997 年《欧洲电子商务行动方案》和 1998 年《关于信息社会服务的透明度机制的指令》以及 1999 年《欧盟电子签名统一框架指令》、美国 2000 年《全球与国内电子签章法》、加拿大 1999 年《统一电子商务法》、俄罗斯 1995 年《联邦信息法》、德国 1997 年《信息与通用服务法》、法国 2000 年《信息科技法》、日本 2000 年《电子签名与认证服务法》、香港 2000 年《电子交易条例》,等等。中国的《电子签名法》于 2004 年 8 月 28 日由第十届全国人民代表大会常务委员会第十一次会议通过。全文共 5 章 36 条,主要包括总则、数据电文、电子签名与认证、法律责任和附则。为了配合该法的实施,2005 年 1 月信息产业部颁布了《电子认证服务管理办法》。2009 年 2 月,工业和信息化部公布了新的

---

① ECE Trade/WP4/GE2/R102.
② Cf. Hans B. Thomas & Bernard S. Wheble, *Trading with EDI——The Legal Issues*, IBC Financial Books Ltd., 1989, p.19.

《电子认证服务管理办法》。自2009年3月31日起实施,同时废止2005年规定。

▶ 五、合同必须合法

西方各国都标榜和崇尚"契约自由"(freedom of contract),即任何有缔约能力的人,都可以按照自己的意愿自由地缔结合同。《法国民法典》第1134条明确规定:"依法成立的契约,在订立契约的当事人间有相当于法律的效力。"其他国家的法律也均有类似声明。但是,几乎所有国家的法律又都强调,只有依法订立的合同才有效;凡是违反国家法律、善良风俗和公共秩序的合同一律无效。这种规定旨在维护统治阶级的整体统治需要,体现契约自由的有限性。从自由竞争时代到垄断时代,随着国家干预经济生活的范围日益广泛和深度日益加强,以及垄断企业和其他具有优势地位的企业利用其优势地位越来越多地制订各种标准合同强加于对方当事人,契约自由的有限性越来越强化,合同法的强制性规定越来越增多。

（一）英美法

英美法中的违法合同分为两种情况:成文法所禁止的合同和有悖于普通法的合同。根据单行法和判例所确立的原则,下列三种合同一般为非法的:

（1）违反公共政策的合同。

所谓违反公共政策的合同,是指损害公共利益,违背某些成文法所规定的政策或目标,或旨在妨碍公众健康、安全、道德以及社会福利的合同。作为一项一般原则,违反公共政策的合同是无效的,因而是不能得到强制执行的。公共政策在解释上十分灵活,法院在决定是否应当以违反公共政策为由拒绝强制执行合同时,通常要考虑多种因素,其最终决定往往是对多种公共政策加以权衡的结果。在美国,不仅联邦法院所认定的公共政策因社会经济或政治环境的变化而改变,而且各州之间所确认的公共政策也有所不同。一般来说,对商业活动影响较大的公共政策主要有:反对限制贸易的政策;反对从事侵权行为或其他不法行为的公共政策;反对限制价格的公共政策,等等。①

（2）不道德的合同。

所谓不道德的合同是指违背社会公认的道德标准的合同,如法院予以承认将会引起社会公众的愤慨。如对婚姻家庭生活起不良影响,或导致人们忽视夫妻义务的合同。

（3）违法的合同。

违法的合同是指各种违反法律规定的合同。违反公共政策与违反法律是两个具有密切联系但又有所区别的概念。合同违法指合同的订立或履行与禁止这种订立或履行的强制性法律规定相抵触。这种强制性法律规定必然在某种程度上体现社会的公共政策。因此,在通常情况下,违法的合同同时也违反公共政策。但是,在

---

① 参见王军编著:《美国合同法》,中国政法大学出版社1996年版,第四章第三节。

某些情况下,合同的订立或履行虽然违反了强制性法律,强制执行该合同却并不违反公共政策。例如,某建筑公司与一未成年人签订了建筑合同,从而违反了不得与未成年人订立合同的强制性规定。然而,法院判决强制执行让事先不知情的建筑商支付报酬并不违反该州的公共政策。另外,一个合同的订立或履行尽管不违反某种明示的禁止性的法律规定,即在严格意义上说并不违法,却仍可能与公共政策相抵触。例如,在麦卡瑟诉联合霍姆斯公司案①中,原告是被告公司的一个房客。一日晚上,当原告顺着通往她租用的公寓楼梯往下走时,由于楼梯未安装电灯,原告从楼梯上摔伤。她诉诸法院,要求被告就其疏忽对她负赔偿责任。被告辩称,双方签订的租约中含有一免责条款,免除了被告的此种赔偿责任。华盛顿州上诉法院在判决中指出,尽管该免责条款被认为是合法的,但它与确立已久的涉及房主与房客关系的普通法上的侵权责任规则是抵触的,违反了该州的公共政策,因而不能由本法院强制执行。

(二) 大陆法

大陆法国家对违法合同集中规定在民法典中。《法国民法典》首先作出原则性规定,任何人不得以特别约定违反有关公共秩序和善良风俗的法律。具体来说,合同标的违法和约因违法即构成合同非法。贩卖毒品和其他违禁品等为标的违法,订立合同所直接追求的目的违法则为约因违法。《法国民法典》第1128条规定:"得为合同标的之物件以许可交易为限。"第1131条规定:"基于错误约因或不法约因的债,不发生任何效力。"第1133条进一步解释,"如约因为法律所禁止,或约因违反善良风俗或公共秩序时,此种约因为不法约因。"《德国民法典》在总则篇第二章法律行为中概括规定:"法律行为违反法律上的禁止者,无效。"德国法并未具体列举违法合同的种类。

(三) 中国法

中国的《合同法》在总则第7条把合同必须合法作为基本原则加以规定:"当事人订立、履行合同,应当遵守法律、行政法规,尊重社会公德,不得扰乱社会经济秩序,损害社会公共利益。"同时,还列举了非法合同的种类。该法第52条规定:"有下列情形之一的,合同无效:(1) 一方以欺诈、胁迫的手段订立合同,损害国家利益;(2) 恶意串通,损害国家、集体或者第三人利益;(3) 以合法形式掩盖非法目的;(4) 损害社会公共利益;(5) 违反法律、行政法规的强制性规定。"该法第53条又规定:"合同中的下列免责条款无效:(1) 造成对方人身伤害的;(2) 因故意或者重大过失造成对方财产损失的。"

由于各国对违法、公共利益或者公共政策的理解因意识形态的分歧而有所不同,因此,国际贸易公约、条约或惯例罕见这一方面的规定。

---

① 华盛顿州,1971年。转引自王军编著:《美国合同法》,中国政法大学出版社1996年版,第131页。

▶ 六、合意的真实与瑕疵

缔结合同的当事人的意思表示一致时,合同即成立,但此时的合意须是真实的。如果当事人因错误、被欺诈、胁迫等情形作出有悖于其真意的意思表示,则所订立的合同应当是无效的或者是可撤销的。各国法律对此规定原则上一致,但又有一些细微差别。

(一) 错误(mistake)

传统法律认为,当事人在决定签订合同时须对由其决定的事实和其他相关情况做必要的调查。因此,犯了简单错误的当事人应自负其责;除非该错误实际上是由于另一方当事人的所作所为而引起的,这时才能够发生因错误而导致的违约救济。什么样的错误会影响合同的效力呢?合同法上的错误是指当事人因对其行为的性质、对方当事人、标的物的品质等事实发生误解而作出的与其真实意思不一致的意思表示。为了保障交易的安全,各国法几乎一致认为,并不是所有的意思表示错误可以导致合同无效或者撤销。如果这种错误严重到使双方真实的合意受到极大的影响,则可能导致合同无效或者撤销的后果。

1. 大陆法系

《法国民法典》第 1110 条规定,错误只有在涉及合同标的物的本质时,才构成无效的原因。如果错误仅涉及当事人一方愿意与之订约的另一方当事人时,不能成为无效的原因;但另一方当事人个人被认为是合同的主要原因者,不在此限。根据上述规定及司法实践,有两种错误可以导致合同无效:一是关于标的物性质方面的错误。所谓标的物性质是指"基本品质"或者"决定性的考虑"。法国法院采取主观标准而不是客观标准,即努力探求当事人订约时是否在决定性的考虑上发生了错误。比如,买方本欲购买价值连城的古董,但实际上却买了赝品,因此他可主张合同无效。二是关于涉及与其订约的对方当事人所产生的错误。只有当对方当事人的身份是其订约所考虑的特别重要事项时,才能构成合同无效的原因。如承包合同、雇佣合同或借贷合同等。动机上的错误原则上不能构成合同无效的原因。

《德国民法典》第 119 条规定:"(1) 表意人所作意思表示的内容有错误,或者表意人根本无意作出此种内容的意思表示,如果可以认为,表意人若知悉情事并合理地考虑其情况后即不会作出此项意思表示时,表意人可以撤销该意思表示。(2) 交易中认为很重要的有关人的资格或者物的性质的错误,视为意思表示内容的错误。"[①]德国法与法国法稍有不同,前者仅概括规定当事人意思表示内容和形式的错误对合同的效力发生影响,且这种影响不是导致合同无效,它会导致合同撤销。此外,德国法采取的是用客观标准来衡量错误。

---

① 参见《德国民法典》(修订本),郑冲、贾红梅译,法律出版社2001年版,第23页。

2. 英美法系

根据英国普通法的一般原则,合同的有效性不因当事人一方出现错误而受到影响,因为普通法要求当事人双方在订约前必须充分披露一切有关的事实,了解自己的义务并承担相应的责任。这一原则在买卖合同中被称为"购者自慎原则"或"买者当心原则"。英国法把错误分为两类:无效力的错误和有效力的错误。无效力的错误是指一方当事人对合同的事实发生了错误认识,并基于此误解而作出了意思表示,但与对方的语言和行为无关。此种错误不影响合同的效力。因为英国法假设当事人都是自己懂法或者获得了法律咨询意见的。有效力的错误是指当事人对合同的误解足以影响到双方之间真实协议的存在,或者双方虽然存在真实的协议,但却在重要问题上出现了同样的误解,此种错误会影响合同的效力。按照普通法,就合同标的物质量发生严重错误或根本性错误会导致合同无效;而按照衡平法,错误只能导致合同被撤销。英国法院一般倾向于运用衡平法的救济。

美国法认为,错误是"与事实不符的信念",是就"合同赖以订立的基本假定"①而发生的。错误是针对事实(facts)认识发生的;对当事人行为的法律后果的错误认识及对法规、判决的错误认识,在有些法院看来,并不属于事实认识上的错误。与英国法一样,美国法也认为,单方的错误原则上不能要求撤销合同,只有共同的错误才会影响合同的效力。所谓共同错误是指当事人双方对于构成他们之间交易的基础事实在认识上发生了共同的误解。根据《第二次合同法重述》第152条规定,受到不利影响的一方如果要以共同错误为由否定合同的有效性,必须证明以下几点:(1)该错误涉及合同赖以订立的基本假定;(2)该错误对双方同意的对于履行的互换有重大的影响;(3)该方没有承担发生这种错误的风险。通常情况下,美国法院宁肯让有错误的一方蒙受自身错误所致的不利后果,而不把损失转嫁给对方。

3. 中国法

中国的《民法通则》以及《合同法》均规定,当事人对合同或者其他民事行为的内容有重大误解的,可以请求人民法院或者仲裁机构予以变更或者撤销。根据最高人民法院的司法解释,所谓重大误解是指行为人因对行为的性质,对方当事人,标的物的品种、质量、规格和数量等的错误认识,使行为的后果与自己的真实意思相悖,并造成了较大的损失。《合同法》第55条规定,具有撤销权的当事人应当自知道或者应当知道撤销事由之日起1年内行使该权利,知道撤销事由后明确表示或以自己的行为放弃撤销权的除外。

4.《国际商事合同通则》

《国际商事合同通则》第3.4条对错误下了定义,错误是指对合同订立时已经存在的事实或法律所做的不正确的假设。第3.5条阐述了与宣告合同无效有关的错误的必要条件:错误"在订立合同时如此之重大,以至于一个通情达理的人处在与犯

---

① 美国《第二次合同法重述》第151条、第152条。

错误之当事人的相同情况之下,如果知道事实真相,就会按实质不同的条款订立合同,或根本不会订立合同",这时,错误的认定还须结合两个条件来考查:其一,另一方当事人犯了同样的错误或造成此错误,或者另一方当事人知道或理应知道该错误,但却有悖于公平交易的合理商业标准,使错误方一直处于错误之中;或者其二,在宣告合同无效时,另一方当事人尚未依其对合同的信赖行事。该条第二款又对适用条件加以限制,如果"该当事人由于重大疏忽而犯此错误",或者如果"错误与某一事实相关联,而对于该事实发生错误的风险已被设想到,或者考虑到相关情况,该错误的风险应当由错误方承担",则一方当事人不能宣告合同无效。

(二) 欺诈(fraud)

欺诈或者叫诈欺,是指当事人一方故意告知对方虚假信息,或者故意隐瞒真实情况,诱使对方当事人作出错误的意思表示的行为。

1. 大陆法系

大陆法系对欺诈及其后果的规定比较简单。《法国民法典》第1116条规定,"如当事人一方不实行诈欺手段,他方当事人决不签订合同者,此种诈欺构成合同无效的原因。"《德国民法典》第123条规定:"因被诈欺或被不法胁迫而为意思表示者,表意人得撤销其意思表示。"可见,法国法与德国法在欺诈问题上的区别在于导致的结果不同:一个是合同无效,一个是合同撤销。

联邦德国判例认为,仅对某一事实保持沉默并不足以构成欺诈,只有当一方当事人负有对某种事实的说明义务时,不作此种说明才构成欺诈。法国法院也持类似观点。

2. 英美法系

20世纪60年代以前,英国普通法把不正确说明(misrepresentation)分为两大类:一类是无害或者无意的不正确说明,一类是欺诈性的不正确说明。前者是指作出不正确说明的当事人真诚地相信其陈述是真实的,尽管实际上它可能是不真实的。后者则是指作出不正确说明的当事人自己并不真诚地相信其陈述的真实性,或者甚至故意作出错误的陈述。普通法仅对欺诈性的不正确说明的受害人给予救济,即是可诉的;而听信了无意的不正确说明而遭受损失的受害人则得不到适当的救济,仅有解除合同的权利。英国的法律改革委员会自20世纪60年代初期就着手改革这一过于简单化的分类。1967年,英国议会根据法律改革委员会的建议,通过了《1967年不正确说明法》,提出了疏忽性的不正确说明概念,进一步把无意的不正确说明区分为两类:疏忽性的不正确说明和完全无意的不正确说明。这样,不正确说明共分为三类:欺诈性的不正确说明、疏忽性的不正确说明和完全无意的不正确说明。对于完全无意的不正确说明,受骗方可以要求撤销合同而无权主动要求索赔,但法官或仲裁员有自由裁量权,可以宣布合同仍然存在,并裁定以损害赔偿代替撤销合同。对于疏忽性的不正确说明,受骗方既可撤销合同也可要求索赔,但法官或仲裁员亦可裁定以损害赔偿代替撤销合同。而对于欺诈性的不正确说明则严厉得多:受骗方可要求索赔,也可诉请撤销合同或拒绝履行其合同义务。至于作出不正确说明的一方则不能以其自身的错误行为作为撕毁合同的借口。

美国法还将诈欺分为签字诈欺和缔约诈欺。签字诈欺是指诈欺方通过对所签的合同作不正确的陈述和说明骗取对方签字。如在签字时故意以另外的合同代替本来要签的合同,这可能导致合同无效,但法院一般对此持慎重态度。在威尔伯诉诺斯瑞特案①中,原告持有一张被告开立的以原告为收款人的本票,但被告拒绝向原告付款。理由是他开立该本票时受到了欺诈。被告与其妻弟共同经营一家五金店,其妻弟在让他签字时告诉他这是一份贷款申请,被告未查看内容就签了字。其妻弟把转让该本票的所得花掉了,本票到了原告之手。当他要求被告付款时,被告以欺诈为由主张本票无效。案件审理中,被告未能充分举证证明其在签字之前没有阅读合同内容,法院判决该合同有效。缔约诈欺是指在谈判过程中,一方以诈欺性的陈述骗取对方的同意。此时可以适用《统一商法典》第2-721条有关一方违约时对方可以采用的救济措施的规定,受害方可以要求金钱赔偿,也可宣布合同无效。

关于沉默的问题,英国普通法原则规定,单纯的沉默不能构成不正确说明。但是,在某些情况下,英国法认为当事人负有披露实情的义务:其一,如果在磋商中一方当事人对某一事实所作的说明原为真实的,但签约之前却发现该事实已经发生了改变,此时即使对方未提出询问,该当事人也有义务向对方改正其先前的说明。其二,凡属诚信合同,如保险合同、公司分派股票的合同、处理家庭财产的合同等,由于往往只有一方当事人了解全部事实,所以,该当事人有义务向对方披露真情,否则即构成不正确说明。②

3. 中国法

我国《民法通则》和已经废止的《经济合同法》对以欺诈的手段签订的合同规定了合同无效的法律后果。但1999年开始实施的《合同法》将欺诈的后果区分为两类:一类适用导致合同无效的第52条,即"一方以欺诈、胁迫的手段订立合同,损害国家利益";一类适用导致合同变更或者撤销的第54条。这一区分强化了当事人自己的签约责任。

4. 《国际商事合同通则》

《国际商事合同通则》第3.2.5条规定:"如果一方当事人订立合同是基于另一方当事人的欺诈性陈述,包括欺诈性的语言或做法,或按照公平交易的合理商业标准,另一方当事人对应予披露的情况欺诈性地未予披露,则该一方当事人可宣告合同无效。"这一规定概括了欺诈的行为方式,特别是明确将应予披露却保持沉默的行为纳入欺诈的范畴。

---

① 亚拉巴马州最高法院1983年案。引自苏号朋主编:《美国商法——制度、判例与问题》,中国法制出版社2000年版,第61页。

② 参见冯大同主编:《国际商法》,对外经济贸易大学出版社1991年版,第104页。

(三) 胁迫(duress)

胁迫是指使他人发生恐惧为目的的一种故意行为。胁迫行为人的主观恶意大于欺诈。各国法律对胁迫和欺诈的处理规则大致相同,一致认为,通过胁迫手段订立的合同,受害方可主张合同无效或者撤销。如德国法规定,基于胁迫而为意思表示的,表意人得撤销其意思表示。法国法认为,胁迫为构成合同无效的理由。英国除普通法有胁迫概念外,衡平法中还有不正当影响(undue influence)一词,主要是指滥用某种特殊关系以订立不公正合同为手段谋取非法利益。特殊关系包括父母与子女、律师与当事人、受信托人与受益人、监护人与未成年人、医生与病人等。施加不正当影响的合同的受害人可以要求撤销合同。

▶ 七、合同的解释

由于当事人所使用的语言文字或者行为的关系,他们所订立的合同有时无法充分表达其真实意图,或者有些事项在订约时并未凸现重要性,但日后却成为当事人争执的焦点,这时,裁决案件的法院如何解释合同便显得格外重要。

(一) 解释的原则和方法

在法解释学上,传统观点认为,合同的解释标准与法律的解释标准是相互对立的。合同解释是主观的,其目的在于探求当事人的主观意思;而法律解释是客观的,其目的在于探求法本身所具有的逻辑上的客观意义。受意思主义理论影响的大陆法系国家的早期民事立法大多反映了这种主张。现代学说普遍认为,无论是合同解释还是法律解释,在本质上应无差异,即都应当客观地进行。与表示主义理论相呼应,英美法系国家的司法及法理一直肯定这种主张,判例上普遍反映出"平易明白"的解释原则,即对合同用语原则上应按该词语一般常用的含义进行解释。如何解释合同条款,是不拘泥于文字,努力探求当事人的真实意图,还是强调以当事人所表达的意思为准? 各国法存在两种对立的解释方法和原则。意思说主张以当事人的意思自主原则为依据,而把"表示"放在次要位置上;表示说从维护法律秩序稳定出发,认为当事人的内心意思他人无法得知,只有在表达出来的意思上才有可能形成合意,表示应成为解释合同的主要依据。英美法采取表示说,法国法采取意思说,德国法原则上采取意思说,但有时(如在商事方面)也考虑表示说。

1. 大陆法系

法国法的意思说主要见诸《法国民法典》:"解释合同时,应寻求订约当事人的共同意思,而不拘于文字。"《德国民法典》也在第133条规定:"解释意思表示,应探求其真意,不得拘泥于文字。"但它又在第157条规定:"合同应按照诚实信用的原则及一般交易上的习惯进行解释。"这里反映出德国法的矛盾。法国法还进一步规范解释规则:如果某一条款可能存在两种解释,应舍弃无效的解释而作有效的解释;在多种解释中应选用最符合合同目的的解释;应依照订约地的习惯解释有歧义的文字,未记载于合同中的习惯可以成为合同的补充;应本着整体解释的原则来确定每一条款在合同中的含义;合同条款发生歧义时应作不利于债权人而有利于债务人的解释。法国法的这些解释规则在我国现行《合同法》中有所体现。

2. 英美法系

英国的普通法和衡平法都认为,法律上的基本假定是,当事人在合同中所写的正是他们的意图所在。早期的判例提出,人们必须考虑文件中的用词的含义,而不能去猜测当事人的意图是什么。根据英国合同法,解释合同必须遵循的基本原则包括:

(1) 按照合同用语的通常含义加以解释。这里所说的"通常用语"可以指合同本身的条款和用语,也可以指词语的一般含义如技术性词汇、司法判决的含义,还可以指特定地区的习惯以及特殊含义。例如在莱弗西伦案(The Lefthero,1992)中,当事人签订的租约中包含一个范围广泛的免责条款,其中有对延误造成的任何损失免责。签约后租船滞期,船主向承租人索要滞期费。承租人依据免责条款主张免责。初审法院判决承租人胜诉,因为他已被免除了责任。但上诉法院推翻了原判,改判船主胜诉。理由是,尽管租约中的免责条款从文字上看确实相当宽泛,足以包括承租人的滞期,但历史上的有关判例一直认为,滞期费必须由当事人在租约中单独约定,一般的免责条款不适用于滞期费。

(2) 把合同作为一个整体进行解释。

(3) 在解释合同的同时尽量使当事人的意图生效。英国上议院在1834年的兰斯顿诉朗斯顿案(Langston v. Longston,1834)中指出:"如果有两种方法解释一份文件,一种方法是破坏它,另一种方法是维护它。那么,普通法和衡平法的规则都是……应当采用那种维护它的解释。"①

英国法认为,既然当事人在合同中写入某一条款,它就应当具有一定的意义,法院就应当尽可能给它一个合理的解释,使它具有一定的意义,从而使当事人的意图生效。

(4) 对于提出一个条款的当事人作出不利的解释。

(5) 当事人不能依赖自己违反合同而获得利益等。这一规则源于另一个一般原则:一个人不能从自己的错误中获得好处。

(6) 运用口头证据进行解释的规则。英国法坚持表示说,在有书面合同的情况下原则上不接受口头证据,不允许当事人以口头证据改变书面合同的内容。这一原则被称为"口头证据规则"(parol evidence rules)。不仅口头证据,而且像合同草稿、初步协议、协商函等都不能用来违背、增加或者减少书面合同的条款。但是,这一规则也存在一些例外情形,即在下列情况下可以采用口头证据证明合同的含义:第一,如果当事人只打算用书面条款表达合同的部分内容,他就可以采用口头证据表达另外一部分合同内容或者其他附加条款;第二,口头证据可用来证明书面合同的生效

---

① 何宝玉:《英国合同法》,中国政法大学出版社1999年版,第349页。

条件;第三,在书面合同明显存在遗漏或不完善之处时允许当事人用口头证据补充完善;第四,口头证据可用来解释无法确定确切含义的书面合同用语;第五,如果书面合同规定,当事人履行某一前提条件后合同才能生效,则允许采用口头证据来证明该前提条件已经履行;第六,口头证据可用来证明书面合同的解除;第七,如果双方当事人先达成口头协议,再将它变成书面合同,但书面合同中的文字未能全面反映当事人达成的口头协议的真实愿望,则允许采用口头证据,按照一定条件改正合同,使之符合当事人的真正意图。

美国法继承了英国法的表示说传统,《合同法重述》第20条的注释提到,"法律所要求的不是相互间的同意,而是这种同意的外部表示。"在对待"口头证据规则"问题上,美国法也采取了类似立场。美国《统一商法典》第2-202条规定:"当事人对于作为他们的协议的最后的书面文件,不得提出以在订立该协议之前或与此同时订立的、与书面文件相抵触的口头协议作为证据。但可以用交易的过程、行业的惯例或履约的过程来加以解释或补充,也可以用与书面文件一致的补充条款来加以解释或补充,但如法院认为该项书面文件被当事人视为他们的协议的完整的、唯一的文件时除外。"

3.《国际商事合同通则》

通则在第四章"合同的解释"中,系统地吸收了各国法共同的解释规则,确立了依当事人共同意图解释[第4.1(1)条]、客观解释[第4.1(2)条、第4.2(2)条]、整体解释[第4.3条、第4.4条]、在解释合同同时尽量使当事人的意图生效[第4.5条]、对条款提议人不利规则[第4.6条]等规则和方法。

(二)共同条件的解释问题

在现代市场经济社会中,由于经济流转的加快,与日常生产生活密切相关的许多合同都是由一方(通常是卖方或提供服务方)先提出基本甚至全部定型化的合同条款,对方只需概括地表示接受或不接受。如对方同意签字,合同即告成立。这种合同被称之为"共同条件"、"附和合同"、"格式合同"或者"标准合同"。由于这种合同是单方拟订的,合同条款往往偏重于保护起草方的利益,使对方处于不平等的地位。对方往往没有讨价还价的余地,唯一的选择是接受或者不接受(take-it-or-leave-it)。为了维护合同关系的公平性,各国多采用"含糊条款解释规则",即对其中意思含糊的条款,作不利于拟订方的解释。如何具体衡量一个共同条件的合法性和有效性?各国法存在一些细节差别。

1. 大陆法系

德国法原则上承认共同条件可以成为合同的一部分。某些特殊行业如空运、保险、储蓄银行等经过政府部门的批准,可以拟订共同条件;至于其他行业,只要法院进行了监督和解释,也可以拟订共同条件。其推断是,当事人应当知道这类合同只能按照通行的共同条件签订。但是,德国法院对共同条件的解释十分严格。凡是违反善良风俗,乘人之危,或者违背诚实信用原则或交易惯例的共同条件,都是无效的。1977年联邦德国颁布的《关于共同条款的法案》第9条规定:"凡共同条件不能按照诚意原则妥善安排双方当事人的利益者,一律无效。"

法国法院主要根据对方当事人是否知道共同条件,或者是否只要加以注意就能知道其内容来判断共同条件是不是合同的一部分。例如,旅客购买了车票,对于票上印制的共同条件,应认为是知道的。法国法院对共同条件的限定主要表现在,共同条件中不得免除严重过失责任,不得违反公共秩序或善良风俗;违者一律无效。

2. 英美法系

英国法认为,只要共同条件被写进合同文本中,就可以成为合同的一部分内容;至于对方是否看到,以及书写字体的大小并不重要。如果没有写进合同文本,则须采取必要措施让对方当事人注意到这些条款,由此才能成为合同的内容。如何引起对方注意,应采取客观标准,即以一个"通情达理的人"所应知道为原则。这一切由法官来酌情裁判。20世纪50年代以来,英国加强了对共同条件的成文立法,法院对共同条件的审查也有所强化。其重点是对共同条件中的免责条款的审查。法院认为,凡是根本违约的一方当事人,不得援引共同条件中的免责条款来免除自己的责任。

美国法在共同条件是否作为合同内容问题上立场更加严格。其法律和判例强调,吸收入合同的条款必须清楚记载于合同的书面文件中,小字体印刷的条款必须使人容易看清楚,重要条款如免责条款必须"惹人注目"(conspicuous)①。美国法院对共同条件的审查也更严格,凡是违反公共政策或"不公正"的共同条件,一律无效。违反公共政策的共同条件主要适用于公用事业如电话电报公司、机场、医院等。所谓"不公正"一般是指片面维护一方利益的合同或条款。

第三节 合同的履行

▶ 一、合同的履行

各国法普遍认为,合同的履行就是完成合同所要求的行为,或是当事人实现合同内容的行为。当事人在订立合同后都有履行合同的义务,如果违反义务,则将承担相应的法律责任。合同履行制度的确立和完善,经历了一个漫长的历史过程。早期的合同法较少涉及履行的具体规定,仅强调违约责任。19世纪前后,两大法系的民法或合同法才开始关注合同履行制度。大陆法系的合同法中有两个概念与履行近似,即给付和清偿,但它们之间存在着一定的差异;履行是从合同效力的角度而言,它"不仅包括当事人双方的实际交付行为,还包括当事人为完成最后阶段的交付

---

① 美国《统一商法典》对"惹人注目"的定义是书写或印刷的文字必须能够引起对方的注意,如使用大写字母、大号字、斜体字或套印彩色字等。

行为所进行的若干连续准备行为,其内容相对宽泛"①。给付是从义务人履行合同内容的角度而言的,清偿则是从法律后果的角度对履行的表述,二者仅指义务人最后阶段的完成行为,含义相对狭窄。

(一) 大陆法系

大陆法系国家的合同履行制度大多规定在民法的债编中,作为债的履行的一项内容。法国、德国的民法典都强调当事人应受合同的约束,必须履行合同义务。《法国民法典》第 1134 条规定:"依法成立的合同,在订立合同的当事人之间具有相当于法律的效力。"大陆法系国家的民法典还具体规定了合同履行的内容、方法等,形成了系统的合同履行制度。《德国民法典》专辟一节共 63 条,较为详尽地规定了给付义务。《德国民法典》第 241 条规定:"债权人基于债的关系,有权向债务人要求给付。给付也可以是不作为。"这里的"不作为"给付是指如包销协议中要求包销商不得经营有竞争性的商品之类义务。第 242 条还规定:"债务人有义务依诚实和信用,并参照交易习惯,履行给付。"依照诚实信用原则履行合同义务,是大陆法系的一个普遍履行原则,它是从罗马法沿袭过来的一个既抽象又极富有弹性的原则。因为合同的履行不一定完全按照原先的约定,怎样衡量违约行为,就需要法院依照诚实信用原则酌情裁量。

(二) 英美法系

英美法系的成文合同法都明确规定当事人必须严格按照约定条款履行合同义务。对于履行的时间要求、履行地点等,英国法律和判例发展了一些基本规则。其中包括:

(1) 合同的履行必须准确和确切(precise and exact)。

(2) 应当根据合同义务的性质来决定当事人履行合同的标准。如果一项义务是严格的,不履行就属于违约,而不管当事人有无过错。例如英国 1979 年《货物买卖法》第 13—15 条规定的施加于货物买卖合同卖方的义务就属于严格义务,只要违反它,就构成违约。但是,有些合同义务只是给当事人施加了一项责任,要求其采取合理的注意,而没有给当事人施加严格的义务。例如在 Thake v. Maurice(1986 年)案中,法官判决中指出,口腔医生做手术时有义务采取合理的谨慎和技能,但他并不能担保手术一定成功。只要医生采取了合理的谨慎,即使手术不那么成功,他也没有违反合同。

(3) 关于履行时间,普通法认为,有关时间的约定通常是合同的一个要件,一方未在约定时间履行合同的,双方当事人可以将合同看成是已被废弃。而衡平法则相反,除非当事人作了具体规定,否则,时间就不是合同的要件。根据衡平法规则,下列三种情形下时间是合同的要件:第一,合同中的明示条款作出规定,说明时间是合同的要件;第二,合同的情形或标的物的性质隐含地表明,合同必须服从一定的时间

---

① 苏惠祥:《中国当代合同法论》,吉林大学出版社 1992 年版,第 143 页。

期限的;第三,一方当事人拖延履行合同,另一方当事人可以发出通知,要求其在一个合理的时间内履行合同,这种通知可以使时间成为合同的要件。英国1979年《货物买卖法》第10条第1款规定:"除非合同条款中显示出相反的意图,否则,关于支付时间的规定不是买卖合同的构成要件。"法院一般认为,商事合同中的时间条款通常应被视为条件条款。

(4) 关于履行地点,英国法认为,如果合同中规定了履行地点,当事人应当在约定地点履行义务;如果合同中没有规定具体履行地点,履行地取决于双方当事人隐含的意图,则这种意图要根据合同的性质和签约时的有关情况加以判断;如果合同中甚至没有一个隐含的履行地,而履行合同又要求受诺人同时出现,一般的规则是许诺人须到受诺人的营业场所或者住所寻找受诺人并履行合同。

(5) 准备或提出履行合同——"提供"(tender of performance)。所谓提供是指合同当事人旨在履行其合同义务的一种表示。在许多情况下,一方当事人履行其合同义务须得到对方的配合,比如:卖方交货时须买方予以接收。如果一方依照约定提供了自己的义务而被拒绝,则日后如对方指控其违约,他就有权以自己已经提供过履行作为抗辩理由。债务人的提供主要产生如下法律后果:第一,如该项债务有担保利益,例如,以抵押作为该项债务的担保,则自债权人拒绝适当提供给他的款项时起,该项担保利益即告消灭;第二,该项债务的利息自债务人提供款项之日起停止计算;第三,如债权人日后就该债务起诉,不能取得高于原来提供的金额时,则必须负担诉讼的费用。当然,提供应是无条件的,并且必须与合同规定的时间、地点和履约的方式一致。如为不适当提供,债权人有权拒绝受领。

(6) 替代履行:合同中如果并未期望债务人亲自履行或监管履行,则债务人可以让他人替代其履行。但只要合同中明示或暗示要求债务人亲自履行的,他就不能请他人代为履行合同。

(三) 中国法

中国法始终强调"重合同,守信用"的商业规则。在《合同法》等相关法律中明确规定,合同依法成立,即具有法律约束力。《合同法》第60条第2款进一步规定:"当事人应当遵循诚实信用原则,根据合同的性质、目的和交易习惯履行通知、协助、保密等义务。"《合同法》对合同履行的基本要求主要有:

(1) 明确规定了履行中的协商原则:合同生效后,当事人就质量、价款或者报酬、履行地点等内容没有约定或者约定不明确的,可以协议补充;不能达成协议的,应按照合同的有关条款或者交易习惯确定。

(2) 确定了法定的履行规则:

第一,质量不明确的,按照国家标准、行业标准履行;没有国家标准、行业标准的,按照通常标准或符合合同目的的特定标准履行。

第二,价款或报酬不明确的,按照订立合同时履行地的市场价格履行;依法应当执行政府定价或政府指导价的,按照规定履行。

第三,履行地点不明确,给付货币的,在接受货币一方所在地履行;交付不动产的,在不动产所在地履行;其他标的,在履行义务一方所在地履行。

第四,履行期限不明确的,债务人可以随时履行,债权人也可以随时要求履行,但应当给对方必要的准备时间。

第五,履行方式不明确的,按照有利于实现合同目的的方式履行。

第六,履行费用的负担不明确的,由履行义务一方负担。

(3) 在履行中赋予当事人同时履行抗辩权、先履行抗辩权和不安抗辩权。

《合同法》第66条规定:"当事人互负债务,没有先后履行顺序的,应当同时履行。一方在对方履行之前有权拒绝其履行要求。一方在对方履行债务不符合约定时,有权拒绝其相应的履行要求。"这就是所谓同时履行抗辩权。

《合同法》第67条规定:"当事人互负债务,有先后履行顺序,先履行一方未履行的,后履行一方有权拒绝其履行要求。先履行一方履行债务不符合约定的,后履行一方有权拒绝其相应的履行要求。"这就是所谓先履行抗辩权。

《合同法》第68条规定:"应当先履行债务的当事人,有确切证据证明对方有下列情形之一的,可以中止履行:(一) 经营状况严重恶化;(二) 转移财产、抽逃资金,以逃避债务;(三) 丧失商业信誉;(四) 有丧失或者可能丧失履行债务能力的其他情形。……"

这就是所谓不安抗辩权。行使不安抗辩权的基本要求是:必须有确切证据才能行使此权利,否则将承担违约责任;行使此权利时应及时通知对方;中止履行后如对方提供适当担保,则应恢复履行,对方在合理期限内未恢复履行能力且未提供适当担保的,可以解除合同。

(4) 为解决复杂的牵涉多方的合同关系,赋予债权人代位权和撤销权。

根据《合同法》第73条规定,因债务人怠于行使其到期债权,对债权人造成损害的,除专属于债务人自身的债权外,债权人可以向人民法院请求以自己的名义代位行使债务人的债权。这就是所谓债权人的代位权。该权利行使时应以债权人的债权为限,必要费用由债务人负担。

根据《合同法》第74条规定,因债务人放弃其到期债权或无偿转让财产,对债权人造成损害的,债权人可以请求人民法院撤销债务人的行为。债务人以明显不合理的低价转让财产,对债权人造成损害,并且受让人知道该情形的,债权人也可以请求人民法院撤销债务人的行为。这就是所谓债权人的撤销权。同样,该权利行使时也应以债权人的债权为限,必要费用由债务人负担。撤销权自债权人知道或应当知道撤销事由之日起1年内行使。自债务人的行为发生之日起5年内未行使撤销权的,权利消灭。

▶ 二、违约(breach of contract)责任的归责原则

违约是指合同当事人无正当理由未履行或未全部履行或未正确履行合同义务

的行为。两大法系在违约责任的归责原则上存在着较大的差异,主要表现在:

(一) 大陆法系

大陆法系直接继承了罗马法的过错责任原则。罗马债务法有两项责任原则:一个是过失,一个是故意,凡有上述行为致使他人的财产或人身遭受损害者,都必须承担法律责任。故意是一种恶意行为,比过失更为严重,行为人在任何时候都必须对此承担责任,不得在合同中事先排除这种责任。在大陆法系,一般认为合同法的归责原则是过错责任原则。这是自《法国民法典》就确立的归责原则。该法第 114 条规定:"凡债务人不能证明其不履行债务系出于不应归其个人负责的外在原因时,即使在其个人方面并无恶意,债务人对于其不履行或者迟延履行债务,如有必要,应支付损害赔偿。"《德国民法典》第 276 条规定:"债务人除另有规定外,对故意或过失应负责任。在交易中未尽必要注意的,为过失行为。"第 2 款规定:"债务人因故意行为而应负的责任,不得事先免除。"《德国民法典》进一步区分了重大过失和轻微过失。在某些情况下,行为人只对故意或重大过失负责。第 277 条规定:"只保证与处理自己的事务尽同样注意的人,对重大过失,仍不能免除其责任。"第 278 条规定:"债务人对其法定代理人或者其为清偿债务而使用的人所犯过失,应与自己的过失负同一范围的责任。"当然,大陆法系在坚持过失责任原则的同时,并不绝对排斥严格责任;相反,在金钱债务到期未履行,债务人无能力转移种类物等情况下,无论债务人是否具有过错,均应承担民事责任。可见,大陆法系在承认过失责任原则作为一般的合同法归责原则前提下,有条件地适用无过错责任原则。

(二) 英美法系

英美法系坚持合同责任为严格责任或者无过错责任。英美法的合同法对履行合同中的过错并不重视,正像英格兰的一位法官所说的那样:"因违约引起的损害赔偿责任的请求不考虑过错,一般说来,被告未能履行其注意义务是无关紧要的,被告也不能以其尽到注意义务作为抗辩理由。"① 美国的第二次《合同法重述》第 260(2) 条中规定:"如果合同的履行义务已经到期,任何不履行都构成违约。"这是因为,英美法认为,一切合同都是"担保",只要债务人不能达到担保的结果,就构成违约,应负损害赔偿责任。但是,英美法并不是绝对排斥过错责任原则的适用。在迟延履行中,英美法规定过错应作为归责事由。在合同责任的归责中,英美法常常将过错作为确定违约的重要因素。自 1863 年以来,英美法在强调合同义务的绝对性的同时,也注意到故意和过失对责任的影响,提出由于无法抗拒的外来事由,且当事人亦无故意或过失致使合同无法履行时,合同应终止,而当事人的权利义务亦告免除。②

两大法系在合同法理论层面上存在着归责原则的对立,但从实际结果上看,其

---

① Rainer v. Mils(1998) A. C. 1050. 1086.
② 参见王利明、崔建远:《合同法新论》,中国政法大学出版社 1997 年版,第 52 页。

差别并不大。法国法院和学者把合同分为两种:"提供成果合同"(contract of results)和"采取措施合同"(contract of measures)。前者是指允诺人承担提供某种成果的义务的合同,在此类合同下,只要债务人未履行合同义务,拿不出所允诺的成果,就可以推定其有过失,从而使其承担违约责任;除非他能证明自己不履约是由于不应归责于他的外因所致。后者是指债务人仅承担以合理的注意和技能处理问题的义务的合同,在此类合同下,如果债务人的行为达不到一个正常而谨慎从事的人所应达到的水准,他就应承担违约责任,因为这种行为本身就构成过失。所以,两大法系在许多情况下实际处理结果是相同的。①

(三) 中国法

早在20世纪90年代,我国学者对违约责任的归责性问题进行了专题研究②,迄今为止学术界仍存在三种观点:(1) 严格责任说③;(2) 过错推定原则说④;(3) 过错责任为原则,不问过错责任例外说。⑤ 由于过错推定只是过错责任于诉讼中进行举证责任倒置的结果,其本质上仍以过错作为归咎责任的根据,因此,过错推定原则应归属于过错责任原则的范畴。这样一来,我国关于违约责任的归责原则的分歧实际上发生于第一种观点与第三种观点之间。《合同法》第107条规定:"当事人一方不履行合同义务或者履行合同义务不符合约定的,应当承担继续履行、采取补救措施或者赔偿损失等违约责任。"但与此同时,合同法又在分则的许多情形中,肯定了过错责任原则,如赠与合同、保管合同等。有学者认为,我国合同法的归责原则是二元化的体系,过错责任原则和无过错责任原则并存,各自调整不同的合同责任形式。过错责任原则调整的范围是:缔约过失责任;合同无效责任中的损害赔偿责任;预期违约责任;加害给付责任;损害赔偿的违约责任,包括实际违约责任中的一般损害赔偿责任和惩罚性赔偿责任;后契约责任。无过错责任原则调整的范围是:违约责任中的继续履行责任,采取补救措施责任,以及违约金责任;无效合同责任中的返还财产和适当补偿责任。⑥

至于判定违约的时间界限,英美法系的规定比较严格。凡合同规定履行期限而债务人届时不履行的,或者合同未规定履行期限而债务人在合理期限内不履行的,即构成违约。中国法亦采用此原则。大陆法系独特的催告制度与此不同。催告是指债权人向债务人请求履行合同的通知。在合同没有明确规定履行日期的情况下,

---

① 参见冯大同:《国际商法》,对外经济贸易大学出版社1991年版,第118—119页。
② 王利明:《违约责任论》,中国政法大学出版社1996年版,第44—48页。
③ 梁慧星提出并系统论证了该观点,合同法颁布后许多学者采纳此观点。参见顾昂然:《中华人民共和国合同法讲话》,法律出版社1999年版,第45—46页。
④ 王利明、崔建远:《合同法新论·总则》(修订版),中国政法大学出版社2000年版,第580页。
⑤ 李永军提出:"正因为过错责任是合同违约责任的一般原则,故法律没有必要规定违约具有过错时才承担责任。"参见李永军:《合同法》,法律出版社2004年版,第577页。
⑥ 杨立新:《中国合同责任研究》(上),载《河南省政法管理干部学院学报》2000年第1期,第22—34页。

债权人必须向债务人催告,才能使债务人承担迟延履行的责任。《德国民法典》和《法国民法典》均有此规定。催告制度的作用主要有以下三点:

(1) 自催告生效之日起,不履约的风险完全由违约一方承担;

(2) 自催告生效之日起,债权人有权就对方不履行合同请求法律救济;

(3) 从送达催告之日起,开始计算损害赔偿及其利息。

法国和德国在催告的具体实施方式上有细微差别:法国法规定催告必须采取书面形式,而德国法则口头形式亦可;法国法规定催告须由法警送达,而德国法只要求把催告传达给债务人。大陆法系的催告与各国民事诉讼法中的公示催告程序有本质区别。前者为实体法范畴,后者属程序法范畴,是对票据、有价证券被窃、遗失、灭失者的一种司法救济方式。

▶ 三、违约的形式

违约的形式是指当事人违约的具体形态。违约的形式决定着违约责任的形式,各国法关于违约形式的规定存在较大差别。

(一) 大陆法系

《德国民法典》把违约分为两类:给付不能(supervening impossibility of performance)和给付迟延(delay in performance)。

给付不能是指债务人由于某种原因而不能履行合同的义务。给付不能又分为自始不能与嗣后不能两种情形。自始不能是指合同自成立时就不可能履行;嗣后不能是指合同成立时尚有可能履行,但是成立后由于出现了阻碍合同履行的情况而致使合同不能履行。

《德国民法典》第306条规定,凡是以不可能履行的东西为合同的标的者,该合同无效。这就是所谓"不可能时无义务"(impossibilium nullao bligatio)原则。根据上述规定,凡属于自始不能的合同,应为无效的。但是,如果一方在订约时已知或者应知该标的不可能履行,则对于信赖该合同有效而蒙受损失的对方当事人应负损害赔偿责任。此乃缔约过失责任。

基于过错责任的归责原则,德国法对嗣后不能的处理,以是否可归责于债务人的事由而加以区别对待:

(1) 非因债务人的过失所引起的给付不能,债务人不承担损害赔偿责任。《德国民法典》第275条规定:"在债务关系发生后,非因债务人的过失而引起给付不能者,债务人得免除给付的义务。"此种情形最明显的例子是,在合同成立后,由于出现了不可抗力事由,以致合同不能履行,此时债务人可免除违约责任。但是,德国法的这一规定有失周密。现代合同法理论中有违约责任的相对性制度,即违约责任只能在合同关系的当事人之间发生,合同关系之外的人不负违约责任,合同当事人亦不对其承担违约责任。但违约责任的相对性制度考虑到引起违约责任的第三人(比如一方当事人的上级机关)这一因素,并将第三人的过错与合同相关方的过错相联系,如我国《合同法》第121条规定："当事人一方因第三人的原因造成违约的,应当向对方承担违约责任。当事人一方和第三人之间的纠纷,依照法律规定或者按照约定解决。"可见,德国法并未考虑第三人过失引起的给付不能的处理。

(2) 由于债务人的过失而引起的给付不能,原则上债务人应承担损害赔偿责任。如果不是全部不能履行,而仅是部分不能履行,那么,如部分履行对债权人无利益,债权人可以拒绝部分履行并请求全部债务不履行的损害赔偿。

(3) 不可归责于任何一方的原因而引起的给付不能,双方均可免除其义务。

给付迟延是指债务已届履行期且有可能履行,但债务人未按期履行其合同义务。同样,这里也区分债务人无过失的给付迟延和债务人有过失的给付迟延。根据《德国民法典》的相关规定,凡在履行期届满后,经债权人催告仍不为给付者,债务人自催告时起应负迟延给付责任。但非因债务人过失而未为给付者例外。值得注意的是,《德国民法典》还规定,债务人在迟延中,不但要对一切过失承担责任,而且对因不可抗力而发生的给付不能亦应负责,除非债务人能证明即使没有迟延履行,仍不可能避免要发生损害时,他才能免除责任。

《德国民法典》对违约形式的二分法一直受到学者们的批评。20世纪初,德国学者施陶布(Staub)指出,《德国民法典》只对债务人由于应做而未做所引起的违约现象做了规定,但除此之外债务人还可能由于做了不应做的事而引起违约的后果,这就是"积极的违约"(positive breaches of contract)。对此,《德国民法典》却没有作出任何规定。积极违约又被称为"加害给付",在违约中并不少见,如卖方交付有瑕疵的货物给买方带来财产或人身损害。为了弥补这一缺憾,联邦德国法院采用类推法,适用给付不能和给付迟延的规定来处理积极违约问题。

《法国民法典》将违约分为不履行债务和迟延履行债务两种表现形式。《法国民法典》第1147条规定:债务人对于其不履行债务或迟延履行债务,应负损害赔偿的责任。对于双务合同,如果一方当事人不履行其合同义务,对方有权解除合同。但是,在这种情况下,合同并非当然解除,债权人可作如下选择:(1) 如果合同仍然有可能履行,他可以要求债务人履行合同;(2) 如果合同已不可能履行,他可以请求法院解除合同并要求损害赔偿。

(二) 英美法系

英国法将违约分为违反条件(condition)和违反担保(warranty)两种情形,基于此而规定了不同的救济方法。

英国法中的条件含义有三:一是合同中的重要的根本性的条款;二是合同中的约定事项包括明示条件和默示条件;三是当事人双方约定的决定合同生效与否的不确定事件,包括对流条件、先决条件和后决条件。对流条件是将一方的履行与对方的履行互为条件。先决条件是将某约定事项作为对方履行合同义务的前提,该事项不发生,合同不成立。后决条件是将某约定事项作为对方履行合同义务消灭的前提。与先决条件相反,后决条件成就时,合同义务消灭。作为违约形式的条件,取第一种含义。

合同当事人一方违反条件的,对方有权解除合同,并要求损害赔偿。至于哪些事项属于合同的条件,在英国法庭上属于法律问题,应由法官根据合同的内容和当事人的意思而作出决定;这不是事实问题,不应由陪审员决定。在商务合同中,关于履约的时间、货物的品质及数量等条款,一般属于合同的条件。违反担保是指违反合同的次要的、附属性的条款。违反担保时,对方当事人不能以此为由拒绝履行其合同义务,即无权解除合同,他只能在履行了其应承担的合同义务后,再向违约方请求损害赔偿。需要指出的是,发生违反条件的情况时,受害方可以在违反条件和违反担保两种救济之间作出选择:他既可以按前者要求解除合同,拒绝履行自己的合同义务,并向对方索赔;又可以按后者不要求解除合同,继续履行自己的合同义务,同时向对方要求损害赔偿。

英国法传统上的违约二分法有过于简单、僵化之嫌,受害人只能在两种违约形式的救济之间作出排他性的选择,无法适应各种复杂的需求,为此,近年来英国又通过判例发展了一种新的违约形式——"违反中间性条款或无名条款",以区别于前两种违约形式。它不是根据合同条款本身来确定对方是否有权解除合同,而是依照违约的性质和后果来确定补救方法的合同条款,具体由法官灵活掌握,以克服违反条件和违反担保的传统分类所带来的不便。例如,在租船合同中,船东向承租人提供适航船舶的义务或以适当航速开往装货港的条款,或船长须按承租人的指示行事的条款,都曾被英国法院认定为中间性条款,除非违反这些条款的后果严重,以致剥夺了承租人按照租船合同本应获得的利益,否则,承租人就没有解除合同的权利。

美国法已经摒弃"条件"和"担保"的分类,而将违约分为轻微违约和重大违约两种情形。轻微违约是指债务人在履约时虽有缺点,但债权人已获得主要利益。重大违约是指由于债务人没有履行或履行合同有缺陷,致使债权人依约本应得到的主要利益落空。重大违约相当于违反条件,轻微违约相当于违反担保,处理规则也基本相同。只是英国法侧重于合同的内容,美国法侧重于合同的结果。

英美法中还有预期违约概念。所谓预期违约,是指一方当事人在合同约定的履行期到来之前,即以书面或口头或行动表明其届时将不履行合同。一方预期违约的,对方可以解除合同并索赔,而不必等到履行期限届至。换言之,他可以选择在对方的履行期限届至之前向对方提出解约并索赔的要求,也可以选择拒绝接受对方预期违约的表示,坚持合同仍然有效,等合同到期后再决定采取何种法律救济。但是,这时他必须承担这段时间内情况变化的风险。一旦其间发生意外事故,合同可能会因此而宣告解除,对方因无过错而免责。预期违约责任起源于19世纪50年代的英国。在霍切斯特诉戴·纳·陶尔案中,被告与原告约定为原告从1852年6月1日起作为送信人,雇佣期为6个月。5月15日被告明确表示将不履行合同。原告于5月22日起诉,要求被告赔偿损失。法院判决被告胜诉。英国还有一个经典的判例:船方甲与货方乙订立了一个租船合同,合同中规定甲应把船舶开到敖德萨港口,并在若干天内装载一批货物。船舶到达敖德萨港口后,乙拒绝提供货物装船。当时,装载期限尚未届满,甲拒绝接受乙的预期违约的表示,继续坚持要求乙装货。但过了数日在装货期限届满前,英国和俄国爆发了战争,履行合同在法律上已成为不可能。事后,甲以乙违反租船合同为由提起诉讼,要求乙赔偿损失。英国法院认为,在两国爆发战争之前还不存在实际不履行合同的问题,因为装货期限尚未届满,既然船方甲拒绝接受货方乙预期违约的表示,乙有权得到宣战而带来的解除合同的好处,因而判决船方甲败诉。① 美国《统一商法典》采纳了预期违约制度。这一制度有助于使损失降到最低限度。它"赋予了原告立即起诉的权利,无论如何等于鼓励他解除合同。这样,可以避免额外的损失"②。

此外,英美法中也有履行不可能(impossibility of performance)的概念,它是指债务人因种种原因不可能履行其合同义务,包括自始不能和嗣后不能。自始不能的合同无效,在当事人之间不产生权利义务。嗣后不能的,若因不可归责于当事人的事由所致,当事人间也无权利义务。

(三)《联合国国际货物买卖合同公约》

《联合国国际货物买卖合同公约》把违约分为根本违反合同(fundamental breach of contract)和非根本违反合同(unfundamental breach of contract)两种情形。《公约》第25条将根本违反合同界定为:"一方当事人违反合同的结果,如使另一方当事人蒙受损害,以至于实际上剥夺了他根据合同规定有权期待得到的东西,即为根本违反合同,除非违反合同的一方并不预知而且一个同等资格、通情达理的人处于相同情况中也没有理由预知会发生这种结果。"显然,公约是以"实际上剥夺了合同对方根据合同有权期待得到的东西"作为是否为根本违反合同的衡量标准的。例如,在买卖合同中,并不是所有的迟延交货都会构成根本违反合同,只有那些对履行期限要求严格的合同才会将迟延交货视为根本违反合同。《联合国国际货物买卖合同公约》对违约形式的划分比英国法仅从合同内容上区分以及德国法仅从违约的外部表现形式上区分更为科学。我国《合同法》予以吸收。

《联合国国际货物买卖合同公约》对两种违约形式规定了不同的救济方法,关键是构成根本违反合同的,受害人有权要求解除合同并索赔。具体的救济方法详见第三章内容。

公约同时吸收大陆法系的不安抗辩权和英美法系的预期违约制度,提出了预期违约的概念。其主要内容是:在订立合同后,一方鉴于对方履行合同的能力或信用有严重缺陷,或者从对方准备履行合同或履行合同的行为中看出对方显然将不履行其大部分重要义务时,当事人一方可以中止履行其义务;或者是,如果在履行合同日期之前,明显看出一方当事人将根本违反合同,另一方当事人可以撤销合同。这里

---

① Avery v. Bowden (1855).
② 杨立新:《中国合同责任研究》(下),载《河南政法干部管理学院学报》2000年第2期,第16—29页。

的关键是怎样才能"显然"看出对方将会根本违反合同？按照联合国国际贸易法委员会编写的《评注》的解释,对此问题可以从以下两点评判:(1) 对方的言论或行为已经构成否认合同有效;(2) 由于出现了某种客观事实,使对方届时不可能履行合同,如供货方厂房被毁、政府实施禁运、外汇管制等。① 公约要求当事人慎重行使预期违约的权利,一旦行使不当,必须承担由此造成的违约责任。

四、违约的救济方法

违约的救济方法是指一方当事人的合法权利被对方侵害时法律上对受害人给予的补偿。各国法律对于不同的违约行为都相应地规定了救济方法,具体规定不尽相同,但主要有实际履行、损害赔偿、解除合同、违约金和禁令五种。分述如下:

（一）实际履行(specific performance)

实际履行是指在合同一方违约时,另一方可以要求违约方继续按照合同规定的条件履行义务,也可以在针对违约提起的诉讼中,要求法院判令违约方按合同约定履行义务。

1. 大陆法系

德国法将实际履行作为一种主要的救济方法,债权人原则上均可请求法院判令违约的债务人实际履行合同义务。《德国民法典》第 241 条规定:"债权人根据债务关系,有向债务人请求履行债务的权利。"但是,德国法院只是在债务人履行合同尚有可能,且债权人的请求不是金钱赔偿可以满足的情形下才会作实际履行的判决,实践中法院很少如此行为。

按照德国法的规定,法院所作的实际履行的判决应按照民事诉讼法典规定的程序执行。该法典对实际履行的判决规定了不同的执行程序:首先,应区分是判令交付财产的实际履行还是除此之外的做某种积极行为的实际履行或者消极不作为的实际履行;然后,据此采取不同的具体执行方法。对于交付财产的实际履行判决,其执行方法是由司法警察将从债务人手中取得的财产交给债权人。对于积极作为的实际履行判决,即强制从事某种积极行为的实际履行,又可以区分两种情形:一种是"可以替代"的实际履行,它完全可以由他人代替完成,而不必由债务人亲自去做,其执行方法是由债权人根据法院的授权雇佣第三人去完成该行为,由债务人承担相应的费用。此即民事诉讼法中的"代位履行"。另一种是"不可代替"的实际履行,只能由债务人亲自去做。如果他不自愿履行生效判决,法院将以罚款或监禁的方式来迫使他履行其义务。监禁期一般不得超过 6 个月。罚款没有最高限额。罚款的性质不是对债权人的损害赔偿,收入归国库。对于消极不作为的实际履行判决,如果债务人不服从,法院也可以采取罚款或监禁的措施。

法国法一般把实际履行作为一种可供选择的救济方法,但限于合同仍可履行

---

① 参见冯大同:《国际商法》,对外经济贸易大学出版社 1991 年版,第 131 页。

时,并属于给付财产之债。否则只能采取其他的救济方法。《法国民法典》第1184条规定:双务契约当事人的一方不履行其债务时,债权人有选择之权:或者在合同的履行尚属可能时,请求他方当事人履行合同,或者解除合同并请求损害赔偿。

与德国法相似,法国法也区分"作为与不作为之债"(obligation to do or not to do)和"给付财产之债"(obligation to give)。在给付财产之债中,如债务人不交付有关财产,债权人可以请求实际履行。如,在买卖合同中,卖方不交付特定物或者特定化的种类物,买方可以要求卖方实际履行。而对于作为与不作为之债,债权人通常只能请求损害赔偿,而不能要求实际履行。《法国民法典》第1142条规定:"凡属作为或不作为的债务,在债务人不履行的情形,转变为赔偿损害的责任。"这里的"作为或不作为",一般是指专属于债务人的债务,如演员的表演行为。法国法如此规定的理论根据是,强令某人做某种行为或不做某种行为,无异于把债务人置于受奴役的地位,不符合"人身自由不得侵犯"的原则。法国法同德国法一样,对于那些可由他人替代的债务,允许债权人采取"替代履行"的救济方法,由债务人承担有关费用。法国法也规定了债务人不自觉履行生效的实际履行判决时的罚款制度,该项罚款归债权人所有,以弥补债权人由于债务人不履行合同或迟延履行合同所造成的损失。这一点与德国法不同。

2. 英美法系

英美普通法中没有实际履行这一救济方法,一方不履行合同义务时,对方唯一的救济是提起违约之诉,要求损害赔偿。但衡平法中可作为一种例外的救济方法,仅在损害赔偿不能满足债权人要求时适用。根据英美法例,在下列情况下法院将不予作出实际履行的判决:

(1)凡金钱损害赔偿已可以作为充分的救济方法者,不得请求实际履行;

(2)凡属提供个人劳务的合同,法院将拒绝作出实际履行的判决;

(3)凡法院不能监督其履行的合同,如建筑合同等,也不会作出实际履行的判决;

(4)对当事人一方为未成年人的合同,法院不判决强制执行;

(5)如判决实际履行会造成对被告过分苛刻的负担,法院也不会作出实际履行的判决。

从上可见,英美法对实际履行判决是十分慎重的。通常情况下,涉及土地或公司债券的交易,以及某些种类物买卖交易,法院有可能判实际履行。如对于"需求合同",即不规定具体数量,仅规定卖方允诺根据买方的需要向他随时供应原料或其他货物的合同,如卖方违约,未按照买方的要求供货,即使标的物在市场上可以买到,法院仍会允许买方提起实际履行之诉。

至于实际履行判决如何执行,英美法规定了被告不执行判决时的强制执行方法,如:英国法院可能会以"貌视法院"为由,用最多不超过6个月的监禁或罚金来惩罚被告。在此问题上,两大法系的做法基本相同。

3.《联合国国际货物买卖合同公约》和《国际商事合同通则》

《公约》第26条规定了实际履行的救济方法:"如果按照公约的规定,当事人一方有权要求他方履行某项义务,法院没有义务作出判决,要求实际履行此项义务,除非法院按照其本身的法律对不受本公约支配的类似买卖合同可以这样做。"公约的这一规定旨在调和两大法系在实际履行问题上的分歧,因为大陆法系的基本立场是接受实际履行救济方法,而英美法系,尤其是普通法的立场截然相反。

《通则》对实际履行问题区分了金钱债务和非金钱债务两种情形分别予以规定:对于金钱债务,允许债权人请求实际履行(第7.2.1条);对于非金钱债务,原则上也允许债权人请求实际履行,但施加了若干限制。第7.2.2条规定:"如果一方当事人未履行其不属支付金钱的债务,另一方当事人可要求履行,除非:(a)履行在法律上或事实上不可能;(b)履行或相关的执行带来不合理的负担或费用;(c)有权要求履行的一方当事人可以合理地从其他渠道获得履行;(d)履行完全属于人身性质;或者(e)有权要求履行的一方当事人在已经知道或理应知道该不履行后的一段合理时间之内未要求履行。"①

通则对实际履行判决的执行问题亦作出规定,对于拒不履行判决的当事人,法庭可责令其支付罚金。罚金应支付给受损害方当事人,而且罚金的支付并不影响损害赔偿请求权。

4. 中国法

《民法通则》第111条规定:"当事人一方不履行合同义务或者履行合同义务不符合约定条件的,另一方有权要求履行或者采取补救措施,并有权要求赔偿损失。"这里的"要求履行"即是指实际履行,可见,《民法通则》将实际履行作为违约的一种主要补救措施。《合同法》在第七章"违约责任"中也把实际履行作为一种主要的补救措施。该法第109条、第110条内容基本上与《国际商事合同通则》第7.2.1条和第7.2.2条内容一致。我国法吸收了目前的国际惯例。

(二)损害赔偿(damages)

损害赔偿是指当事人一方违反合同规定的义务并给对方造成损失,依法由违约方给予补偿。它是违约责任的主要救济方法,为各国法律所普遍采纳。但是,各国法在赔偿的依据、赔偿的方法和范围方面存在一定差别。

1. 损害赔偿的依据

大陆法系从过错责任原则出发,坚持认为,损害赔偿责任的成立必须具备以下三个条件:(1)有损害事实;(2)有可归责于债务人的原因;(3)损害的发生与债务人违约之间有因果关系。

英美法系从严格责任原则出发,主张损害赔偿责任的成立最重要的是有一方当

---

① 张玉卿主编:《国际统一私法协会国际商事合同通则2010》,中国商务出版社2012年版,第527—535页。

事人违约这一事实。违约方有无过错,对方是否发生实际损害,并不重要。因为如果对方没有遭受实际损害,他仍可以请求名义上的损害赔偿。我国合同法对于损害赔偿违约责任构成条件的规定基本上与英美法系一致,但对于无实际损害的赔偿请求一般不支持。

2. 损害赔偿的方法

损害赔偿的方法一般有两种:恢复原状和金钱赔偿。恢复原状是指经过赔偿使受害人恢复到损害发生前的状态。这种方法较为彻底,但有时实施不便,有些合同,如特定物已灭失的合同难以恢复原状。金钱赔偿是以支付金钱来弥补对方所遭受的损失。这种方法便于实施,但有时难以满足损害赔偿的本旨。

德国法以恢复原状为原则,以金钱赔偿为例外。《德国民法典》第249条规定:"负损害赔偿的义务者,应恢复负赔偿责任的事故发生前的原状。如因伤害身体或毁损物件而应为损害赔偿时,债权人得请求必要数额的金钱以代替恢复原状。"债权人仅在下列情况下才可以请求金钱赔偿:(1) 人身伤害或损坏物件;(2) 债权人对债务人规定一个相当的时间,令其恢复原状,并声明如逾此时间未能恢复原状,债权人即可于期限届满后请求金钱赔偿;(3) 如所受损害不能恢复原状,或恢复原状不足以赔偿债权人的损害时,债权人可以要求金钱赔偿;(4) 如债务人须付出过高的费用才能恢复原状时,债务人也可以用金钱来赔偿债权人的损失。

法国法以金钱赔偿为原则,而以恢复原状为例外。多数情况下,一方当事人违约后当事人之间便转变为损害赔偿之债关系。

英美法基本上采取金钱赔偿的方法,称为"金钱上的恢复原状"。为了在金钱所及的范围内,使权利受到损害的一方当事人处于合同达到履行时同样的地位。如Bacon v. Cooper (Metals) Ltd. (1982年)案中,被告供应的金属与合同不符,导致原告的裂碎机损坏。法院判决:被告的损害赔偿额为原告购买一台新裂碎机的全部成本及利息。被告辩称,赔偿额应适当扣减。理由是,一台新裂碎机的使用寿命大约为7年,而原告损坏的裂碎机已经使用了3年,原告购买新机器又可以使用7年,所以,应当有一定的折扣。但是,法官没有接受被告的辩护,相反,法官指出,原告虽购买了一台新机器,但并非出于原告的过错,而是由于被告的过失。况且,原告也无法购买一台正好使用了3年的裂碎机,他不得不购买一台新的。①

3. 损害赔偿的范围及限制

损害赔偿的范围可以通过两种办法确定:一是由当事人在合同中约定,二是在没有约定或者约定不清时由法律予以确定。这里主要研究法定的损害赔偿的范围。由于违约行为的复杂性,它不仅涉及违约方的过错程度,还涉及双方的过错状态,以及违约的表现形态和因果关系等,各国立法及司法实践均对损害赔偿作出限制,以作为对全部赔偿原则的补充。对损害赔偿加以限制主要通过合理预见规则、过错相

---

① 何宝玉:《英国合同法》,中国政法大学出版社1999年版,第660页。

抵规则和损益同销规则实施。

大陆法系认为，损害赔偿的范围应包括违约所造成的实际损失和可得利益损失。前者是由合同明确规定的，因债务人的违约而直接受到损害的利益。后者是债权人在合同履行的情况下本应可以获取，而因债务人的违约所丧失的利益。例如，在买卖合同中，卖方应交货而未交货，应交付优质商品而交付劣质商品，属于实际损失。合同中约定的合格商品转售的利润为可得利益损失。《德国民法典》规定，凡依事物的通常过程，或依已进行的设备、准备或其他特别情形，可以预期得到的利益，即视为可得利益损失。与此同时，《法国民法典》第1150条规定了对损害赔偿范围加以限制的合理预见规则："如债务的未履行并非因债务人的诈欺而未履行时，债务人仅就订立契约时所预见或可预见的损害负赔偿责任。"这里的"预见"主体不是别人，而就是债务人。《德国民法典》第324条规定了对损害赔偿范围加以限制的损益同销规则：在确定损害赔偿时，"因免除给付义务所节省的或由劳力移作他用取得的，或故意怠于取得的利益，应扣除之。"我国有关法律未确定此项规则，但在司法实践中法院在确定损害赔偿数额时也往往只责令违约方赔偿受害方扣除利益后的实际损失。

英美法原则上要求因违约而受到损害的一方，在经济上能处于合同得到履行时同等的地位。关于计算损害赔偿范围的原则，英国通过哈德里诉巴辛达尔案[1]判决发展起来。案情如下：一家磨坊的机轴破裂了，磨坊主把坏机轴交给承运人，委托他找一家工厂重做一个新机轴。承运人未能在合理时间内交付新机轴，因而使磨坊长时间停工。磨坊主要求承运人赔偿由于其迟延交货所造成的利润损失。但由于磨坊主事先并未告知对方如不能及时把新机轴送到将会产生利润损失，因此，法院判承运人对迟延交货期间的利润损失不承担赔偿责任。法院在该案判例中阐明：计算损害赔偿的范围时应考虑两个原则：（1）这种损失是自然发生的，即按照违约事件的一般过程自然地发生的损失；（2）这种损失必须是当事人在订立合同时对违约可能产生的后果能合理地预见到的。该案中的利润损失显然不在此范围之内。英国1893年《货物买卖法》基本上采纳了这一观点，该法第50条、第51条规定，计算损害赔偿的范围，应是按违约的一般过程，直接地而自然地发生的损失。如果货物有行市，计算的范围应推定为合同价格与应交货之日或应接受货物之日的市场价格之间的差价。

美国《统一商法典》规定，损害赔偿应包括附带的损失和间接的损失。

我国《民法通则》和《合同法》吸收了国际通行的对损害赔偿范围的规定，损害赔偿数额"应当相当于因违约所造成的损失，包括合同履行后可以获得的利益，但不得超过违反合同一方订立合同时预见到或者应当预见到的因违反合同可能造成的损失"。(《合同法》第113条)

《国际商事合同通则》第七章第四节是"损害赔偿"，其中包括了13条内容，具

---

[1] Hadly v. Baxendal (1854).

体规定了赔偿的方法、范围及限制。第7.4.2条确定了"完全赔偿"的原则,指出"此损害既包括该方当事人遭受的任何损失,也包括其被剥夺的任何收益",肯定了损益同销规则——"但应考虑到受损害方当事人由于避免发生的成本或损害而得到的任何收益",合理预见规则——"不履行方当事人仅对在合同订立时他能预见到或理应预见到的、可能因其不履行而造成的损失承担责任"(第7.4.4条)。

(三) 解除合同(rescission)

解除合同是指一方当事人违约时,另一方当事人径自或通过法院解除自己履行合同义务的一种救济方法。这里所谓"解除合同"有别于当事人在正常情况下解除合同关系,后者体现的是当事人的意思自治,是当事人在合同订立后对合意的协商调整。解除合同这种违约救济主要包括以下几个方面的问题:

1. 解除权的发生和适用前提

传统罗马法原则上不承认债权人在债务人不履行合同或者不完全履行合同时有权解除合同。但在买卖法中,允许卖方在买方未在一定期限内支付价金时解除合同。罗马法的这一原则为法国民法典所接受。法国法认为,一切双务合同都包含一项默示条款,即当一方当事人不履行合同时,对方当事人有权要求解除合同。根据《法国民法典》第1184条规定,双务合同当事人一方不履行其所订立的债务时,应视为有解除条件的约定。法国法院则认为,解除合同的真正依据不在于有一项默示的解除合同条款,而在于缺乏约因。法国最高法院曾指出:"在双务合同中,一方当事人的义务就是对方的义务的约因,如果一方不履行其义务,对方的义务就缺乏约因。"[1]

德国法也认为,在一方当事人给付不能或者给付迟延时,对方有权解除合同。但是,德国法未明确规定,在当事人拒绝履行或不完全履行时对方是否也有权解除合同。学者们一般认为,上述情形下对方也有权解除合同。

英国法把违约分为违反条件和违反担保。只有在一方当事人违反条件时,对方才有权解除合同。美国法把违约分为重大违约和轻微违约。只有在一方当事人重大违约时,对方才有权解除合同。1980年《联合国国际货物买卖合同公约》把违约分为根本违反合同和非根本违反合同。只有在一方当事人根本违反合同时,对方才有权解除合同。

我国《合同法》第94条规定了解除权行使的条件,"在下列情形之一的,当事人可以解除合同:(一) 因不可抗力致使不能实现合同目的;(二) 在履行期限届满之前,当事人一方明确表示或者以自己的行为表明不履行主要债务;(三) 当事人一方迟延履行主要债务,经催告后在合理期限内仍未履行;(四) 当事人一方迟延履行债务或者有其他违约行为致使不能实现合同目的;(五) 法律规定的其他情形。"

从上述规定可以看出,我国法对解除权的发生和适用前提的规定,吸收了大陆法系的履行不能以及英美法系和1980年《联合国国际货物买卖合同公约》对违约分

---

[1] 转引自冯大同:《国际商法》,对外经济贸易大学出版社1991年版,第144页。

类的有关规定。不是所有的违约情形都可以导致解除权的发生。

2. 解除权的行使

在各国法中,合同解除权的行使主要有三种方式:

(1) 经由法院诉讼而解除合同。《法国民法典》第1184条规定,债权人解除合同,必须向法院提起。但是,法国法又规定,如果当事人在合同中订有明示的解除条款,则无须向法院起诉。

(2) 无须通过法院,直接向对方当事人提出解除合同。德国法和英美法持这种观点。《德国民法典》第349条规定:"解除合同应向对方当事人以意思表示为之。"英美法认为,解除合同是当事人由于对方的违约行为而产生的一种行为,他可以宣告自己不再受合同的拘束,并认为合同已经终了,而无须经过法院的判决。

(3) 既可以由法院判决解除合同,也可以由当事人之间直接解决。我国《合同法》第96条规定:"当事人一方依照本法第93条第2款、第94条的规定主张解除合同的,应当通知对方。合同自通知到达对方时解除。对方有异议的,可以请求人民法院或者仲裁机构确认解除合同的效力。法律、行政法规规定解除合同应当办理批准、登记等手续的,依照其规定。"

3. 解除权与损害赔偿请求权的并用

《德国民法典》第325条、第326条规定,债权人只能在解除权与损害赔偿请求权之间选择其一,而不能在一个债权债务关系中同时享有两种救济权利。除德国法之外,大多数国家法律都规定两种权利可以同时行使,解除权的行使不影响损害赔偿请求权。

4. 解除合同的后果

对此问题各国有不同规定。法国、德国、美国认为,合同解除的效力溯及既往,未履行的债务不予履行,已履行的也应恢复原状。各方当事人应互负返还其所受领的给付的义务,无法恢复原状的应补偿代价。英国认为,解除只溯及将来,合同已履行的部分不再更改,未履行的部分不再履行。我国法规定,合同解除后,尚未履行的,终止履行;已经履行的,根据履行情况和合同性质,当事人可以要求恢复原状、采取其他补救措施,并有权要求赔偿损失。可见,我国法的立场与多数国家相似。

(四) 违约金(liquidated damages)

违约金是指为了保证合同的履行,当事人双方事先约定,当一方违约时应向另一方支付的金钱。

1. 违约金的性质和作用

关于违约金的性质和作用,大致有两种观点:一是惩罚性,二是补偿性。大陆法系中德国法持惩罚性违约金观点,认为违约金是对不履行合同的当事人的惩罚,因此,债权人在债务人违约时,除了请求支付违约金之外,还可以提出损害赔偿的请求。法国法持补偿性违约金观点,认为它属于预先约定的损害赔偿金额。因此,法国法原则上不允许债权人在请求违约金的同时,要求债务人履行主债务或提出不履行合同的损害赔偿请求。例外的是,如果违约金是针对迟延履行而约定的,则当债务人迟延履行时,债权人可以同时提出支付违约金和损害赔偿两种请求。我国合同法中两种违约金都存在,但以补偿性违约金为主。英美法只承认补偿性的违约金,即违约金仅仅是预先约定的损害赔偿金额。其理由有二:(1) 英美法认为,合同双方当事人地位完全平等,一方违约,另一方只能要求赔偿,而不能加以惩罚;(2) 合同条款是当事人彼此所作的履行自己承担的合同义务的许诺,而违约金的约定是建立在合同义务不履行或不完全履行的基础上的,显然它与当事人的基本合同义务相抵触。因此,法院对罚金性质的违约金采取一概不承认的态度,受损害方只能按照通常的办法就其实际所遭受的损失请求损害赔偿。

2. 违约金的调整

违约金是当事人双方对违约后果的一种约定。一经约定,法院是否有权予以增加或者减少? 对此问题,大陆法系各国的规定有所不同。法国法曾经坚持认为,法院原则上对违约金不得增减(见《法国民法典》第1152 条)。但是现在已改变立场,允许法院对赔偿数额过高或者过低的违约金约定予以调整,改变原约定的法律效力。德国法一直持法院可更改违约金约定的立场。《德国民法典》第343 条规定:"约定的违约金额过高者,法院得依债务人的申请以判决减至适当数额。"《瑞士债务法典》第161 条进一步规定,如果债权人能证明债务人有过失,他可以对自己因对方违约所受损失超过违约金金额的部分要求增加金额。换句话说,《瑞士债务法典》允许当事人提出增加赔偿金额请求的要件有两项:一是违约金的约定不足以弥补其所受损失,二是债权人能够证明债务人对违约行为主观上有过失。我国《合同法》第114 条第2 款的规定与《德国民法典》的规定基本相同,允许当事人在约定的违约金低于或者过分高于所受损失时向受理案件的法院或者仲裁机构提出增加或者适当减少违约金,但并未规定债权人须举证证明债务人对违约行为有过失。《国际商事合同通则》第7.4.13 条也肯定了违约金的可调整性:"如果约定金额大大超过因不履行以及其他情况导致的损害,则可将该约定金额减少至一个合理的数目,而不考虑任何与此相反的约定。"[1]值得注意的是,通则只规定违约金可以减少而未规定违约金可以增加。

3. 联合国《关于在不履行合同时支付约定金额的合同条款的统一规则》

为了协调各国法在违约金问题上的分歧,保障国际贸易的顺利进行,联合国国际贸易法委员会于1983 年通过决议,颁布了《关于在不履行合同时支付约定金额的合同条款的统一规则》(以下简称《统一规则》),建议各国采用样板法的方式或者国际条约的方式,将其推荐的规则付诸实施。

《统一规则》适用于当事人约定在一方不履行合同时,另一方有权取得约定的金

---

[1] 国际统一私法协会:《国际商事合同通则》,对外贸易经济合作部条约法规司编译,法律出版社1996 年版,第185 页。

额的国际合同,不论此项约定的金额是作为罚金还是作为赔偿金。这里所谓"国际合同"是指营业地处于不同国家的当事人之间所签订的合同。

《统一规则》的实体规定主要有:

(1) 如果债务人对不履行合同没有责任,债权人无权取得约定的金额;换言之,只有债务人对不履约应承担责任时,债权人才能取得这项约定的金额。

(2) 如果合同规定,一旦延迟履行,债权人有权取得约定的金额,则债权人在有权取得约定的金额的同时,还有权要求履行合同义务。

(3) 如果合同规定,当出现延迟履行以外的不履约情事时,债权人有权取得约定的金额,则债权人有权要求履行合同,或者要求支付约定的金额;但是,如果约定的金额不能合理补偿不履约所造成的损失,则债权人有权在要求履行合同的同时,要求支付约定的金额。

(4) 如果债权人有权取得约定的金额,则在该项约定金额所能抵偿的范围内的损失,债权人不得请求损害赔偿;但是,如果损失大大超过约定的金额,则对于约定金额所不能抵偿的部分,债权人仍可请求损害赔偿。

(5) 除非约定的金额与债权人所遭受的损失很不相称,法院或仲裁庭均不得减少或增加合同约定的金额。

(6) 当事人可以删除或改变上述(1)、(2)、(3)项的效力。

(五) 禁令(injunction)

禁令是英美衡平法中特有的一种重要救济形式,它适用于消极合同,禁止当事人为某一行为,迫使他履行许诺。禁令与衡平法中的另一种救济形式相对——特定履行令,特定履行令适用于积极的合同,迫使当事人为某一行为。英美法院一般只在下列情形下适用这一救济:(1) 采取一般的损害赔偿救济方法不足以补偿债权人所受的损失;(2) 禁令必须符合公平合理的原则。禁令救济的行使权完全在法院手中,法院有权自由裁量,当事人无权要求法院必须给予这种救济。

传统上的禁令主要适用于个人服务合同领域,用于强制当事人履行消极的许诺。如 Lumley v. Wagner(1852 年)案[1]中,双方当事人签订一份演出合同,约定在 3 个月内被告同意每周两次在原告的剧场里演出。在此期间,未经原告同意,被告不得在其他任何剧场演出。后来第三人愿意出更高的价格请被告到另一家剧场演出,被告乃放弃了与原告的合同,转而到另一家剧场演出。原告起诉,请求法院发布禁令。法院准许原告的请求,禁止被告在其他剧场演出。随着就业法的发展,禁令在个人服务合同领域的运用也开始受到限制,英国法院在 Warren v. Mendy(1989 年)案判决中指出,如果一份服务合同包含相互信任和忠诚的义务,而应当履行义务的人对另一方当事人完全失去了信任,法院一般就不能授予禁令。[2]

---

[1] 何宝玉:《英国合同法》,中国政法大学出版社 1999 年版,第 733 页。
[2] 同上书,第 735 页。

五、情势变迁(clausula redus sic stantibus)、合同落空(frustration of contract)与不可抗力(force majure)

对有效成立的合同,当事人在一般情况下均应按照约定履行合同义务,否则应承担违约责任。但是,在特殊情况下,如合同订立后发生了当事人无法预料的情事,导致合同无法履行,或虽可履行但大大增加当事人的负担,产生极不公平的结果。对此,法律上作为例外原则来处理,即所谓情势变迁原则、合同落空和不可抗力制度。

(一) 情势变迁

情势变迁原则又称为情势变更原则,是大陆法系合同法中的一项特有原则,它是指在合同成立后,因不可归责于双方当事人的原因发生情势变更,致使合同的基础动摇或丧失,若继续维持合同原有效力,则显失公平,因此允许当事人变更合同内容或解除合同。该原则在一些国家的法律中有明确规定(如《瑞士债务法典》、《意大利民法典》),而另外一些国家(如《德国民法典》)则是通过适用诚实信用原则来解决因情势变迁所发生的法律问题,将情势变迁原则作为诚实信用原则的一种体现。

情势变迁原则的适用条件是:(1) 必须有情势变迁的事实;(2) 情势变迁必须发生于法律行为成立后和消灭之前;(3) 情势变迁须未被当事人所预料,且无法预料;(4) 情势变迁须因不可归责于当事人的事由而发生;(5) 因情势变迁,使得维持原有合同关系的效力会显失公平。根据这一原则,合同的效力可能发生两种改变:或者维持原合同基本关系,仅就不公平之处予以变更,如增减给付、延期给付等;或者当部分纠正仍不足以排除不公平的后果时,终止合同关系,解除合同。

情势变迁原则为大陆法系国家所认可,并应用于司法实践,但其适用范围并无定论,极难掌握,所以在司法实践中一般不轻易援用。第一次世界大战伊始,德国法院面临战前订立的合同如何处理,曾以所谓"经济上不可能履行"来解释《德国民法典》第275条所指的给付不能,以此为由主张应免除债务人的给付义务。法院认为,如在战争之后继续履行原合同,实质上将与原来规定的义务完全不同,或者在经过长期战争之后继续按照原合同交货,其经济状况将完全不同于订约时处于和平时期的经济状况,即属于经济上的履行不可能,债务人可免除给付义务。法国法院强调,只有在发生了不可归责于债务人的、不可预料的、使债务人在相当长的期间内不可能履行合同的障碍时,才能解除债务人的履约义务。

(二) 合同落空

合同落空是英美法中的概念,与大陆法系的情势变迁类似。按照早期的英国合同法,合同一经缔结,即使以后发生与义务人的过错无关的情况,使合同不能履行,义务人也须承担违约责任。但自19世纪中叶起,一项新原则逐步确立,即"履约不可能"原则,其含义是:由于某些超出合同当事人控制能力以外的突发事件导致某种允诺不可能履行,这种允诺就应被解除,允诺人自然也不应承担违约责任。20世纪初,英国合同法又出现了"目的落空"原则,其含义是:如果合同订立后出现的与当事人的过错无关的某种情况改变使合同订立时所追求的目的无法达到,或订立合同所依据的理由已不复存在,则义务人可以不履行其合同义务,尽管这种履行仍属可能。现代英国合同法笼统地用"合同落空"来概括以上的"履约不可能"和"目的落空"。

美国法将英国法中的"履约不可能"改为"履约不可行",根据《合同法重述》的解释,在许多情况下,尽管义务人的义务不是绝对无法履行,也应解除其履约义务。譬如,如果按照合同规定履行义务会给义务人带来异常不合理的困难、花费、伤害或损失,或可能危及当事人或其他人的人身和财产安全,而这与履约所要达到的目的是不相称的,那么,履约便是"不可行的"。①

综上所述,英美法中的合同落空是指在合同成立后,由于不可归责于当事人、且当事人无法预料的事由致使当事人如按照原合同履行将会遭遇异常困难,或者是当事人所追求的商业目的已遭受挫折,在此情况下,当事人得免予履行其合同义务,并免除其违约责任。英美法中的合同落空与大陆法中的情势变迁原则都可用于重新确定合同的效力,但二者在适用范围、结果等方面存在一定区别。

按照英国法和判例,下列情形往往可以做合同落空处理:

(1) 标的物灭失。如果合同的履行取决于某一特定的人或物的继续存在,但在合同订立后该特定人或特定物灭失,合同的履行不可能,当事人可适用合同落空处理。

(2) 违法。如果合同订立后如按照原合同约定履行将构成违法行为,则可适用合同落空处理。

(3) 情况发生根本性变化,使合同的存在基础丧失。英国法院曾处理过一个典型案件,案由是:英王爱德华七世登基典礼举办之际,乙向甲租用其临街房一处,租期一天,其目的是利用该房的有利地位观看登基游行典礼,但这一目的并未记载于合同中。后因登基典礼宣告取消,乙拒付租金,甲诉诸法院。法院以合同落空为由驳回甲的起诉。法院认为,合同虽未记载租房的目的,但从有关背景可以发现这是合同的基础。既然合同的基础已不存在,应当按照合同落空处理。

(4) 政府实行封锁禁运或进出口许可证制度。②

(三) 不可抗力

通常情况下,合同中约定的不可抗力条款是当事人对情势变迁原则或合同落空原则的一种主动适用。某种事变是否可导致情势变迁或合同落空往往难以确定。因此,当事人的比较积极的方法就是事先在合同中约定,一旦发生某些难以预料的情形,致使履约不能,得免除其履约义务。所谓不可抗力是指合同订立后发生的,不可归责于当事人任何一方,当事人不能预见、不能避免且不能克服的意外事故。一旦发生这些意外事故,当事人可以延迟履行或者解除合同,任何一方不得请求损害赔偿。

---

① 参见美国《合同法重述》第 11 章:履约不可行与目的落空。
② 以上参见冯大同:《国际商法》,对外经济贸易大学出版社 1991 年版,第 156—158 页。

不可抗力事故包括两类情况：一类是自然原因引起的，如地震、旱灾等；一类是社会原因引起的，如战争、罢工等。当事人可以在订约时自行商定哪些属于本合同的不可抗力事故。

（四）《国际商事合同通则》的相关规定

2010年《通则》的第六章标题为"履行"，其第二节为"艰难情形"。第七章标题为"不履行"，第7.1.7条规定了不可抗力。《通则》首先申明合同必须遵守（第6.2.1条），然后第6.2.2条将艰难情形界定为："所谓艰难情形，是指发生的事件使得一方当事人履约成本增加或者一方当事人所获履约的价值减少，因而根本改变了合同均衡，并且（a）该事件的发生或为处于不利地位的当事人知道事件的发生在合同订立之后；（b）处于不利地位的当事人在订立合同时不能合理地预见事件的发生；（c）事件不能为处于不利地位的当事人所控制；而且（d）事件的风险不由处于不利地位的当事人承担。"

接着，第6.2.3条规定了艰难情形的后果是，处于不利地位的当事人有权要求重新谈判，而且此要求应毫不迟延地履行，并说明要求的理由。如果谈判不成，任何一方均可诉诸法院，由法院裁决合同在何时以及在何种条件下终止履行，或者裁决为恢复合同均衡而修改合同。

第7.1.7（1）条界定了不可抗力："若不履行的一方当事人证明，其不履行是由于非他所能控制的障碍所致，而且在合同订立之时该方当事人无法合理地预见，或不能合理地避免或克服该障碍及其后果，则不履行方应予免责。"《通则》的不可抗力概念涵盖了普通法系的合同落空、履行不能以及大陆法系的不可抗力、不可能性等原则，《通则》选择"不可抗力"这一术语，是因为该术语在国际贸易实践中得到了广泛的认可。

《通则》对艰难情形和不可抗力采取了区别对待的立场，但实践中可能会出现同时被视为艰难情形和不可抗力的事实情况。如果出现此情形，应当由受到不利影响的一方当事人决定究竟采取何种救济措施；如果援引不可抗力，其目的是为不履行免责；如果援引艰难情形，其目的首先应当是对合同条款重新谈判，以便使合同依经修改的条款继续有效。

情势变迁、合同落空和不可抗力，都属于合同的免责条件，但它们之间还是存在一定的差异。

第四节 合同的让与

传统的罗马法不承认合同会发生让与，因为罗马法认为，债的关系是一种法律的锁链，是特定人与特定人之间的关系，彼此不能分割开来。但随着社会经济的发展，否认合同让与性的罗马法无法满足复杂的社会经济需要，于是只得以允许债权受让人以债权人的诉讼代理人的身份向债务人起诉的变通方法来解决合同主体的变更问题。后来才逐渐演化为今天的合同让与制度。合同的让与是指在合同的内容不变的前提下合同主体发生变更。合同让与包括两种情形：债权转让和债务承担。合同让与时，在转让人、受让人以及原合同的另一方当事人之间会发生一系列新的复杂的权利义务关系。各国法对债权让与和债务承担的规定有一定差别，现分别介绍如下：

一、债权让与

各国法一般都将债权让与区分为民法上的债权让与和商法上的债权让与，两种债权让与在操作程序以及权限大小上有所不同：民法上的债权让与必须将主体变更事实通知债务人，而且新债权人不能取得优于原债权人的权利；商法上的债权让与无须通知债务人，而且新债权人可以取得优于原债权人的权利。这种更为便捷的方法主要是为了加速商业流转。这里所研究的是民法上的债权让与。

债权让与是在原债权人（让与人）与新债权人（受让人）之间订立的一种合同。根据这一合同，让与人将其债权转让给受让人。债权让与合同同时对债务人产生一定影响，即债务人应当向新债权人履行债务。由于债务人并不是债权让与合同的当事人，但该合同又与他有密切的联系，因此，如何保护债务人的合法权益，是各国法关注的重点之一。

（一）大陆法系

《德国民法典》第398条规定："债权得依债权人与第三人的合同而移转于第三人，新债权人依合同的成立取得债权人的地位。"根据该规定，债权让与时无须征得债务人的同意，也无须通知债务人，那么，该债权让与何时对债务人产生效力呢？即债务人依据什么向新债权人履行债务呢？德国法的解释是，关键取决于债务人对债权让与是否知情。与此同时，为了保护债务人的利益，《德国民法典》第404条规定："债务人在债权让与当时对原债权人的抗辩，均得向新债权人主张。"

法国法认为，债权人有权不经债务人的同意而把债权转让给第三者。法国法把债权让与合同对让与人与受让人的效力同对债务人的效力加以区别。根据《法国民法典》第1689条的规定，债权让与在让与人向受让人交付权利证书时即视为已履行交付义务。也就是说，在上述二者之间，合同一成立就生效，让与人从此丧失该债权，也无权行使该债权。但对债务人而言，必须在收到该债权让与通知之后，或者在公证文书中对债权让与作出承诺后，才发生效力。

（二）英美法系

英国的普通法原则上禁止合同权利的转让，其理论依据与罗马法大致相同，即债权债务关系是人与人之间的一种十分密切的关系，因此，任何一方当事人不得将其合同权利或义务转让给他人。现代英国法上所谓的债权让与包括两类：一是衡平法中的债权让与；二是制定法上的债权让与。

衡平法允许当事人转让合同权利，不论该权利是法定的还是衡平法权利。如果转让的是衡平法权利,如信托基金中的股票,受让人可以用自己的名义起诉。但假如转让人对合同标的物保留了一定的利益,则受让人就必须将转让人同时拉入诉讼,以免产生多次诉讼。如果转让的是法定的权利,衡平法可以强迫转让人允许受让人在普通法的诉讼中借用转让人的名义。同时,为了让转让人也受到法院判决的约束,转让人也必须成为该诉讼的当事人之一。

制定法上的债权让与最早见于英国1873年《司法制度改革法》第25条第6款,后来被1925年《财产法》第136条所取代。根据该规定,合同权利只要符合一定条件就可以转让。这些条件是:(1)必须以书面作成,并由让与人签字;(2)债权让与必须是绝对的、无条件的,应包括全部债权而不是部分债权;(3)必须以书面形式通知债务人。

一项转让,即使不完全符合制定法的条件,只要它可能符合衡平法的转让要求,就仍可能生效。衡平法转让与制定法转让在程序上有所不同:(1)制定法转让中的受让人可以直接起诉债务人而不必同时将转让人拉入诉讼,衡平法转让的受让人却不能这样做;(2)制定法转让是将法定所有权(legal right)转让给受让人,而衡平法转让只是将衡平法权利(equitable right)转让给受让人;(3)制定法转让的受让人可以口头将其权利再转让出去,而衡平法转让的受让人则只能以书面形式再转让其权利。

现代美国法承认债权是可以让与的,只是某些个人特色的合同权利,如提供个人劳务、技能的合同,不允许转让。美国大多数州的诉讼程序法允许债权让与的受让人直接以自己的名义向债务人起诉。美国《统一商法典》规定,除当事人另有协议外,买方或卖方都可以把他们的权利转让给第三人,除非这种转让会大大改变对方的义务,或者大大增加对方的负担,或者严重损害对方获得履行的机会。

(三)中国法

我国《合同法》吸收了各国法的一般规定,原则上允许当事人将合同权利全部或者部分转让他人,除非是:(1)根据合同性质不得转让;(2)按照当事人约定不得转让;(3)依照法律规定不得转让。债权转让时应当通知债务人,未经通知,该转让对债务人不发生效力。

(四)2010年《国际商事合同通则》

尽管权利的转让和债务的转移在现代商业和金融中越来越重要,但是这些问题长久以来一直被国际统一化进程所忽略。2004年《国际商事合同通则》增加了第九章,分别规定了权利转让、债务转移和合同转让,在国际范围内制定一套广泛的规则方面做了最先的尝试。[①] 2010年第三版对此部分未作修改。第九章第一节涵盖了所有的协议转让,包括以担保方式的转让(第9.1.1条);但不包括票据转让或者一

---

① 参见 M. Fontainie, Harmoniser le régime de la transimission des obligations, in *Liber amicorum Jacques Herbots*, 2002, pp. 131—146.

项商业转让过程中发生的权利转让（第9.1.2条）。为了使让与人与受让人之间的转让产生效力，还规定了一般不要求债务人同意的原则（第9.1.7条），但债务人有权就转让发生的额外成本要求补偿（第9.1.8条）。

二、债务承担

债务承担是指在合同内容基本不变的前提下由新债务人代替原债务人履行债务。债务承担比债权让与更为复杂，因为后一种情况下只是更换了债权人，一般不会影响债务人的履约能力；而在前一种情况下，不同的债务人资信情况、履约能力、经营作风等都有所不同，这会对债权人的利益带来严重影响。因此，从罗马法到现代西方各国法律都采取比对待债权让与更为审慎、严格的立场。

罗马法用所谓债务更新的方法来达到债务移转的目的。现代西方各国对债务承担作出不同的规定。一些国家认可债务承担制度，如德国法、瑞士法；另外一些国家原则上否定债务承担，但又采取变通方式来达到债务承担的效果，如英美法、法国法。

（一）直接认可债务承担制度的德国法

《德国民法典》第五章对债务承担作出具体规定。德国法把债务承担看做是一种合同关系，可以通过两种方式达成：一是由承担人与债务人订立合同，代替原债务人承担债务；二是由承担人与债务人订立债务承担合同，在得到债权人追认的情况下让承担人向债权人履行债务。《德国民法典》第415条规定："第三人与债务人约定承担债务者，须经债权人的追认始发生效力。"

德国法中债务承担的效力主要表现为两个方面：(1) 由承担人代替原债务人负担债务，从而使原债务人脱离债务关系，免除了他的义务；(2) 承担人得以援用原债务人的抗辩事由。但是，承担人基于自己与债务人之间承担债务原因的法律关系所具有的抗辩，不得向债权人提出。

我国《合同法》在第五章也具体规定了债务移转制度，要求债务人移转义务时应征得债权人的同意。2010年《国际商事合同通则》也做了类似规定（第9.2.1条）。

（二）原则上否认、以变通方式规定债务承担制度的法国法、英美法

《法国民法典》未设专门条目规定债务承担，而是采取变通方法达到债务承担目的。主要表现为：《法国民法典》原则上允许由第三人代替原债务人向债权人清偿债务；债务的移转主要通过债的更新的办法实现，即以消灭旧债为目的而成立新的债务；当自然人死亡或者法人合并时，允许继承者概括承受原先的债权债务。

英美普通法认为，债务移转只能通过更新的办法实现，而债的更新须得到债权人的同意。为了适应现代商业发展的需要，英美法采取了更为灵活的态度对待债务承担，如在许多情形下允许他人代为履行债务。美国《统一商法典》第2-210条规定，除合同当事人另有协议，或债权人对由原债务人履行合同具有重大的利害关系者外，债务人得通过他人代其履行义务。但替代履行并不解除债务人的履行义务或

对违约所产生的责任。美国法与德国法的一个重大差别是：在承担者替代履行原债务的情形下，原债务人是否免除了其债务人的责任？德国法的答案是肯定的，而美国法则认为未必尽然，即原债务人可能仍须以担保人的身份关注债务的履行。

第五节　合同的终止

▶ 一、合同终止概说

（一）合同终止的概念

合同的终止，即合同权利义务的终止，也称合同的消灭，是指合同关系在客观上不复存在。

合同的终止与合同的变更不同。合同的变更是合同内容要素的变化。合同变更时，合同关系依然存在；而合同的终止则是消灭既存的合同权利义务关系。合同的终止与合同效力的停止也不同。合同的效力停止，是指债务人基于抗辩权的行使，以终止债权的效力。抗辩权的行使以债权人享有请求权为前提，因而合同关系并不消灭，只不过其效力暂时停止而已，抗辩权消灭后即恢复原来的效力。合同的终止亦不能等同于合同的解除。合同的解除是指合同的效力由于约定或法定的原因溯及既往的归于消灭，属于合同关系的不正常消灭，只是构成合同终止的一种原因。

（二）合同终止的原因

合同权利义务的终止需有法律上的原因。合同的终止原因大致有四类：

一是基于合同目的的消灭而终止。合同当事人直接的利益要求得到满足时，合同的目的即为达到。合同目的的达到最为经常的原因是清偿及担保权的实现。目的不能达到，主要指原因不可归责于债务人的事由（例如不可抗力）而致履行不能以及当事人死亡或者丧失行为能力。合同目的的消灭还包括合同目的无实现的必要而消灭。例如，在有可抵销的情形时，双方当事人互负的债务不必通过各自的履行即可消灭；而当有混同的情形出现时，债权人和债务人归于同一，自然也没有必要再为履行。

二是基于当事人的意思而终止。一种情况是免除，即债权人抛弃其权利，使合同关系归于消灭。另一种情况是解除。经双方当事人协商一致，或一方当事人行使解除权，合同即因解除而消灭。当事人约定有解除条件的合同，解除条件成就时，债权债务关系归于消灭。

三是因作为合同基础的法律行为被撤销而终止。作为合同基础的法律行为具有瑕疵（如我国《合同法》规定的行为人处于重大误解或者显失公平、受欺诈、胁迫或者他人乘人之危而订立的合同）时，合同当事人可行使撤销权，在此基础上产生的债权债务关系即随着基础行为效力的消灭而消灭。

四是基于法律的规定而终止。为了维护社会的财产秩序，在某些情形下，法律直接规定合同关系的终止。例如诉讼时效届满,债权即已失去法律保护,法律意义上的合同关系终止。

（三）合同终止的效力

合同权利义务的终止,使合同关系不复存在,同时使合同的担保(包括抵押权、质权、留置权等)及其他权利义务(如违约金债权、利息债权等)也归于消灭。

负债字据为合同权利义务的证明。债权债务关系终止后,债权人应将负债字据返还给债务人。债权人如因负债字据灭失而不能返还,应向债务人出具债务消灭的字据。

合同关系消灭后,当事人应当遵循诚实信用原则,根据交易习惯,履行对他方当事人的照顾义务。例如租赁合同关系消灭后,出租人应对租赁物上属于承租人所有的增添物妥为保存;当事人对在合同期间掌握的对方当事人的商业秘密和技术秘密应当保密等。当事人如果违反上述合同终止后的义务(后契约义务),给对方造成了损害,应承担赔偿责任。

（四）各国法律对合同的终止的有关规定

以上概说均来自大陆法系的有关规定。大陆法系各国把合同看做债的一种,通常在其民法典"债"的部分对合同的终止原因作出具体的规定。如根据《法国民法典》的规定,在以下几种情形下债的关系即告消灭:(1)清偿;(2)更新;(3)自愿免除;(4)抵销;(5)混同;(6)标的物灭失;(7)取消;(8)解除条件成就;(9)时效完成。《德国民法典》则规定,债的消灭原因有四种:(1)清偿;(2)提存;(3)抵消;(4)免除。《日本民法典》规定债的消灭原因为五项,在《德国民法典》四项原因之外增加了一项混同。

英美法系没有大陆法债的概念,而只有合同的消灭(discharge of contract)的判例。英美法上合同的消灭有以下几种方式:

(1)因替代合同(substituted contract)而消灭。如果当事人约定以一个新的合同代替原来的合同,则原来的合同权利义务即告消灭。双方当事人对原合同的某些条款的修改或删除,抛弃了原合同的部分或全部义务,从而构成了履行新合同的对价(consideration)。

(2)因满足解除条件而消灭。当事人可根据共同的意思表示,在合同中规定解除或终止合同的条件。如买卖合同的双方当事人可以约定,如发生战争、水灾、地震等不可抗力事故时,受不可抗力影响而无法履行合同的一方可通知对方解除合同。

(3)因一方当事人弃权(waiver)而消灭。弃权指合同一方当事人自愿放弃其依据合同所享有的权利,从而解除了他方的履约责任。例如买卖合同中,卖方所交付的货物与合同的规定不符,买方收到货物后,如同意接受,则表示放弃要求卖方严格按合同履行的权利。如买方对货物提出异议,也应在合理的时间内通知卖方,否则亦将视同弃权。

(4)因当事人违反条件而消灭。英美法上的违约行为分为两类:一种叫违反条件,一种叫违反担保。如果是违反担保,受损害的一方只能要求损害赔偿,不能解除合同;如果违反条件,即动摇了合同的根基(the roof of contract),受损害的一方有权解除合同,使合同关系终止。

(5) 因法律规定而消灭。在英美法中,也有一些法律规定可以使合同关系归于消灭,主要包括合并(merger)、破产(bankruptcy)、对书面合同的擅自修改等。

我国《合同法》对合同权利义务的终止专列一章作出了规定。《合同法》第91条规定了导致合同终止的几种情形:(1) 债务已经按照约定履行;(2) 合同解除;(3) 债务相互抵销;(4) 债务人依法将标的物提存;(5) 债权人免除债务;(6) 债权债务同归于一人;(7) 法律规定或当事人约定的其他情形。并在第92条规定:"合同的权利义务终止后,当事人应当遵循诚实信用原则,根据交易习惯履行通知、协助、保密等义务。"

国际统一私法协会制定的《国际商事合同通则》将"合同的终止"作为合同的"不履行"(《通则》第七章)部分的一节。《通则》第 7.3.1 条规定了合同当事人的"终止合同的权利"。可见《通则》"合同的终止"实际上指的是当事人基于合同不履行对合同的"解除"权。《通则》指出,终止合同的权利取决于根本不履行,并要权衡许多因素行使。在该部分,《通则》还规定了终止合同的条件和一般效果等。

下面将以大陆法系的规定为基础,分别介绍合同终止的几种主要原因。

▶ 二、清偿

所谓清偿就是债务按照约定履行。合同债务一经履行,债权即因达到其目的而得到满足,因此,清偿是合同终止的原因,为各国法律所认可。

对于清偿的性质问题,大陆法系各国颇多争论。德、日两国学者多持"非法律行为说",即认为关于法律行为的规定不当然地适用于清偿,只是在其性质允许的范围准用关于法律行为的规定。例如,关于行为能力的规定,不当然地适用于清偿,只是在必须以法律行为实施给付时,才适用行为能力规范。在以事实行为为给付时,无行为能力人和限制行为能力人也完全可以清偿。再如,关于代理的规定也并非适用于一切清偿。履行行为为法律行为时,始得适用代理的规定。

从债权实现方面看,债务人履行债务固属清偿,第三人为满足债权人的目的而为给付,也属清偿。如《德国民法典》第 267 条规定:"凡给付无须债务人亲自履行者,亦得由第三人履行。"但依合同的性质或当事人的约定不得由第三人代为清偿的除外。对债务履行有利害关系的第三人,在代债务人清偿了债务之后,可以取得债权人的债权,来行使对债务人的求偿权。这种代位求偿权的运用常出现在国际货物运输保险合同关系中。托运人投保的货物如由于承运人的过错而遭到毁损或灭失,保险公司通常依保险合同的规定先向托运人赔偿损失,同时取代托运人的地位,代位行使对承运人的追偿权。此外,即使依强制执行或实行担保权而获得满足,也应为清偿。

债务人原则上应以合同约定的标的物履行,不得以其他标的物代替,否则不发生清偿效果。对于此种履行,债权人可以增加担保或其他意思而受领,但并不因此而消灭合同关系。如以其他标的物代替原标的物履行,并经债权人同意,则构成代物清偿,合同关系即可消灭。如《德国民法典》第364条规定,债权人受领约定给付以外的它种给付以代替原定的给付者,债务关系消灭。其他国家也有类似的规定。

合同的清偿地是确定法院的管辖权和合同准据法的标准之一。债务人应当在合同规定的清偿地履行其债务。如果合同没有作出明确的规定,则应根据标的物的性质而定。如属特定物的债务,应于订约时该特定物所在地交付。如属其他债务,则应当参考各国法律的特别规定。如法国、德国规定债务成立时,债务人的住所地为清偿地;而日本法则以债权人的住所地为清偿地。清偿期的确定,合同已有规定的,从其规定;合同没有规定的,债权人在合同成立以后随时可以向债务人要求清偿,债务人也可以随时向债权人清偿,但都要给对方必要的准备时间。期限利益专为债务人而设的,债务人通常可抛弃其期限利益,提前清偿。

关于清偿的费用,如当事人没有明确的约定、法律又无明文规定的情况下,一般应由债务人负担。但因债权人变更住所或其他原因而致清偿费用增加时,增加的费用由债权人负担。

如债务人对债权人负担数宗同种债务,而债务人的履行不足以清偿全部债务时,就产生了清偿的充抵问题。例如债权人先订购某种水产品100箱,后又追加50箱,在债务人只送交30箱时,即发生充抵问题。对此,如当事人之间事先约定充抵何宗债务者,从其约定;当事人之间没有约定的,债务人通常有权单方面制定其充抵的债务。如债务人没有指定应抵偿的债务,则依据各国法律规定的抵偿顺序确定。如《德国民法典》第366条规定:"债务人对于债权人基于数宗债务关系负担同种类给付的义务者,如债务人提出的给付不足以清偿全部的债务时,债务人于给付时所指定的债务归于消灭。""如债务人没有作出上述指定者,则先充抵已届清偿期的债务;若几个债务均已届清偿期者,则应充抵对债权人担保最少的债务;如担保相等者,应充抵债务人负担最重的债务;如负担相等者,应充抵到期较早的债务;如到期相同者,应按照各个债务数额的比例消灭债务。"其他国家法律也有类似的规定。

三、抵销

抵销是指互负债务的双方,各以其债权充当债务的清偿,而使其债务与对方的债务在对等额内相互消灭。例如甲欠乙1000元,乙欠甲500元,经过抵销,乙对甲的债务归于消灭,甲仍欠乙500元;如甲乙二人互欠的债务相等,则抵销的结果是两项债务同时归于消灭。

抵销的作用有二:一为便利当事人。如果不采取抵销的手法,则双方当事人必须分别向对方履行各自的债务。但通过抵销,当时人均免去了履行行为,节省了履行费用。第二个作用是确保债权的效力。即在双方当事人互负债务时,如一方当事人只行使自己的债权而不履行自己的债务,那么对方当事人就会受损害,抵销则能克服这一弊端。故而在各国破产法上,均有债务人对于破产人有债权时,可在破产清算前抵销的规定。

抵销依其产生的依据不同,可分为法定抵销与约定抵销两种。法定抵销由法律规定其构成要件,抵销权在性质上为形成权。当事人可以单方的意思表示使两个同一种类,同等数额、且均已届清偿期的债务归于消灭。在法定抵销的具体规定上,各国立法有所不同。《法国民法典》采取"当然抵销主义",认为无须当事人的行为,以双方互负债务的事实即可发生抵销。如该法典的第1290条规定:"债务人的双方虽均无所知,依法律的效力仍然可以发生抵销。"而德国和日本则采取"单独行为说",认为因抵销权的行使,才发生合同的权利义务终止的效果。如《德国民法典》第388条规定:"抵销应依意思表示向他方当事人为之。"各国法律根据当事人意思自由的原则,都规定当事人互付的债务,即使标的物种类、品质不相同,经双方协商一致,也可抵销。

▶ 四、提存

提存是指由于债权人的原因而无法向其交付合同标的物时,债务人得将该标的物交给提存机关而消灭合同的制度。如《德国民法典》第372条规定,债权人负受领迟延责任时,债务人得为债权人的利益将应给付的金钱、有价证券、其他权利证书以及贵重物品提存于公共提存所。其他因债权人本身的缘故,或非因债务人的过失而不能确定谁是债权人,以致不能清偿其债务或不能安全清偿时,亦可按此办理。

根据大陆各国的规定,提存主要基于以下原因:

(1) 债权人受领迟延。债权人受领迟延,是指债权人无正当理由未按清偿期受领或者拒绝受领,使债务人无法履行。为保护债务人的合法利益,尽早摆脱不合理的约束,各国法律都允许债务人将应给付的金钱或其他物提存,借以免除责任。

(2) 债权人下落不明。包括债权人不清、地址不详,债权人失踪又无代管人等情况。

(3) 债权人无法确定。例如债权人死亡或者丧失行为能力,又未确定继承人或者监护人的情况。

(4) 法律规定的其他情形。如我国《担保法》第49条第3款规定,抵押人转让抵押物所得的价款,应当向抵押权人提前清偿所担保的债权或者向与抵押权人约定的第三人提存。

提存部门由法律规定,也可是由法院指定的银行、信托局、商会等机构。在我国,公证处为主要的提存部门。

交付提存的标的物,一般应当是合同所规定的标的物。但如果合同标的物由于其性质不适宜于提存(如易腐、易变质的商品),有毁损灭失的危险(如易燃易爆品)以及保管的费用过高(如需人照料的禽兽)时,债务人可申请法院拍卖或者按照市场价格变卖而提存所得的价款。

标的物提存后,债权人可随时领取标的物,但须于一定期限内行使此项权利。按照德国法的规定,如债权人在30年内不行使收取权,此项权利即告消灭。

债务人也有权取回标的物,例如,《德国民法典》第376条规定:"债务人有取回标的物的权利。有下列情形时,不得取回:(1)债务人向提存所表示抛弃取回权;(2)债权人向提存所表示受领;(3)向提存所提示一份在债务人和债权人之间已宣告提存是合法的确定判决。"

提存的效力主要有以下几个方面:

(1)债务人免除责任。债务人将标的物提存之后,不论债权人受领与否,均发生债务消灭的效力。但对于债的关系何时消灭的问题,各国的规定并不一致。日本民法采因提存债权而当然消灭说。《日本民法典》第494条规定:"债权人拒绝受领或不能受领清偿时,清偿人可以为债权人提存清偿标的物而免除其债务。"德国则主张提存仅发生对于债权人请求的抗辩,只有在债务人丧失对提存物的请求权时,其债权才溯及于提存时消灭。《德国民法典》第379条规定:"在取回权未消灭时,债务人得要求债权人就提存物取得清偿。"第378条规定:"提存物的取回权已消灭时,与在提存期间向债权人履行给付一样,债务人因提存免除其债务。"

(2)风险转移。提存物寄托于提存部门之后,其风险即由债权人承担,如发生毁损灭失,债务人概不负责。

(3)费用负担。提存期间产生的一切费用,均由债权人负担,但债务人取回提存物者,不在此限。

▶ 五、免除

免除即债权人抛弃其债权,全部或部分终止合同关系的单方行为。

对于免除的法律性质,各国和地区有不同的规定。德国法、瑞士法等认为免除是契约,须经债务人的同意才能成立。而日本法和我国台湾地区民法则认为免除是单独行为,只要债权人有免除债务的意思表示,无须债务人的同意,债的关系即可归于消灭。

▶ 六、混同

混同指债权与债务同归于一人,致使合同关系消灭的事实。

债权债务的混同,由债权或债务的承受而产生。其承受包括概括承受和特定承受两种。概括承受是发生混同的主要原因。例如作为债权人的公司和作为债务人的公司进行合并时,债权债务因同归于一个公司而消灭。由特定承受而发生的混同,系指债务人由债权人处受让债权,债权人的债权与债务人的债务同归于债务人一人而使债权债务消灭。

在某些特殊情况下,虽然债权债务发生混同,但债的关系并不因此而消灭。例如债权为他人质权的标的时,为了保护质权人的利益,不使债权因混同而消灭。如《日本民法典》第520条规定:"债权与债务同归一人时,其债权消灭,但其债权为第三人之权利标的者,不在此限。"

▶ **七、诉讼时效**

诉讼时效也称消灭时效,是指债权人在一定期间内不行使权利,其债权即归于消灭的制度。

对于诉讼时效的效力,各国法律的解释有所不同。有的国家认为,消灭时效完成后,权利本身即归于消灭。如《日本民法典》第167条规定,债权经过10年期间不行使而消灭。有的国家则认为,消灭时效完成后,只是请求权归于消灭,权利本身仍然存在。如《德国民法典》第222条规定,消灭时效完成后,义务人有拒绝给付的权利。并规定,如请求权已因时效而消灭,但债务人仍履行其义务者,虽因不知消灭时效而为给付,亦不得请求返还。虽然各国对诉讼时效的效力有不同的解释,但一般都认为由于时效完成,债权人的请求权即告消灭,或者至少债务人得以时效完成作为抗辩的理由。2010年《国际商事合同通则》第10.9条规定:"(1) 时效期间届满不消灭权利。(2) 经债务人作为抗辩提出,时效期间届满方产生效力。(3) 即使权利的时效期间届满已经提出,仍可依据此权利作为抗辩。"因此事实上,诉讼时效的完成起到了消灭债的关系的作用,是合同终止的一个重要原因。

【参考书目】

1. 冯大同主编:《国际商法》,对外经济贸易大学出版社1991年版。
2. 苏号朋主编:《美国商法——制度、判例与问题》,中国法制出版社2000年版。
3. 《德国民法典》(修订本),郑冲、贾红梅译,法律出版社2001年版。
4. 王军编:《美国合同法》,中国政法大学出版社1996年版。
5. 何宝玉:《英国合同法》,中国政法大学出版社1999年版。
6. 张玉卿主编:《国际统一私法协会国际商事合同通则2010》,中国商务出版社2012年版。
7. 杨桢:《英美契约法论》,北京大学出版社2007年版。

【思考题】

1. 分析以下行为哪些属于要约,哪些属于要约邀请?
   (1) 自动售货机售货
   (2) 自选商店明码标价售货
   (3) 乘坐公共汽车

2. 合同的成立与合同的生效有何联系与区别？
3. 对价的有效条件是什么？对价制度的意义是什么？
4. 何谓约因？
5. 如何理解意思表示的瑕疵？错误、欺诈、胁迫的区别有哪些？
6. 比较分析实际履行、损害赔偿、违约金与解除合同等主要救济方法。

第三章 国际货物买卖法

国际货物买卖是国际贸易的基本形式,有关国际货物贸易的法律制度是国际商法的重要内容。1980年《联合国国际货物买卖合同公约》是目前最有影响力的国际货物买卖法公约,此外《国际贸易术语解释通则》和《跟单信用证统一规则》等成文的国际商事惯例也在国际贸易实践中起到重要的作用。本章以《联合国国际货物买卖合同公约》为线索,对国际货物买卖合同的卖方和买方的权利和义务、买卖双方违反合同时的救济措施,以及货物所有权的转移和风险的承担等方面进行了全面的阐述。国际贸易的支付和结算作为国际货物买卖合同履行的重要内容也是本章的重点,着重介绍了托收、信用证等结算方式涉及的基本原则和法律关系。

国际货物贸易在国际经济贸易交往中占有重要的地位,有关国际货物贸易的法律制度是国际贸易法的重要内容。在国际贸易法律体系中,除了货物贸易法律之外,还有国际技术贸易、国际服务贸易法律。按照本书的体系安排,本章主要介绍国际货物贸易法律。

第一节　国际货物买卖法概述

▶ 一、国际贸易及国际贸易法的含义

国际贸易是国际经济活动的重要组成部分。所谓国际贸易(international trade),是指一个国家或地区与别的国家或地区之间所进行的商品交换活动。从某一个国家或地区的角度来看这种商品交换活动,通常把国际贸易称为对外贸易(foreign trade);而一个国家的对外贸易又由进口贸易和出口贸易两大部分组成,因此对外贸易也被称为进出口贸易。

传统上,国际贸易的基本形式是国际货物买卖。但随着世界经济、科技的发展,特别是第二次世界大战结束后,国际技术转让活动在国际上迅速展开,国际经济与技术合作蓬勃发展。此外,一些服务贸易形式,如国际货物运输、国际保险、国际旅游等也在国际交易中大量涌现。这样,国际贸易的形式就不再只是单一的有形商品贸易了,而是逐渐产生了技术贸易和服务贸易等形式,具有了多元化的特点。

国际贸易法,是指调整各国之间商品、技术、服务的交换关系以及与这种关系有关的各种法律制度与法律规范的总和。[①] 所谓有关的各种法律制度与法律规范,在货物贸易领域,主要是指国际货物运输、国际货物运输保险、国际贸易支付与结算、海关商检、对外贸易管制中的法律制度与法律规范,因货物贸易而引起的反倾销、反补贴、国际产品责任以及为解决上述各种关系中双方当事人争议而产生的商事诉讼与仲裁等方面的法律制度与法律规范等。

▶ 二、国际货物买卖法的法律规范

国际货物买卖法的基本法律规范体现为一个国家的对外货物贸易立法、国际货物买卖公约以及国际贸易惯例。货物贸易法涉及范围广,主要有:国际货物买卖法、国际货物运输法、国际货物运输保险法、海关与商检法、国际贸易支付与结算法、国际贸易诉讼与仲裁法以及 WTO 下的货物贸易协议和主要国家的贸易管制法等。

在国际上影响比较大的一些国家的国内立法主要有:《美国统一商法典》、《英国货物买卖法》、《法国民法典》、《德国民法典》等。我国对外贸易适用的法律主要有:《对外贸易法》、《合同法》、《民法通则》、《海关法》等。目前,比较有影响的国际公约主要有:1980 年《联合国国际货物买卖合同公约》(United Nations Convention on

---

① 参见王传丽:《国际贸易法》,法律出版社 1998 年版,第 11 页。

Contracts for the International Sale of Goods, CISG)、《国际货物买卖时效公约》和《国际货物买卖合同法律适用公约》等。此外,影响比较大的国际货物买卖方面的成文惯例主要有:国际商会制定的《国际贸易术语解释通则》[1]、《跟单信用证统一惯例》(第600号出版物于2007年7月1日起正式实施,简称"UCP600")、国际商会1997年《国际销售示范合同》以及国际统一私法协会的《国际商事合同通则》(1994年出版,2004年修订)等。

国际货物买卖法是一个具有双重性质的法律学科。其中,货物贸易管制法、海关法、商检法以及反倾销、反补贴法等属于公法性质,货物买卖法、货物运输法及货物运输保险法等属于私法性质。

第二节 国际贸易术语

一、国际贸易术语及其作用

国际贸易术语是对国际货物买卖中的一些具体做法的概括和总结。在国际货物买卖中,买卖双方相距遥远,大多数货物都需要从卖方国家的启运地运输到买方国家的目的地,需要经过储存、装卸、运输、进出口许可、进出口报关以及报验等许多环节。买卖双方洽谈合同时,必然涉及如下问题:卖方交货的时间、地点以及方式;风险由卖方转移给买方的时间;谁负责货物运输、保险、进出口报关手续及有关费用等。为了解决上述问题,在长期的国际贸易实践中逐渐形成了贸易术语。

"国际贸易术语是用来表示货物的价格构成、买卖双方所承担的责任、费用、风险及不同的交货地点的术语。"[2]贸易术语的产生促进了国际贸易的发展,简化了交易手续。

一些国际组织先后对贸易术语作出书面解释,目前在国际上影响最大的就是国际商会(ICC)制定的《国际贸易术语解释通则》(简称"INCOTERMS"),该惯例在世界上已得到包括我国在内的绝大多数国家的承认和采用。《国际贸易术语解释通则》最初于1935年制定,以后又在1953年、1967年、1976年、1980年、1990年、2000年及2010年经过多次修改。目前的最新版本为2011年1月1日正式生效的2010年《国际贸易术语解释通则》(简称"INCOTERMS 2010"),但是由于2000年《国际贸易术语解释通则》(简称"INCOTERMS 2000")在国际贸易中存在长期影响,至今仍然被经常采用。

---

[1] 国际商会已将"国际贸易术语解释通则"注册为商标,并提出了使用该商标的要求。
[2] 冯大同:《国际贸易法》,北京大学出版社1995年版,第16页。

二、2000年《国际贸易术语解释通则》

(一) 四组13个贸易术语

"INCOTERMS 2000"把贸易术语分为四组:E组、F组、C组和D组,详细介绍了目前国际上普遍使用的13个贸易术语,如表3-1所示。

表 3-1

E组	EXW	EX Works	工厂交货
F组	FCA	Free Carrier (named place)	货交承运人(指定地点)
	FAS	Free Alongside Ship (named port of shipment)	船边交货(指定装运港)
	FOB	Free On Board (named port of shipment)	船上交货(指定装运港)
C组	CFR	Cost and Freight (named port of destination)	成本加运费(指定目的港)
	CIF	Cost, Insurance and Freight (named port of destination)	成本、保险费加运费(指定目的港)
	CPT	Carriage Paid To (named place of destination)	运费付至(指定目的地)
	CIP	Carriage and Insurance Paid To (named place of destination)	运费、保险费付至(指定目的地)
D组	DAF	Delivered At Frontier (named place)	边境交货(指定地点)
	DES	Delivered Ex Ship (named port of destination)	目的港船上交货(指定目的港)
	DEQ	Delivered Ex Quay (named port of destination)	目的港码头交货(指定目的港)
	DDU	Delivered Duty Unpaid (named place of destination)	未完税交货(指定目的地)
	DDP	Delivered Duty Paid (named place of destination)	完税交货(指定目的地)

关于13个贸易术语所共同涉及的问题,有以下几点需要特别说明:

1. 排列顺序

13个贸易术语从EXW到DDP按照卖方责任由小到大、买方责任由大到小的顺序排列。

2. 交货地点

E组、F组和C组贸易术语,交货地点都是在卖方国家,D组贸易术语交货地点是在买方国家。

3. 根据贸易术语所签订的合同性质

在F组和C组贸易术语中,卖方将货物装运到运输工具上,即完成交货责任,属于装运合同(shipment contract);D组贸易术语则要求卖方把货物运到买方国家目的地后交货,货物未运到,卖方就无法交货,属于到达合同(arrival contract)。

4. 运输方式

FAS、FOB、CFR、CIF、DES 和 DEQ 6 个贸易术语只适用于水上运输方式,其他 7 个贸易术语可以适用于各种运输方式。

5. 风险转移

13 个贸易术语的风险转移时间都以交货时间为准,卖方交货时风险转移,但买方违约将会造成风险提前转移。

6. 贸易术语后所指定的地点

E 组和 F 组贸易术语后指定的地点是卖方交货地点,也是风险转移的地点。C 组贸易术语后指定的地点是卖方承担费用(如运费)付到的地点,D 组贸易术语后指定的地点表示卖方交货地和费用付到地。

7. 进出口报关

原则上买卖双方各自办理本国报关手续。但 EXW 和 DDP 两个贸易术语例外,EXW 由买方办理卖方国家的出口报关,DDP 则由卖方办理买方国家的进口报关。

(二)"INCOTERMS 2000"对买卖双方责任的规定

"INCOTERMS 2000"采用对照比较的方法来规定买卖双方的责任,把每个贸易术语中买卖双方的责任分别用"卖方义务"和"买方义务"两个标题来概括,把每一方当事人可能承担的义务又分为十项,分别按照 A1—A10 和 B1—B10 的序号排列。采用这种对照比较的方法,使人们很容易了解买卖双方所应承担的义务和所拥有的权利。如果买方或卖方在某个方面没有义务,则用"无义务"(no obligation)来表示,以保持结构的统一性。买卖双方的义务如表 3-2 所示。

表 3-2

A. 卖方义务(The Seller Obligation)	B. 买方义务(The Buyer Obligation)
A1. 提供符合合同规定的货物	B1. 支付价款
A2. 许可证、其他许可和手续	B2. 许可证、其他许可和手续
A3. 运输合同与保险合同	B3. 运输合同与保险合同
A4. 交货	B4. 受领货物
A5. 风险转移	B5. 风险转移
A6. 费用划分	B6. 费用划分
A7. 通知买方	B7. 通知卖方
A8. 交货证明、运输单据或相应的电子讯息	B8. 交货证明、运输单据或相应的电子讯息
A9. 查对、包装、标记	B9. 货物检验
A10. 其他义务	B10. 其他义务

应该指出的是,贸易术语主要解决了买卖双方的交货义务以及与交货有关的费用及风险等问题,但不能解决买卖双方之间的所有问题,如货物的所有权转移等有关产权方面的问题和违约后果问题,这些问题应在合同中另外作出规定或根据合同所适用的公约或法律来处理,但根据贸易术语可以判断双方当事人是否构成违约以

及何时构成违约等问题。

▶ 三、2010 年《国际贸易术语解释通则》

为了适应国际贸易中大量使用电子信息、多式联运、集装箱运输和滚轮运输,以及无关税区不断扩大等新发展,国际商会于 2007 年发起对"INCOTERMS 2000"的修订,修改的最终版本于 2010 年 9 月 27 日正式公布,于 2011 年 1 月 1 日正式生效。"INCOTERMS 2010"并不具有替代以往版本的效力,合同当事人仍可以选用以往版本中的术语。但是,由于不同版本术语的具体权利义务内容不同,应在买卖合同中明确约定适用的国际贸易术语通则及其修订年份。

相比较于"INCOTERMS 2000","INCOTERMS 2010"在以下方面作出了改变:

(1) 贸易术语结构上的变化。"INCOTERMS 2010"下的贸易术语由 13 个减少为 11 个,删掉了 4 个 D 组术语(DAF、DES、DEQ 和 DDU),新增 2 个 D 组术语,即 DAT(Delivered At Terminal,终端交货)和 DAP(Delivered At Place,指定地点交货)。这 11 个贸易术语根据适用的运输方式分为两大类:第一类术语可以适用于任何种类的运输方式或者多式联运运输方式,船舶运输作为运输方式的一部分时也可以适用第一类术语,包括 EXW(工厂交货)、FCA(货交承运人)、CPT(运费付至)、CIP(运费和保险费付至)、DAT(终端交货)、DAP(指定地点交货)、DDP(完税后交货);第二类术语只适用于海运和内河水运,其交货地点只能是水运的港口,而不能是其他地点,包括 FAS(船边交货)、FOB(船上交货)、CFR(成本加运费)、CIF(成本、保险费加运费)。

(2) 新增 DAT 和 DAP 两个术语。"INCOTERMS 2010"增加了 DAT 和 DAP 两个全新的术语,DAT 下卖方需要承担把货物由目的地(港)运输工具上卸下的费用,DAP 下卖方只需在指定目的地把货物处于买方控制之下,而无须承担卸货费。这有助于承运人区分码头处理费的责任方,避免实务中经常出现的码头处理费(THC)纠纷。

(3) 同时适用于国际贸易和国内贸易。由于大量无关税区的出现,"INCOTERMS 2010"明确表明可适用于国内和国际贸易。考虑到术语中有关进出口手续的强制义务并不适用于国内贸易,"INCOTERMS 2010"在有关进出口手续以及关税的义务前均增加了"在适用时"(where applicable)的条件,以强调只有在适用时才产生进出口手续相关的义务。

(4) 不再将"船舷"作为风险转移的界限。"INCOTERMS 2010"取消了"船舷"的概念,不再将"船舷"作为风险转移的界限,只强调卖方承担货物装上船为止的一切风险,买方承担货物自装运港装上船开始起的一切风险。对于常用的 FOB、CFR 和 CIF 术语,买卖双方的风险以货物在装运港口被装上船时为界,而不再规定一个明确的风险临界点。国际货物买卖合同的双方当事人可以在订立合同时另行商定具体的风险临界点。

(5) 简化"连环贸易"下卖方的义务。大宗货物买卖中,货物常在一笔连环贸易下的运输期间被多次买卖,即"String Sales"(连环贸易)。"INCOTERMS 2010"针对连环贸易模式下卖方的交付义务做了细分,在相关术语中同时规定了卖方负有"设法取得(procure)已装船货物"和"将货物装船"的义务。其中"取得"以某种方式装运的货物,是指卖方得到了该货物的符合"INCOTERMS 2010"要求的凭证,以及凭证所代表的权利。

▶ 四、常见的国际贸易术语

国际贸易中的货物有80%以上是通过水上运输的,买卖双方经常在合同中直接选用能够用于水上运输方式的贸易术语。"INCOTERMS 2000"中单独用于水上运输方式的贸易术语共有6个,分别是装运港船边交货(FAS);装运港船上交货(FOB);成本加运费(CFR);成本、保险费加运费(CIF);目的港船上交货(DES)和目的港码头交货(DEQ)。其中后两个在"INCOTERMS 2010"中被删除。国际贸易实务中最常见的贸易术语有3个,分别是装运港船上交货;成本加运费;成本、保险费加运费。在这3个贸易术语中,卖方的责任依次加重。

(一) 装运港船上交货(指定装运港)(free on board-named port of shipment,FOB)

在"INCOTERMS 2000"中,FOB是指卖方在指定的装运港将货物装上船,承担货物越过船舷前的一切风险、责任和费用,货物越过船舷后,卖方即完成交货。买方负责安排货物的海上运输,承担货物从越过船舷时起遭受灭失或损害的一切风险和费用。在"INCOTERMS 2010"中,FOB则是指卖方将货物放置于指定装运港由买方指定的船舶上,或"取得"已如此交付的货物即为交货,当货物放置于该船舶上时,货物灭失或损毁的风险即转移,而买方自该点起负担一切费用。

FOB的卖方负责办理货物的出口报关手续,买方办理进口报关手续。在贸易实践中,FOB术语常被称为"离岸价格"。按照FOB术语签订的买卖合同属于装运合同,只要卖方按照合同规定的时间、地点及方式将货物装上船舶或交给船方,卖方就完成交货。

(二) 成本加运费(指定目的港)(cost and freight-named port of destination, CFR)

CFR术语也称运费在内价格,是指货物价格中主要包括了货物成本和运费,卖方负责与承运人签订货物运输合同,向承运人支付将货物运到指定目的港所需要的运费。在"INCOTERMS 2000"中,货物遭受灭失或损害的风险以及费用,从货物于装运港装船越过船舷时起就从卖方转由买方承担;而在"INCOTERMS 2010"中,货物遭受灭失或损害的风险以及费用则从货物装上船舶起从卖方转由买方承担。CFR的卖方办理出口报关手续,买方办理进口报关手续。

按照CFR术语签订的合同在性质上属于装运合同,即卖方按照合同规定的时间、地点和方式将符合合同规定的货物交给船方或者"取得"该货物就意味着交付了货物,完成了交货义务,至于货物能否安全及时运到目的港,这是风险问题,与交货无关。虽然卖方负责安排货物的运输,签订货物运输合同,并支付将货物运到目的港的运费,但这并不意味着卖方保证将货物运到目的港。卖方将货物装上船舶就意味着交付了货物,签订了运输合同并支付了到达目的港的运费就意味着卖方完成了运输的责任。虽然 CFR 术语后面需要指定目的港,但这只是说明卖方应支付到达该目的港的运费,并不意味着卖方保证货物运到该目的港。

CFR 术语涉及两个地点:一个是装运港,装运港是卖方交货地点,也是货物风险转移的地点。另一个是目的港,目的港是卖方运费付到的地点,卖方必须支付将货物运到目的港的运费。CFR 术语后所指定的港口是目的港,即运费付到的地点。

(三) 成本、保险费加运费(指定目的港)(cost, insurance and freight-named port of destination, CIF)

CIF 术语是指货物价格主要包括了货物成本、保险费和运费,卖方除承担 CFR 术语责任外,还须办理货物海上运输保险,签订货物海运保险合同并支付保险费。CIF 术语下,卖方负责办理货物的出口报关手续,买方负责办理货物的进口报关手续。

与 FOB 和 CFR 术语相同,按照 CIF 术语签订的合同也属于装运合同。虽然 CIF 术语后面指定了目的港,而且常被称为"到岸价格",但这并不表示卖方需要把货物运到目的港、保证货物到达目的港。只要卖方安排船舶来运输货物,将货物装上船舶,支付将货物运到目的港的运费,并将有关运输单据交给买方,即完成了运输方面的责任。从这一点来看,把 CIF 术语称为到岸价格有些不妥,因为很容易让人们产生一种卖方保证将货物运到目的港岸边的误解,其实,按照 CIF 术语签订的合同是装运合同,并非到达合同。

实践中有的买卖合同规定了适用 CIF 术语,但同时也有类似于"货物不得迟于____年____月____日运到"的规定,这种规定与这类合同的装运性质是相违背的,很容易产生争议。有人认为这种规定因与 CIF 术语的规定相违背而无效,也有人认为应以这种规定为准。从国际贸易惯例允许被当事人修改或补充的角度来看,后一种说法更合适一些。但是,为了避免争议,合同当事人最好不要在按照 CIF 术语签订的合同中加上诸如"卖方保证货物到达"之类的规定。如果买方要求卖方必须保证货物到达,则应按照属于到岸价格的术语签订合同,如目的港船上交货,或者目的港码头交货等。

四、三个贸易术语的比较与选择

三个常见贸易术语,即 FOB 术语、CFR 术语和 CIF 术语,其共同点有:

(1) 三个贸易术语都只能适用于水上运输方式,如果船舶没有明显的船舷时,应分别选择 FCA、CPT 和 CIP 三个术语来代替。

(2) 按照三个贸易术语签订的合同都属于装运合同,卖方都在其所在国家的装运港交货,不保证货物到达目的港。

(3) 三个贸易术语下的风险转移点是一致的。在"INCOTERMS 2000"下都以装运港船舷为界,卖方承担货物越过船舷前的风险,买方承担货物越过船舷后的风险。在"INCOTERMS 2010"下则是以货物装上船舶为界。

(4) 三个贸易术语下的出口报关手续都由卖方负责,进口报关手续都由买方负责。

三个贸易术语的不同点有:

(1) 价格构成不同。FOB 术语的价格构成只包括货物的成本;CFR 术语的价格构成包括了货物的成本和运费;CIF 术语包括了货物的成本、保险费和运费。

(2) 运输责任不同,FOB 术语下买方负责运输;CFR 和 CIF 术语下卖方负责运输。

(3) 保险责任不同,FOB 和 CFR 术语下,买方负责办理保险;CIF 术语下,卖方负责办理保险。

(4) 三个术语后所指定的港口意义不同,FOB 术语后指定的是装运港,表示卖方交货和风险转移的地点;CFR 术语后指定的是目的港,表示卖方运费付到的地点;CIF 术语后指定的也是目的港,表示卖方运费和保险费付到的地点。

从节省外汇支出、增加外汇收入角度来看,我国出口贸易应按照 CIF、CFR、FOB 的顺序来选择贸易术语以达成交易;进口贸易应按照 FOB、CFR、CIF 的顺序来选择贸易术语以达成交易。这样既增加了外汇收入,节省了外汇支出,也可以充分利用我国远洋运输市场和保险市场,促进我国海运业和保险业的发展。另外,进口贸易选择 FOB 术语,使我国进口方掌握运输主动权,既能控制运输环节,也有利于防止被国外卖方欺诈。

第三节 国际货物买卖合同

▶ 一、国际货物买卖合同概述

(一) 国际货物买卖合同的概念

国际货物买卖是一种具有国际性的货物买卖交易,这种交易是通过买卖双方当事人签订国际货物买卖合同而达成的。根据《联合国国际货物买卖合同公约》第 1 条的规定,所谓国际货物买卖合同,是指营业地处于不同国家(place of business are in different states)的当事人之间所订立的货物买卖合同。[①] 在我国,国际货物买卖合同也被称为外贸合同或进出口合同。

国际货物买卖合同的国际性,可以根据多种标准来确定,如当事人的营业地、当事人的国籍、买卖行为发生地以及货物是否越出国境等。《联合国国际货物买卖合同公约》采用了当事人的营业地这个标准,只要买卖双方当事人的营业地在不同国家,他们之间达成的货物买卖合同就是国际货物买卖合同,至于买卖双方

[①] 参见郭寿康、韩立余:《国际贸易法》,中国人民大学出版社 2001 年版,第 35 页。

当事人的国籍则不予考虑。只要合同双方当事人的营业地处于不同的国家,即使他们的国籍相同,他们之间的货物买卖也是国际货物买卖;相反,如果合同双方当事人的营业地处于同一个国家,即使他们的国籍不同,他们之间的货物买卖也不是国际货物买卖。

区别国际货物买卖与国内货物买卖的标准是双方当事人的营业地,可见当事人的营业地是至关重要的。所谓营业地,通常是指合同双方当事人永久性地经常从事一般商业交易的场所。合同当事人只是为了某些特定的交易而进行谈判或联络所设立的临时性的办事场所,不应视为其营业地。目前,外国商人在我国各大城市所设立的办事处、谈判室以及租用的各大宾馆、饭店的房间等,都不能视为当事人的营业地。

通常情况下,买卖合同当事人都在合同中注明各自的营业地,但如果合同中没有注明,则需要确定当事人的营业地。而且,从事国际贸易的公司有很多在世界各地设有分公司或子公司,尤其是一些大的跨国公司甚至可能拥有遍布世界各地的几十个子公司,每一个子公司都可能具有独立的法人资格,这就需要确定合同当事人的营业地哪一个为本合同的营业地(即合同营业地),以此确定买卖合同的性质。

在确定合同当事人的营业地时,应遵循最密切联系原则,即把与合同关系最密切的营业地作为当事人的合同营业地,需要根据交易的整个过程,包括要约、承诺以及合同的履行等各环节因素,来确定当事人的哪一个营业地与本合同关系最密切。应该注意的是,在确定当事人的合同营业地时,不能简单地把当事人的主要营业地或总公司所在地视为合同营业地,而是要根据当事人的主要营业地或总公司所在地与合同的关系是否最密切来确定。

(二)《联合国国际货物买卖合同公约》的适用条件

《联合国国际货物买卖合同公约》是迄今为止国际货物买卖方面最重要的国际公约之一,该公约适用于国际货物买卖合同。根据公约第一章的规定,公约的适用应具备下列条件之一:

(1)营业地分别处于不同缔约国的当事人之间所签订的货物买卖合同。也就是说,公约适用于不同缔约国当事人之间的货物买卖。这就需要具备两个条件,其一是国际货物买卖,即营业地处于不同国家之间的货物买卖;其二是国际货物买卖必须与公约缔约国有联系,即当事人营业地所处的国家应是公约的缔约国。也就是说,只是国际货物买卖合同还不能适用公约,要适用公约还需要当事人营业地所处的国家是公约的缔约国。

(2)如果国际货物买卖合同的当事人营业地所处的国家不都是公约的缔约国,比如一方当事人营业地所处的国家是公约的缔约国,另一方当事人营业地所处的国家不是公约的缔约国,或者双方当事人营业地所处的国家都不是公约的缔约国,在这种情况下,如果根据国际私法规则导致适用某一缔约国的法律时,应适用该缔约国所参加的公约,即《联合国国际货物买卖合同公约》。例如,甲乙两个国家都未参加公约,丙国参加了该公约,甲国的卖方与乙国的买方在丙国签订了国际货物买卖合同,履行合同中双方又发生了争议,甲在本国起诉乙。根据甲国国际私法规则规定,合同争议应依照合同订立地法律解决,即应适用丙国的法律。但丙国既有其本国的国内法,同时丙国又是公约的缔约国,在这种情况下,根据公约的规定,甲乙之间的争议不是适用丙国的国内法律,而应适用丙国所参加的《联合国国际货物买卖合同公约》。

我国在核准参加《联合国国际货物买卖合同公约》时,对该公约第1条第1款第6项作了保留。根据我国1987年《对外经济贸易部关于执行〈联合国国际货物买卖合同公约〉应注意的几个问题》的规定,自1988年1月1日起,我国的各公司与公约缔约国的公司达成的货物买卖合同,如果不另做法律选择,则合同规定事项将自动适用公约的有关规定,发生纠纷或诉讼也得依据公约处理。所以,在国际货物买卖中,公约的适用机会是相当大的,常常是公约自动适用于货物买卖合同;当公约与国内法规定不一致时,常常是公约得到优先适用。

(三) 不能适用《联合国国际货物买卖合同公约》的货物交易

根据公约第2条规定,本公约不适用于以下的销售:(1) 购买供私人、家人或家庭使用的货物的销售,除非卖方在订立合同前任何时候或订立合同时不知道而且没有理由知道这些货物是购供任何这种使用(即消费品的交易);(2) 经由拍卖的销售;(3) 根据法律执行令状或其他令状的销售;(4) 公债、股票、投资证券、流通票据或货币的销售;(5) 船舶、船只、气垫船或飞机的销售;(6) 电力的销售。

所谓消费品的交易,根据公约的规定,是指买方购买货物的目的是为了私人、家人或家庭使用,也就是说,购买货物的目的是为了个人消费,而不是为了商业上的营利,这种为了个人消费目的的交易就是消费品的交易,应适用有关消费者权益保护方面的法律,不适用公约,不属于公约管辖范围。

如今消费者利用出差、旅游、留学或探亲等机会到外国购买货物的情况已经非常普遍,这种货物买卖也具备了营业地(居住地)在不同国家的条件,这就涉及法律适用问题。由于保护消费者的法律具有强制性,而且采取严格责任原则,因此,对消费者来说,适用消费者权益保护方面的法律比适用公约更加有利;对卖方来说,适用公约比较有利。

判断是否属于消费品的交易,应依据买方的购买目的来确定。如果买方购买当时是为了消费,就应属于消费品的交易。如果消费者要适用消费者权益保护的法律,就应承担举证责任,证明自己在订立合同时具有消费目的,并且这种消费目的已向卖方透露过,卖方也知道买方购买货物的消费目的。买方在国外购买货物当时是为了商业目的,回国后改为消费目的的,不属于消费品的交易。

根据公约的规定,虽然买方购买货物的当时具有消费目的,但卖方在订立合同前任何时候或订立合同时根本就不知道而且也没有理由知道买方的这种消费目的,在这种情况下,这种消费品交易应适用公约。卖方应承担举证责任,证明在订立合同时不知道而且也没有理由知道买方的消费目的。

拍卖的货物一般都是现货,拍卖一般都适用拍卖地的拍卖法律。所谓根据法律执行令状的货物买卖,是指按照法院或者其他国家行政机关发出的强制执行的命令所进行的货物买卖,如法院强制出售被告的财产以偿还债权人等。所谓根据法律授权进行的货物买卖,是指根据法律的规定所进行的货物买卖,如进出口货物逾期不缴纳进出口关税,海关依法对货物强制出售。根据法律执行令状或法律授权的货物交易,与正常的货物买卖差别较大,如当事人之间常常无法正常洽谈合同条款等,故公约将其排除在外。公债、股票、投资证券、流通票据或货币的买卖,可以视为有价证券的买卖。而船舶、飞机等的买卖,被大多数国家视为不动产的交易,要受到国内有关注册、登记等的限制,公约也很难统一,故予以排除。

(四)《联合国国际货物买卖合同公约》不适用的与货物买卖有关的合同

有些与货物买卖有关的合同,除了货物买卖之外,还有货物加工的性质,或者有其他服务的性质,这种合同是否适用公约,应取决于该合同的主要性质。

根据公约第3条的规定,供应尚待制造或生产的货物的合同,应视为买卖合同,应适用公约。所谓供应尚待制造或生产的货物的合同,是指买卖双方当事人在订立合同时,合同项下的货物还没有被制造或生产出来,是属于等待制造或生产的货物,这种合同属于买卖合同,应适用公约。

但是,如果订购货物的买方对这种尚待制造或生产的货物提供了大部分重要的原材料,卖方只提供了少部分的不重要的原材料,此时,双方当事人之间合同的主要性质是加工性质,买卖不是合同的主要性质,在这种情况下,不能适用公约。需要注意的是,大部分、重要原材料的认定,需要根据交易的具体情况来判断,如买方提供原材料的价值、数量等。

在国际贸易中,经常出现卖方在出售机器设备的同时,还要提供技术指导服务,如卖方需要承担设备的安装、调试,培训买方技术人员,或派出专门人员在买方所在地帮助买方操作、维修设备等,而且双方签订的是一份合同,这种合同常常被称为混合合同(mixed contract)。对于混合合同,需要对其主要性质加以确定,以确认能否适用《联合国国际货物买卖合同公约》。根据《联合国国际货物买卖合同公约》第3条的规定,如果买卖合同中含有服务性质,而且供应货物的卖方绝大部分义务是供应劳力或其他服务,一小部分义务是供应货物,也就是说,合同的主要性质是服务性质,这种情况下,合同应视为服务合同,不能适用公约。

应注意的是,在含有服务性质的买卖合同中,卖方既要供应货物又要提供服务,这两者之间应有相互联系,并且都被规定在一个合同之中。如果两者之间没有联系,即使都被规定在一个合同内,也应视为两个合同,分别适用不同的法律。这种合同被西方国家称为可分割的合同。在国际贸易中,分批交货、含有服务性质的合同以及既供应设备又转让技术的合同都有可能被视为可分割的合同,作为两个或两个以上的合同处理。《联合国国际货物买卖合同公约》没有涉及合同是否可以被分割的问题,只是强调如果卖方提供服务的义务不是合同绝大部分义务,就可以适用该公约的规定。

(五)《联合国国际货物买卖合同公约》适用的实体法范围

根据公约的规定,即使一个国际货物买卖合同完全具备了适用该公约的条件,也不意味着该合同的一切问题都能够根据该公约得到解决。公约在法律上只是解决了买卖双方之间的两个大问题:其一是买卖双方之间的买卖合同是否成立;其二是买卖合同成立后,买卖双方各自应享有哪些权利、承担哪些义务。公约第4条规定,本公约只适用于买卖合同的订立和卖方与买方因此种合同而产生的权利和义务。至于与合同有关的其他法律问题,公约都未能予以解决。

公约特别声明与下列事项无关:

(1)合同、合同中的条款以及惯例的效力。合同成立后,合同本身是否有效,合同中某一个条款以及合同中所援引的惯例是否有效等问题,公约不予解决,这一问题应依据合同所适用的国内法解决。

(2)合同对所出售货物所有权可能产生的影响。公约不解决合同对所有权所产生的影响,这是因为货物所有权是关系到买卖双方经济利益的重大问题,各国对此都有非常具体的规定。但由于世界各国的社会制度、经济制度不同,各国对货物所有权的规定相差很大,公约也很难统一,如果强行统一起来,必将影响其适用范围。所以,公约采取了回避的处理办法。

(3)公约不适用于卖方对所出售货物造成他人死亡或伤害的产品责任问题。如果卖方所出售的货物因为产品缺陷造成了他人死亡或伤害,受害方不能依据《联合国国际货物买卖合同公约》向卖方起诉,而应当依据产品责任方面的法律,要求卖方承担赔偿责任。可以说,产品责任方面的法律比《联合国国际货物买卖合同公约》能更加有力地保护受害者的利益。但应该注意的是,公约并没有排除卖方对因所出售货物的缺陷造成买方的财产损害应承担的责任,买方对其财产方面的损害可依公约向卖方提出赔偿要求。

(六)公约的任意性

由于《联合国国际货物买卖合同公约》主要是调整买卖双方之间的法律关系,具有私法的性质,体现出"意思自治"和"契约自由"等原则,合同当事人可以自由约定合同的内容。关于《联合国国际货物买卖合同公约》对合同是否适用问题,买卖双方可以在合同中作出约定。公约第6条规定,买卖双方可以在合同中约定不适用该公约,也可以在合同中约定减损或修改该公约的任何规定。可见,《联合国国际货物买卖合同公约》的规定是任意性的,允许双方当事人在合同中作出与公约不同的规定,当合同规定与公约规定不一致时,应以合同规定为准,合同条款优于公约的规定,公约的规定只有在合同没有规定或者合同规定无效时才被适用,公约的规定是对合同的一种补充。

但是,《联合国国际货物买卖合同公约》第 12 条的规定具有强制性,当事人不得在合同中减损或修改公约第 12 条的规定。公约本来允许合同的非书面形式,即合同可以口头形式订立,但有一些国家的法律规定必须以书面形式订立合同,口头订立无效。基于这种情况,公约又规定允许这些国家对公约关于非书面合同形式作出保留。公约第 12 条规定,如果一个国家对该公约非书面形式的规定作了保留,营业地处于该国家的当事人就应以书面形式订立合同。对当事人来说,这是强制性的,当事人不能以"契约自由"为由,在合同中通过更改公约规定的办法来更改公约第 12 条的规定。

▶ 二、国际货物买卖合同的成立及主要条款

国际货物买卖合同和其他合同一样,也是双方当事人意思表示一致的结果,它是通过一方当事人提出要约和另一方当事人对要约作出承诺而成立的。国际货物买卖合同的成立问题,应适用《联合国国际货物买卖合同公约》的第二部分,我国《合同法》的制定在很大程度上借鉴了《联合国国际货物买卖合同公约》的相关规定。国际货物买卖合同的条款,主要有货物的品质条款、数量条款、包装条款、价格条款、交货条款、运输保险条款、检验索赔条款、不可抗力条款和仲裁条款等。

第四节 买卖双方的主要义务

▶ 一、卖方的主要义务

(一) 交付货物

所谓交付货物,是指卖方自愿地交付对货物的占有权,也就是转移对货物的占有。根据买卖双方的交易条件,卖方交付货物,并不都是将货物直接交给买方。有的时候卖方需要将货物直接交付给买方,置于买方的实际控制之下,如工厂交货(EXW)、目的港船上交货(DES)以及目的港码头交货(DEQ)等,有的学者称这种交货为实际交货(physical delivery)。有的时候卖方需要先将货物交付给承运人,置于承运人的实际控制之下,然后再由承运人将货物运交给买方,如三种最常见的贸易术语,装运港船上交货(FOB),成本加运费(CFR),成本、保险费加运费(CIF)等,货物都是通过承运人转交给买方的。

在卖方将货物交付承运人的情况下,通常还需要向买方提交运输单据,如海运提单,以证明卖方已经将货物交给了承运人,而且按照国际贸易惯例,卖方提交海运提单通常意味着转移了对货物的所有权。所以,有的学者称卖方向买方交单的行为为象征性交货(symbolic delivery)。

《联合国国际货物买卖合同公约》在第 33 条对卖方的交货时间作了如下规定:(1)如果合同中规定了交货的日期,或从合同中可以确定交货的日期,则卖方应在该日期交货。(2)如果合同中规定了一段交货的期间,或从合同中可以确定一段期

间,如收到信用证后30天内,则卖方可以在该段期间内的任何一天交货,但情况表明应由买方选定一个具体日期的除外。(3)在其他情况下,卖方应在订立合同后的一段合理时间内交货,合理时间的确定,应根据双方的具体交易情况。

《联合国国际货物买卖合同公约》在第31条对交货地点作了如下规定:如果买卖合同对交货地点未作出规定,也就是卖方没有义务在特定地点交付货物,则卖方应按下面三种情况确定交货地点:

(1)如果买卖合同涉及货物的运输,卖方应该把货物交给第一承运人,以便运交给买方。即使货物须经两个以上的承运人才能运到买方,卖方也只需把货物交给第一承运人,即视为已经履行了交货义务。而且,按照公约第67条的规定,从货物交付给第一承运人时起,其运输风险即由卖方转移于买方身上。

(2)如果买卖合同不涉及货物的运输,而且该合同的货物又是如下三种货物之一:特定货物、从某批特定存货中提取的货物(如从指定的仓库中提取10万吨大米)、尚待制造或生产的未经物定化的货物,则卖方对前两种货物的交货地点应是双方当事人在订立合同时已知道的货物所在地,对最后一种货物的交货地点应是双方当事人在订立合同时已知道的将来制造或生产地。

(3)在其他情况下,卖方应在买卖合同订立时的卖方营业地把货物交给买方处置。所谓交给买方处置(at the buyer's disposal),是指卖方采取一切必要的措施,让买方能够取得货物,如做好交货前的准备工作,适当地包装货物,印刷必要的标志,向买方发出必要的通知以提取货物等。如果卖方已把货物交给仓库或承运人,则卖方将有关的单据如仓库提货单等交给买方,即视为已将货物交给买方处置。

在国际货物买卖合同中,买卖双方常常在合同中援引某种贸易惯例的规定,如在合同中选择某种贸易术语。在这种情况下,应视为双方当事人已经在合同中约定了贸易惯例所规定的地点,所以卖方的交货地点应以贸易术语所规定的地点为准,《联合国国际货物买卖合同公约》的规定只能作为合同未规定或规定不明确时的补充。

(二)提交与货物有关的单据

根据《联合国国际货物买卖合同公约》第34条规定,如果卖方有义务提交与货物有关的单据,则卖方必须按照合同规定的时间、地点和方式提交,提交与货物有关的单据是卖方的一项主要义务。在国际货物买卖实践中,卖方需要提交的单据通常包括三种:货物单据、运输单据和保险单据。货物单据通常有商业发票、领事发票、装箱单、重量单、原产地证书以及品质检验证书等;运输单据通常有海运提单(bill of lading, B/L)、铁路运单、航空运单(air waybill)、邮包收据(parcel post receipt)以及多式联运单据(combined transport documents)等;保险单据通常有保险单(insurance policy)、保险凭证(insurance certificate)等。

按照国际贸易惯例,在大多数情况下,卖方都有义务向买方提交单据。上述单据中,运输单据(shipping documents)具有十分重要的作用,它们是买方提取货物、办理报关手续、转售货物以及向承运人或保险公司要求赔偿所不可缺少的单据。

（三）转移货物的所有权

关于货物所有权的转移，《联合国国际货物买卖合同公约》的规定非常简单，只在第 30 条作了一个原则性的规定：卖方必须按照合同和本公约的规定，交付货物，移交一切与货物有关的单据并转移货物所有权。至于货物所有权转移的时间、地点和方式等，公约没有作出进一步的规定，反而在第 4 条明文规定：本公约与"对合同所售货物所有权可能产生的影响"无关。所以，有关所有权转移问题，需要依据合同所适用的国内法来处理。

（四）对货物进行担保

卖方对货物的担保，通常包括对货物的品质担保和权利担保两个方面。

1. 卖方对货物的品质担保

《联合国国际货物买卖合同公约》在第 35 条中对卖方对货物的品质担保作了明确规定。该公约首先规定：卖方交付的货物，必须与合同所规定的数量、质量和规格相符，并须按照合同所规定的方式装箱或包装，也就是卖方应担保所交货物在上述四个方面与合同的规定相符，按照合同规定的标准交货。可见，卖方对货物的品质担保并不仅仅是担保货物品质，还包括对货物数量、规格及包装的担保。

如果合同没有规定相符的标准，公约又规定了以下四个标准作为补充：

（1）如果买卖合同订立时卖方不知道买方购买该货物的任何特定用途，则卖方所交的货物应适用于同一规格货物的通常使用用途。

（2）如果买方在订立合同时曾明示或默示地通知卖方其购买货物的特定用途，则卖方所交的货物应适用于该特定用途。但是，有些情况下，要判断货物是否适用于买方的特定用途，需要一定的专业技术，如果卖方不具有这种专业技术上的判断能力，或者买方依靠卖方的这种判断能力是不合理的，则公约的这一标准就不适用。也就是说，在这种情况下，即使卖方所交的货物不符合买方的特定用途，也不认为卖方违反其品质担保义务。

（3）在凭卖方样品或样式成交的情况下，卖方所交货物的品质应与样品或样式相同。

（4）卖方所交货物应按照同类货物通用的方式装箱或包装，如果没有通用的方式，则应按照能够保全和保护货物的方式装箱或包装。

2. 卖方对货物的权利担保

所谓卖方对货物的权利担保，是指卖方应保证对所出售的货物享有合法的权利，没有侵犯任何第三人的任何权利，并且任何第三人都不会就该项货物向买方提出请求，从而使买方能够安安稳稳地不受任何第三人干扰地拥有所购买的货物。[①] 在国际货物买卖中，因为卖方出售货物侵犯了第三人的权利，第三人向买方提出请求，致使买方受到损失的情况时有出现，所以，卖方对所出售的货物的权利担保是

---

① 参见冯大同：《国际贸易法》，北京大学出版社 1995 年版，第 53 页。

项很重要的义务。

卖方对货物权利担保的内容,主要是:

(1)卖方应保证对其所出售的货物享有合法的权利,也就是说,卖方首先要保证他有权出售该货物(seller's right to sell the goods),比如,卖方就是该货物的所有人,或者作为货物所有人的代理人出售货物等。

(2)卖方应保证其出售货物的行为没有侵犯任何第三人对该货物的任何权利,第三人对货物的权利主要是指设立在货物上的担保物权(如抵押权、留置权等)以及对该货物所享有的工业产权及其他知识产权(如商标权、专利权、著作权、出版权、发现权及发明权等)。

(3)卖方应保证任何第三人都不会向买方提出关于货物的权利和主张。按照各国的立法,卖方对货物的权利担保是其法定义务,即使买卖合同对此没有明确规定,卖方也仍应承担这一权利担保的义务。

根据卖方对货物权利担保所涉及的内容,可以把卖方对货物的权利担保分为两种:

(1)物权方面的权利担保,即卖方要向买方保证其出售货物不侵犯第三人的所有权、抵押权及留置权等物权方面的权利,任何第三人都不会因物权方面的权利而向买方提出请求。

(2)工业产权及其他知识产权方面的权利担保,即卖方要向买方保证其出售货物不侵犯第三人工业产权及其他知识产权,第三人不会因工业产权及其他知识产权而向买方提出请求。但是,比较起来,卖方对物权方面的担保要比对工业产权及其他知识产权方面的担保严格得多。

▶ 二、买方的主要义务

买方的主要义务有两项:一是支付货款,二是接收货物。按照公约的规定,买方支付货款的义务涉及许多方面,如履行必要的付款手续,合理地确定价格、付款的时间和地点等。履行必要的付款步骤和手续,主要是指按照买卖合同的规定,申请银行开出信用证或银行保函;向政府或银行注册合同;在实行外汇管制的国家,还必须根据有关法律或规章的规定,向政府申请取得支付货款所必需的外汇等。

接收货物可以说本是买方的权利,但对卖方来说,更是买方的一个重要义务。因为货物的交接需要双方当事人的配合,在卖方按照合同或公约规定交货时,买方能否及时接收货物,直接对卖方的利益产生影响。比如在 CIF、CFR 等卖方负责运输的情况下,如果货物运到目的港后买方不及时接收货物,不及时卸货并提取货物,势必造成承运人不能及时交付货物。船舶因此而滞留在目的港,可能产生承运人的航期损失以及大量的滞期费和港口费用等,按照运输合同的规定,这些损失和费用应由卖方负责。如果货物发生腐烂变质等情况,还将直接涉及货物的灭失或损害的责任问题。所以,卖方十分重视买方接收货物这一义务的履行,《联合国国际货物买卖合同公约》也在第60条规定,接收货物是买方的一项义务。

第五节 违约及对违约的补救措施

一、违约

订立合同,本是希望通过履行合同,实现买卖双方各自的合同利益。但实践中,由于种种原因买卖双方常常发生不按照合同或公约规定履行义务的违约情形。违约通常包括作为和不作为两种表现形式,如卖方交付与合同不符的货物是一种作为的违约,而卖方不交货则是一种不作为的违约。买卖双方义务不同,违约情形也不同。卖方的违约情形主要有不交货、延迟交货及交付货物与合同不符等情形;买方的违约情形主要有不接收货物、延迟接收货物、不付款及延迟付款等情形。

二、违约的分类

（一）根本违约与非根本违约

《联合国国际货物买卖合同公约》根据违约的后果以及违约当事人主观上是否预见其违约的后果,把违约划分为根本违约和非根本违约两种情形。所谓根本违约(fundamental breach of contract),是指:"一方当事人违反合同的结果,如使另一方当事人蒙受损害,以至于实际上剥夺了他根据合同规定有权期待得到的东西,即为根本违反合同,除非违反合同一方并不预知而且一个同等资格、通情达理的人处于相同情况中也没有理由预知会发生这种结果。"根据《联合国国际货物买卖合同公约》第25条的这一规定,构成根本违约必须具备以下两个条件:第一,违约的后果严重,给另一方当事人造成严重损失,这种损失在实质上剥夺了另一方当事人根据合同有权期待得到的东西,即另一方当事人合同的根本利益。第二,违约当事人对违约后果能够预见或理应预见。两个条件缺一不可。

显然,构成根本违约的第二个条件是当事人主观上的一种心理活动,外界不易判断。如果违约当事人为了逃避根本违约责任,明明是他已经预见到其违约的严重后果,但却矢口否认,在这种情况下,根本违约是否还成立? 对此,根据《联合国国际货物买卖合同公约》规定,应以第三人能否预见为依据。该第三人在专业知识上应与违约当事人具有"同等资格",在商业道德上应"通情达理",并与违约当事人处于"相同情况"下。如果这样一个第三人能够预见违约的严重后果,就认为违约当事人也能够预见,根本违约就成立。可见,违约当事人能否预见其违约的严重后果,虽是一个主观上的问题,但也有客观上的判断标准。

把违约划分为根本违约和非根本违约的意义主要在于补救措施不同,根本违约下,受损方可以解除合同并要求损害赔偿;非根本违约下,受损方只能要求损害赔偿,而不能要求解除合同。

（二）实际违约与预期违约

根据违约事实是否发生，《联合国国际货物买卖合同公约》又把违约分成实际违约和预期违约两种，实际违约是指当事人违约事实已经发生的违约情形，在合同规定的履行期限内，合同当事人没有履行合同，从而构成违约，实际违约下，受损方有权采取相应的补救措施。

预期违约(anticipatory breach of contract)，是指在合同规定的履行期限前，某些情况已经显示出当事人在合同规定的期限内显然将不履行大部分重要的合同义务，这一情形就称为预期违约[①]，预期违约是一种能够预见到的很有可能的将来违约，是违约事实还没有实际发生的违约。比如，合同规定买方于6月份付款，但卖方在5月份根据可靠的消息，得知买方已经濒临破产倒闭，6月份很可能不能付款，买方的这种情况就已经构成了预期违约。预期违约可以再具体分为预期一般违约和预期根本违约两种情形，根据预期违约方的具体情况，如果情况显示出预期违约方只是有将来不能履行大部分重要义务的可能性，如买方处于濒临破产倒闭的境地，则应视为预期一般违约，因为买方还有可能经过整顿恢复良好状态。如果情况显示出预期违约方将来根本不能履行合同的大部分重要义务，则应视为预期根本违约，如买方已经破产倒闭，根本不能支付货款等。

与实际违约相比，预期违约有以下特点：

(1) 预期违约发生在合同规定的履行期限之前，而实际违约发生在合同规定的履行期限之后。

(2) 预期违约是指将来违约的一种可能性，而实际违约指的是已经发生违约事实。

(3) 预期违约的当事人暂时不承担预期违约责任，等到合同规定的履约期限届满，已构成实际违约时才承担违约责任；而实际违约的当事人应承担违约责任。

(4) 预期违约下，对方当事人所采取的补救措施只能是中止履行合同，只有在预期根本违约情况下，才能采取宣告合同无效的补救措施；而实际违约下对方所采取的补救措施是除中止履行合同以外的其他补救措施，可见，两种违约下所采取的措施是不同的。

▶ 三、受损方可采取的补救措施

（一）买卖双方均可以采取的补救措施

针对不同的违约情形，《联合国国际货物买卖合同公约》规定了受损失方有权采取补救措施，以减轻自己的损失。买卖双方均可采取的补救措施如下。

1. 实际履行

实际履行是指一方当事人不履行义务时，另一方当事人要求违约方按照规定

---

① 参见赵承璧：《国际贸易统一法》，法律出版社1998年版，第371页。

履行义务的一种补救措施。如《联合国国际货物买卖合同公约》第45条规定"买方可以要求卖方履行义务",第47条规定"买方可以规定一段合理时限的额外时间,让卖方履行其义务",第62条规定"卖方可以要求买方支付货款、收取货物或履行他的其他义务"等。应注意的是,要求实际履行的一方当事人不能采取与实际履行相抵触的其他补救措施,如要求实际履行的当事人不能同时要求解除合同。

2. 给予违约方一段合理的额外履约期限

所谓额外履约期限,也被称为宽限期,是指一方当事人没有按照合同规定的时间履行义务,另一方当事人又规定了一段额外时间,让违约方在这段额外时间内继续履行义务。《联合国国际货物买卖合同公约》第47条规定:买方可以规定一段合理的额外履约期限让卖方履行其义务,第63条又规定:卖方可以规定一段合理的额外履约期限让买方履行其义务。

给予违约方额外履约期限时应受如下限制:

(1) 受损方在额外履约期限内不得采取与此相抵触的其他补救措施,如受损方不能一方面给予违约方额外履约期限,一方面又要求解除合同,这两个措施是相抵触的。

(2) 受损方给予的额外履约期限必须是合理、明确而具体的。额外履约期限的合理性,主要是指额外履约期限的长短应合理,至于多长时间是合理的,需要根据违约方的具体情况来判断。

(3) 受损方应将额外履约期限通知违约方,让违约方了解在其违约后合同所处的状态和继续履行义务的时间,以便继续履行合同。

给予违约方额外履约期限后,通常会发生两种情况,也会产生两种不同的法律后果:

(1) 如果违约方在额外履约期限内履行了义务,受损方只能要求损害赔偿,不能要求解除合同。

(2) 如果违约方在额外履约期限内仍不履约或声称将不履约,受损方既有权解除合同,也有权要求损害赔偿。

3. 解除合同

解除合同,是指在合同订立后,尚未履行或尚未全部履行之前,由于一方当事人的根本违约等违约情形,另一方当事人为了弥补或减少损失而提前终止合同的效力,从而使合同中的权利和义务归于消灭的一种补救措施。受损方要解除合同必须向违约方宣告,即向违约方发出通知,合同才能被解除。解除合同的通知,一经发出就有效,产生合同被解除的法律后果。由于解除合同常会给违约方带来很大损失,为了对违约方公平,《联合国国际货物买卖合同公约》对解除合同进行了严格限制,这些限制主要体现在解除合同的条件和时间方面。

受损方具备下列条件才有权解除合同:

（1）违约方的违约行为构成了根本违约。

（2）违约方在受损方所给予的合理额外履约期限内仍不履约或声称仍将不履约。

（3）分批交货情况下，如果一方当事人不履行任何一批货物义务，对该批货物已经构成根本违约，另一方当事人有权宣告合同对该批货物无效；如果一方当事人不履行任何一批货物义务，使另一方当事人有充分理由断定其对今后各批货物将发生根本违约，则该另一方当事人可以在一段合理时间内宣告合同今后无效；如果各批货物是互相依存的，不能单独用于双方当事人在订立合同时所设想的目的，则买方在宣告合同对任何一批货物的交付为无效时，可以同时宣告合同对已经交付的或今后交付的各批货物均为无效。

4. 损害赔偿

损害赔偿可以单独行使，也可以与其他措施共同行使。《联合国国际货物买卖合同公约》第45条和第61条规定：如果卖方或买方不履行他在合同和本公约中的任何义务，买方或卖方就可以要求损害赔偿。但根据该公约第79条，如果违约方能够证明其不履行义务是由于不可抗力造成的，则对其不履行义务可以不负责任，即免除损害赔偿责任。

确定违约方损害赔偿的数额，应依据公约如下三项规定：

（1）损害赔偿数额应与受损方实际损失数额相等，即违约方赔偿数额应是受损方遭受到的包括利润在内的实际损失。

（2）损害赔偿数额应以违约方能够预见到的损失为限，即损害赔偿数额不得超过违约方在订立合同时对违约能够预料到或理应预料到的损失。

（3）对受损方扩大的损失不予赔偿，因为违约方违约时，受损方有义务采取合理措施，减轻由于违约方违约而引起的损失。如果受损方不采取合理措施致使损失扩大的，违约方对扩大的损失不予赔偿。

5. 中止履行合同

中止履行合同，是指在一方当事人预期违约的情况下，另一方当事人暂时停止履行合同义务的行为。显然，中止履行合同是在预期违约情况下的一种补救措施，也就是说，在合同订立之后、履行期限之前，一方当事人在履约能力、履约行为及履约信用上存在严重缺陷，已显示出他将显然不能履行他的大部分重要义务时，另一方当事人为了尽早减少自己的损失，有权暂时停止履行合同，但必须及时通知预期违约方。中止履行合同后，如果预期违约方提供了充分的履约担保，则中止方必须结束中止行为，继续履行合同。中止履行合同适用于一方当事人预期违约的情况，如果一方当事人已经实际违约，则应采取其他的补救措施。

（二）买方可以单独采取的补救措施

1. 要求卖方交付替代货物

如果卖方交付货物与合同不符且已经构成根本违约，买方可以要求卖方交付替代货物,交付替代货物实际上是实际履行措施的一种。《联合国国际货物买卖合同公约》第46条第1款规定:如果货物不符合合同,买方只有在此种不符情形构成根本违反合同时,才可以要求交付替代货物。《联合国国际货物买卖合同公约》的这一规定,限制了要求卖方交付替代货物的措施,在卖方交货不符但没有构成根本违约的情况下,买方不能要求卖方交付替代货物。

《联合国国际货物买卖合同公约》如此规定,主要是考虑到卖方交付替代货物,往往需要把已经交付的不符货物运回,再将相符货物运来,这样往返运输,将给卖方造成大量的运费、保险费以及其他的费用损失,使卖方承担很大的经济负担。如果卖方的违约是非根本违约,这种损失有可能超过买方实际上所受到的损失。为了对卖方公平,公约规定,只有在卖方根本违约的情况下,买方才能采取要求卖方交付替代货物的措施。

买方要求卖方交付替代货物,不得再采取与交付替代货物相抵触的其他措施,如解除合同等。按照《联合国国际货物买卖合同公约》第82条的规定,买方还应按照收到货物的原状将货物退还给卖方,否则买方就丧失了要求卖方交付替代货物的权利。应该指出的是,卖方即使交付了相符的替代货物,对原来交付不符货物给买方造成的损失,买方仍然有权要求赔偿。

2. 要求卖方对不符货物进行修补

如果卖方交付货物与合同不符,但没有构成根本违约,或者构成根本违约但买方不能解除合同,买方可以要求卖方通过修理对不符合同之处作出补救,比如,对有缺陷的部分进行修理、调整或者更换,使得货物与合同相符。买方要求卖方修补不符货物,实际上也是实际履行措施的一种,在大多数情况下,通过修理货物对违约进行补救是既经济方便又行之有效的办法,尤其是机器设备、电子设备之类产品。卖方可亲自修理或派人修理不符货物,买方也可以自行修理或就近请第三人修理不符货物,由卖方承担修理费用。

3. 要求卖方降低货物价格

如果卖方交付货物与合同不符,买方可以接受该不符货物,同时要求卖方降低货物价格(to reduce the price)。不管货款是否已经支付,买方都有要求降低货物价格的权利。根据《联合国国际货物买卖合同公约》的规定,买方要求降低价格后应支付的货款,应该按照实际交付的不符货物在交货时的价格与应交付的相符货物在交货时的价格之间的比例计算,可用下列公式表示:

$$减价后应付的金额 = K_P \times D_P/C_P$$

其中,K_P 表示合同价格(contract price),D_P 表示不符货物在交货时的价格(defective goods price),C_P 表示相符货物在交货时的价格(conforming goods price)。①

---

① 参见冯大同:《国际贸易法》,北京大学出版社1995年版,第73页。

第六节　货物运输风险的转移

一、风险及风险转移的前提、后果及主要原则

引起货物灭失和损害的原因很多,有些损失是买卖双方的责任造成的,如卖方对货物包装不良等;有些损失是由于运输途中的风险造成的,如海上风浪等。不同原因造成的损失,其法律处理结果也是不同的:因买卖双方的责任所造成的损失,理应由责任方承担;因风险所造成的损失,则应由承担风险的一方当事人来承担。

风险转移(passing of risk),是指货物风险由卖方承担转为由买方承担。风险转移之前,卖方应把货物特定化,特定化货物是风险转移的前提条件。《联合国国际货物买卖合同公约》在第67条规定:"在货物以货物上加标记,或以装运单据,或向买方发出通知,或以其他方式清楚地注明有关合同以前,风险不转移。"也就是说,货物在被注明有关合同之前,即把货物特定化之前,风险不转移。

风险转移的关键是风险转移的时间,风险转移越早对卖方越有利。风险转移的时间,可以由买卖双方在合同中明确规定,也可以通过选择贸易术语来确定。如果买卖双方在合同中没有规定、也没有通过贸易术语来确定风险转移的时间,则应根据《联合国国际货物买卖合同公约》的规定。

规定风险转移时间主要依据两个原则:

(1) 物主承担风险的原则,即货物所有人承担风险。这一原则是以英国为代表的一些国家提出的,把货物的所有权与货物的风险联系在一起,以所有权转移的时间决定风险转移的时间。

(2) 交付货物的时间为风险转移的时间。这一原则是美国《统一商法典》所确定的,把货物的所有权转移与货物风险转移分离开,从货物交付时起,风险转移给买方。《联合国国际货物买卖合同公约》基本上肯定了美国《统一商法典》所确定的原则,也采取了以交付货物的时间决定风险转移的做法,并且特别规定,卖方有权保留控制货物处置权的单据,这并不影响风险的转移。

二、《联合国国际货物买卖合同公约》对风险转移时间的具体规定

《联合国国际货物买卖合同公约》采取了以交货时间作为风险转移时间的原则,根据不同的交货情况,风险转移的时间也有所不同。

(一) 买卖合同涉及货物运输时的风险转移时间

根据《联合国国际货物买卖合同公约》第67条规定,如果买卖合同涉及货物的运输,且卖方有义务在某一特定地点把货物交给承运人,在货物于该地点交给承运人时,风险转移到买方身上。

(二) 运输途中出售货物的风险转移

所谓运输途中出售货物(the goods sold in transit),是指卖方先把货物装上运往

目的地的船舶或其他运输工具,然后再寻找买方签订买卖合同,出售已经在运输途中的货物,这种在运输途中出售货物的做法,在国际货物买卖中,也被称为路货买卖,或海上路货。《联合国国际货物买卖合同公约》第68条规定,对于在运输途中出售的货物,从订立合同时起,风险就转移到买方承担。根据这一规定,原则上,路货买卖的风险从订立合同时起转移,订立合同的时间就是风险转移的时间。因为货物已经在运输途中,订立合同时,卖方通常只向买方提交单据,路货买卖实际上是一种单据的买卖。所以,订立合同的时间就是卖方提交单据的时间,也是风险转移的时间。

但由于货物到达目的地后,很难判断货物损失是发生在订立合同之前还是之后,这就给买方索赔带来困难。为了方便买方索赔,《联合国国际货物买卖合同公约》又规定:如果情况需要,风险从货物交给签发载有运输合同的单据的承运人时起转移。这样,买方无须证明货物损失是在订立合同后发生的就可以向保险人索赔。

(三) 其他情况下的风险转移

如果买方有义务在卖方营业地接收货物,则从买方接收货物时起,风险转移给买方承担。如果货物存放在第三人的仓库里,买方有义务到第三人的仓库接收货物,则从交货时间已到且买方已经知道货物已存放在第三人仓库交给他处置时风险转移。

▶ 三、违约对风险转移的影响

《联合国国际货物买卖合同公约》所规定的风险转移时间,是在买卖合同正常履行情况下适用的。如果当事人违约,对风险转移是有影响的。买方违约通常是在接收货物和支付货款两个方面,对风险转移有影响的主要是接收货物方面的违约。如果买方迟延接收货物,将导致风险比规定的时间提前转移,风险在买方违约时转移。

卖方违约对风险转移有影响的方面主要是卖方交付不符货物。如果卖方交货不符但不构成根本违约,买方只能接受货物并可要求赔偿损失,这种情况下风险应按照规定正常转移给买方,也可以说,卖方的非根本违约对风险没有什么影响,风险应照常转移。

根据《联合国国际货物买卖合同公约》第70条规定,如果卖方已经根本违约,则公约关于风险转移时间的规定,应不损害买方因此根本违约而采取的各种补救措施。所以,如果买方要解除合同,需要把货物退回,运输途中因风险所造成的货物损失也应一起转回由卖方承担。

第七节 国际贸易支付与结算

▶ 一、国际贸易支付

国际贸易支付,是国际贸易活动当事人的基本权利和义务,直接影响双方当事人资金周转和融通以及各种金融风险和费用的承担,关系到双方当事人的切身利益。国际贸易支付主要涉及支付工具、支付方式等问题,需要当事人在贸易合同中作出明确规定。其中,支付工具主要有货币和票据,支付方式主要有汇付、托收、信用证及国际保理等。汇付和托收属于商业信用,汇付方式下的资金流向与支付工具的传递方向相同,属于顺汇法;托收方式下的资金流向与支付工具的传递方向相反,属于逆汇法。

二、汇付与托收

汇付(remittance)也称付款,是指付款人通过银行或其他途径将款项主动汇交给收款人的支付方式。汇付方式的当事人通常有:汇出款项的汇款人;收取款项的收款人;接受汇款人的委托并汇出款项的汇出银行,汇出银行通常是买方所在地银行;接受汇出银行委托,向收款人承担解付汇款义务的汇入银行,汇入银行通常是卖方所在地银行。汇付方式下收款人能否收到货款,取决于汇款人的个人商业信用,与银行无关。银行虽参与汇付,但完全是代客户办理业务,不承担买方不付款的责任。

托收(collection)是指债权人(出口人)出具汇票委托银行向债务人(进口人)收取货款的一种支付方式。托收方式的当事人有:委托银行办理托收业务的委托人;接受委托人委托的托收银行;接受托收行委托向付款人收取票款的代收银行;支付款项的付款人。委托人与托收银行是委托收款关系,根据托收委托书的规定,委托人支付托收费用,托收行按照委托人指示收取货款。托收银行与代收银行之间通常都有一种长期的委托代理关系,代收银行按照托收银行的指示向买方收取货款。托收方式属于商业信用,收款人开出汇票,委托银行收取货款。至于银行能否收到货款,完全取决于付款人个人的商业信用,与银行无关。银行虽参与托收,但也仅是代客户办理业务,并不承担付款的责任,如果付款人拒付货款或者破产等,收款人将承担重大的损失。

根据其使用的汇票是否附有单据,托收被分为光票托收和跟单托收,国际贸易中的大量托收都是跟单托收。根据代收银行交单条件不同,可把跟单托收分为付款交单托收和承兑交单托收。付款交单的托收(documents against payment, D/P),是指代收银行向付款人交单是以付款人付款为条件,代收银行在付款人付清款项后才把货运单据交给付款人。如果付款人没有付款,代收银行就有权不交货运单据。承兑交单的托收(documents against acceptance, D/A),是指委托人委托银行办理托收时,开出远期汇票,指示托收银行凭远期汇票向付款人收取款项,在付款人承兑远期汇票后,就把货运单据交给付款人的一种托收方式。国际贸易中,付款交单托收对收款人更有保障,使用较多。

三、信用证

(一) 信用证的含义、当事人及支付程序

信用证作为国际贸易结算中最重要的支付方式,是从19世纪开始随着国际贸

易的发展而迅速发展起来的。可以说,信用证是商业信用危机的产物。因为汇付和托收方式下都是买方付款,卖方能否收到货款完全依赖于买方的商业信用以及付款能力,这样就使得卖方收汇没有保障,买卖双方的资金负担不平衡。由于商业信用远远无法适应国际贸易的发展,信用证应运而生。在信用证方式下,买方的付款责任转由银行承担,由银行直接向卖方付款,银行以其自身的信用向卖方作出付款的承诺,这对卖方来说,大大地降低了收汇的风险,解决了买卖双方的信任危机,促进了国际贸易的发展。信用证支付方式下,各方当事人所遵守的是关于信用证的国际惯例,当前国际贸易中最重要的惯例之一是国际商会1993年出版的《跟单信用证统一惯例》第500号出版物,也被称为"UCP500",这一惯例于1994年1月1日生效,已经被世界上160多个国家的银行界和贸易界普遍接受。2007年,国际商会在UCP500的基础上重新修订了有关规则,被称为"UCP600",于2007年7月1日起正式实施。我国在贸易实践中也采用上述惯例,2005年11月14日,最高人民法院参照UCP500的规定制定颁布了《关于审理信用证纠纷案件若干问题的规定》,填补了我国信用证立法的空白。

信用证(letter of credit,L/C),是一种开证银行根据开证申请人的申请向受益人开出的,承诺在一定期限内、在一定金额内凭受益人提交的规定的单据付款的书面文件。在国际货物买卖中,开证申请人通常是买方,而受益人通常是卖方,可以简单地说,信用证就是买方所申请的开证银行开给卖方的一种有条件的付款承诺。

信用证的当事人主要有:申请银行开立信用证的开证申请人(通常是买方或进口方);根据开证申请人的请求和指示向受益人开立信用证的开证行(通常是开证申请人所在地银行);享有信用证规定的金额或利益的受益人(通常是卖方或出口商);受开证行委托将信用证通知受益人的通知行(通常与受益人同地);根据信用证的指定对受益人付款或承兑的付款行或承兑行;除付款行外,根据信用证的授权和偿付保证,买入受益人信用证和汇票的议付行或押汇行;应开证行的邀请,在信用证上加具保兑,对受益人承担与开证行同样责任的保兑行。

信用证的支付程序主要有以下几个步骤:

(1)买卖双方在买卖合同中规定采用信用证方式支付货款。

(2)买方按照合同规定的时间向当地银行申请开出信用证,按照合同的内容填写开证申请书,并向银行交纳押金或其他保证。

(3)开证银行根据开证申请书的要求,开出以卖方为受益人的信用证,授权卖方开出以开证银行为付款人的汇票,并将信用证寄交给通知银行。

(4)通知银行核实信用证的真实性后,将信用证转交给受益人。

(5)受益人即卖方审核信用证的内容与买卖合同是否相符,如果不符,要求买方修改信用证;如果相符,则按照信用证的规定将货物装运,备齐各种货运单据,开出汇票,在信用证的有效期内,凭货运单据向议付银行议付货款。

(6) 议付银行按照信用证的规定审核单据相符后,按照汇票金额扣除利息,把货款垫付给卖方。议付是指由议付银行对汇票和单据付出对价,议付银行是汇票的受让人,如果只审单据而不支付对价,则不能构成议付。议付这种做法也被人称为出口押汇,是指卖方所在地的议付银行以卖方的货运单据为抵押,扣除押汇日至汇票到期日的利息即押汇利息,向卖方提前垫付货款的一项融资业务。议付银行就是押汇银行,赚取的是利息。

(7) 议付银行将汇票和货运单据一起寄交给付款银行,索偿款项。

(8) 付款银行审核货运单据与信用证相符后,付款给议付银行。

(9) 开证银行通知买方付款赎单。

(10) 买方付款,取得单据。

(二) 信用证支付方式的特点

与托收和汇付方式相比,信用证主要有以下特点:

(1) 信用证是一种独立的银行信用。信用证是开证银行以自己的信用向卖方(受益人)所作的付款保证,与买方的信用无关,银行不能以买方将破产、倒闭、不能付款赎单等理由拒绝向卖方付款;付款后也不能因为买方拒绝付款赎单而向卖方行使追索权。信用证下,银行承担的是第一性的付款责任,在银行破产、倒闭等情况下,买方才承担付款责任。

(2) 信用证是一种独立的自足的文件。信用证虽然依照买卖合同的内容开出,应与买卖合同的规定一致,但信用证一经开出,就成为一份独立于买卖合同之外的自足的文件,与买卖合同无关,不受买卖合同的约束。UCP600 第 4 条规定,信用证与其可能依据的买卖合同或其他合同,是相互独立的交易。即使信用证提及该合同,银行也与该合同无关,且不受其约束。所以,卖方提交的单据,只要符合信用证规定,即使与买卖合同不符,银行也必须予以接受并予以付款;如果卖方提交的单据不符合信用证的规定,即使与买卖合同相符,银行也有权拒收并拒付货款。银行仅以信用证规定为依据,决定接收或拒收单据。

(3) 信用证是一种纯粹的单据交易。单据是信用证交易的标的,信用证的当事人所处理的仅仅是单据,而不管单据所代表的货物,银行只审查卖方提交的单据是否符合信用证的规定,而不问货物的实际情况如何,只要单据符合要求,银行就必须付款,而不得以货物不符为由拒收单据,拒付货款。银行对单据表面的审查,遵守"严格相符"的原则,即单据必须与信用证的规定严格相符,而且单据之间也应相符,即单证一致,单单一致。根据 UCP600 第 14 条规定,银行审查单据时,仅确定单据的表面是否与信用证规定相符即可,但是,在 UCP500 规定的"严格相符"的原则下,出现了大量拒单现象,极大损害了跟单信用证的商业价值,因此,UCP600 对单据的审查原则作出了较之 UCP500 更为宽松的规定。第 14 条(d)项规定,单据中的内容描述不必与信用证、信用证对该项单据的描述以及国际标准银行实务完全一致,但是不得与该单据中的内容、其他规定的单据或者信用证相抵触。这一规定进一步减少了受益人被不当拒单的风险,有利于信用证的推广和应用。

(三) 信用证当事人的权利义务

1. 开证申请人

开证申请人即货物买卖中的买方,他与卖方之间是买卖合同关系,与开证银行是委托付款的合同关系,遵守的是开证申请书的约定,承担对卖方和开证银行两方面的责任,也享有两方面的权利。

开证申请人的责任主要有:

(1) 按照买卖合同规定的时间开出信用证。如果买卖合同没有规定开证的具体时间,而是规定"立即"(immediately)开证,则买方应按一个勤勉办事的人的标准要求自己,尽快办理开证,在买卖合同只规定装运期限而未规定开证时间时,买方应在装运期限前的合理时间内开出信用证,最迟也应在装运期限开始后的第一天开出信用证。买方未按规定申请开证,构成违约行为。

(2) 根据买卖合同规定的内容申请开证,填写开证申请书,保证银行开出的信用证与买卖合同的规定一致,否则,在卖方要求下,买方有义务申请银行修改信用证。

(3) 向开证银行提供押金或其他保证,并保证在单据相符情况下付款赎单。

(4) 向开证银行付款赎单,开证银行是为开证申请人垫付货款的,最后买方应付款赎回单据,在买方付款赎单之前,单据属于开证银行。

(5) 如果开证银行破产,买方有义务向卖方付款,承担第二性付款责任。

开证申请人的权利主要有:

(1) 有权在付款赎单之前对卖方提交的单据进行审核,发现不符点,有权拒绝付款赎单。

(2) 付款赎单之后,对到达目的地的货物有权进行检验,发现与买卖合同规定不符,如果属于卖方的责任,有权根据情况采取补救措施,或拒收货物,向卖方追回货款,或要求卖方赔偿损失等。但不能要求开证银行承担货物不符责任。

(3) 在买卖合同规定卖方应提供履约保证金等情况下,如果卖方未提供,买方有权不申请开证。

2. 开证银行

开证银行承担的责任主要有:

(1) 开证银行应按照申请人填写的开证申请书上的指示,正确、及时地开出信用证,严格按照申请人的指示办理。

(2) 向受益人及其他汇票持票人承担第一性的付款责任,不能因申请人的原因如破产等而解除付款责任。

(3) 开证银行审单付款后,如果遭到申请人的拒绝付款赎单,不能向受益人及其他汇票持票人行使追索权,开证银行的付款责任是终局的。

开证银行的权利主要有:

（1）在开出信用证之前，有权向申请人收取保证金及手续费等费用。

（2）对受益人提交的单据，有权严格审核，以确保单据与信用证相符。如果发现不符点，有权要求予以修改，修改后仍不符的，有权拒收单据，拒付货款。

（3）开证银行付款后，在申请人不能付款赎单情况下，有权处理单据或货物；如果处理后仍有损失，有权要求申请人赔偿损失。

3．受益人

受益人是有权使用信用证而受益的人，是信用证下的汇票出票人，其承担的责任主要有：

（1）收到信用证后，经审核与买卖合同一致，则应在信用证及合同规定的时间内装运货物。

（2）装运货物后，备齐各种单据，在信用证规定的交单日内提交单据；如果信用证没有规定明确的交单日，则应在信用证有效期内或者确定的交单期限内提交单据；如果信用证未规定提单出单后的特定交单期限，通常在信用证有效期内和提单出单后的21天内交单。

（3）提交的单据应与信用证严格相符，对不符的单据有义务进行修改。银行受理单据时，遵守严格相符原则。

（4）对买方承担货物与买卖合同相符的责任。

受益人的权利主要有：

（1）收到信用证后，有权对信用证进行审核，发现与合同不符的，有权要求申请人即买方修改，由申请人再通知开证银行修改信用证，修改后的信用证由通知银行通知受益人。

（2）只要单据符合信用证，有权要求付款银行付款。如果付款银行不遵守信用证，有权向法院起诉开证银行。

（3）如果开证银行破产倒闭，有权要求开证申请人付款。在保兑信用证下，也有权要求保兑银行付款。

（4）在开证银行和开证申请人都破产的情况下，有中止履行合同的权利，如停止装运或行使停运权等。

4．通知银行

通知银行通常是卖方所在地的银行，是开证银行的分行或代理银行，受开证银行委托将信用证正本交给受益人，而留下副本。通知银行的权利、义务主要有：

（1）向受益人保证信用证的真实性。通知银行收到信用证以后，应核对印鉴或密押，如果不能确认信用证的真实性，应告知受益人。

（2）及时、准确地通知受益人。如果错误地通知了信用证的条款，给受益人造成了损失，应予以赔偿。

（3）通知银行是否承担议付或付款责任，取决于信用证的规定和通知银行的意愿。如果承担了议付或付款责任，则成为议付银行或付款银行。

5. 议付银行

在 UCP600 第 3 条定义条款中，国际商会首次明确了议付的定义，即指由指定的除付款行以外的银行购买符合信用证要求的汇票和单据，并在指定行偿付前预付或承诺预付款项给受益人的行为。根据此定义，议付是一种银行买入单据及票据的行为，而议付行预付或承诺预付款项给受益人则是一种对受益人的融资。议付银行在议付后成为汇票的持票人，其权利和义务主要有：

（1）议付银行有权决定是否议付。对于信誉不佳的开证银行所开的信用证，有权不议付，因为议付银行作为持票人要承担遭到拒付的风险。但是限制议付的信用证除外。

（2）议付银行有权根据信用证审核单据，以防因为单据不符而遭到开证银行的拒付。

（3）议付后，作为持票人，有权凭汇票和单据要求开证银行付款，以收回向受益人所垫付的款项。

（4）如果遭到开证银行的拒付，议付银行有权凭汇票、单据和拒付证明等向受益人行使追索权。

6. 付款银行

付款银行是信用证上所指定的付款银行，也可能是开证银行本身或其他与开证银行有委托付款关系的银行。付款银行的权利、义务主要有：

（1）有义务履行付款责任。

（2）付款后，有权根据与开证银行之间的委托付款关系，要求开证银行偿付款项及有关费用。

（3）付款银行是代理开证银行审单付款的，其付款是终局的，付款后不再享有追索权。

7. 保兑银行

保兑银行如果愿意承担保兑责任，应在信用证上注明"保兑"字样，如果不愿意保兑，应及时通知开证银行。一旦承担了保兑责任，保兑银行就处于与开证银行同样的地位，其权利、义务主要有：

（1）向受益人承担第一性的付款责任。

（2）付款后，如果因为开证银行的原因不能得到偿付，则不能向受益人等行使追索权。

（3）付款前，有权审核单据，发现不符点，有权拒收单据和拒付货款。

（四）信用证支付方式的原则

1. 信用证交易的独立原则

所谓信用证交易，是指受益人与开证银行之间交单付款的交易。信用证的特点，决定了信用证交易的基本原则是独立原则，即受益人与开证银行之间的交单付款具有独立性，信用证交易独立于作为基础交易的货物买卖，与货物买卖无关，不受买方的影响,也不受货物的影响。根据 UCP600 规定,银行受理单据时,必须仅以单据为依据,仅就单据表面的记载,以合理的注意予以审查,判断单据表面所记载的事项是否与信用证相符。银行拒收单据时,也只能以表面上单据与信用证不一致或单据之间不一致为由,不能以货物不符或单据不真实等其他理由拒收单据。

如此规定的原因是为了维护银行的利益,使银行不至于卷入买卖双方的买卖纠纷之中,但如此规定的结果,却使得买方承担了被欺诈的风险。

2. 信用证交易的欺诈例外原则

根据信用证交易独立的原则,银行只查单据表面,不查单据的真伪;只查单据,不查货物。这样就使得不法商人乘机钻空,伪造单据,按照信用证规定填写后向银行骗取货款。近年来,信用证欺诈的范围之广、种类之多、危害之大,令人十分震惊。[①] 信用证欺诈产生的原因,从一定程度上可以说是不法商人利用了信用证交易的独立性,是信用证交易的独立原则"保护"了欺诈者的欺诈成功。可见,如果继续遵守独立原则,坚持信用证在任何情况下都独立的话,将会在一定程度上助长信用证欺诈。只有在确认信用证交易独立的同时,也确认例外情况,即信用证欺诈的情况例外,才能减少并打击信用证欺诈。

所谓信用证欺诈例外原则,是指在确认信用证交易独立于基础交易的同时,也确认有例外情况,即信用证欺诈时例外。信用证交易独立原则是在基础交易没有欺诈的情况下适用的,如果基础交易有欺诈现象,则信用证交易就不独立于基础交易。如果卖方在基础交易中有欺诈行为,买方可以采取诉讼保全措施,要求司法干预,申请法院下令禁止银行按照信用证规定付款。首次采纳了信用证欺诈例外原则的法律是美国《统一商法典》。该法典虽然没有对信用证欺诈作出明确的规定,但是根据该法第 5-114 条第 2 款的规定,当卖方对某项必要单据进行伪造、欺诈或在交易中存在其他欺诈时,具有适当管辖权的法院可以禁止开证行兑付信用证及其项下的汇票。但是,如果提出兑付要求的是议付银行,或者是信用证项下汇票的正当执票人,或者是信用证项下权利凭证正常流通后的善意受让人,开证行则应该支付。另外,除上述情况外,如果开证行在单证表面相符的情况下,善意兑付了汇票或支付命令,即使卖方已经发出通知,说明单据上存在欺诈、伪造或交易上有欺诈行为,开证银行也不负任何责任。在信用证业务实践中,很多国家的法院也已经接受美国《统一商法典》对信用证项下欺诈和补救办法的上述规定。在信用证业务实践中,很多国家的法院也已经接受美国《统一商法典》对信用证项下欺诈和补救办法的上述规定。

目前,信用证欺诈的种类很多,但大概可以分为三种:卖方利用信用证欺诈买方,买方伪造信用证欺诈卖方以及买卖双方互相勾结利用信用证欺诈银行等。信用证欺诈,已经超出了国际贸易法律的范围,构成了刑事犯罪和民事侵权行为,应承担刑事责任和民事责任。

---

① 参见杨良宜:《信用证》,中国政法大学出版社 1998 年版,第七章。

3. 信用证交易原则在我国的司法实践

我国关于信用证的主要立法是 2006 年 1 月 1 日生效的最高人民法院《关于审理信用证纠纷案件若干问题的规定》，该规定对信用证开立阶段各方当事人之间法律关系属性、信用证纠纷案件的定性与法律适用、信用证项下审单原则和标准、信用证欺诈及欺诈例外原则及反欺诈程序等问题作出了明确规定，为信用证交易提供了行为标准或依据，也为司法机关处理信用证纠纷案件提供了现实的法律依据。

该规定适用于开证申请人与开证行之间因申请开立信用证而产生的欠款纠纷、委托人和受托人之间因委托开立信用证产生的纠纷、担保人为申请开立信用证或者委托开立信用证提供担保而产生的纠纷以及信用证项下融资产生的纠纷等在信用证开立、通知、修改、撤销、保兑、议付、偿付等环节产生的所有纠纷。在信用证交易中，当事人约定适用相关国际惯例或者其他规定的，从其约定；当事人没有约定的，则适用国际商会《跟单信用证统一惯例》或者其他相关国际惯例。

最高人民法院《关于审理信用证纠纷案件若干问题的规定》确立了信用证交易的独立性原则，规定信用证一旦开出后，就独立于开证申请人与受益人之间的基础交易，只要单据与信用证条款、单据与单据之间在表面上相符，开证行应当履行在信用证规定的期限内付款的义务。开证行具有独立的审单权，有权自行作出单据与信用证条款、单据与单据之间是否在表面上相符的决定，并自行决定接受或者拒绝接受单据与信用证条款、单据与单据之间的不符点。在审单标准上，该规定采取了与 UCP600 相同的宽松原则，规定信用证项下单据与信用证条款之间、单据与单据之间在表面上不完全一致，但并不导致相互之间产生歧义的，不应认定为不符点。

该规定还对信用证欺诈例外原则的适用和司法救济程序作出了明确的规定。开证申请人、开证行或者其他利害关系人有证据证明下列情形：(1) 受益人伪造单据或者提交记载内容虚假的单据；(2) 受益人恶意不交付货物或者交付的货物无价值；(3) 受益人和开证申请人或者其他第三方串通提交假单据，而没有真实的基础交易；(4) 其他信用证欺诈的情形，并认为将会给其造成难以弥补的损害时，可以向有管辖权的人民法院申请中止支付信用证项下的款项。

但是，如果止付信用证项下的款项会对善意第三方造成损失，即使存在信用证欺诈，法院也不能裁定中止支付或者判决终止支付信用证项下款项。这些情形主要包括：(1) 开证行的指定人、授权人已按照开证行的指令善意地进行了付款；(2) 开证行或者其指定人、授权人已对信用证项下票据善意地作出了承兑；(3) 保兑行善意地履行了付款义务；(4) 议付行善意地进行了议付。可见，我国信用证立法体现了与国际上的信用证交易独立和欺诈例外相一致的基本原则，既有效保护了我国贸易主体的利益，也维护了中国银行业的国际形象。

四、国际保理

国际保理(factoring),也称保付代理承购应收账款,是指在国际贸易结算支付中用托收的承兑交单(D/A)、付款交单(D/P)和赊账(open account,O/A)等方式结算货款时,保理商从出口商那里买下所有应收账款,并向客户提供资信调查、风险担保、催收追债、财务管理以及融通资金等综合财务服务。通常是在出口商的货物装船发货后,由保理公司立即将出口商的有关货运单据买下以收取货款的一种结算方式,出口商通过使用国际保理的结算方式来避免收受货款的风险。国际保理业务是在发达国家普遍使用的一种对外贸易短期融资收取货款方式,对进出口商均有一定的好处。国际保理业务起步较晚,但因融现代信息技术和国际金融业务于一身,能够很好地解决赊销中出口商面临的资金占压和进口商信用风险的问题,已经发展成为国际贸易结算中有效的竞争手段,业务量发展迅速。

国际上目前调整保理业务的规则主要有国际统一私法协会1998年《国际保理公约》和国际保理公司联合会1990年修订的《国际保理业务惯例规则》。《国际保理公约》供自由选用,无强制力。《国际保理业务惯例规则》主要对信用风险的承担、付款责任、出口保理公司和进口保理公司的代理、保证及其他责任、转让的合法性等作了规定。目前我国的保理业务主要依据《国际保理公约》和《国际保理业务惯例规则》的规定执行。

(一)国际保理的操作程序

采用国际保理方式,卖方与保理公司签订协议,保理公司将负责对买方的资信进行调查,提供风险担保,并替卖方催收账款及进行有关账务管理和资金融通等。保理公司通常向卖方收取管理费(手续费)、保理公司付款时到收款时的利息等费用。这些费用将被转入到货物价格中,最终由买方承担。但对买方来说,与信用证方式相比,保理费用相对较低。

国际保理通常主要涉及以下几方面的当事人:

(1)供货商(即卖方):指提供货物或劳务并出具发票,与出口保理商签订保理协议出让应收账款的当事人。

(2)债务人(即买方):指对由提供货物或劳务所产生的应收账款负有付款义务的当事人。

(3)出口保理商:指对供应商的应收账款提供保理业务的人。

(4)进口保理商:指同意代收由供货商转让给出口保理商的应收账款,并承担信用风险的受让应收账款支付义务的当事人。

按照《国际保理公约》和《国际保理业务惯例规则》,保理业务主要涉及以下程序:

(1)卖方和出口保理公司签订一定期限的保理协议;

(2)卖方与买方有意签订买卖合同;

(3) 卖方将买方名称等情况告知出口保理公司；
(4) 出口保理公司委托进口保理公司对买方资信进行调查；
(5) 进口保理公司将调查结果告知出口保理公司；
(6) 如资信可靠，出口保理公司对进出口交易进行确认；
(7) 卖方和买方签订买卖合同，明确规定用保理方式结汇；
(8) 卖方交货后将有关单据售给出口保理公司，出口保理公司在承购单据时或约定日期将扣除利息的货款余额付给卖方；
(9) 出口保理公司将有关单据交进口保理公司；
(10) 进口保理公司向买方收款，并向出口保理公司划付。

(二) 国际保理的种类

(1) 根据是否向卖方提供融资，国际保理可分为到期保理和预支保理。到期保理，是指卖方将有关单据卖给出口保理公司，保理公司在票据到期时向卖方无追索权地支付票据金额，而不是在出售单据时向卖方支付。预支保理又叫标准保理或融资保理，指卖方将单据出售给保理公司时，保理公司立即以预付款方式无追索权地支付给卖方80%左右的发票金额，其余20%于货款收妥后再支付。预支保理是比较典型的保理方式。

(2) 根据转让应收账款的范围，国际保理可分为一揽子转让型保理和逐笔分批型保理。一揽子转让型保理是指卖方和保理商在保理协议内明确约定将将来对于某特定买方的所有应收账款债权均转让给保理商，而不再逐笔出具转让文件。逐笔分批型保理是指卖方和保理商就每笔应收账款债权签署保理协议。

(3) 根据是否公开保理公司名称可分为公开型保理和隐蔽型保理。公开型保理是卖方必须以书面形式将保理公司通知买方，在票据上写明将货款付给保理公司。隐蔽型保理是指保理公司的参与是保密的，卖方不通知买方关于保理公司的信息，货款由买方直接付给卖方。大多数的保理都是公开型的保理。

(4) 根据保理业务是否涉及进出口两地的保理公司，保理可以分为单保理和双保理。仅仅涉及一地的保理是单保理，涉及两地的保理是双保理。双保理是目前较为通行的保理业务。

(三) 保理协议

保理协议是保理公司与卖方之间建立保理法律关系的协议，其主要内容包括：第一，卖方同意向保理公司出售的由保理公司向买方收取的款项；第二，收购价款的计算与支付，应收款项应扣除卖方给予买方的折扣、佣金或折让，扣除管理费用和利息；第三，债权转让及履约保证。卖方将债权转让给保理公司，并将这种非抵押性质的转让以书面通知债务人。与货物有关的其他相关权益也随之转移，如货物所有权、留置权、停运权、再出售权等。同时，卖方向保理商保证：所有出售的应收账款均产生于正当交易；已全部履行了有关合同项下的责任和义务；提供的货物及服务已被或将被客户接受，并不会出现争议及贸易纠纷等。

(四)《联合国国际贸易应收款转让公约》及其主要内容

保理协议的核心是卖方将贸易合同项下的应收款转让给保理商,因此保理协议具有债权让与合同的性质,在我国应适用《中华人民共和国合同法》第五章关于合同权利转让的有关规定。在这方面,联合国国际贸易法委员会于 2001 年 12 月 12 日通过《联合国国际贸易应收款转让公约》,旨在通过确立包括国际保理、福费庭(Forfaiting)①等低成本信贷方式,促进货物和服务的跨国界流动。该公约目前尚未生效,但是一旦发生效力,将适用于国际保理业务。

公约规定,具有国际性质的商业应收款的任何转让,只要在转让时转让人位于缔约国,就属于公约的适用范围。因此,公约广泛适用于产生于传统的货物或服务的金钱债权,以及产生于法院的裁决和保险单上的权利的金钱债权。公约既包括转让时就存在的应收款,也包括根据转让合同将来才产生的应收款。但公约不包括消费交易,即个人、家人或家庭用途的转让,以及来自流通票据的背书或交付的权利。

公约要求应收款转让必须采取书面形式。转让人和受让人之间的权利、义务应根据双方的协议或双方同意的惯例确定。除非转让人与受让人之间另有协议,转让人应有权转让该项应收款,转让人未将该应收款转让给另一受让人,并且债务人不拥有任何抗辩权或抵销权。转让人或受让人或双方均可向债务人发出转让通知,要求向通知所指明的人或地址付款。

转让对债务人的权利和义务不产生任何影响。债务人在收到转让通知之前,有权根据原合同进行付款而解除义务;在收到转让通知后,则向通知中指明的人或地址付款才能解除义务。债务人收到受让人发出的转让通知后,有权要求受让人在一段合理的时间内提供转让的证据。对于受让人提出的支付要求,债务人则可以提出根据原合同产生的或可利用的所有抗辩权或抵销权。

公约还规定,转让人与债务人之间限制转让应收款的协议,不影响向受让人的转让;转让人与债务人之间于发出通知之前达成的对受让人权利产生影响的协议,对受让人具有效力,但受让人也同时获得相应的权利;担保应收款的个人权利或财产权利应随应收款一起转移给受让人。这一规定有利于应收款转让业务的发展。

【参考书目】

1. 张玉卿编著:《国际货物买卖统一法——联合国国际货物销售合同公约释义》,中国商务出版社 2009 年版。
2. 侯淑波编著:《国际贸易法》,大连海事大学出版社 2003 年版。

---

① 福费庭(Forfaiting)是改善出口商现金流和财务报表的无追索权融资方式。包买商从出口商那里无追索地购买已经承兑的、并通常由进口商所在地银行担保的远期汇票或本票的业务叫做包买票据,音译为福费庭。其特点是远期票据应产生于销售货物或提供技术服务的正当贸易;做包买票据业务后,出口商放弃对所出售债权凭证的一切权益,将收取债款的权利、风险和责任转嫁给包买商,而银行作为包买商也必须放弃对出口商的追索权;出口商在背书转让债权凭证的票据时均加注"无追索权"字样(without recourse),从而将收取债款的权利、风险和责任转嫁给包买商。

3. 郭寿康、韩立余:《国际贸易法》,中国人民大学出版社 2000 年版。
4. 王传丽主编:《国际贸易法——国际货物买卖法》,中国政法大学出版社 1999 年版。
5. 冯大同编著:《国际贸易法》,北京大学出版社 1995 年版。
6. 杨良宜:《信用证》,中国政法大学出版社 1998 年版。

【思考题】
1. 国际货物买卖法的国内外立法现状及发展趋势。
2. 《联合国国际货物买卖合同公约》的主要内容及在我国的适用。
3. "INCOTERMS 2010"和"UCP600"的主要内容及其在国际货物买卖中的应用。

第四章　国际货物运输与保险法

国际货物运输和保险是国际商事活动中的重要组成部分，与国际货物买卖、国际结算等法律关系既存在密切的联系，又相互独立，所涉及的法律问题也相对复杂，具有较强的国际性。本章主要介绍了国际货物运输合同的特点、国际货物运输单证、承运人和托运人等运输合同当事人的权利和义务，并结合相关的国际公约分别对国际海上货物运输、国际铁路货物运输、国际航空货物运输以及多式联运等各种运输方式进行了介绍；在保险法基本理论的基础上，介绍了海上保险合同的特点、成立、转让、解除、主要内容、承保风险、保险人和被保险人的权利义务，以及海上保险中独有的委付制度。其中，国际海上货物运输和保险的适用范围最为广泛，其相关的法律问题也尤为复杂，是本章的重点。

国际货物运输是国际商业活动中的重要组成部分，与国际货物买卖、国际结算等法律关系既存在密切的联系，又相互独立，所涉及的法律问题也相对复杂，具有较强的国际性，因此国际社会对各种运输方式制定了一系列国际公约，并在一定范围内呈现出不同程度的统一化趋势。国际货物运输保险是以国际货物运输过程中的各种货物作为保险标的，承保运输过程中的风险的保险形式，是国际货物贸易主体转嫁货物在运输过程中的风险的主要方式。本章主要对国际货物运输合同、国际货物运输保险合同的基本法律问题予以论述，并在此基础上对海上运输、铁路运输、航空运输以及多式联运等不同的运输方式及其承保范围，结合相应的国际立法的主要内容进行详细的介绍和阐述。其中，国际海上货物运输和保险的适用范围最为广泛，其相关的法律问题也尤为复杂，是本章学习的重点。

第一节　国际货物运输法概论

一、国际货物运输合同

（一）国际货物运输合同及其当事人

国际货物运输合同是指承运人采用某种运输方式将货物托运人托运的货物从一国运至另一国，而由托运人支付运费的合同。国际货物运输合同是双务有偿合同，其双方当事人分别为承运人和托运人（或称发货人）。承运人（carrier），是专门经营水上、铁路、公路、航空等货物运输业务的交通运输单位，其主要合同义务是运输货物。托运人（shipper）和收货人（consignee）合称为"货方"，通常是从事进出口商品业务的为履行国际贸易合同而办理货物运输的进出口商，其主要合同义务是支付运费。在FOB贸易术语下，托运人通常是货物的买方，而由卖方实际将货物交付给承运人或其代理人以履行交货义务；在CIF和CFR贸易术语下，托运人通常是货物的卖方。

在国际货物运输实践中，承运人直接与托运人签订货物运输合同的情况不多，双方往往通过运输代理人作为中间代理人来签订合同。运输代理人是指根据委托人的委托，代办货物运输业务的机构。其中，接受货主的委托办理货物的租船定舱、检疫、商检等业务的称为货运代理人（freight forwarder）。运输代理人不是货物运输合同的当事人，只是作为其委托人的代理人参加到合同关系中的，因此并不承担合同项下的权利义务。他与其委托人之间的关系应适用民法中有关代理的法律规定，而他在委托权限内对海上货物运输合同的另一方当事人采取的行为则由其委托人承担相应的法律责任。

（二）国际货物运输合同的特点

国际货物运输合同除了具有国际性、双务有偿性等特征外，还具有不同于一般合同的特点：

（1）国际货物运输合同为诺成合同。按照各国合同法的规定，合同只有经过要约和承诺这两个必经程序才依法成立。在国际货物运输合同的签订过程中,一般先由托运人向承运人或其代理人提出货运要求、填写托运单或运单,此为要约;后者经核查认为可以接受该货运要求后,即在托运单或运单上签章确认或给出提单号,此为承诺。按照合同法的规定,此时国际货物运输合同即告成立,对双方当事人即产生约束力,并以承运人将货物以约定的方式交付给收货人为履行完毕。

(2)国际货物运输合同多为格式合同,受相应的国际立法或国内法强制性规范的调整。国际货物运输合同的承运人为了重复使用,多向托运人提供预先拟定的以提单、运单等运输单据体现的格式条款。为防止承运人利用其优势地位侵害货主的合法权益,一些国际公约和国内立法对国际货物运输合同的当事人的权利、义务、责任和豁免做了强制性的规定。当事人一旦选择适用某一国际公约或国内法,或根据冲突规则使用某一国立法,就必须在法律允许的范围内约定双方的权利义务,否则约定无效。因此,国际货物运输合同法具有强制性的特点,国际货物运输合同当事人"意思自治"的权利也受到相应的限制。

(3)国际货物运输合同往往是为第三人利益订立的合同。国际货物运输合同由托运人和承运人订立,托运人和承运人为合同的双方当事人。非托运人的收货人不是合同的一方当事人,而是合同的利害关系人。①但是由于作为合同证明的运输单据移转至收货人手中,使其享有了向承运人要求提货的权利,从而可以直接取得合同规定的利益。因此,根据法律的规定或当事人的约定,收货人也应承担合同项下的某些合同义务,如我国《海商法》就明确规定承运人和收货人之间的权利义务关系,依据提单的规定确定,并规定了收货人及时领取货物的义务。②

▶ 二、国际货物运输的种类

(一)国际海上货物运输

国际海上货物运输是指承运人以船舶为工具,通过海上通道将托运人托运的货物由一个国家的港口运至另一个国家的港口的运输行为。海上运输是历史最为悠久的国际贸易运输方式,与陆路运输、航空运输相比较,具有运输量大、通过能力强、运费低廉、对货物的适应性强等优越性,也是最主要的国际贸易运输方式。目前,国际货物总运量的七至八成是以海上运输的方式完成的。近年来,随着航海技术的提高以及货物包装方式的改进,集装箱运输成为海上运输的主要方式,从而使海上运输固有的风险大、航速慢等缺点得到了很大的改进,越来越适应现代国际贸易货物运输的需要。

---

① 1990年《国际海事委员会海运单统一规则》(CMI Uniform Rules for Sea Waybills)第3条规定了代理原则,即托运人同时是收货人的代理人,收货人被视为海运单所包含的运输合同的当事人之一。这与传统的理论有所不同。

② 见《中华人民共和国海商法》第78条。

（二）国际铁路货物运输

国际铁路货物运输，或称国际铁路货物联运，是指在两个或两个以上国家的铁路运送中，使用一份运送单据，由铁路承运人办理货物的全程运送，在一国铁路向另一国铁路移交货物时，无须发货人、收货人参加的运输方式。铁路运输与其他运输方式相比，具有运输速度快、运输量大、安全可靠、运输成本低、运输准确性和连续性强以及受气候因素影响极小等特点，已经成为现代运输的主要运输方式之一，不仅在国内运输中起着举足轻重的作用，在以陆路连接的不同国家间的货物运输和旅客运输中也占有相当高的比例。

（三）国际航空货物运输

航空运输业开始于20世纪初，虽然较其他运输方式晚，但是发展异常迅速，特别受到现代贸易商的青睐，主要原因是其具有运送速度快，手续简便，节省保险、包装、储存等费用，安全准确以及不受地面条件影响，可以深入内陆地区等优点。当然，航空运输也有自己的局限性，主要表现在航空货运的运费较高，不适合运送低价货物；飞机的舱容有限，对大件货物或大批量货物的运输有一定限制；飞行安全受恶劣气候的影响等。但是随着航空技术的发展，飞机的速度、运载能力以及运航性能的不断提高，航空运输以其与生俱来的国际性特征，已在国际货物运输中显示出越来越重要的地位。

（四）国际货物联合运输

国际货物联合运输，简称国际货物多式联运，是在集装箱运输的基础上产生和发展起来的新型运输方式，也是近年来在国际运输上发展较快的一种综合连贯的运输方式。联运经营通过运用海上、铁路、公路、航空等运输方式中的一种或多种，有效地解决了不同国家的两地间无法以单一运输方式完成运输、货主不得不通过各种环节分别订立运输合同的问题。其中，由多个运输主体运用一种运输方式分阶段完成的货物运输称为单式联运；由多个运输主体运用两种或两种以上的运输方式完成的货物运输称为多式联运。

▶ 三、国际货物运输单证

在国际货物运输活动中，国际货物运输合同的承运人通常是通过签发运输单证以及承托双方往来业务中的托运单、装货单、收货单等一系列单据综合体现双方的合同关系和权利义务的。

目前，国际货物运输中常用的运输单证有运单和提单两种。

（一）运单（waybill or consignment note）

运单是由承运人签发的，证明货物运输合同和货物由承运人接管或装船，以及承运人保证将货物交给指定的收货人的一种不可流通的单证。运单广泛应用于各种运输方式中，有海运单（sea waybill）、铁路运单（rail waybill）、航空运单（air waybill）之分。运单通常是由托运人填写有关的货物信息和运输要求，承运人将之与货物核查无误后予以签字确认。因此,运单具有合同证明和货物收据的作用。但是,运单不具有物权凭证的作用,是一种不可转让的债权凭证。

(二) 提单(bill of lading, B/L)

提单是国际海上货物运输所特有的单证,同时又是国际贸易中象征性交货和银行结汇的关键贸易单证,被认为是与国际贸易术语、信用证共同构成现代国际贸易体系的三大支柱之一。提单与运单的基本作用一致,但是两者最大的区别是提单在贸易领域中具有物权凭证的作用,具有可流通性、可转让性。本章将在第二节对提单的有关法律问题作详细的论述。

(三) 国际货物多式联运单据(international multimodal transport document)

国际货物多式联运单据是国际货物多式联运合同的证明,是多式联运经营人在货物接收地接管货物和在目的地交付货物的凭证。当国际货物多式联运的运输方式之一是国际海上货物运输时,尤其是第一阶段运输是海运时,国际货物多式联运单据多表现为多式联运提单,具有提单的作用和性质。

▶ 四、国际货物运输合同承运人的基本权利、义务

(一) 承运人的基本权利

(1) 运费(freight)等费用的请求权。作为运输货物的报酬,承运人根据运输合同有请求运费的权利。在英美普通法中,运费作为劳务报酬具有"至高无上"的地位,货主不得因承运人的违约行为或其他原因擅自扣减运费。承运人有权在约定时间内根据约定向托运人或收货人收取运费。除运费之外,依合同约定或法律规定,应当由托运人或收货人支付的费用,如亏舱费(dead freight)、滞期费(demurrage)、押运费等,承运人也有权向债务人主张。

(2) 货物留置权(lien)。托运人或收货人不支付运费等费用,又没有提供适当担保时,承运人有权对处于其占有之下的货物在合理限度内进行留置,以担保其请求权的实现。承运人行使留置权是保证其债权实现的有效手段,但是由于各国立法对留置权的规定存在差异,承运人应谨慎行使此项权利。如英美普通法中,留置权有法定留置权和约定留置权之分,法律允许双方当事人通过约定设定留置权。而在我国,留置权是一种法定担保物权,法律不承认约定留置权的效力,承运人只有在具备法定条件下才可以行使留置权。

(3) 免责权。在货物运输过程中,货物的所有权仍属于托运人或收货人,按照权利与风险对等的原则,为平衡承运人和货主的利益关系,各国运输法和有关国际公约均规定承运人对一些原因造成的货物损坏或灭失不承担赔偿责任,这些免责事项一般包括:不可抗力等承运人无法控制的事项;托运人或其代理人的过错;货物的自然特性、缺陷或者包装不良、标志欠缺;非由于承运人或其代理人的过失造成的事项等。

(4) 责任限制权。出于对运输业特殊风险和对等原则的考虑,各国运输法和有

关国际公约还确立了承运人的赔偿责任限制制度,即规定由于承运人不能免责的原因造成的货物灭失、损坏或延缓交付,其赔偿责任应限制在一定的范围内。这种责任限制制度,实质上是承运人赔偿责任的部分免除,是对传统民商法全部赔偿原则的突破。

(二) 承运人的基本义务

(1) 将货物按照其承诺的路线和方式及时、安全地运抵目的地,并对承运责任期间内货物发生的灭失或毁损负赔偿责任,但依规定可以免除责任的除外。

(2) 按托运人的要求签发提单或运单,并在指定目的地向单据指定的收货人交付货物。

(3) 执行托运人或收货人提出的合理的交付货物、变更合同的要求和指示。

(4) 在将货物运抵目的地后,负有及时通知收货人提货的义务。

五、国际货物运输合同的托运人和收货人的基本权利、义务

(一) 托运人和收货人的基本权利

(1) 托运人有权要求承运人按照运输单据的记载和要求将相应的货物安全、完好的运抵目的地,交付给收货人,并有权获得有关运输情况的信息。

(2) 货物由承运人接受或装运后,托运人有权要求承运人签发与货物状况一致的提单、运单或其他运输单据。

(3) 托运人和收货人有变更运输合同的权利。但是,无论是发货人还是收货人,都应支付因其变更合同而增加的费用。

(二) 托运人和收货人的基本义务

(1) 按合同规定及时支付运费及其他费用。

(2) 按合同约定提供托运货物,并对货物情况作正确陈述。托运人应当按照与承运人约定的品种、数量等提供货物,对货物妥善包装后,及时送至承运人指定的地点。货物装运时,托运人应向承运人提供货物的品名、标志、包数或件数、重量或体积等情况,并保证其正确无误。

(3) 及时办妥货物运输手续,或将履行各手续所需要的文件添附于运输单据上。根据国际惯例和法律规定,托运人应当及时向港口的海关、检疫、检验和其他主管当局办理货物运输所需要的各项手续,并将已办理的各种单证送交承运人,或者委托承运人代为办理相关手续。

(4) 收货人应在目的地付清费用并及时领取货物。即使货物发生毁损或与贸易合同的约定不符,收货人也不可以拒绝提货,而应在提货后向有关责任人索赔。

因托运人和收货人未履行上述义务或履行义务有瑕疵,给承运人及其代理人或收货人造成损失的,托运人和收货人应当承担赔偿责任。

第二节　国际海上货物运输法

一、国际海上货物运输的种类

国际海上货物运输按其运输特点和法律特征，一般可分为班轮运输和租船运输两种。

（一）班轮运输

班轮运输（line transport），亦称为定期运输或提单运输，是船舶在固定的航线上和港口间按事先公布的船舶表航行，从事货物运输业务并按事先公布的费率收取运费的海上运输方式。班轮运输具有"四固定"的特点，即航线固定、港口固定、船期固定和费率的相对固定。班轮运输合同不规定装卸时间，也不计滞期费和速遣费，承运人按固定的费率收取运费，并负责货物装船和卸船的风险和费用。因此，班轮运输特别适合于一般杂货和小额货物运输，手续简便，方便货方操作。

（二）租船运输

租船运输（shipping by chartering），又称不定期运输（tramp shipping）。它与班轮运输不同，没有预定的船期表、航线和港口，船舶按照船舶出租人（shipowner）和承租人（charterer）签订的租船合同规定的内容组织运输。根据租船合同的约定，出租人将船舶出租给承租人使用，以完成特定的运输任务，并按商定的运价收取运费或租金。租船运输根据其约定的不同租用方式，分为航次租船（voyage charter）、定期租船（time charter）和光船租赁（bare boat charter）。

租船合同与班轮运输合同相比，更符合当事人意思自治的合同法原则。有关法律对租船合同双方当事人的权利、义务的规定多为任意性规范，租船合同双方当事人可以通过自由协商确定合同的内容，不受强制约束。但是，租船合同的条款多数是针对出租人和承租人对船舶的权利义务，船舶一旦从事具体的货物运输作业，出租人和承租人仍需在租船合同下签发提单等运输单证，此时仍应受到有关国际公约和国内法的约束。

二、提单

提单是在18世纪末欧洲航海贸易时代解体之后，伴随着航运业的发展而产生的，并在近现代国际贸易体系发展完善的过程中逐渐发展成熟，成为重要的航运单证和贸易单证，被人们称为"开启海上仓库的钥匙"。

（一）提单的定义

《汉堡规则》给提单下的定义是："提单是指证明海上货物运输合同和货物由承运人接管或装载以及承运人保证凭此交付货物的单据。单据中关于货物应按记名人的指示或不记名人的指示交付或交付给提单持有人的规定,即是这一保证。"①该定义已得到各国的认可,我国《海商法》也借鉴了这一定义。②

(二) 提单的作用和性质

从提单的定义上,我们可以看出提单具有下列作用:

(1) 提单是承运人和托运人达成的海上货物运输合同的证明(evidence of a contract),是船货双方在货物运输关系中的权利义务的依据。

对于这一点,大陆法和英美法曾经有过分歧。大陆法认为提单就是运输合同;而英美法则在英国早期案例中就明确了"提单不是合同本身,只是合同条款的证明"这一原则。理由有二:一是提单是在承运人接收货物或将货物装船后签发的,此前海上货物运输合同已经完成要约和承诺过程而成立,因此签发提单仅仅是承运人履行合同义务的环节之一;二是海上货物运输合同是两愿合同,应由双方当事人共同签订,而提单却是由承运人单方面签发的包含印就条款的单据。英国法的这一观点已经被各国学者所接受。

提单作为海上货物运输合同的证明,不仅证明合同关系的存在,更重要的是证明合同的实体内容。但英国法主张提单对合同的内容的证据效力是有限的。如果在签发提单之前,承、托双方通过书面或口头形式作出不同于提单条款的约定(special agreement),则双方的合同权利义务以该约定为准。但是,当提单转让到包括收货人在内的善意第三人手中时,提单所证明的海上货物运输合同随之发生转让,而承、托双方之间的特别约定因相对性原则并不发生转移。因此,承运人和非托运人的提单持有人之间的权利义务关系依提单的规定确定③,而承、托双方在提单之外的特别约定仅对承、托双方发生效力,且不因提单的转让而解除。

(2) 提单是证明承运人已接管货物或将货物装船的货物收据(receipt for goods)。

提单的货物收据功能是其最早具有的一项职能,主要体现在提单可以证明提单项下的货物已经被承运人接管(备运提单)或者已经被装至相应的船舶(已装船提单),以及承运人接管货物或将货物装船时货物的品名、标志、数量和表面状态等状况。提单的此项证明作用有两层含义:其一,当提单在托运人手中时,它是承运人已按提单上所载情况收到货物的初步证据(prima facie evidence)。如果承运人实际收到的货物与提单的记载不符,承运人可以提出反证,并据此向有关责任人追索。其二,当提单转移到善意的第三人手中时,它就成为承运人收到货物的终局性证据(conductive evidence),即承运人一旦签发提单,就承担在目的港向第三人交付提单所载状况的货物的绝对义务,否则承担赔偿责任。即使承运人能够证明货物的缺陷在装船时就已经存在,这一责任也不可免除,除非承运人在签发提单时订有有效的"不知条款"(unknown clause)或货物的缺陷是因免责事项造成的。

---

① 见《汉堡规则》第 1 条第 7 款。
② 见《中华人民共和国海商法》第 71 条。
③ 见《中华人民共和国海商法》第 78 条第 1 款。

(3) 提单是承运人保证据以交付货物的凭证,即提货凭证。

提单对于托运人而言是承运人接收货物或将货物装船的凭证,对于收货人而言则是其提取货物的凭证。根据《汉堡规则》对提单的定义,承运人应根据提单记载的不同向善意的合法的收货人交付货物。所谓善意的合法的收货人包括记名提单的记名收货人、指示提单的被背书人或被指示人,以及不记名提单的持有人。该收货人通过向承运人或者代理人出示正本提单证明自己的合法收货人的身份,而承运人一旦见到正本提单就必须履行其凭单交货的保证,有人将这一做法在实践中被称为"认单不认人"。

但在实践中,出于各种原因,有时承运人会将货物交付给只有副本提单或者提供保函的贸易商,通常成为"无正本提单放货"或"无单放货"。这种做法显然有悖于"提单是承运人据以交付货物的保证"的性质,承运人应当对由此给合法的提单持有人造成的损失负赔偿责任。而对承运人"无单放货"行为承担责任的法律责任性质,司法实践和理论界一直存在不同的看法,可分为"侵权说"、"违约说"和"竞合说"。根据最高人民法院《关于审理无正本提单交付货物案件适用法律若干问题的规定》(以下简称《规定》),承运人因无正本提单交付货物造成正本提单持有人损失的,正本提单持有人可以要求承运人承担违约责任,或者承担侵权责任。[①] 可见,该《规定》采信了"竞合说",认为无正本提单交付货物的行为发生在承运人履行海上货物运输合同过程中的货物交付环节,损害了提单持有人的提单无权,构成了请求权的竞合。正本提单持有人根据该《规定》还可以要求无正本提单交付货物的承运人与无正本提单提取货物的人承担连带赔偿责任。[②]

提单的上述作用和运单相同,都充分体现了其债权性,但是由于提单在现代国际贸易中普遍采用的象征性交货的交货方式和以信用证为代表的结算体系中的重要作用及其本身的可转让性、可质押性等特性,传统法学理论中称其为提单的物权性,即认定提单具有物权凭证(document of title)的作用。但在有关运输的国际公约和各国海商立法中尚未有这方面的规定。因此,近年来某些学者对提单的物权性提出质疑,认为提单是物权凭证的说法无立法依据且在实践中提单的签发和转让并不总与货物所有权的归属和转移相一致。[③] 对此,我们认为,提单既是重要的运输单证,又是重要的贸易单证,它在不同领域中的不同作用和特性决定了它具有不同的法律性质。在运输领域中,提单的合同证明、货物收据、提货凭证的三大作用是其债权性的充分体现,提单所体现的只是有关其项下货物运输事宜的合同之债的权利义务关系。而在贸易流通领域,提单则具有明显的物权性,其物权凭证的效力源于它的可转让性,但它所代表的物权并不是货物的所有权。提单的法律性质是近年来学术界讨论的热点问题,还有待于更多的人进行更深一步的探讨。

[①] 见最高人民法院《关于审理无正本提单交付货物案件适用法律若干问题的规定》第 3 条。
[②] 见最高人民法院《关于审理无正本提单交付货物案件适用法律若干问题的规定》第 11 条。
[③] 李海:《关于"提单是物权凭证"的反思》,载《中国海商法年刊1996》(总第 7 卷),第 41—51 页。

(三) 提单的分类

1. 按照签发提单时货物是否已装船划分

已装船提单(on board B/L or shipped B/L),指整票货物已经全部装上指定船舶后,船长或承运人或其授权的代理人凭大副收据向托运人签发的提单。此类提单一般注有"货物已装具名船只"字样或注明装运的船舶名称和装船时间。航运实践中,除集装箱运输外大多采用已装船提单,银行结汇一般也要求使用已装船提单。①

备运提单(received for shipment B/L),又称收货待运提单。指承运人在接管托运人送交的货物后,在装船前应托运人的要求签发的提单,以表明货物已由承运人占有。由于备运提单无法证明货物确已装船和装船时间,买方承担的风险较大,因此在国际货物买卖中,买方和银行一般不接受备运提单。

2. 按照提单收货人的记载不同划分

记名提单(straight B/L),指提单正面收货人一栏内载明特定的人(或公司)的提单。记名提单一般不可转让,只有提单上记载的收货人有权向承运人要求提取货物。但是在少数国家,依法律可以采取类似财产转让的手法通过一定司法程序转让记名提单。

不记名提单(open B/L),指提单上收货人栏为空白,承运人向正本提单的持有人交货即可的提单。不记名提单仅通过交付即可转让,手续方便,但是风险极大,因此在国际贸易中很少使用。

指示提单(order B/L),指提单上收货人栏载明"凭指示"(to order)或"凭某人指示"(to order of ××)字样的提单。前者称为不记名指示,指示人通常为托运人、收货人或银行。指示提单是一种可转让的单据。承运人应将货物交付给持有背书连续的正本提单的符合提单记载的最后被背书人身份的提货人。指示提单的可转让性不仅为买方转售货物提供方便,而且可以通过"付款交单"的结算方式达到帮助卖方保留货物所有权的目的,减少交易风险。因此,指示提单是目前国际贸易中使用最为广泛的一种提单。

提单的背书转让与汇票等其他可转让的商业票据相同,都要求其连续性、真实性,而且不必经过提单签发人,即承运人的同意。但与汇票不同的是,提单转让后,后手的权利不优于前手,所以提单只能称之为"准流通票据"。

3. 按照提单有无批注分类

清洁提单(clean B/L),指没有任何有关货物外表状况不良批注的提单,表明承运人在接受货物时,货物的外表状况良好(in apparent good order and condition)。但是清洁提单只说明承运人凭目力所能观察到的货物状况良好,并不构成承运人对货物内在品质完好的保证,也不能排除货物具有无法直接观察到的内在瑕疵,如小包

---

① 见《跟单信用证统一惯例(2007年修订本)》(UCP600)第20条的规定:"无论称谓如何,提单必须表面上具备……表明货物已在信用证规定的装运港装载上具名船舶……"

装件数不足等。在国际货物买卖合同中一般规定,卖方必须提供清洁提单。按 UCP600 的规定,银行只接受清洁提单。①

不清洁提单(unclean B/L or foul B/L),指承运人明确地对有关货物外表状况不良等情况加以批注的提单,目的是为了对抗收货人可能提出的索赔。因为提单具有货物收据的作用,而承运人又负有保管货物的义务,因此提单上关于货物状况的记载就构成了承运人向收货人交付提单记载状况的货物的保证。

4. 按照提单运输方式不同划分

直达提单(direct B/L),指由同一船舶将货物从起运港直接运抵目的港卸货所签发的提单。因为各转运港情况不同,货物在装卸中很容易出现货损货差,而且转船会延长货物在途时间,给货方带来更大的风险,所以凡信用证规定不得转船的,结汇时必须使用直达提单。

转船提单(transshipment B/L),指在起运港装载的货物不能直接运往目的港,需要在中途换装其他船舶装运至目的港时承运人签发的提单。转船提单实际上是在海/海运输形式下签发的联运提单,因此也称为海运联运提单。该类提单一般由负责一程船(由起运港至第一转运港)的承运人签发并且在提单上加转船批注。

多式联运提单(multimodal transport B/L or combined transport B/L),指多式联运经营人以至少两种不同的运输方式将货物从一国境内接管货物的地点运至另一国境内指定交付货物的地点而签发的提单。这种提单主要用于国际集装箱货物运输。

5. 几种常见的特殊提单

倒签提单(anti-dated B/L)。倒签提单是指在货物装船后,以早于货物实际装船日期为签发日期的提单。在贸易实践中,信用证一般规定货物装船期限,而由于种种原因货物可能无法在装船期限内装运,又来不及修改信用证,为方便结汇,有的托运人会要求承运人按装船期限的要求倒签提单。但从法律上看,无论出于什么原因,虚假的装船时间一方面是对运输合同的违反,同时由于交货时间是买卖合同的主要条款,直接影响到货物的再出售,伪造装船时间也构成对收货人利益的侵犯。因此,倒签提单是一种既违约又违法的行为,在许多国家都被视为托运人和承运人的共同欺诈,是国际海运欺诈的一种常见形式。几乎所有的判例均认定承运人应与托运人共同赔偿收货人因此遭受的损失。

预借提单(advance B/L)。预借提单和倒签提单相似,也是因为信用证或买卖合同规定的装运期或信用证有效期已到,托运人因故未能及时备妥货物或者因船期延误货物未能装船完毕,为及时结汇而采取的一种变通做法。因此,预借提单也是一种既违约又违法的共同欺诈行为,承运人应依法承担法律责任。而且从某种意义上说,对承运人而言预借提单比倒签提单风险更大,因为货物尚未装船或未装船完毕,货物能否安全装船、是否能全部装船、何时装船以及货物装船时的状况都不得而

---

① 见《跟单信用证统一惯例(2007年修订本)》(UCP600)第 27 条。

知,如果此时提单业已签发,对提单善意持有人的交货义务已经存在,承运人将处于更为被动的地位。

租船合同项下签发的提单(B/L under C/P)。指在租船合同的履行过程中,承租人或货主为了银行结汇,往往要求出租人签发的提单,即租船合同项下的提单,或称租约提单。租约提单的性质和作用视提单持有人的身份而定。在航次租船合同中,出租人和承租人即为提单的签发人和持有人。而在定期租船合同项下,出租人和承租人根据合同的约定都有可能对第三人签发提单。在出租人和承租人同时又是运输合同的当事人时,根据租船合同签发的提单一般不具有海上货物运输合同证明的性质,仅有货物收据和提货凭证的作用,双方的权利义务仍以租船合同为准。租约提单在非承租人的托运人和收货人手中时,则是提单的签发人(即出租人或承租人)和提单持有人之间存在的海上货物运输合同的证明,双方的权利义务以提单的记载为准,除非双方另有约定。此时,有关海上货物运输的国际公约或国内法将根据提单的记载强制适用于提单持有人和承运人之间的权利义务关系。

▶ 三、国际海上货物运输承运人的强制性义务

为防止承运人减轻自己的义务和责任,保护货方的合法权益,各国际组织制定了一系列有关提单的国际公约,除了规定海运承运人承担一般运输合同承运人的基本义务外,还以强制性规范明确规定国际海上货物运输合同的承运人必须承担的基本义务和责任,如《海牙规则》、《海牙—维斯比规则》、《汉堡规则》、《鹿特丹规则》等,世界各国的海事立法也在此基础上逐渐统一。

(一)谨慎处理使船舶适航

适航性(sea worthiness)最早是英国普通法中的概念,《海牙规则》在制定过程中采纳了这一原则,并加以修改。根据《海牙规则》第3条第1款的规定,船舶的适航性包括三个方面:首先是指船壳和机器,即船舶必须在设计、结构、条件和设备等方面经得起航程中的一般风险;其次是指必须配备适当数量的合格船员和船长、船舶证书齐备、燃料给养充足,使船舶能够安全地把货物运往目的地;另外还要求船舶必须适用承载承运的货物,即适货(cargo worthiness),这就要求货舱及其设备完备,满足所运货物的要求。《汉堡规则》、《鹿特丹规则》沿用了这一规定的内容。

适航义务是承运人最起码的义务,是其履行其他义务的前提和保证,但适航的要求并不是绝对的。适航义务的相对性表现在船舶适航的时间和标准上。根据《海牙规则》的规定,承运人应于"开航前与开航之时"使船舶适航,即承运人只对航程的开始负责,而不是对全程负责。承运人的适航义务终止于船舶离开锚地之时。这一规定改变了大陆法国家(如法国)海商法对承运人应在从开航前直至整个航程保证船舶适航的严格要求。《海牙规则》同时还规定承运人无须对船舶所有的不适航情况承担责任,承运人对其恪尽职责(due diligence)仍然无法发现的船舶潜在缺陷造成的不适航可以免除责任。恪尽职责,是美国《哈特法》(Harter Act,1893)中的概

念,这与其说是一个理论问题,不如说是一个事实问题。英国判例认为其与"合理注意"同义,而我国《海商法》将其称为"谨慎合理"。从世界各国的判例看,恪尽职责是要求承运人作为一名具有通常要求的技能并谨慎行事的船舶所有人,所采取的各种符合特定情况合理要求的措施。随着对承运人的要求越来越高,各国法院在判断承运人是否已经做到恪尽职责使船舶适航的问题上,对承运人的要求也趋于严格。

(二)妥善和谨慎地管理货物

承运人管理货物包括装载(loading)、搬移(handing)、积载(stowage)、运输(carry)、保管(custody)、照料(care for)和卸载(discharge)七个环节。各国海事立法均要求承运人在管理货物的整个过程不能有任何过失,必须做到妥善、谨慎。"妥善"要求承运人及其代理人在管理货物的各个环节中,应发挥通常要求的或为所运货物特殊要求的知识和技能,并建立有效的工作系统。"谨慎"则要求承运人及其代理人在管理货物时表现出一名能胜任海上货物运输工作的人所应表现出的合理谨慎程度,采用合理有效的方法处理货物。承运人管货义务不同于适航义务,是一种严格责任,甚至在某些场合承运人虽然可以援引免责条款,但如果他没有采取减少损失的措施,致使损失扩大,也可能被认为是不谨慎的,对扩大的损失应承担赔偿责任。

(三)不得进行不合理绕航

没有按照约定的或者习惯的或者地理上的航线将货物运往目的地的行为,是不合理绕航。承运人只有在海上救助或企图救助人命或财产、为航行安全驶往避难港修理等特殊情况下,才可以绕航。在英美普通法中,不合理绕航作为一种故意的违约行为,其后果是非常严重的,承运人不仅要赔偿因此造成的损失,还将丧失责任限制的权利。

(四)船舶合理速遣

货物装船后,船舶应及时开航,尽快完成航次,将货物运至卸货港交给收货人,而不应有任何不合理的延误。根据《汉堡规则》的规定,如果承运人未能在托运人明确约定的时间内或在合理时间内,在约定的卸货港交付货物,即构成迟延交付。承运人应当对因此给托运人或收货人造成的实际损失和可得利益损失承担赔偿责任。《鹿特丹规则》则将迟延交付限定为"未在约定时间内在运输合同约定目的地交付货物"。

承运人的上述义务是强制性义务,承运人利用提单背面条款和其他约定减轻此项义务的行为一概无效。但是,从英国法的规定看,承运人的上述责任并不是条件条款,而是一个中间条款,即只有承运人对上述义务的违反达到损害货主根本利益,使其合同目的落空的程度,托运人才能解除合同。否则,货主只能要求承运人对此承担赔偿责任。

▶ 四、有关国际海上货物运输合同的国际公约

有关国际海上货物运输的法律历来被认为是海商法的核心,国际社会一直致力于统一国际海上货物运输法律,为此先后制定了三个国际公约:《海牙规则》、《海

牙—维斯比规则》和《汉堡规则》。迄今为止,直接批准或加入其中一项国际公约的国家已达 140 个,其余国家虽未参加,但很多已经通过制定国内法的方式全部或部分地接受了有关公约的内容(如中国、印度、斯洛文尼亚等国)。因此,目前世界各国已初步形成了有关国际海上货物运输法律统一化的模式,并在这三个国际公约的基础上逐步扩大其统一化发展趋势。

(一)《海牙规则》及其对承运人责任的规定

19 世纪中期,主要航运国家英国的普通法规定从事海上杂货运输的承运人对货物运输负有绝对的严格责任,但随着"契约自由"这一民商法基本原则的产生和盛行,承运人纷纷在提单上加入各种免责条款,以摆脱普通法关于严格责任制的束缚,引起了货主、货物保险人、银行等的极大不满。为了维护本国贸易商的利益,改善航运界的混乱局面,贸易大国美国于 1893 年颁布了著名的《哈特法》,明确规定了承运人应承担的最低限度的义务和责任。该法受到一些代表货主利益的国家的纷纷效仿。1924 年 8 月,主要航运国家代表在布鲁塞尔签订了第一部关于货物运输的国际公约——《关于统一提单的若干法律规定的国际公约》(International Convention for the Unification of Certain Rules of Law Relating to Bills of Lading)。该公约于 1931 年生效。因为公约最初是在海牙起草的,故简称为《海牙规则》(Hague Rules)。

《海牙规则》基本沿用了《哈特法》的立法精神,其核心内容包括:

(1) 承运人的最低责任和义务,规定了承运人的适航义务、管货义务。

(2) 承运人应享有的免责范围,列举了 17 项免责责任,其中第 4 条第 2 款第 1 项规定了"过失免责"——"由于船长、船员、引航员或其承运人的其他受雇人在驾驶船舶或管理船舶中的过失,疏忽或过错"引起的货物灭失或损坏,承运人可以免除赔偿责任,从而确立了承运人的不完全过失责任原则。

(3) 承运人对货物的灭失和损害的赔偿限额,将其限定为不超过每件或每单位 100 英镑或相当于 100 英镑的等值货币。

(二)《海牙—维斯比规则》及其对承运人责任的规定

由于制定当时的局限性,《海牙规则》不可避免地有偏袒承运人的倾向。同时随着国际航运技术和实践的发展,《海牙规则》也暴露出一些问题。针对这种情况,国际海事委员会自 1959 年开始着手修改《海牙规则》,最终于 1968 年 2 月在布鲁塞尔签署了《关于修改统一提单若干法律规定的国际公约的议定书》(Protocol to Amend the International Convention for the Unification of Certain Rules of Law Relating to Bills of Lading),即《维斯比规则》(The Visby Rules),并于 1977 年 6 月 23 日正式生效。经修改后的《海牙规则》称为《海牙—维斯比规则》(Hague-Visby Rules)。

《海牙—维斯比规则》对《海牙规则》的修改主要有以下六个方面:

(1) 提高了承运人的责任限额,为每包或每单位 10,000 金法郎或者毛重每公斤 30 金法郎,以两者中较高的为准。为解决金法郎受黄金价格的波动影响极大的问题,1979 年又通过特别提款权修正案,规定承运人的责任限额为每包或每单位

666.67 特别提款权(Special Drawing Right, SDR)或毛重每公斤 2 特别提款权,以两者中较高的为准。

(2) 规定了提单对善意第三人绝对的证据效力,即提单被转让给善意第三人时,承运人便不能提供与之相反的证据推翻提单的记载,以保护善意提单持有人的利益。①

(3) 增加了集装箱条款,以适应国际集装箱运输的发展。

(4) 强调了承运人的代理人、受雇人与承运人享有相同的免责权和责任限制的权利。②

(5) 扩大了规则的适用范围。《海牙规则》只适用于在缔约国所签发的提单,《维斯比规则》将其使用范围扩大到从一个缔约国港口起运的货物所签发的提单,同时允许提单当事人约定适用该规则。③

(6) 延长了诉讼时效。虽然《维斯比规则》未延长《海牙规则》规定的 1 年的诉讼时效,但规定经双方当事人同意可以延长诉讼时效,并增加了承运人向其他责任人追诉的 90 天追诉时效。④

(三)《汉堡规则》及其对承运人责任的规定

《海牙—维斯比规则》并未触及《海牙规则》最实质的问题,即承运人的不完全过失责任原则,这使货主国家和发展中国家要求彻底修改《海牙规则》的愿望愈加强烈。有鉴于此,联合国贸易和发展会议(UNCTAD)于 1969 年 4 月专门成立了国际航运立法工作组,力求制定新的国际公约,以"建立船货双方平等分担海运货物风险的制度"。⑤ 经过努力,最终于 1978 年联合国汉堡会议上讨论通过了《1978 年联合国海上货物运输公约》(United Nations Convention on the Carriage of Goods by Sea, 1978),又名《汉堡规则》(Hamburg Rules)。

《汉堡规则》对《海牙规则》、《海牙—维斯比规则》做了全面的、实质性的修改,扩大了承运人的责任范围,对货主和承运人的权益做了极为公平合理的调整。主要表现在以下几个方面:

(1) 延长了承运人的责任期间。《海牙规则》和《海牙—维斯比规则》规定的承运人的责任期间为"自货物装上船舶开始至卸离船舶为止"即"装到卸"。而《汉堡规则》则将承运人对货物的责任期间扩大为承运人自接收货物时起至交付货物时止的掌管货物的全部期间,即"接到交"。⑥

(2) 改变了承运人的赔偿责任基础,实行"完全过失责任",取消了承运人对其驾驶船舶和管理船舶的过失造成的货物毁损享有免责的权利。⑦

---

① 见《维斯比规则》第 2 条。
② 见《维斯比规则》第 3 条。
③ 见《维斯比规则》第 5 条。
④ 见《维斯比规则》第 1 条。
⑤ 见 1971 年《国际航运方法工作组第二届会议决议》。
⑥ 见《汉堡规则》第 4 条。
⑦ 见《汉堡规则》第 5 条。

(3) 提高了承运人的赔偿责任限额。在《维斯比规则》的基础上将限额进一步提高为每件或每货运单位835特别提款权或毛重每公斤2.5特别提款权,以两者中数额高的为准。①

(4) 增设了承运人迟延交付的规定,规定承运人未能将货物在明确约定的时间或合理时间内运抵目的港的,应承担迟延交付的责任,赔偿因此给收货人造成的直接损失和间接损失。② 该项赔偿责任的限额为迟延交付货物应交付运费的2.5倍,且不应超过合同运费的总额。③

(5) 明确了保函的效力。对船运实践中经常出现的保函,《汉堡规则》首次明确其对包括受让人在内的任何第三方均无效,且如构成有意欺诈,承运人将因此丧失赔偿责任限制权利。④

(6) 扩大了对货物的定义,增加了活动物和舱面货条款。⑤

(7) 延长诉讼时效,规定诉讼时效自货物交付或应该交付之日起2年。⑥

《汉堡规则》从实质上保护了货主的利益,加重了承运人的责任,但是直至1992年11月1日才正式生效,截止2007年底共有37个成员国,其中绝大多数是航运不发达国家和内陆国家,其商船吨位总数仅占世界商船吨位总数的3%左右。但是,《汉堡规则》代表了均衡船货双方利益的国际海上货物运输的立法趋势,但是由于缺乏可操作性,在客观上限制了其在国际海上货物立法统一化进程中发挥积极作用。

(四)《鹿特丹规则》及其主要内容

《海牙规则》、《海牙—维斯比规则》和《汉堡规则》三个规则在国际海上货物运输领域并存的态势,不利于海上货物运输法的国际统一性和国际贸易、国际航运的开展。因此,联合国国际贸易法委员会(UNCITRAL)从1996年开始联合国际海事委员会(CMI)制定新的国际海上货物运输公约,最终于2008年7月3日正式通过了《联合国全程或部分海上货物运输合同公约》(UN Convention on Contracts for the International Carriage of Goods Wholly or Partly by Sea),简称《鹿特丹规则》。该公约的主要内容包括⑦:

(1) 公约的适用范围。公约确立了"海运强制适用,陆运等相应适用"的规则,适用于收货地和交货地位于不同国家,而且海上运输装货港和卸货港位于不同国家的运输合同,该运输合同约定收货地、装货港、交货地、卸货港中还必须有至少一个位于缔约国。承运人、收货人和持有人之间,即使没有单证连接,也可适用公约。公

---

① 见《汉堡规则》第6条第1款。
② 见《汉堡规则》第2条。
③ 见《汉堡规则》第6条第2款。
④ 见《汉堡规则》第17条。
⑤ 见《汉堡规则》第1条第5款、第9条。
⑥ 见《汉堡规则》第20条。
⑦ 《联合国全程或部分海上货物运输合同公约》的最后文本公布于联合国国际贸易法委员会(UNCITRAL)的官方网站 http://www.uncitral.org/。

约的这些规定体现了该公约最大限度的扩大适用原则。

（2）承运人的责任期间。承运人对货物的责任期间，自承运人或者履约方为运输而接收货物时开始，至货物交付给收货人时结束。

（3）承运人的责任基础。该公约的责任基础介于《海牙规则》和《汉堡规则》之间，更接近于《汉堡规则》。但是在立法技术上充分吸取了《汉堡规则》的教训，用举证责任来贯穿责任基础的规定，极大增强了其自身的可操作性。公约第17条确立了承运人的完全过错责任原则，取消了航海过失免责，并且对认定承运人过错采取"二次推定"方式，即规定"承运人对货物灭失、损坏有举证其无过失的责任；如举证不能，则推定承运人有过失"；承运人可以援引十五项免责事由，"在该十五项免责事由范围内，由索赔方举证；举证不能，则推定承运人无过失"。

（4）海运履约方。公约没有沿用《汉堡规则》关于"实际承运人"的规定，而是提出了"海运履约方"的概念，适用于凡在货物到达船舶装货港至离开船舶卸货港期间履行或者承诺履行承运人任何义务的主体。按照公约第19条规定，海运履约方的权利义务等同于承运人。

（5）控制权。为了保护卖方利益，公约移植了贸易法领域中的"中途停运权"，提出了"控制权"的概念。对于记名提单，在货物运输过程中的控制权人为托运人；对于可转让提单，控制权人为提单持有人。控制权人享有发出或者修改不构成对运输合同变更的有关货物的指示的权利；在计划挂靠港，或者在内陆运输情况下在运输途中的任何地点提取货物的权利；以及指示包括控制方在内的任何人取代收货人的权利。

（6）权利转让。公约本着保护持有运输单证的买卖合同中的买方的原则，规定运输单证转让时，单证上所体现的权利也随之转让，但义务并不同时转让。只有当运输单证持有人行使权利时，义务才转让。这样的规定，有利于保护运输单证的流通。

《鹿特丹规则》突破了传统的海上货物运输法律的内容，体现了新的国际航运立法的理念和思想，属于国际海上货物运输法律制度的创新。同时，该公约充分考虑国际货物贸易合同与国际海上货物运输合同的法律衔接，在最大程度上避免国际货物贸易主体在运输环节中遭受利益损害。因此，该公约生效后会对国际贸易、国际航运和相关的金融、保险等领域产生深刻的影响。

五、租船运输

（一）航次租船合同

航次租船合同，又称租船合同，是指船舶出租人向承租人提供船舶或船舶的部分舱位，装运约定的货物，从一港运至另一港，由承租人支付约定运费的合同。从其定义可以看出，航次租船合同的承租人并不占有和控制船舶，而只是在装运港交付货物，由船舶出租人负责运往目的港。航次租船合同双方当事人的合同目的实质是赚取运费和运输货物，因此，航次租船合同具备海上货物运输合同的性质，而非财产租赁合同。航次租船合同不同于班轮运输合同，一般用于大宗货物的海上运输，通常船舶出租人同时又是货物承运人，而承租人同时又是货物托运人，双方除了承担承运人和托运人对货物运输的合同义务和权利，还应承担与船舶使用有关的合同义务。如出租人应提供与合同约定相符的适航船舶，负责船舶营运并负担营运费用。

各国对租船合同的法律管制较之班轮运输合同少得多，目前也没有针对航次租船合同的国际公约和强制性国内立法，双方可以按照"契约自由"原则签订合同。但是，由于航次租船合同主要涉及船货双方的利益，因此根据当事人的约定，有关提单运输的国际公约也可适用于航次租船合同。另外，有的国家在海商法中明确规定航次租船合同中出租人对货物的义务适用提单运输中承运人的相关义务。如我国《海商法》第94条就规定，提单运输的承运人的运船义务和管货义务同样适用于航次租船合同的出租人。根据英国普通法，航次租船合同的双方当事人要承担一定的默示义务，除非双方在合同中以极为明确的字眼加以排除。出租人同时作为承运人，其默示义务包括提供适航的船舶、合理速遣以及不得进行不合理的绕航。承租人作为提供货物的一方，其默示义务主要是不得装运非法货物和危险性货物。

为了简化和加速合同谈判的进程，方便非航运专业人士签订合同，航次租船合同当事人通常采用由各个国际航运组织制定并推荐使用的标准合同范本，然后根据各自的需要，对其中的某些条款进行修改、删减或补充，最后达成协议。目前，国际上经常使用的航次租船合同范本有：代号为"金康"（GENCON）的《统一杂货租船合同》（Uniform General Charter）。该合同范本由波罗的海国际航运公会制定，经过1922年、1976年和1994年三次修改，适用于各种不同种类的货物运输，在国际范围内使用最广。另外，《巴尔的摩C式》（Baltime Grain Charter Party Steamer）、《澳大利亚谷物租船合同》（Australian Grain Charter Party）、《油轮航次租船合同》（Tanker Voyage Charter Party）等也是在航次租船合同中经常使用的专门用途合同范本。航次租船合同通常对船舶状况、货物状况、装卸货物的时间及费用、双方的责任和义务等都有明确详细的约定。

（二）定期租船合同

定期租船合同又称期租合同，是船舶出租人向承租人提供约定的由出租人配备船员的船舶，由承租人在约定的期间内按照约定的用途使用并支付租金的合同。定期租船合同的特点是在租期内，出租人仍享有船舶的所有权和处分权，负责配备船长和船员，承担船舶航行、维护等内部事务的风险和费用；承租人享有船舶的使用权，有权按照合同的约定在约定的航区从事约定货物的合法运输活动，承担船舶营运和货物运输、装卸等的风险和费用。承租人按照使用船舶的时间计付租金。

对于定期租船合同的性质，法学界一直存在争议，主要有海上货物运输合同说①、财产租赁合同说,以及财产租赁合同兼具提供劳务合同说。② 对此,我们认为,无论从理论上还是从船运实务看,定期租船合同是运输合同的观点是不可取的。一方面,定期租船合同中船舶虽然表面上由出租人雇佣的船员占有,但对船舶的使用权、实际控制权、支配权和收益权已转移给承租人。这完全符合财产租赁合同转移标的物使用权的本质特征。另一方面,承租人签订租船合同的直接合同目的就是取得对船舶的使用控制权,至于是用于运输货物还是用做它用是其具体行使该使用权的结果。而且在航运实践中,定期租船合同的承租人多是将船舶用于班轮运输对外承揽货运业务,或自己作为二船东将船舶再行出租,以赚取运费或租金。另外,在立法体系上,我国《海商法》也并没有将定期租船合同和航次租船合同并列入"海上货物运输合同"一章,而是将定期租船合同和光船租赁合同作为"船舶租用合同"一章加以规定,并且未作任何强制性规定,其意图可见一斑。

目前,国际上常用的定期租船合同范本主要有三种:

(1)《纽约土产交易所定期租船合同》(New York Produce Exchange Time Charter),简称为"土产格式"(Produce Form),租约代号为 NYPE,由美国纽约土产交易所制定,被普遍认为是对出租人和承租人双方权利和义务规定较为合理的合同范本,因此使用最为广泛。

(2)《统一定期租船合同》(Uniform Time Charter),租约代号为 BALTIME,由波罗的海国际航运公会制定,比较倾向于维护出租人的利益。

(3)《中租定期租船合同格式》(China National Chartering Corporation Time Charter),租约代号为 SINOTIME1980,由中国租船总公司制定,比较倾向于保护承租人的利益。

(三) 光船租赁合同

光船租赁合同是指船舶出租人向承租人提供不配备船员的船舶,在约定的时间内由承租人占有、使用和运营,并向出租人支付租金的合同。该定义表明了光船租赁合同的财产租赁合同性质,受民法、合同法中有关租赁合同的法律规定的约束,而且在实践中光船租赁行为与国际货物运输并无紧切联系,因此本章中不做详细论述。

第三节　国际铁路货物运输法和国际航空货物运输法

▶ 一、国际铁路货物运输法

为了简化国际铁路货运手续,加速货物流转,降低运费和杂项费用,保障运输的顺利进行,各国间都通过双边或多边铁路联运协定,规定铁路联运的各项规章制度。

---

① 司玉琢主编:《海商法详论》,大连海事大学出版社 1995 年版,第 252 页。
② 於世成、杨召南、汪淮江编著:《海商法》,法律出版社 1997 年版,第 187 页。

欧洲国家由于地理条件和技术发展水平等优势，最早于19世纪后半期开办了国际铁路货物联运业务，并于1890年于伯尔尼制定了《国际铁路货物运送规则》。该规则于1893年1月1日实行之时，其成员国仅限于欧洲各国。后经多次修改，1934年伯尔尼会议将其改称为《国际铁路运输公约》(the International Convention Concerning the Carriage of Goods by Rail, CIM)，简称《国际货约》，于1938年10月1日起开始实行。《国际货约》后于1980年与《国际铁路旅客和行李运送公约》合并，其调整范围不仅涉及国际货物联运，也涉及国际铁路旅客运输。目前参加该公约的有包括欧洲、亚洲和北美洲的共33个国家。1951年11月，前苏联、阿尔巴尼亚和已经参加《国际货约》的五个社会主义国家于波兰的华沙签订《国际铁路货物联合运输协定》(CMIC)，简称《国际货协》。除国家间的协定和组织外，还有一些民间的国际铁路货物运输组织，其中影响最大的是国际铁路联盟。该联盟成立于1921年，总部设在法国巴黎。我国于1954年1月参加了《国际货协》，因此我国由铁路完成的进出口货物运输活动都按《国际货协》的有关规定进行。

《国际货协》规定了铁路运单具有合同证明和货物收据的作用，并规定了发货人、收货人和铁路承运人的合同权利和义务。根据《国际货协》的规定，签发运单的铁路应负责完成货物的全程运送，其责任期间自承运货物时起，到到达站交付货物时止。每一继续运送的铁路自其接受附有运单的货物起承担运输的责任和义务。铁路的赔偿责任以运输的货物价值为限。发货人和收货人有权向铁路提出书面赔偿请求和诉讼，对货物灭失或损坏的索赔和诉讼时效为9个月，延期交货的时效为2个月。只有在铁路拒绝赔偿或在180日内不作答复时，索赔方才可以提起诉讼。

▶ 二、国际航空货物运输法

（一）有关国际航空货物运输的国际公约

目前，调整国际航空运输法律关系公约中较有影响力的有《华沙公约》(1929年)、《海牙议定书》(1955年)、《瓜达拉哈拉公约》(1961年)、《危地马拉议定书》(1971年)、《蒙特利尔一至四号附加协议书》(1975年)。《华沙条约》(Warsaw Convention)全称为《统一国际航空运输某些规则的公约》(Convention for Unification of Certain Rules Relating to International Carriage by Air)，是德国、奥地利、比利时、巴西、丹麦、法国、波兰等23个国家于1929年10月在波兰的华沙签订的，于1933年2月13日生效。它是最早的国际航空公约，也是目前参加国家最多的航空公约，已有一百三十多个缔约国。《华沙条约》的目的是为了调整不同国家"在航空运输使用凭证和承运人的责任方面"的有关问题，规定了航空承运人为一方和以旅客、货物托运人、收货人为另一方的航空运输合同双方当事人的权利义务关系，确定了国际航空运输的基本原则。1955年9月28日，《华沙条约》成员国于海牙签订了《修订1929年10月12日在华沙签订的"统一国际航空运输某些规则的公约"的议定书》，即《海牙议定书》，该议定书于1963年8月1日生效，主要在航行过失免责、责任限制以及索赔时效等问题上对《华沙条约》做了修改。《瓜达拉哈拉公约》是1961年9月18日为补充《华沙公约》有关承运人的责任的规定而订立的,全称为《统一非缔约承运人所办国际航空运输某些规则以补充华沙公约的公约》。该公约于1964年5月1日生效,主要内容是把《华沙公约》中有关航空承运人的各项规定扩至非合同承运人,即受与托运人订立航空运输合同的缔约承运人的授权或委托办理全部或部分国际航空运输的实际承运人。我国是《华沙公约》和《海牙议定书》的缔约国。

(二) 承运人及其主要责任

《华沙公约》所涉及的承运人仅限于与托运人签订国际航空货物运输合同、签发航空运单的缔约承运人,《海牙议定书》和《瓜达拉哈拉公约》将《华沙公约》中有关承运人责任的规定扩及承运人和实际承运人,并规定实际承运人同样享有《华沙公约》规定的缔约承运人享有的免责权和责任限制等,从而完善了《华沙公约》对承运人责任的规定。

1. 承运人的责任期间

承运人的责任期间,即航空运输期间,是指货物交由承运人掌管的全部期间,"无论在航空站内、航空器上或在航空站外降停的任何地点"①,即通常所说的"接到交"。

2. 承运人的主要责任

《华沙公约》对承运人的责任基础采用了不完全过失责任制和推定过失原则,即规定如果"承运人能够证明损失的发生是由于驾驶上、航空上的操作上或领航上的过失,而在其他一切方面,承运人及其代理人已经采取一切必要的措施以避免损失",以及其他非承运人的过失造成的损失,承运人则可以免除或减轻责任,但必须由承运人承担举证责任。这与同一时期的《海牙规则》相类似。《海牙议定书》在对《华沙公约》进行修改时,取消了承运人的驾驶和操作航空器过失以及领航过失的免责,采用了完全过失责任制,加重了航空承运人的责任。

3. 承运人的责任限制

根据《华沙公约》的规定,承运人对货物的灭失、损坏或迟延交付的赔偿责任限额为每公斤250金法郎,但如果托运人在交付货物时曾特别声明货物的价值,并交付了必要的附加费,则承运人的赔偿费应以声明的价值为限。

《华沙公约》同时规定如果货物的灭失、损坏或迟延交付是由于承运人或其代理人的"有意不良行为"(willful misconduct)造成的,承运人就无权援引有关责任限制的规定。但司法实践中对何为"有意不良行为"没有准确统一的解释,因此《海牙议定书》将承运人丧失责任限制权利的条件修改为"承运人及其受雇人、代理人故意造成的,或明知可能造成损害而仍然置之不理的作为或不作为",这就与传统民法中的故意和重大过失的概念一致。

---

① 见《华沙公约》第18条第2款。

（三）索赔和诉讼时效

对于索赔时效，《华沙公约》将货物损害和延迟交付的情况区别对待，规定了前者的索赔时效为7天，后者的索赔时效为14天。《海牙议定书》对此作了修改，将货物损害的索赔时效延长至14天，将货物延迟交付的索赔时效延长至21天。

至于诉讼时效，《华沙公约》和《海牙议定书》均规定，托运人或收货人对承运人提起的有关货物运输的诉讼应在"航空器到达目的地之日起，或应该到达之日起，或运输停止之日起"两年内提起。

第四节 国际货物多式联运

一、国际货物多式联运经营人及其特征

国际货物多式联运经营人是多式联运合同的一方当事人，承担将多式联运项下的货物由接管地点运至交货地点的义务，由于多式联运采用两种或两种以上的运输方式，多式联运经营人通常无法实际从事合同项下的货物的全程运输，因此多式联运经营人的法律地位具有双重性。一方面，在多式联运中，它对于货主而言是货物的承运人；另一方面，在货物各区段的运输合同中，它对于区段承运人而言是货物的托运人。

由于国际货物多式联运经营人的双重身份，其责任制度一度成为多式联运面临的主要法律问题。即联运经营人应对货物运输的全程向货主负责，还是由区段的承运人仅对自己完成的运输区段的货主负责。鉴于联运经营人与货主的承托关系，而各区段实际承运人并不是多式联运合同的当事人，只是接受联运经营人委托从事运输工作的，因此多式联运经营人作为合同的总承运人应对货物运输的全程负责，即采用单一责任制。

对于多式联运经营人的全程责任在不同运输方式区段如何运用调整不同运输方式法律关系的国际公约或国内法，如何确定责任范围和赔偿数额的问题，目前国际上有三种做法：

（1）统一责任制，即多式联运经营人对无论哪个区段发生的货物灭失或损坏，都按一个统一原则向货主承担相同的赔偿责任。

（2）网状责任制，又称分段责任制，即多式联运经营人的责任范围适用各区段运输方式各自适用的国际公约或国内法的规定。

（3）混合责任制，又称修正统一责任制，即对多式联运经营人的责任范围按统一原则认定，但在赔偿方面则全部或部分适用损失发生区段运输方式各自适用的国际公约或国内法的规定，是介于统一责任制和网状责任制之间的一种责任制度。

二、《联合国国际货物多式联运公约》及其主要内容

为解决有关国际货物多式联运的法律问题，1980年5月联合国贸发会议于日内

瓦通过了《联合国国际货物多式联运公约》(United Nations Convention on the International Multimodal Transportation of Goods),旨在调整多式联运经营人和托运人之间的权利、义务关系以及国家对多式联运的管理。《联合国国际货物多式联运公约》是世界上第一个关于多式联运的公约,同时也是目前适用最为广泛的多式联运方面的公约,但是目前尚未生效。该公约给国际多式联运作出了比较全面明确的定义:"国际多式联运是按照多式联运合同,以至少两种不同的运输方式,由多式联运经营人将货物从一国境内接管货物的地点运出至另一国境内指定交付货物的地点。"

（一）多式联运单据

多式联运经营人在接管货物时,应向托运人签发多式联运单据,以证明多式联运合同关系的存在以及联运经营人已接收货物并负责按合同约定交付货物。根据托运人的要求,多式联运单据可以是可转让的,也可以是不可转让的。

（二）多式联运经营人的责任

(1) 责任期间。多式联运经营人对于货物的责任,自接管货物之时起,至交付货物之时止,即联运经营人对货物运输全程负责。

(2) 责任基础。公约对多式联运经营人的赔偿责任采用全程统一的推定过失责任原则,即对于联运经营人责任期间发生的货物的灭失、损坏或者迟延交付,除非联运经营人能够证明其本人、受雇人或代理人为避免事故的发生及其后果已采取一切所能合理要求的措施,否则联运经营人应承担赔偿责任。

(3) 责任形式。公约对多式联运经营人实行修正的统一责任制,公约规定了联运经营人的赔偿责任限额,适用于各区段发生的货损赔偿责任。但同时规定如果货物损害发生于多式联运的某一区段,而适用于该运输区段的其他国际公约或强制性国内法规定的赔偿责任限额高于本公约的规定,则适用于该国际公约或国内法的规定。

(4) 赔偿责任限额。多式联运经营人对每包或每货运单位的赔偿限额为920特别提款权或毛重每公斤2.75特别提款权,以较高者为准;联运如不包括海运或内河运输的为每公斤8.33特别提款权;延迟交货的,为延迟交付部分应付运费的2.5倍,但不超过全部运费总额。

此外,公约还规定,如经证明,货物的灭失、损坏或延迟交付是由于多式联运经营人或其受雇人或代理人无权享受赔偿责任限制权利。

（三）索赔与诉讼

任何索赔请求都应以书面形式通知对方,除非交货时双方进行联合调查或检验。对于货物损坏的赔偿,应于收货的次一个工作日提出;如果货损不明确,应于货物交付后6日内提出。对于迟延交货的索赔,应于货物交付后60日内提出。对于托运人或其受雇人、代理人的过失给联运经营人造成损失的索赔,联运经营人应于损失事故发生后90日内向托运人发出书面索赔请求。

国际货物多式联运纠纷可以通过诉讼或仲裁方式解决,时效为自联运经营人交付货物或应当交付货物的次日起两年。但自货物交付或应当交付之日起6个月内未提出书面索赔通知的,则在此期限届满后丧失时效。双方当事人可以协议延长时效。

关于诉讼管辖权,原告可在被告主要营业地或被告住所地、合同订立地、货物接管地或交付地、合同规定并在联运单据中载明地以及双方选择的其他地方的法院中选择起诉。

▶ 三、《多式联运单证规则》及其主要内容

由于《联合国国际货物多式联运公约》迟迟无法生效,联合国贸发会议和国际商会于1991年共同制定了《多式联运单证规则》,供多式联运当事人自愿采用。该规则同样对多式联运单据的证据效力、多式联运经营人的责任、托运人的责任内容作了具体的规定。

规则和公约一样,规定了多式联运经营人对货物运输的全程责任,并采用全程统一的推定过失责任制。但在赔偿责任的限额方面,公约与规则存在差异。首先,规则第6条规定,如果能确定货物损害发生的运输区段,则应适用于该区段运用的国际公约或强制性的国家法律规定的赔偿责任限制。另外,规则对不能确定货损发生的区段,且托运人未对货物价值作出声明的货损,规定了较公约低的赔偿限额,即每件或每货运单位666.67特别提款权,或毛重每公斤2特别提款权,以较高者为准;如不包括海运,则为毛重每公斤8.33特别提款权。可见,规则也采用了修正的统一责任制,但较之公约的规定,更容易为联运经营人所接受。

第五节 保 险 法

▶ 一、保险概述

(一) 保险的定义和要素

《中华人民共和国保险法》(以下简称《保险法》)对保险下的定义是:"本法所称保险,是指投保人根据合同约定,向保险人支付保险费,保险人对于合同约定的可能发生的事故因其发生所造成的财产损失承担赔偿保险金责任,或者当被保险人死亡、伤残、疾病或者达到合同约定的年龄、期限等条件时承担给付保险金责任的商业保险行为。"[1]现代保险制度的原理是将少数人的意外损失分散于社会大众,从而使个人的损失散于无形,实现社会整体的安定。

保险的要素共有三项:

(1) 前提要素是危险存在。保险是和危险同在的,没有危险就没有保险。保险上的危险大体上可以分为三类:人身伤害、财产损失、法律责任,但并不是所有的危

---

[1] 《中华人民共和国保险法》第2条。

险都可以成为保险上的危险,又称可保危险。可保危险,是指可能引起损失的偶然事件,即强调其发生与否、发生的时间、发生的原因与结果等均存在不可预知性。

(2) 基础要素是众人协力。前面已经提到保险的基础是社会互助共济,即通过集合风险、分散损失的方法实现保险的目的。

(3) 功能要素是损失赔付。保险并不能消除危险,而是增强投保人的防灾能力。一旦发生意外受到损失,可以得到相应的赔付,尽快恢复原有的经济状况。可以说保险的基本功能在于补偿被保险人因意外所受到的经济损失。需要指出的是,对于保险的损失赔付功能有不同观点,有人认为人身保险的标的是人的生命和身体,是无法用货币衡量的,一旦发生损失,也难以用货币准确衡量损失的大小,因此在人身保险中没有损失赔付的保险补偿性问题。我们认为意外所造成的损失可以分为两个层次,一是对被保险人的身体、生命的损失,二是对被保险人和其亲人带来的直接经济损失,对于后者保险体现的是一种补偿的性质,因此人身保险也具有补偿功能,只是和财产保险有所不同。

(二) 保险法的基本原则

作为调整保险法律关系的法律、法规,保险法在其漫长的发展过程中逐渐形成了一系列基本原则,即保险利益原则、最大诚信原则、损失补偿原则、近因原则、代位原则等。

1. 保险利益原则

保险利益,又称可保利益,根据我国《保险法》第 12 条的规定,是指投保人或者被保险人对保险标的具有的法律上承认的利益。各国法律都把保险利益作为保险合同成立和有效的重要条件,其目的在于限制损害赔偿的适用,避免赌博行为和防止道德风险,尤其在人身保险合同中坚持这一原则对于更好地保护被保险人的人身安全有着重要的意义。

保险利益具有以下特征:为法律所认可并受到法律的保护;能够确定,即能够以货币的形式估计的客观利益,包括现有利益和期待利益;是经济上的利益,人身痛苦、刑事处罚等均不构成保险利益。

保险利益因保险合同的不同,其内容也有所不同,在财产保险合同中,保险利益包括以下几种:

(1) 现有利益,即现在已经存在并可以继续存在的利益,包括无形利益和有形利益,其中的无形利益不以所有权为限,抵押权、使用权和管理权均可。

(2) 期待利益,强调应当具有实现条件,包括合同收益、营业利润、运费收入等。

(3) 责任利益,是指基于其从事的职业或者提供的商品而有可能发生的民事责任所享有的保险利益,如医疗事故责任、产品责任等。

在人身保险合同中,对如何确定保险利益,英美法系和大陆法系的观点不同。英美法系采用利益主义,强调投保人对被保险人要具有法律上认可的经济上的利益。而大陆法系国家采用同意主义,只要被保险人同意,投保人就具有保险利益。

还有一些国家采用法定主义,由法律直接规定一定范围内的亲属之间或者有特定关系的人之间有保险利益,如婚姻关系、合伙关系、债权债务关系等。

对此,我国采用的是法定主义和同意主义相结合的做法,即法律列明一定范围的亲属间彼此具有保险利益,同时实行同意主义。

在保险利益的存在时间上,各国通例认为:对于财产保险合同,保险标的在因发生保险事故而受损时,被保险人必须具有保险利益,即不需要在订立保险合同时就具有保险利益;对于人身保险合同,则强调投保人在保险合同成立之日具有保险利益,而在保险事故发生时,投保人是否具有保险利益法律不予考虑。我国《保险法》第12条做了相同的规定。

2. 最大诚信原则

诚实信用原则是当事人在任何民事活动中都应当遵循的基本原则,在保险活动中,由于其法律关系的特殊性,法律所要求的诚信程度远远高于一般的民事活动,称为最大诚信。

保险合同中的最大诚信原则,主要体现在告知、保证、弃权与禁止反言三方面。

(1) 告知(disclosure)。告知的要求起源于海上保险,是指投保人订立保险合同时应当将与保险标的有关的重要事项如实告诉保险人。所谓重要事项,是指能够影响一个正常的、谨慎的保险人决定其是否承保,或者据以确定保险费率,或者是否在保险合同中增加特别条款的事实。在阐述这一原则时,英国的曼斯菲尔德大法官说,被保险人必须主动告知他所知道的有关承保财产的一切重要事实。[①]

各国在确定告知义务的形式时,有两种做法:一是无限告知义务,即不论保险人询问与否,被保险人都必须主动向保险人告知他所知道的关于保险标的一切重要事实。二是询问告知义务,被保险人对保险人的询问应当如实告知。如果保险人不询问,被保险人对重要事实保持沉默,若没有欺诈的意图在内,通常不构成保险人使保险合同失效的原因。目前,除了美国、英国、法国等国家外,包括我国在内的大多数国家均采用的是询问告知形式。

投保人违反告知义务的法律后果因隐瞒事实的严重程度和投保人的主观状况而有所不同。根据我国《保险法》第16条的规定,投保人故意或者因重大过失隐瞒事实,足以影响保险人决定是否同意承保或者提高保险费率的,保险人有权解除保险合同;投保人故意隐瞒事实的,保险人对解除前发生的保险事故不负赔偿责任,也不退还保险费;投保人因重大过失未能履行如实告示义务的,并且对保险事故的发生有严重影响的,保险人对合同解除前发生的保险事故不负赔偿责任,但应当退还保险费。我国《保险法》同时规定,保险人应在知道有解除事由之日起30日内行使该解除权,否则解除权消灭。自保险合同成立之日起满两年后,保险人不得以投保人在订立合同时不履行如实告知义务为由主张解除合同。即使发生保险事故,保险

---

① 陈欣:《保险法》,北京大学出版社2000年版,第55页。

人也应当承担赔偿或者给付保险金的责任。

（2）保证(warranty)。保证起源于海上保险。① 保险中的保证是指保险人和投保人在保险合同中约定投保人担保对某一事项作为或者不作为,担保某一事项的真实性,通常是以书面形式或者约定条款附加在保险单上。对于保证,投保人必须做到,否则保险人可以解除保险合同或者拒绝任何损失的赔偿要求。

（3）弃权(waiver)与禁止反言(estoppel)。弃权,是指保险人放弃因投保人或者被保险人违反告知义务或者保证而产生的保险合同解除权。禁止反言,是指保险人既然放弃了自己的权利,将来不得反悔再向对方主张已经放弃的权利。我国《保险法》第16条规定,保险人在合同订立时已经知道投保人未如实告知的情况的,保险人不得解除合同,且应当对保险事故造成的损失承担赔偿责任。

3. 损失补偿原则

损失补偿原则,是指当保险事故发生使被保险人遭受损失时,保险人在其责任范围内对被保险人所遭受的实际损失进行赔偿。该原则可以归结为两点：一是被保险人只有遭受约定的保险事故所造成的损失才能获得赔偿；二是保险人的补偿应当相当于实际遭受的损失。

4. 近因原则

各国在判定较为复杂的因果关系时通常采用近因原则。所谓近因原则,是指有支配力或者一直有效的原因,而不是时间上距损失发生最近的原因。我国没有采用"近因"这一概念,而是用"导致损失的重要原因"、"主要原因"作为判定的依据,但是在具体的实践中也适当参考了近因原则的精神。

5. 代位原则

代位原则,是指在财产保险合同中,如果保险事故是由于第三人的过错造成的,那么,被保险人从保险人处获得全部赔偿后,必须将其对该第三人享有的任何有关损失财产的追偿权利转让给保险人,由保险人代位对第三人追偿。

▶ 二、保险合同

我国《保险法》第10条第1款规定："保险合同是投保人与保险人约定保险权利义务关系的协议。"保险合同约定的权利义务,是指投保人依约向保险人支付保险费,而保险人则对于合同约定的可能发生的事故发生后所造成的损失承担补偿责任,或者当被保险人死亡、伤残、疾病或者当约定的年龄、期限到达时承担给付责任。所以保险合同是保险人和投保人之间的有偿、双务合同。

作为合同的一种类型,保险合同的订立也要经过要约和承诺两个阶段,经双方当事人意思表示达成一致而成立,一般以保险人在投保单上签章为标志。需要指出的是,保险合同的成立不以保险单或者保险凭证的交付为要件,也不以保险费的缴

---

① 1906年英国《海上保险法》中,从第33条到第41条共9条规定了保证的具体事项。

纳为要件。

（一）保险合同的当事人、关系人和辅助人

保险合同的订立过程中会有多方主体参与到其中，他们在合同的订立和有效运作中的作用和职能不尽相同，下面分别加以说明。

保险合同的当事人，即签订保险合同的主体，称为保险人和投保人。保险人也叫承保人，是指依法经营保险业务，与投保人订立保险合同，有权收取保险费，在保险事故发生或者保险期限届满后承担赔偿保险金责任的人。投保人，则是指与保险人订立保险合同，并承担支付保险费义务的人。作为投资人，可以是自然人，也可以是法人。作为自然人投保人，法律要求其具有相应的民事行为能力。

保险合同的关系人，是指和保险合同具有密切利害关系的主体，包括被保险人和受益人。被保险人是指其财产或者人身受保险合同保护，享有保险金请求权的人。在财产保险和人身保险合同中，被保险人和投保人可以是同一个人，也可以是不同的人。受益人，是指在人身保险中由投保人或者被保险人指定的享有保险金请求权的人。投保人或者被保险人也可以成为受益人。在财产保险中，一般不存在受益人。

保险合同的内容往往涉及经济和法律等多种专业知识，因此在有些保险合同的订立和履行过程中还要辅之以保险代理人、保险经纪人等，这些人被称为保险合同的辅助人。

保险代理人，是指根据保险人的委托，向保险人收取代理手续费，并在保险人授权范围内代为办理保险业务的单位和个人。保险代理人分为专业代理人、兼业代理人和个人代理人三种。三种代理人的业务范围有所不同，但都必须首先参加保险代理人资格考试，取得相应的资格证书，经登记后取得执业资格。

保险经纪人，是指基于投保人的利益，为投保人与保险人订立保险合同提供中介服务，并依法收取佣金的单位，其组织形式为有限责任公司和股份有限公司。设立保险经纪公司应当经中国保险监督管理委员会批准，并在核准的范围内开展有关业务。

和保险代理人一样，从事保险经纪人行业的人员必须参加保险经纪人资格考试，取得资格后经保险经纪公司聘用申领执业证书后，方可从事保险经纪业务。

除保险经纪人、保险代理人外，保险公证人、体检医生等人员也为保险合同的有效订立和如期履行提供各种服务，他们也是保险辅助人。

（二）保险合同的形式

保险合同的形式应为书面形式，大多数国家不承认口头保险合同的效力。书面保险合同具体包括以下几种：

（1）投保单。是投保人向保险人申请订立保险合同的书面要约，通常由保险人事先统一印制，投保人依所列项目逐一据实填写后交付给保险人，经保险人接受后合同成立。投保单本身并不是正式的合同文本，经保险人接受后成为保险合同的一部分。

(2) 保险单。保险单也称保单,是保险人和投保人之间订立的保险合同正式书面凭证,由保险人制作、签章并交付给投保人。保险单应当将双方的权利义务、有关的约定全部详尽地载明,一旦发生保险事故,保险单是被保险人索赔的依据,也是保险人赔偿的主要依据。

(3) 保险凭证。也称小保单,是保险人出具给被保险人以证明保险合同已经有效成立的文件,是一种简化了的保险单,与正式保险单的法律效力相同。对于保险凭证上没有载明的内容,则以保险单为准。

(4) 暂保单。又叫临时保单,是保险人或其代理人在正式保险单签发之前出具给被保险人的临时保险凭证,用于表明保险人或其代理人已经接受了保险,等待签发正式的保险单。

暂保单的内容一般比较简单,列明一些主要事项,如其法律效力和正式保险单。暂保单的有效期一般为30天,当正式的保险单签发后立即失效。

(三) 保险合同的解释

保险合同订立之后,在双方当事人主张权利和履行义务的过程中,会对合同内容的理解发生争议,这势必会对合同的正常履行产生影响。因此确立保险合同的解释原则,对正确判明当事人的真实意图、准确处理保险纠纷是十分必要的。

(1) 文义解释原则。按照表述合同条款的文字语句的通常字面含义进行解释,但是也要适当考虑具体的情况。

(2) 真实意图解释原则。又称合乎逻辑的解释原则,当保险条款用语前后不一致或者词语含糊不清,不能清晰表达当事人的真实意图时,就不能按照文义原则进行解释,而应该从合同订立的整体上进行合乎逻辑的分析和判断,以探明当事人的真实意图。

(3) 专业解释原则。在保险条款中,有时会有某些专业术语,对这些专业术语发生理解上的争议时,应当按照有关专业行业通常理解的专业术语含义进行解释。

(4) 诚实信用解释原则。最大诚信原则是保险法的重要原则,在解释保险合同的过程中也应当遵循这一原则。

(5) 有利于被保险人的解释原则。这一原则为世界各国在解释保险合同时所采用。保险合同的条款通常都是由保险人事先拟定的,保险人比投保人应当更深刻地理解保险条款的含义,所以在保险条款模棱两可、语意不清、可以作多种合理解释时,应当采用有利于被保险人的解释。

(6) 批注优于正文的解释原则。这一解释原则源于保险合同多是格式合同。一般说来,数字上,大写的效力优于小写;文字上,手写批注优于打印批注,批注优于印刷条款,后写批注优于先写批注。

第六节 海上保险合同

一、概述

(一) 海上保险合同的概念

根据我国《海商法》的规定,海上保险合同是指保险人按照约定,对被保险人遭受保险事故造成保险标的的损失和产生的责任负责赔偿,而由被保险人支付保险费的合同。作为保险合同的一种,它在具有保险合同普遍特点的同时,也有自身的一些特殊之处。

(二) 海上保险合同的特点

由于海上保险的内容特定,因而在一般的保险合同特点之外还具有自己的特点:

(1) 承保风险的综合性和复杂性。海上保险合同主要以航海事故,即航行过程中遇到的自然灾害和意外事故作为承保对象,而海上环境和自然条件的特殊性使得航海风险大于陆上风险,致损原因也更加复杂。同时海上保险合同承保的风险不限于在海上发生的风险,还包括与航行有关的发生于内河或者陆上的风险,因此又具有综合性。我国《海商法》第216条的规定体现了海上保险合同的这一特点。

(2) 承保标的的多样性和流动性。海上保险合同的保险标的经常是有形财产和无形财产并存,法律责任、经济权益可以和财产并存在同一海上保险合同之中。具体包括船舶、货物、运费、法律责任以及相关的经济权益等都可以成为海上保险合同的标的。同时海上保险合同主要围绕着船舶和运输中的货物,因此其标的又具有流动性的特点。

(3) 承保对象的多变性和国际性。在海上运输中经常会因为贸易的需要而转让提单、转让或者出售船舶、抵押船舶等,相应地会引起海上保险合同的依法转让。这对保险人而言意味着被保险人(承保对象)的变化。同时海上运输是为国际贸易服务的,从而又决定了海上保险合同的国际性。

(三) 海上保险合同的分类

海上保险合同,依据保险标的是船舶还是货物,分为海上船舶保险合同和海上货物保险合同两个基本类型。海上船舶保险合同,是指保险人对于其承保的各类从事海上货物运输的船舶因为海上风险而发生的物质损失以及有关的利益和经济赔偿责任,承担保险金赔偿给付责任的保险合同。船舶保险中的"船舶",包括船体、物料、装备、船员和食物、船舶储备以及因为交易需要而设置的航海设备、机械、燃料、器械等。国际上通行的船舶保险主要有定期保险和航程保险,区别主要在于保险责任期间的起止不同。多数船舶保险是以年为单位的定期保险,个别情况下是以具体的航程为保险计算单位的航程保险。

海上货物保险合同,是指保险人对于被保险人的海上运输货物承担保险赔偿责任的保险合同。海上货物保险中广泛使用预约保险合同,我国《海商法》在第231条、第232条和第234条专门对预约保险进行了规定。

▶ 二、海上保险合同的主要内容

根据我国《海商法》第217条的规定,一项海上保险合同应当包括以下主要内容:保险人的名称和被保险人的名称、保险标的、保险价值、保险金额、保险责任和除外责任、保险期间以及保险费。

(一) 保险标的

海上保险作为综合性保险,其保险标的的范围较为广泛,根据《海商法》第218条的规定,以下各项均可以成为海上保险的标的:船舶、货物、船舶营运收入(包括运费、租金、旅客票款)、货物预期利润、船员工资和其他报酬、对第三人的责任以及由于发生保险事故可以受到损失的其他财产和产生的责任、费用。

(二) 保险价值

保险价值,即保险标的的价格,是指保险合同订立时保险标的的价值,对保险标的的所有保险利益在经济上用货币估计的价值额。保险人和被保险人在订立保险合同时,对保险标的可以事先估价,并以估价确定并写明在合同中的价值作为保险标的的保险价值。没有约定的,则以保险标的在保险责任开始时的实际价值作为保险价值。我国《海商法》第219条对此有详细的规定。

(三) 保险金额

保险金额是投保人对保险标的的实际投保金额,也是保险人在保险事故发生时赔付的最高数额。保险合同中约定的保险金额应以保险价值为限,保险金额超过保险价值的部分无效。

(四) 保险责任和除外责任

保险责任是保险人按照合同的约定,在约定的保险事故发生时,应当承担的赔偿保险金的责任。海上保险合同的责任范围因被保险人投保的险别不同而有所不同,一般而言,凡是具有偶然性、致损性、不确定性和不可抗拒的海上危险都可以约定为海上保险合同的责任范围,引起保险责任发生的危险主要有:

(1) 海上固有危险。又称"海难",一般包括雷击、海啸、地震、洪水、暴风、龙卷风等偶然发生的事故或者自然灾难造成的船舶沉没、搁浅、碰撞等危险事故。

(2) 火灾或者爆炸。保险标的因为燃烧、烧焦、烧裂、烟熏以及救火引起的爆炸、湿损等,或者由于爆炸引起的火灾造成的保险标的的损失,均属于保险责任。但一般情况下,因战争、罢工引起的以及因保险标的本身性质或者固有瑕疵引起的火灾,不属于承保责任范围。

(3) 暴力偷窃或者海上掠夺。使用暴力手段窃取或者夺取船货的行为,构成保险合同的承保风险。非以暴力手段实施的窃取船货的行为不属于暴力偷窃,是保险合同的除外责任。

（4）共同海损。除了基于共同安全考虑而进行的丢弃货物或者船舶属具的行为外，其他任何丢弃行为均不属于保险合同的承保风险。

（5）船长、船员的恶意行为。是指船长、船员故意损害船东或者租船人利益而实施的一切不法行为。船长、船员的过失行为或者疏忽行为，也属于保险合同的承保风险。

（6）施救费用等。保险事故发生时，被保险人对保险标的采取施救、防止或者减少损失的措施而支出的合理费用，以及被保险人因为勘验或者为执行保险人的特别通知而支出的合理费用，保险人应当承担补偿责任。对此我国《海商法》第240条有明确规定。

（7）特约危险。除一般承保风险外，保险合同一般会根据被保险人的要求，约定一些特殊风险，如战争、罢工等。

除外责任，是指保险合同规定的保险人不承担赔付责任的范围。依据我国《海商法》的规定，除外责任主要有三类：一是故意造成保险标的损失；二是货物保险合同的除外责任；三是船舶保险合同的除外责任。

（五）保险期间

也称保险期限，是保险人根据合同规定提供保险保障和承担保险责任的起讫期限。保险责任开始的时间，是保险人开始履行保险责任的时间，当事人应当具体约定并记载于合同中。海上保险合同的保险期限一般有三种约定方式：一是以公历年月日计算；二是以一次航程的始末存续期间计算；三是以一定的期间和一定的航程合并计算。

（六）保险费

保险费简称保费，是被保险人向保险人支付的费用，作为保险人承担保险责任的代价。根据我国《海商法》的规定，除合同另有约定外，被保险人应当在合同订立后立即支付保险费，否则保险人可以拒绝签发保险单证。

三、海上保险合同的成立、解除和转让

（一）海上保险合同的成立

关于海上保险合同的成立，我国《海商法》第221条规定："被保险人提出保险要求，经保险人同意承保，并就海上保险合同的条款达成协议后，合同成立。"可见海上保险合同的成立和一般保险合同的成立规定一致，但有三方面需要注意：

1. 保险利益

保险利益是海上保险合同成立的有效要件。被保险人对保险标的没有保险利益的，海上保险合同约定的保险事故发生后，保险人不承担保险责任。根据海上保险惯例，投保人在订立保险合同时，对保险标的可以不具有保险利益，但在保险事故发生时被保险人对保险标的应当具有保险利益。

如果订立合同时被保险人已经知道或者应当知道保险标的已经发生保险事故

而遭受损失的,保险人不负赔偿责任,但是有权收取保险费;保险人已经知道或者应当知道保险标的已经不可能因发生保险事故而遭受损失的,被保险人有权收回已经支付的保险费。与此相对应,海上保险合同中有一"不论灭失与否"条款,该条款约定不论保险标的是否已经发生损失,保险人均依据合同的约定承担保险责任。这一保险利益原则的例外,一般适用于海上船舶保险合同。

2. 被保险人的如实告知

我国《海商法》第222条规定:合同订立前,被保险人应当将其知道的或者在通常业务中应当知道的有关影响保险人据以确定保险费率或者确定是否同意承保的重要情况,如实告知保险人。保险人知道或者在通常业务中应当知道的情况,保险人没有询问的,被保险人无需告知。从这一规定上看似乎是无限告知义务,但在实践中,一般认为我国《保险法》和《海商法》均采用的是"询问告知义务"。因此,对保险人关于重要事项的询问,应当如实告知;保险人没有询问的事项,以及保险人已经知道或者应当知道的情况,被保险人没有必要告知。

如果被保险人违反如实告知义务,保险人有权解除保险合同或者要求相应增加保险费;如果被保险人非故意违反如实告知义务,保险人解除保险合同的,对于合同解除前发生的保险事故造成的损失承担保险责任,但未告知或者错误告知的事项对保险事故的发生有影响的,不在此限。

3. 交付保单

保险合同成立后,保险人应当及时向投保人或者被保险人签发保险单或者其他保险凭证。保险单的交付是保险人的法定义务,保险人不交付或者怠为交付的,被保险人可以请求保险人交付。

(二) 海上保险合同的解除

根据我国《海商法》的规定,海上保险合同的解除情形包括:

1. 违反如实告知义务的解除

对于影响有关保险标的危险程度的重要事项,被保险人应当如实告知保险人,被保险人违反如实告知义务,保险人有权解除合同。《海商法》第223条规定,被保险人故意违反如实告知义务的,保险人有权解除保险合同或者要求相应增加保险费。

2. 保险责任开始前的解除

《海商法》第226条规定,保险责任开始前,被保险人可以要求解除保险合同,但是应当向保险人支付手续费,保险人应当退还保险费。依照该规定,在保险责任开始前,被保险人可以解除保险合同,但应当支付手续费。而保险人如果没有特别约定的话,不得在保险责任开始前,解除保险合同。

3. 保险责任开始后的解除

保险责任开始后,被保险人和保险人只能依照合同的约定解除保险合同。《海商法》第227条规定:除合同另有约定外,保险责任开始后,被保险人和保险人均不得解除合同。根据合同约定在保险责任开始后可以解除合同的,被保险人要求解除合同,保险人有权收取自保险责任开始之日起至合同解除之日止的保险费,剩余部分予以退还;保险人要求解除合同,应当将自合同解除之日起至保险期间届满之日止的保险费如数退还被保险人。但是根据《保险法》第50条和《海商法》第228条,保险责任开始后,被保险人或者保险人可以依照保险合同关于解除合同的约定解除保险合同的规定,不适用于保险责任开始后的货物运输保险合同和航次保险合同。

4. 违反保证条款的解除

海上保险合同约定的保证条款,一般是保险合同的基本条款,保证条款是被保险人必须遵守的事项,实际上构成了保险合同存在的基础。我国《海商法》第235条规定,被保险人违反合同约定的保证条款时,应当立即书面通知保险人,保险人收到通知后,可以解除合同,也可以要求修订承保条件、增加保险费。保证条款是保险合同效力的基础,被保险人违反保证条款,不论其是否通知保险人,除非有保险人弃权或者其他法定不允许解除合同的情形,保险人均可以解除保险合同。即在现代海上保险中,如果被保险人违反保证时,保险人通常有三项选择:(1) 解除海上保险合同;(2) 放弃对被保险人违反保证行使权利(waiver);(3) 在被保险人及时通知保险人的情况下,通过修订保险条件或/和加收保险费的方法继续承保(held covered)。

(三) 海上保险合同的转让

依照海上保险的惯例,海上保险合同可以转让。但是海上货物保险合同和海上船舶保险合同的转让并不相同。海上保险合同的转让并不是保险合同标的的转让,而是保险合同约定的权利义务的转让,非保险标的物所有权的让与。

货物保险合同的保险标的是运输中的货物,货物所有权的转让可以在运输中就已经完成,如果要求投保人在转让货物前通知保险人并办理货物运输保险单的批改手续,是不可行的事情。为了不妨碍贸易的开展,加速货物的流通,提高保险的效用,各国法律均规定,货物运输保险单或者其他保险凭证随货物的移转而以背书转让或者其他方式转让,无须经保险人的同意或者批注。我国《海商法》第229条也作了相同规定,为了保护保险人收取保险费的权利,规定被保险人和保险合同的受让人对尚未支付的保险费承担连带责任。

船舶保险合同的标的船舶发生转让时,存在于船舶上的保险合同利益并不自动转移给船舶的受让人;船舶所有人若希望在转让船舶时一同转让海上船舶保险合同,应当取得保险人的同意。

▶ 四、保险合同当事人的义务

(一) 被保险人的义务

在海上保险合同成立前,被保险人负有告知义务,在海上保险合同的履行过程中,被保险人还负有以下几项法定义务:及时缴纳保险费,严格遵守保证,以防止或减少损失发生、危险程度增加,出险时及时通知保险人,出险时及时施救,协助保人追偿。

（1）及时缴纳保险费。保险费是海上保险合同的条件条款之一，是保险人依照保险合同承担保险责任的代价。双方必须就保险费的金额达成一致，否则海上保险合同不能成立。在保险费确定之后，如果发生了保险合同或者保险法规定的风险增加或者减少的情形，保险费可以适当增减。

（2）严格遵守保证。海上保险中的"保证"，是双方当事人在海上保险合同中约定被保险人对某一事项作为或者不作为，或者担保某一事项的真实性。保证是海上保险中特有的一个制度，但在我国其适用十分有限。从世界各国立法趋势来看，现代保险法对保证的适用采取限制的态度，往往要求保证必须在保险单中确认；保证的事项必须为重要事项；被保险人违反保证时，保险人如要解除合同，应先发出通知等。

（3）危险程度增加时及时通知的义务。我国《海商法》没有规定被保险人在危险程度增加时的通知义务，但《保险法》的有关规定适用于海上保险合同。一般而言，保险标的危险程度增加，是指由于与保险标的有关的情况和环境的变化，使得保险标的的危险状况超过了合理谨慎的保险人在保险合同成立时对保险标的的危险程度的合理预计。保险标的的危险程度是否增加，应当由保险人举证证明。

（4）出险时的通知义务和施救义务。及时知道保险事故的发生，对于保险人，尤其是涉外海上保险人而言十分重要，因此无论保险法还是保险单中都明确规定了被保险人的这一义务。与出险时的通知义务密切相关的还有被保险人的施救义务。我国《海商法》在第236条一并规定了这两项义务："一旦保险事故发生，被保险人应当立即通知保险人，并采取必要的合理措施，防止或者减少损失。被保险人收到保险人发出的有关采取防止或减少损失的合理措施的特别通知的，应当按照保险人通知的要求处理。对于被保险人违反前款规定所造成的扩大的损失，保险人不负赔偿责任。"

（5）协助保险人追偿的义务。根据保险代位原则，如果保险人赔偿的损失是由第三人造成的，被保险人向第三人要求赔偿的权利自保险人支付赔偿之日起，转移给保险人。而保险人代位求偿权利需要被保险人的保护，其行使也需要被保险人的协助，如提供有关证据材料等。对此，我国《海商法》分别在第253条和第252条作出了明确规定。

（二）保险人的责任

（1）及时签单的义务。保险合同成立后，保险人应当及时向投保人签发保险单或者其他保险凭证。及时签发保险单是保险人在保险合同成立后的法定义务，不以投保人或者被保险人缴纳保险费为对价。

（2）赔偿或者给付保险金的义务。发生保险事故后，保险人按照约定向被保险人给付保险金。这是保险人最主要的义务，该义务的构成应当具备以下三项条件：一是受损的必须是保险标的；二是损失必须由保险期间内的保险事故引起；三是保险金的赔偿或者给付必须在保险合同约定的限额内。

根据我国《海商法》对海上保险合同的定义①,海上保险人的赔偿责任包括保险标的的损失、保险标的的产生的责任和以施救费用为主的特别费用。保险人对保险标的实际损失的赔偿额度,根据保险标的的损失程度以及是否是足额保险而不同。在实际损失赔付之外,保险人承担的被保险人施救费用的支付,以相当于保险金额的数额为限。

▶ 五、保险标的的委付

委付(abandonment)是海上保险中独有的法律制度,其含义是指,在发生保险事故造成保险标的的推定全损时,被保险人明确表示将该保险标的的一切权利转移给保险人,而有权请求保险人赔偿全部保险金额的制度。

保险委付制度是和保险标的损失密切相关的。保险标的的损失可以分为全损和部分损失,全损又可以进一步分为实际全损(actual total loss)和推定全损(constructive total loss),其中的推定全损是海上保险中所特有的。区分推定全损和实际全损的意义就在于其求偿条件不同。所谓推定全损,是指保险标的发生保险事故后,认为实际全损已经不可避免,或者为避免发生实际全损所需支付的拯救费用超过保险价值的。发生推定全损后,如果被保险人向保险人索赔全损赔偿,就必须先向保险人委付保险标的。

因此一项有效委付的成立必须具备以下条件:

(1) 委付以保险标的的推定全损为条件。

(2) 委付必须适用于保险标的的整体,具有不可分性。被保险人不得仅就保险标的的一部分申请委付,而对另外一部分不适用委付。

(3) 被保险人应当在法定时间内向保险人提起书面的委付申请。按照国际惯例,委付可以是书面的或者口头的,应当向保险人或其授权的代理人提出。但在我国,委付必须用书面形式直接向保险人提出。

(4) 被保险人必须将保险标的的一切权利转移给保险人,并不得附加任何条件。这是在推定全损下,被保险人获得全额赔偿所支付的对价(consideration)。

(5) 委付必须经保险人承诺接受才能生效。委付是否成立和履行取决于保险人的意志。《海商法》规定,保险人可以承诺接受委付,也可以不接受委付。但保险人一经接受委付,就不得撤回。② 保险人不接受委付的,不影响被保险人的其他权利。

委付一经成立,即对保险人和被保险人产生法律约束力,表现为:

(1) 被保险人必须将保险标的的一切权利转移给保险人,其转移的时间始自委付原因产生之日。因此保险人处理保险标的的利益归保险人所有,被保险人基于保

---

① 《中华人民共和国海商法》第 216 条第 1 款。
② 《中华人民共和国海商法》第 249 条。

险标的对第三责任人的追偿权也随着保险标的转移给保险人。同时有关保险标的的义务也一并转移给保险人。正如我国《海商法》的规定:"保险人接受委付的,被保险人对委付财产的全部权利和义务转移给保险人。"①

(2) 被保险人在委付成立时,有权要求保险人按照海上保险合同约定的保险金额向其全额赔偿。这是被保险人适用委付制度的根本目的。

【参考书目】
1. 对外经济贸易大学国际经贸学院运输系编著:《国际货物运输实务》,对外经济贸易大学出版社1999年版。
2. 杨长春:《国际货物运输公约逐条解释》,对外经济贸易大学出版社1999年版。
3. 司玉琢:《海商法学》,法律出版社2012年版。
4. 郑云瑞:《保险法》,北京大学出版社2009年版。
5. 汪鹏南:《海上保险法详论》,大连海事大学出版社1996年版。

【思考题】
一、名词解释
1. 运单
2. 国际货物多式联运经营人
3. 保险利益
4. 无限告知义务
5. 保险委付

二、简答题
1. 国际货物运输合同双方当事人的基本权利义务是什么?
2. 比较国际海上班轮运输和租船运输有何异同?
3. 国际海上货物运输承运人应承担哪些强制性的合同义务?
4. 保险合同的解释原则是什么?
5. 保险委付制度和代位求偿权有何区别?

三、论述题
1. 结合国际贸易、国际结算的有关内容,论述提单在国际货物运输和国际贸易领域中有何重要作用?
2. 比较各种运输方式的国际立法对其承运人责任的规定有何异同,并分析国际货物运输承运人责任的国际立法趋势。
3. 论保险的功能。

四、案例分析
某国际货轮开航前经具有资格证书的验船师检验认为是适航船舶,但该货轮未航行多远即因一号船舱进水、货物受损而不得不返回装货港。在返航途中,船长命令船员逐个货舱检

---

① 《中华人民共和国海商法》第250条。

查货物是否有水湿的情况,一船员打开三号货舱的舱盖后,未将舱盖关严,致使雨水进入货舱,货物水湿受损。后船舶进行检修时发现:一号船舱进水的原因是一个完好的螺帽下的螺丝出现裂缝;而三号船舱舱体完好。后该批货物的托运人以船舶不适航为由要求承运人承担全部损失的赔偿责任。请问承运人是否应当对一号船舱和三号船舱的全部货物损失承担责任?理由是什么?

第五章 产品责任法

　　产品责任法是国际商法的重要组成部分,既是调整国际货物买卖过程中可能发生的缺陷产品造成人身、财产损害等侵权行为的法律规范,也是保护消费者权益的核心制度。本章在介绍了产品责任和产品责任法的内涵的基础上,重点介绍了美国、欧洲各国的产品责任法的基本内容和《关于产品责任的法律适用公约》。主要内容包括美国产品责任理论的发展、美国《统一产品责任示范法》的主要内容,以及美国产品责任法对国际贸易的影响;欧洲的产品责任理论、欧盟《关于对有缺陷的产品的责任的指令》的主要内容;《关于产品责任的法律适用公约》的适用和产品责任法律适用规则。

产品责任(product liability)是因缺陷产品造成人身、财产损害而引起的损害赔偿责任。近代社会以来,随着科学技术的发展,产品的种类日渐丰富,产品的功能日益繁多,产品的构造日趋复杂,导致产品的危险程度大大增加,因产品缺陷造成消费者受到伤害的案件层出不穷。传统买卖法无法应对许多新型法律纠纷。为此,欧美各国纷纷针对产品责任问题开展专门立法研究,以维护消费者、用户的合法权益。这样,在买卖法之外,逐渐形成了独立的产品责任法。

第一节 产品责任法概述

产品责任法与买卖法既有联系又有区别。产品责任法是在弥补买卖法不足的过程中发展起来的,它与买卖法中有关卖方对货物品质的担保责任的规定有相通之处。尤其是早期产品责任法借鉴了买卖法的过错归责原则来认定产品责任者应承担的法律责任。但是,产品责任法与买卖法隶属于不同的法律范畴。买卖法主要调整买卖双方基于自愿订立的买卖合同所产生的权利义务关系,它属于私法范畴,其规定大多数是任意性规则,当事人可以在合同中加以变更或排除。而产品责任法则主要调整产品的生产者、销售者与消费者或者用户之间基于侵权行为所引起的人身伤害和财产损害的责任承担关系,它是国家出于社会公共利益的考虑而制定的社会性立法,具有一定的公法性质。产品责任法主要表现为强行性规则,当事人在订立合同时不得自行排除或者加以限制、变更。其次,从法的调整对象来看,买卖法主要调整作为平等主体的买卖双方的利益。而产品责任法的主旨既然是加强生产者、销售者的产品责任,保护消费者的合法权益,所以,产品责任法在确定归责原则、责任主体、责任范围等问题时,更多的是侧重考虑消费者的利益。

一般认为,产品责任法源于1842年英国的温特伯顿诉莱特案(Winterbottom v. Wright)。英国是世界上最早有产品责任判例的国家,但它到目前为止仍没有专门的产品责任法,只是在不少专业性法律中规定了产品责任,如对机动车、日用电器的安全,药物对健康的影响,食品卫生等都有明确的立法规定。欧洲除英国之外,大部分国家具有大陆法系成文法传统。在20世纪中期以前,欧洲并没有专门的产品责任法,各国的法院主要是通过引申解释民法典有关规定来处理产品责任案件。自20世纪70年代初开始,在欧共体的推动下,各国日益重视产品责任的研究和立法。1975年9月至1976年5月欧洲理事会讨论并通过了世界上第一个有关产品责任的实体法规范国际公约——《关于人身伤亡的产品责任公约》(Convention on Product Liability in regard to Personal Injury and Death,通常被称为《斯特拉斯堡公约》);1985年6月,欧共体各国经过长达10年的讨论,发布了《关于对有缺陷的产品的责任的指令》(Directive Concerning Liability for Defective Product)。按照《指令》的要求,欧共体各成员国应当在3年内使其国内法符合指令的有关规定,推动产品责任法的建立和完善。于是,英国在1987年发布《消费者保护法》(该法第一章"产品责任"实际上就是英国的产品责任法),希腊、意大利在 1988 年,卢森堡、丹麦、葡萄牙、德国在 1989 年,荷兰在 1990 年,比利时、爱尔兰在 1991 年分别制定了本国的产品责任法,标志着欧洲产品责任法的成文化、专门化趋势。

美国产品责任法的发展大致分为三个阶段:第一阶段为合同责任阶段,从 19 世纪接受 1842 年英国的温特伯顿诉莱特案到 1916 年麦克弗森诉别克汽车公司案(Mac Pherson v. BuickMotor Company),遵循"无合同无责任"原则;第二阶段为疏忽责任阶段,从 1916 年麦克弗森诉别克汽车公司案到 1963 年格林曼诉尤巴电器公司案(Greenman v. YubaPower Company);第三阶段为严格责任阶段,从 1963 年格林曼诉尤巴电器公司案到今天为止。美国的产品责任法一直以判例法为主,而且美国是一个联邦制国家,各州的立法不统一。为了克服法律不统一带来的产品责任诉讼结果的不确定性,自 20 世纪 70 年代以来,美国加强了这方面的联邦立法,1972 年颁布了《消费品安全法》(Consumer Product Safety Act)等单行法;美国法律协会(ALI)1972 年修订《统一商法典》(Uniform Commercial Code,UCC)时制定了"产品责任——担保责任"部分;美国商务部 1979 年公布了专家建议供各州自愿采用的《统一产品责任示范法》(Model Uniform Product Liability Act)。这些活动表明,目前美国的产品责任法呈现出判例法与成文法相互结合、相互补充的态势。

第二节　美国的产品责任法

美国的产品责任法早期主要表现为判例法,而且以州法为主。20 世纪 70 年代以来,联邦政府颁布了大量单行法律,如消费品安全法、消费者担保法等。1979 年 1 月制定的《统一产品责任示范法》已经被大多数州所采用。

▶ 一、美国产品责任理论的发展

建立产品责任理论的目的在于确定产品责任主体对其行为是否承担民事责任以及如何确定其民事责任的问题。美国产品责任的理论大体有合同责任、疏忽责任、担保责任和严格责任四种。

（一）合同责任

合同责任的依据来源于 1842 年英国的温特伯顿诉莱特案的判决。该案原告温特伯顿是一驿站马车夫,用被告按照约定提供给驿站的马车运送邮件,但在运送途中因马车车轮突然毁坏而致其身体受伤。于是,原告温特伯顿以被告莱特提供有缺陷的马车直接导致自己受伤为由诉诸法院。被告以自己和原告之间并无合同关系为由进行抗辩。结果,法院判决因原被告之间无合同关系,故尽管被告产品缺陷致原告损害,被告也无须负赔偿责任。该判例确定的"无合同无责任"的理论曾被美国广泛应用。但由于其存在明显的不合理性,1851 年,美国朗迈德诉霍利德案中就确定了对合同责任理论的例外原则,即若有缺陷的产品具有危险性,则受害人理应获得补偿。1852年的托马斯诉温切斯特案不但重申了合同责任例外原则，而且据此判决因药品制造商温切斯特误将颠茄剂标成蒲公英制剂，致原告托马斯损害，虽两者间并无合同关系，被告也由于过失而对原告造成的损失承担赔偿责任。这一著名判例曾为各州法院所援用。目前，合同责任原则已逐渐被人们淘汰。

（二）疏忽责任

疏忽责任是指制造商或中间商因疏忽而造成其生产或销售的产品有缺陷，致使消费者遭受人身伤亡或财产损害应承担的赔偿责任。疏忽责任理论创立于1916年麦克弗森诉别克汽车公司案。该案原告麦克弗森从零售商处购买了一台被告别克汽车公司生产的汽车，因轮胎有缺陷在行驶中爆裂，汽车翻车，将原告抛出车外致伤。法院判决被告因疏忽而对原告承担赔偿责任，尽管原被告间并无合同关系，轮胎也非被告制造而是外购的。对此，纽约最高法院法官卡多萨认为："任何物品制造上具有过失，依其本质将构成对生命及身体危险的，即属危险物品。除此项危险因素之外，制造人若知悉该项物品将由买方之外的第三人未经检验而使用者，则无论有无合同关系，对该项危险物品的制造，均负有注意义务。制造人未经注意者，就所生之损害，应负赔偿责任。"

疏忽责任原则适用于侵权之诉，它突破了合同关系的限制，原告只要证明制造商有疏忽，即使没有合同关系，也可以诉请其对有缺陷的产品所致损害承担赔偿责任。这种原则的理论依据源于侵权行为法。疏忽属于一种侵权行为，以疏忽为由提起诉讼时并不要求原告与被告之间一定有直接的合同关系，因此，可以做原告的不仅限于买方，而且包括其他有关的人，如买方的家属、亲友、过路人或者旁观者。只要他们是由于产品的缺陷而受到损害，都有权提起疏忽之诉。但是，原告援引疏忽责任原则时所承担的举证责任非常沉重。原告必须举证证明：(1) 被告主观上有疏忽之处，即被告没有尽到"合理的注意"（reasonable care）义务；(2) 由于被告的疏忽直接造成了原告的损失。在疏忽之诉中，原告要证明被告有疏忽之处，可以从产品的设计缺陷、生产缺陷、产品生产时未对危险性作出充分说明之缺陷、包装缺陷等方面加以说明；甚至还可以证明被告在生产或经销该产品时违反了联邦或州的有关这种产品的质量、检验、广告或推销方面的规章、法令，这也是说明有疏忽之处的一种证据。虽然原告可以证明被告有疏忽的领域十分广泛，但在现代化的大生产条件下，作为普通消费者的原告欲证明产品技术上存在缺陷是十分困难的。

（三）担保责任

担保责任是指制造商或销售商违反了对货物的明示或默示担保，致使消费者由于产品缺陷遭受损害，制造商或销售商应负担的法律责任。担保责任不要求原告证明被告有疏忽行为，但它要求原告证明产品的制造者或卖方违反了对其产品质量、性能的明示或默示担保，而导致其产品给消费者造成了损害，在此情况下产品的制造者或卖方得承担赔偿责任。担保责任原则适用于合同之诉。英美法中的担保属于合同法的范畴，担保责任包括明示担保和默示担保。以担保责任为由提起的产品责任诉讼应当以双方存在直接的合同关系为基础。因此,以担保责任为由而起诉的原告范围以及被告范围都受到较大的限制。从原告方面说,客观上受到缺陷产品危害的不一定是与卖方订立买卖合同的买方,买方之外的其他人也可能受到损害;从被告方面说,与买方有直接合同关系的往往是零售商,但他们的财力往往有限,如果无力承担赔偿责任,则会使受害人的损失得不到弥补,这样就无法实现保护消费者的立法目的。目前,美国许多州通过判例或法律突破担保责任原则对当事人的限制,将原告即受害人扩大到买方家属、亲友、客人等,将被告即加害人扩大到生产商、制造商、批发商、供应商、零售商等,可见,担保责任理论已经扩大到合同领域之外,具有了侵权责任的意义。但是,各州的规定并不完全一致。

(四) 严格责任

严格责任是指只要产品有缺陷,对消费者具有不合理的危险,且造成其人身伤亡或财产损害,该产品的生产者或销售者均应对此承担赔偿责任。严格责任最早是由美国特雷诺法官在1944年的艾思克拉诉富莱斯诺可口可乐瓶装公司案(Escala v. Cola Bottling Company of Fresno)中加以表述的,但该案并未依严格责任进行判决。一般认为,1963年的格林曼诉尤巴电器公司案是第一例严格责任案件。该案原告之妻购买了被告生产的电动工具,当原告按说明书用此工具刨削木料时,一块木头飞出机器砸中原告头部,造成重伤。加利福尼亚最高法院根据原告的请求判决被告败诉,法官认为,"当一个制造商将一件产品投放市场时,明知它将不经过检验是否存在缺陷而使用,只需证明该产品存在缺陷并对人造成伤害,则制造者对损害负有侵权方面的严格责任。"格林曼诉尤巴电器公司案产生的格林曼规则是严格责任理论的充分体现。严格责任原则适用于侵权之诉。严格责任基于侵权行为而发生,它不要求原告与被告之间存在合同关系。按照这一理论,无须原告证明被告有疏忽,也无须原告提出被告违反担保的证明,只要产品有缺陷,对消费者和使用者具有不合理的危险,并因此使他们的人身或财产遭受损失,受害人就可以对该产品的生产者或销售者提起赔偿责任诉讼。

美国法学会于1965年出版的《侵权行为法重述》也确认了严格责任原则。其中第402A条和第402B条规定如下:(1) 凡出售任何有缺陷的产品对使用者或消费者或其财产带来不合理危险的人,对于由此而造成使用者或消费者的人身伤害或财产损失应承担责任,只要销售者是从事经营出售此种产品的人,而且当产品到达使用者或消费者手中时,对该产品在出售时的条件并没有重大的改变。(2) 尽管出售者在准备和出售其产品时已经尽一切可能予以注意,而且使用者或消费者并没有从出售者手中购买该产品,即同出售者之间并无任何合同关系,上述原则仍应适用,出售者仍须承担责任。

相对于疏忽责任或者担保责任而言,严格责任对于原告十分有利。与疏忽责任相比,原告以严格责任为由起诉时无须举证证明被告对产品缺陷致人损害有疏忽;与担保责任相比,严格责任之诉并不拘泥于原告与被告之间存在着直接的合同关系,只要原告举证证明了产品存在缺陷,这种缺陷造成了使用者或消费者的损害,并且这种缺陷在该产品投入市场时就已经存在,被告就应当承担损害赔偿责任。所以说,严格责任原则对于消费者的保护最为充分。

20世纪60年代以后,美国产品责任法的发展趋势是越来越多地适用严格责任,基本上形成了体系比较完备的一元制的严格责任原则。而欧洲各国以及日本的产品责任法则多采用过错责任与无过错责任并存的二元体制。当然,美国在适用严格责任原则时并未排除疏忽责任、担保责任的适用,而是由原告根据实际情况进行选择而提起诉讼。此外,20世纪70年代末80年代初,美国法院还提出所谓市场份额责任原则,判决作为被告的所有同类产品的生产者,按其产品所占有的市场份额共同向受害人承担产品责任。所占市场份额越大,所获利润越多,承担的赔偿数额也就越大。这是对严格责任原则的进一步发展。

按照美国的产品责任法,原告依上述原则提起诉讼时,被告可以提出某些相应的抗辩以要求减轻或者免除其责任。由于美国《统一商法典》允许卖方排除其对货物的明示或默示担保,所以,在以担保责任为由提起的产品责任诉讼中,被告可以合同中已经排除了各种明示或默示担保为由提出抗辩。在以疏忽责任为由提起的产品责任诉讼中,被告可以原告在使用被告所提供的有缺陷产品时也有疏忽为抗辩理由,要求原告"承担疏忽"(contributory negligence),从而排除被告所应承担的赔偿责任。目前,多数州已经放弃让被告全部免责的"承担疏忽"理论,转而采取"相对疏忽"理论(comparative negligence),即尽管原告也有一定的疏忽,但法院只能根据原告疏忽的程度相应地减少被告所承担的赔偿责任。法院不能因此完全免除被告的产品责任。除上述两项被告可以提出的主要抗辩理由之外,被告还可以主张原告非正常使用或者误用产品、滥用产品、擅自改动产品、产品本身就带有不可避免的不安全因素、原告应属"自担风险"(assumption of the risks)[1]以及"发展风险"[2]等抗辩理由。

▶ 二、美国产品责任法的主要内容

(一) 关于产品

在产品责任法中,产品是这一法律的基点,也是确定产品责任承担的关键。美国《统一产品责任示范法》第102条(C)项规定:"产品是具有真正价值的、为进入市场而生产的,能够作为组装整件或者作为部件、零售交付的物品,但人体组织、器官、血液组成部分除外。"虽然示范法给产品下了一个概括的定义,但在美国实际审判实践中,法官倾向于采用更广泛、更灵活的产品定义。例如,1978年的哈雷斯诉西北天

---

[1] 美国《侵权行为法重述》402A注释指出:如果使用者或消费者已经发现产品有缺陷,并且知道有危险,但他仍然不合理地使用该产品,并因而使自己受到损害,他无权要求被告赔偿损失。

[2] 根据美国《统一产品责任示范法》的规定,发展风险是指将产品投入流通时的科学技术水平尚不能发现的缺陷所造成的损害,被告可以作为免责条件提出抗辩。

燃气公司案,法官将天然气纳入产品的范围。兰赛姆诉威斯康星电力公司案中,法官将电确认为产品。科罗拉多州法院曾经将血液视为产品。

(二) 关于产品的缺陷

美国《统一产品责任示范法》将缺陷分为:制造缺陷、设计缺陷、警示缺陷和说明缺陷。对缺陷的判断采用"消费者期待"标准和"风险和利益平衡"标准。这两种标准可以结合运用。有人认为,美国判断缺陷的具体标准实际上有三种:一是成本和效益标准;二是消费者期待标准;三是兼顾成本与效益和消费者期待标准的混合标准。①

(三) 关于产品责任中的权利主体

美国《统一产品责任示范法》第102条规定,产品责任诉讼的"索赔人"是指"因遭受损害而提出产品责任索赔的自然人或实体"。这里的损害包括:"(1) 财产损害;(2) 人身肉体伤害、疾病和死亡;(3) 由人身肉体伤害、疾病和死亡引起的精神痛苦或情感伤害;(4) 由于索赔人被置于直接人身危险的境地而引起的并表现为实际存在的他觉症状的精神痛苦或情感伤害。"在这里,美国没有将产品责任的权利主体限定在私人消费者范围内。

(四) 关于产品责任主体

产品责任主体就是产品责任的承担者。目前各国立法和国际立法大体有两种体制:一种是单一主体说。主要代表是欧共体《产品责任指令》,它将生产者认定为产品责任的承担者,并对生产者做扩大解释,以涵盖销售者、进口商等责任人。另一种是复合主体说。以美国为代表,认定产品制造者或销售者为产品责任人,并分别界定其范围。

美国将产品的制造者和销售者作为产品责任的主体。其中,制造者包括"在产品出售给使用者或消费者之前,设计、生产、制作、组装、建造或者加工相关产品"的人,还包括"实际不是但自称是制造者"的产品销售实体;销售者包括产品制造者、批发商、出租人、经纪人。该范围比欧洲各国的规定更为广泛。

(五) 关于损害赔偿的范围以及赔偿数额

美国《统一产品责任示范法》规定的损害包括财产损害、人身肉体伤害、疾病、死亡以及由此引起的精神痛苦或情感伤害。财产损害的范围不包括直接或间接的经济损失,这些损失属于合同法的问题。按照美国法院的判例,产品责任诉讼中原告可以提出赔偿请求的范围非常广泛,判决赔偿的金额也相当可观。一般情况下,原告可以提出四个方面的损害赔偿请求:

(1) 对人身伤害的损害赔偿:痛苦与疼痛;精神上的痛苦和苦恼;收入的减少和挣钱能力的减弱;合理的医疗费用;身体残废等。

---

① 参见桂菊平:《论出卖人瑕疵担保责任、积极侵害债权及产品责任之关系》,载《民商法论丛》(卷二),法律出版社1994年版,第383页。

（2）财产损失的赔偿：比如替换受损坏的财产或修复受损财产所支出的合理费用。

（3）商业上的损害赔偿：通常是指有缺陷的产品的价值与完好、合格产品的价值之间的差价。

（4）惩罚性的损害赔偿：专门用于惩罚那些在生产、销售行为中全然置公共政策于不顾的恶意、轻率行为，预防类似行为发生。美国《统一产品责任示范法》规定："原告通过明显的和令人信服的证据证明，由于产品销售者对产品使用者、消费者或可能受到产品损害的其他人员的安全采取轻率漠视态度，致使原告遭受损害的，原告可得到惩罚性损害赔偿。"具体的惩罚金额，主要由陪审员根据案情酌情决定。

美国产品责任法在损害赔偿问题上的特色有二：一是专门规定了惩罚性赔偿金，一是精神损害赔偿数额较大，在赔偿总额中所占比重也较大。精神损害赔偿属于非金钱性损害赔偿，美国《统一产品责任示范法》规定，非金钱性损害赔偿金额不得超过2500美元，或不得超过金钱性损害赔偿金额的两倍，以两者中的少者为准。但是原告通过优势证据证明：产品使原告遭受严重的和永久的或长期的毁容、身体机能的损坏、痛苦和不适、精神疾病等，则不在此限。

美国《统一产品责任示范法》对赔偿的数额未设限制。法院在处理此类案件时判处高额赔偿金的现象相当普遍，以致不少产品责任承担者不堪重负。20世纪80年代，执政党曾经试图争取由国会立法，对产品责任者所应承担的赔偿责任加以最高金额限制，但提案因遭到多数议员的反对而夭折。

（六）关于诉讼时效

美国各州规定的产品责任诉讼时效的起算方法有较大差异，《统一产品责任示范法》建议，一般诉讼时效为2年，从原告发现或者在谨慎行事情况下应当发现产品的损害及其原因时起算。该法还通过规定产品的安全使用期来体现最长诉讼时效，即规定10年为最长责任期限，除非明示了产品的安全使用期长于10年。

▶ 三、美国的产品责任法对国际贸易的影响

在目前世界范围内，美国的产品责任法是体系最为完备的。它虽然只是国内法，但也常常适用于对外贸易中的此类案件。若要使美国的产品责任法能够直接用来保护美国的贸易当事人的利益，首先需要确定美国法院对此类案件的管辖权。美国各州通过制定对外国人的属人管辖权标准的"长臂法"（Long-Arm Statute），确定了其管辖的依据。按照这种法律的规定，凡是非本州居民（包括外国人和外州人）与本州有某种"最低限度的接触"（minimum contact），该州法院就对其拥有属人管辖权。所谓"最低限度的接触"的主要依据是被告直接或通过代理人在该州境内从事商业活动，或因其作为或不作为在该州境内造成损害。美国各州通过这种扩张管辖权的法律，使作为消费者或者用户的美国人获得了起诉产品的进口商、经销商、零售商甚至外国的出口商和该产品的制造商的权利，要求这些被告依照美国法对原告进行

赔偿。

在涉外产品责任诉讼中,适用哪国法审理案件对案件的审理结果具有关键意义。按照美国的冲突规则,法院通常适用损害发生地法来确定当事人的责任。由于美国法院受理的产品责任案件一般发生于美国,而且受害人多为美国人,这样一来,损害发生地法就是美国法,而美国法在目前世界上是对消费者或者用户保护最为充分的法律,所以,适用这一冲突规则有助于保护美国的贸易当事人的利益。但是,这一冲突规则对处理跨州、跨国等流动性大、损害发生地极为复杂的产品责任案件有一定的难度,因此,有些州如纽约州、加利福尼亚州已经转而适用对原告最为有利的地方的法律,以保护美国原告的利益。

第三节 欧洲各国的产品责任法

20世纪80年代以前,欧洲各国大多没有专门的产品责任立法,主要通过引申解释民法典的有关规定处理涉及产品责任的案件。随着国际贸易的日益繁荣发展,产品责任问题大量出现,因此,欧洲各国政府和一些国际组织力求建立一套跨国界的产品责任规则。1975年9月至1976年5月,欧洲理事会讨论并通过了世界上第一个有关产品责任的实体法规范国际公约——《关于人身伤亡的产品责任公约》(Convention on Products Liability in regard to Personal Injury and Death)。该公约于1977年1月27日开始由欧洲理事会的成员国签字。公约对产品责任的损害赔偿范围仅限于人身伤害及死亡,不包括对财产所造成的损失,同时公约对赔偿没有数额限制,受害人能够获得多少赔偿取决于有关国家国内法的规定。基于这些不足,欧共体各国经过长达10年的讨论后,于1985年6月发布了《关于对有缺陷的产品的责任的指令》(以下简称《指令》)。《指令》对产品责任的范围规定不仅仅限于人身伤亡,而且还包括了财产损失。按照《指令》的要求,欧共体各成员国逐步将《指令》的内容贯彻于其国内法中。由此可见,产品责任的法律化进程在欧洲范围内实现了由国内立法调整到国际立法调整的转变。

▶ 一、欧洲的产品责任理论

20世纪80年代以前,由于缺乏完整的国际产品责任立法,欧洲各国的产品责任理论往往从其民法中获得依据,产品责任的归责原则不一致。《法国民法典》第1384条第1款规定:"任何人不仅对其自己的行为所造成的损害,而且对应由其负责的他人的行为或在其管理下的物件所造成的损害,均应负赔偿的责任。"法院将这里所说的物的监护人责任的规定扩大解释为包括产品制造人的责任,从而使生产者承担严格责任。根据《德国民法典》的有关规定,产品致人损害应适用过错责任原则,后来改为举证责任倒置的过错推定原则。英国在1987年以前一直采取过错侵权责任原则,制造商仅因其违反注意义务才承担责任。

1985年的《指令》第1条规定:"生产者应当对其产品的缺陷造成的损害负责。"该《指令》从维护消费者利益的宗旨出发,明确规定生产者应对产品缺陷致人损害承担严格责任。在产品责任诉讼中,受害的消费者只需证明他受到损害和产品有缺陷的事实,以及二者之间存在因果关系,即可以使该产品的生产者承担责任,而无须证明生产者有过错。这就是严格责任原则。这一原则不仅免除了受害人证明加害人过错的举证义务,而且也不允许加害人以自己已尽注意义务进行抗辩。《指令》公布后,欧共体各成员国、其他许多欧洲国家如挪威、奥地利等,纷纷确立本国的严格产品责任。

▶ 二、欧洲产品责任法的主要内容

（一）关于产品

《指令》第2条规定:"产品是指初级农产品和狩猎物以外的所有动产,即使已被组合在另一动产或不动产之内。初级农产品是指种植业、畜牧业、渔业产品,不包括经过加工的这类产品。产品也包括电。"与美国相比,这一产品范围相对较窄,把产品限制在"工业生产的可移动产品"之内。至于无形产品是否纳入其调整范围,《指令》没有明确规定。之所以将初级农产品排除在外,原因在于欧洲立法者及部分学者认为,农产品的生产主要靠自然力的作用,人力无法控制,因此其缺陷的产生也非人力所为。然而,1999年欧盟对《指令》进行了修订,要求成员国必须将初级农产品定义在产品责任法调整范围之内。这次修订的起因是20世纪90年代欧洲爆发的疯牛病危机[1],这次危机使立法者认识到,现代农产品生产中自然力不再是唯一的决定因素;在科技发达的现代社会,许多初级农产品致人损害案都是由人为因素造成的。

德国1990年《产品责任法》第2条规定:"本法所称产品,是指任何动产,即使已被装配（组合）在另一动产或不动产之内。产品还包括电。但未经初步加工的包括种植业、畜牧业、养蜂业、渔业产品在内的农产品（初级农产品）除外,狩猎产品亦然。"但德国的司法判例并未明确规定产品仅限于动产。德国是忠实地执行或者移植《指令》的国家。

英国1987年《消费者保护法》(Consume Protection Act)第1条第2款将产品定义为:"任何物品或电力,同时包括组成另一产品的产品,无论此产品是不是以零配件或原材料或其他的形式构成前者。根据该法第45条第1款的规定,物品是指"物质、生长的作物、附着于其他东西之上并与土地混为一体的东西和任何船舶、航空器或机动车辆"。其中,"物质"是指任何天然或人工加工的物质,不论是呈固态、液态、气态或蒸汽状态,并包括构成其他商品或与其他商品混合的物质;"航空器"包括

---

[1] Directive 1999/34/EC of the Europesn Parliament and of the council of 10 May 1999 amending Council Directive 85/374/EEC.

滑翔机、气球、直升飞机;"船舶"包括轮船和任何其他种类用于航行的船只。可见,英国《消费者保护法》对"产品"的界定非常详细,并且将种植农产品纳入产品责任法调整范围,比德国的产品范围广。

(二) 关于产品的缺陷

《指令》第6条第1款规定:"考虑如下情况,如果产品不能提供人们有权期待的安全,即属于缺陷产品。"这里所指的"情况"包括:(1) 产品介绍;(2) 有理由期望应标明于产品之上的使用方法;(3) 产品投入流通的时间。由此可见,《指令》将对缺陷的定义建立在产品的安全性之上,表明了产品严格责任的立法基础。至于如何认定产品的缺陷,《指令》采取当前国际上通行的客观标准,酌情考查产品的状况、对产品使用的合理预期以及把产品投入流通的时间等因素;对产品的操作、使用说明书,也是涉及产品的安全性的因素之一。

德国将《指令》对产品缺陷的定义全盘引入其《产品责任法》中。英国对产品缺陷的界定则比《指令》以及德国法的规定更为详尽。英国《消费者保护法》第3条第1款规定:依本条下述规定,为本章之目的,如果产品不具有人们有权期待的安全性,该产品即存在缺陷;对产品而言,安全性包括组合到另一产品之中的产品安全性以及在造成人身伤害、死亡危险方面的安全性。第2款规定:为上述第1款之目的,在确定人们有权期待某项产品应当具有何种安全性时,应当考虑与产品有关的所有情况,包括:(1) 该产品被出售的方式和目的,产品的样式,与产品有关的任何标识的使用,关于允许或不允许使用该产品以进行任何事项的警告与指示。(2) 可合理期待的产品的用途或可合理期待的与产品有关的用途。(3) 生产者向他人提供产品的时间。按本条规定,不得以后来提供的产品比以前的产品更安全的事实而推定以前的产品存在缺陷。

(三) 关于权利主体

《指令》第9条规定:"为本条之目的,损害是指:(a) 死亡、人身伤害;(b) 对缺陷产品本身以外任何财产的损害或灭失,其价值不低于500欧洲货币单位,但该财产必须是:(i) 属于通常用于个人使用或消费的财产;(ii) 主要由受害人为其个人使用或消费目的使用。"德国《产品责任法》第1条第1款规定:"如果缺陷产品造成他人死亡、人身或者健康伤害、财产损害,生产者应当就造成的损害对受害者予以赔偿。在造成财产损害的情况下,只有受到损害的是缺陷产品以外的财产,该财产通常是用于私人使用或消费,而且受害者主要为这种目的而获得该财产,才适用本法。"英国《消费者保护法》第5条、挪威《产品责任法》第8条也有类似规定。由此可见,在欧洲各国,产品责任的权利主体是这样的:凡缺陷产品致人损害,如果是人身伤害,任何受害者都可以要求赔偿;如果是财产损害,则只有基于生活消费目的的私人消费者方可依产品责任法获得赔偿。与美国的《统一产品责任示范法》第102条等规定相比,欧洲的产品责任权利主体范围较窄。因为美国法律既未对财产损害加以任何限制,也未将"索赔人"限定在"私人消费者"的范围内,而是笼统地将权利主体界定为"因遭受损害而提出产品责任索赔的自然人或实体"。

（四）关于产品责任主体

《指令》确定产品责任主体时采取单一主体说，即生产者应对有缺陷产品所引起的损害承担责任。所谓"生产者"的含义十分广泛，它包括：

（1）制成品的制造者（manufacturer）；

（2）任何原材料的生产者；

（3）零部件的制造者；

（4）任何将其名称、商标或其他识别标志置于产品之上的人；

（5）任何进口某种产品在共同体内销售、出租、租赁或在共同体内以任何形式经销该产品的人；

（6）如果不能确认谁是生产者，则提供该产品的供应者（Supplier）即被视为生产者，除非受损害的消费者在合理时间内获得查出谁是生产者的通知。

（五）关于损害赔偿的范围以及赔偿数额

根据《指令》第9条以及其他有关规定，损害赔偿包括人身损害（死亡、人身伤害）和财产损害两个方面。对有缺陷产品自身的损失一般不予以考虑。《指令》还对产品责任诉讼作出500欧洲货币单位的最低损害赔偿限额规定，以避免过多的小额诉讼发生。在财产损害方面，规定仅限于缺陷产品以外属于通常用于个人使用或消费的财产，排除了为商业目的使用的财产损害。此外，《指令》对"痛苦"之类精神损害即非物质性损害的补偿未作明确规定，但允许各成员国在国内法中加以规定。

目睹美国产品责任诉讼出现的高额赔偿金所带来的问题，《指令》对损害赔偿的最高限额和最低限额加以规范。《指令》允许各成员国在立法中规定，生产者对同类产品的同样缺陷造成的人身伤害或死亡的总赔偿额不得多于7000万欧洲货币单位。它还对产品责任诉讼中的财产损害限定了500欧洲货币单位的最低限额，以避免过多的小额诉讼发生。

（六）关于举证责任和抗辩事由

由于《指令》对产品责任采取严格责任原则，因此，产品责任诉讼中省略了被告对其产品缺陷致人损害负有主观过错的举证环节。《指令》规定："生产者应当对其产品的缺陷造成的损失负责。""受害人应当对损害、缺陷及两者之间的因果关系负举证责任。"

《指令》规定，生产者不承担责任的抗辩事由主要有：

（1）该生产者未将产品投入市场流通；

（2）引起损害的缺陷在生产者把产品投入市场流通时并不存在，或证明这种缺陷是在后来才出现的；

（3）产品非生产者为销售或经济目的而制造或经销，也非在其营业中制造或经销；

（4）该缺陷是为使产品符合当局发布的强制性法规而引起的；

(5) 产品投入流通时的科学技术水平不能发现缺陷存在,即"发展的风险"(development risks)或"现有水平"(state of the act)抗辩;

(6) 零部件制造商能证明缺陷是由于装有该零部件的产品设计或制造者的指示造成的。

《指令》同时规定,成员国可以对发展风险作为抗辩事由作出保留。

在产品责任诉讼中,时效已过也是一种抗辩理由。《指令》对产品责任诉讼时效作出如下规定:受损害者的权利自生产者将引起损害的产品投入市场之日起10年届满即告消灭,除非受害者已在此期间对生产者起诉;各成员国必须在其立法中规定提起损害赔偿诉讼的时效,该诉讼时效为3年,从原告知道或理应知道受到损害、产品有缺陷以及获悉谁是生产者之日开始计算。有关时效的中止和中断,《指令》未作规定,各成员国应适用本国法的有关规定。

综观《指令》的规定可以看出,欧洲与美国一样,在强调保护消费者利益的同时,也开始强调考虑产品制造者或销售者的利益。由于产品责任诉讼的不断增加,赔偿金额愈来愈大,许多制造商为了不至于在产品责任诉讼中破产,已经开始对其生产的产品进行产品责任保险。

第四节 关于产品责任的法律适用公约

从以上对美国以及欧洲各国的产品责任法的介绍可以看出,尽管各国以及区域组织在各自的产品责任国内立法或区域立法规定中作出了大致趋同的规定,但现行规定仍存在着许多不同,法院在处理此类案件时所依据的法律冲突规则也存在着差异,致使案件处理结果也有所不同。为了统一全球的产品责任法律规范,海牙国际私法会议于1973年10月2日通过了《关于产品责任的法律适用公约》(又称《海牙公约》,以下简称《公约》),并于1978年10月1日生效。公约共22条内容。其主要内容包括一般产品责任立法中必不可少的对产品、产品责任主体以及损害等的界定,还确定了产品责任的三项法律适用规则。

▶ 一、关于产品、产品责任主体以及损害的规定

(一) 关于产品

《公约》规定,"产品"一般是指"天然产品和工业产品,无论是未加工的还是加工的,也无论是动产还是不动产"。这一定义比欧共体《指令》所下的定义更为广泛,接近美国判例法的理解。在各国国内立法以及区域立法中,人们共同认可的"产品"一般是:动产,非初级农产品,有形物品。而《公约》的规定显然更为宽泛。

(二) 关于产品责任主体

《公约》将责任主体界定为:(1) 成品或部件的制造商;(2) 天然产品的生产者;(3) 产品的供应者;(4) 在产品准备或销售等整个商业环节中的有关人员,包括修

理人员和仓库管理员。上述人员的代理人或雇员的责任也适用该公约。

（三）关于损害

《公约》规定，"损害"是指对人身的伤害或对财产的损害以及经济损失；但是，除非与其他损害有关，产品本身的损害以及由此而引起的经济损失不应包括在内。

二、产品责任的法律适用规则

《公约》根据当事人和有关国家之间的联系点，分别具体情况，确定了三项国际产品责任诉讼案件的法律适用规则。

（一）适用侵害地国家的法律

《公约》第4条规定，若侵害地国家同时又是直接受害人的惯常居所地，被请求承担责任人的主营业地，或者直接受害人取得产品的地点，则应适用侵害地国家的法律。

（二）适用直接受害人的惯常居所地国家的法律

《公约》第5条规定，尽管有上述第4条的规定，但是，若直接受害人的惯常居所地同时又是被请求承担责任人的主营业地，或者直接受害人取得产品的地方，则适用直接受害人的惯常居所地国家的法律。

（三）适用被请求承担责任人的主营业地国家的法律

《公约》第6条规定，若上述第4条和第5条指定适用的法律都不适用，则除原告基于侵害地国家的国内法提出其请求外，应适用被请求承担责任人的主营业地国家的法律。

【参考书目】

1. 冯大同主编：《国际商法》，对外经济贸易大学出版社1991年版。
2. 王学先主编：《国际商事法》，大连理工大学出版社1998年版。
3. 刘静：《产品责任论》，中国政法大学出版社2000年版。

【思考题】

一、名词解释

1. 疏忽责任
2. 严格责任
3. 担保责任

二、简答题

1. 简述美国产品责任理论的发展历程。
2. 比较美国与欧共体指令的主要特征。
3. 西方主要国家产品责任法有关适用范围以及损害赔偿范围规定的发展趋势是怎样的？

第六章　国际票据法律制度

　　票据是国际贸易结算业务的主要支付工具,即便在发达国家的国内交易结算中也有逐渐取代货币的趋势。因此,票据在当今国际商事活动中占据十分重要的地位,票据法也由此成为国际商法的重要组成部分。本章从比较票据法的角度,对以英国《票据法》和美国《统一商法典》的"商业票据"篇为代表的英美法系,和以日内瓦《汇票和本票统一法公约》为代表的日内瓦法系进行了比较研究,系统阐述了国际票据法的基本内容,主要介绍了票据的法律特征、票据法律关系、票据行为、票据的抗辩及限制等票据法基本理论,汇票、本票、支票的概念和法律特征,出票、背书、提示、承兑、付款、拒付和追索、参加和保证等票据行为的要件和法律效力,以及《联合国国际汇票和国际本票公约》的体例和内容。

在当今国际贸易结算业务中,通常都是使用票据(特别是汇票)作为支付工具,通过银行进行非现金结算;而在发达国家的国内交易中,也趋向于以票据代替货币作为结算的工具。因此,票据在当今商事活动中占据十分重要的地位,票据法也由此成为国际商法的重要组成部分。

第一节 票据法基本理论

▶ 一、票据与票据法

票据,是指出票人依票据法签发的,由本人或委托他人在见票时或者在票载日期到来时无条件支付确定金额给收款人或持票人的一种可以流通转让的有价证券。

票据的产生源于代替现金支付的需要,古希腊和古罗马时代就已出现,当时称为"自笔证书"(sydgraphe chirographun),这种证书的持有人在要求债务人偿付债务时,必须提示证书,并须于债务清偿后将这个证书退还债务人。到公元12世纪,意大利沿海诸城航海贸易发达,商事交易频繁,为减少现金输送的风险和便利交易,一些商人通过发行票据从事货币兑换业务,并使用票据作为异地付款的凭证。此后,票据的使用日趋普遍。

我国的票据起源于隋末唐初时的帖子,可视为现代支票的雏形。以后又出现了唐代的"飞钱"、宋代的"交子"、"便钱"、"关子"等票据形式。清朝末年,西方的票据制度伴随其银行进入了中国并逐渐取代了我国固有的票据形式和钱庄。1929年,国民政府颁布了《票据法》,确定了"汇票"、"本票"和"支票"三种票据形式。

(一)票据的社会经济功能

商品经济的产生和发展导致票据制度的出现和完善,而票据制度的建立健全又促进了商品经济的繁荣和发展。之所以会产生这样相辅相成的效果,很大程度上取决于票据所具有的社会经济功能:

(1)汇兑工具。这一功能在汇票上体现得最为明显。它主要是为身处异地的商事交易双方提供资金输送上的便利。一方当事人可以通过将代表一定金额的票据汇寄给对方当事人来实现其运送等值货币的目的。汇票的这一功能对于国际贸易而言尤为重要。即使是数字化时代的到来出现了"电汇"、"电子货币"等新的两地送款方式,依旧无法改变汇票汇兑职能在国际贸易中的重要地位。

(2)信用工具。这一功能主要表现在非即期付款的汇票和本票上,指商事交易的一方当事人愿意信赖交易对方的信用而接受表示将来付款的票据。随着背书转让方式的产生,票据成为流通证券,这种对票据签发人信用的信赖不仅仅发生在直接交易的当事人之间,而且扩大至连锁的被背书人。

(3)支付工具。票据可以代替现金用作支付,从而使债务得以履行。基于对票据签发人的信用的信赖,商事交易的一方可以仅凭票据表面记载的表示金钱的数额而接受票据履行。这避免了点钞的麻烦,也便利携带和存放。

(4) 结算工具。票据作为支付手段,在互有债权债务关系的当事人之间可通过对开票据实现债权债务的抵销。复杂的现金结算可以通过票据交换制度来完成。票据因此具有了结算功能。

票据的上述经济功能,使得票据在商品经济高度发达的西方经济社会中具有重要的经济地位。但是由于票据不是法定货币,它可能被任意地开立、伪造、涂改或止付等,从而干扰正常的经济生活,因此各国普遍对票据进行立法,加强对票据行为的规范和管理。

(二) 票据立法概况

票据法是指调整票据关系以及与票据有关的其他社会关系的法律规范的总称。但各国对票据关系的法律调整在形式和内容上有着很大差异,表现在以下两个方面:

第一,编制体例上的差异。在形式上,英国、德国、奥地利、瑞典等国,专门制定了有关票据的单行法规,而法国、比利时、日本、瑞士等大多数国家则将票据法作为商法典或债务法典的组成部分;美国在1952年《统一商法典》公布后,改变了各州票据立法不统一的状况。由于《统一商法典》中的第三编"商业票据"已为各州通过立法程序相继采用,因此该编已成为美国通行的票据法律规则。中国基本采用了德国的编制体例,以单行的《中华人民共和国票据法》规范票据制度。

第二,法律制度上的差异。从各国的票据立法内容看,在一些具体制度上还是存在着不少分歧。在日内瓦统一票据法制定以前,主要存在着三个法系,即法国法系、德国法系和英美法系;在日内瓦票据公约制定后,虽基本协调统一了法国和德国票据法上的差异,但与英美票据法律制度仍有一些差别,因此形成了英美法系与日内瓦法系的对立。

(1) 英美法系。英国是一个判例法的国家,成文的《票据法》在1882年才在总结大量判例的基础上被制定出来,因此英国《票据法》的宗旨就是保护票据的正常使用和流通,促进商品经济的发展。为实现这一目的,英国《票据法》将票据关系与票据基础关系进行严格区分,凡善意取得票据者,无论有无对价支持、无论其所持票据的基础关系有无瑕疵,除伪造背书等个别情形外,皆受到法律保护。英国法对票据的形式要求也比较灵活,虽然习惯上英国的票据往往载有对价文句,但并不以在票据上载有对价文句作为票据有效的必要条件,只要是正当持票人就推定为已经支付了对价而取得票据。英国法的这些规定对其立法目的的实现起到了积极的推动作用。美国法虽采用《统一商法典》的形式对票据进行规范,但其内容秉承了英国法的许多做法。并由于其立法较晚,因此在立法技术及内容安排上更有利于现代商业票据的发展。在《统一商法典》的"商业票据"编中,先在第一章规定了与票据有关的定义及索引以及概括性的要件,然后对票据的流通与转让、权利与责任、承兑与付款等进行规定,从而使结构紧凑、内容完整,克服了英国法中对不同票据共性内容重复规定之缺陷。

(2) 日内瓦法系。日内瓦法系是在有关票据的《汇票和本票统一法公约》(以下简称《日内瓦公约》)制定后形成的。在《日内瓦公约》制定以前,欧洲大陆的票据立法还存在着两个既与英美法系对立又相互对立的法系:法国法系和德国法系。它们都各自地对许多国家的票据立法产生深远影响。

法国法系,又称拉丁法系。法国是最早对票据进行立法的国家,1673年《法国商事条例》中就有关于票据的规定。1807年法国制定《拿破仑商法典》,将汇票和本票纳入其中,此后又在1865年单独颁布了《支票法》。法国票据法的特点与其制定的时期密切相关,主要是将票据作为输送资金的工具进行规范,并不注重其流通工具和信用工具的作用。因此它强调票据关系与票据基础关系之间的联系,规定票据必须载明对价,否则就不产生票据的法律效力;同时认为只要出票人能够证明在付款人处存有资金,即可免除票据责任。显然法国法对票据的此种规定,极大地限制了票据的流通性和信用工具的效能,不能适应现代经济社会对票据的要求。因此尽管意大利、比利时、西班牙等国都曾仿效法国进行票据立法,但随着商品经济的发展都逐渐放弃法国法,转而接受德国的票据法律制度,甚至法国自身也发生了此种转变。

德国法系,又称日耳曼法系。德国票据法制定于1871年,内容包括汇票和本票,1908年又颁布了《支票法》。德国由于商品经济在当时已位于世界前列,因此对票据的规范注重其信用工具和流通手段的效能发挥,认为票据关系应与票据基础关系相分离,票据是不要因证券。这一观点与英美票据立法相同,但与之不同的是,德国法拒绝对票据形式做灵活规定,而是强调票据是要式证券,凡不符合法定形式要求的,不产生票据的法律效力。瑞士、瑞典、奥地利、荷兰、丹麦、挪威及日本等国采纳了德国有关票据的立法思想。

鉴于各国票据立法存在着诸多差异,影响票据在国际上的流通使用,不利于国际贸易的进一步发展,19世纪后期开始,一些国际组织和学者主张制定有关票据的统一法公约。1930年和1931年在国际联盟的主持下召开了两次关于统一票据法的国际会议,先后签署了6项票据方面的国际公约,分别是:1930年《统一汇票、本票法公约》、1930年《解决汇票、本票法律冲突公约》、1930年《汇票、本票印花税公约》、1931年《统一支票法公约》、1931年《解决支票法律冲突的公约》、1931年《支票印花税公约》。这些公约现已被原属于法国法系和德国法系的法国、德国、日本及部分拉丁美洲国家所接受,并体现于各国修订后的票据法中。这样,法国法系和德国法系关于票据法律制度中的分歧基本被消除了,并产生了日内瓦统一票据法系。

但是由于英美法系国家对公约采取了保留的态度,仅英国参加了并非票据法律制度核心的《汇票、本票印花税公约》及有关支票的三个公约,并且还保留了英国《支票法》的传统;其他国家既未派代表参加谈判(美国仅派观察员列席会议),也未接受其中的任何公约。因而,形成了英美法系与日内瓦统一票据法系的对立,并延续至今。联合国国际贸易法委员会为促进全球范围内票据法的统一,自1972年开始起草新的统一票据法草案,1973年国际贸易法委员会第5次大会成立了专门的国际票据法起草小组,以后分别于1984年、1986年和1987年在国际贸易法委员会的17、19、20届会议上对草案进行了审议。最终于1987年8月联合国贸易法委员会20届会议接受了该草案,并于1988年12月9日正式通过《联合国国际汇票和国际本票公约》。由于该公约规定须由10个国家批准方能生效,故目前该公约尚未生效。国际票据统一运动仍在持续。

中国的票据立法始于清末(1908年)。国民政府时期,立法院商法委员会起草的票据法于1929年9月正式公布实施,这是我国第一部票据法,也是我国台湾地区迄今仍在施行的票据法。新中国成立后,于1983年开始恢复票据制度,1993年经中国人民银行票据法起草小组起草的票据法草案经国务院讨论修改后,于1995年5月10日,经第八届全国人大常委会第十三次会议审议通过,并于1996年1月1日起施行。2004年8月28日,第十届全国人大常委会第十一次会议通过修改《票据法》的决定,修正后的《票据法》于公布之日起施行。

▶ 二、票据的法律特征

从各国票据立法的宗旨看,都意在促进票据的流通使用,保障票据的交易安全,并为实现该目的而赋予票据以下的法律特征:

(1) 票据是设权证券。所谓设权证券,是指票据的权利是基于出票人制成票据的行为而产生;在作成该票据前,票据权利并不存在。与设权证券相对应的是证权证券,如股票,仅为证明股东的权利而发行,股东的权利在出资或认缴股份时已确立。

(2) 票据是完全有价证券。所谓有价证券,是指券面载明的权利直接对应于法律上的财产权利的书面凭证,如各种票据、仓单、提单、股票、债券等。而"完全"有价证券,则是指证券与所记载的权利不可分离。将票据认定为完全有价证券,是因为票据权利的产生必须以出票人开立票据为前提;票据权利的转让必须以交付票据为前提;票据权利的行使必须以提示票据为前提;票据得到偿付后必须将票据缴回给付款人——无票据则无票据权利。据此,票据又为交付证券、提示证券、缴回证券。

(3) 票据是流通证券。各国票据法对于票据的转让,都规定了较一般民事权利转让更方便灵活的转让规则,一方面票据可以通过背书或直接交付进行转让,无须通知债务人;另一方面,票据权利转让后,原则上新的持票人不承受其前手在票据上的瑕疵,即票据债务人不得以自己对抗出票人或持票人前手的抗辩事由,对抗持票人。这种规定,大大提高了票据的流转频率,因此票据被称为流通证券。①

(4) 票据是文义证券。由于票据是完全有价证券和流通证券,因此,票据上的

---

① 值得注意的是,英美法对"转让"区分了不同的含义,即债权"让与"(assignment)、物权"转让"(transfer)和票据"流通"(negotiation)。这里"流通"意指票据权利可以仅凭交付或加上适当背书即可转让,无须通知原债务人,且票据的善意的支付了对价的受让人可以因此取得优于其前手的权利。

一切权利和义务,必须严格依照票据上记载的文义而确定,文义之外的任何理由或事项均不得作为权利或义务的根据,即使票据文义记载与事实有所不符,也不得用票据记载以外的证明方法对票据的权利和义务进行变更或补充。以此来保护流通过程中大多数票据债务人和善意第三人的权益,维护交易安全。

(5) 票据是要式证券。为了维护票据设权的明确和统一,避免票据文义的混乱或欠缺,票据的制作格式和记载事项必须依照票据法的规定进行,只有这样才能产生票据法上的效力。不依法定方式制作票据,票据效力将受到影响;如果票据欠缺绝对必要记载事项,或更改了票据上不可更改的事项,将造成票据无效。因此,票据为要式证券。

(6) 票据是无因证券。任何票据的签发、转让都是基于一定原因而产生的,例如因买卖关系、借贷关系或担保关系等的需要签发或转让票据,这些关系被称为票据的原因关系。基于促进票据流通性的需要,各国法律普遍认为应将产生票据权利义务的原因关系与票据本身的权利义务关系相分离。也就是说,只要票据符合法律"要式"的规定,持有票据的人就推定为享有完全票据权利的票据债权人,有权依据票面上所记载的文义请求一定金额的支付;相应地,票据债务人也有义务满足这种请求,而不论该持票人取得票据权利的原因关系是否合法有效(除非他有足够的证据证明该持票人取得票据为恶意),或者以自己与持票人前手或出票人之间的抗辩事由对抗持票人。只有当某种瑕疵的原因关系与票据关系统一于直接当事人之间时,票据债务人(瑕疵的原因关系的债务人)得以这种瑕疵对抗持票人(瑕疵原因关系的债权人)的付款请求。

▶ 三、票据法律关系

票据法律关系也简称票据关系,是指由票据行为引起的票据上的权利和义务关系。所谓票据权利,是指体现在票据上的持票人的金钱给付请求权,该权利内涵包括付款请求权和追索权:前者是指持票人即票据权利人向票据第一义务人或关系人请求支付或承兑票据金额的权利;后者是指当持票人的该项权利无法实现时,依法所行使的向票据上的所有义务人请求支付票据金额的权利。也就是说票据权利是两次权利,当第一次权利行使遭到拒绝时,持票人可以依法自行启动第二次权利进行补救。因而,这两次权利尽管都统一于票据权利的大概念下,但在行使时间、条件、对象、金额及权利的消灭时效上均存在着不同。

基于票据无因性、流通性等法律特征,票据权利的实现既不受原因关系的影响,也不受票据债务人与出票人及票据权利人前手之间抗辩的影响。这虽然极大地保障了票据权利人的权利实现,但也加重了票据义务人的义务。因此为确保权利人不滥用权利或者债务人不承担过分的义务,各国法律都对票据权利的取得规定了法定要件,体现在各国立法上就是区分了合法持票人与一般持票人。合法持票人是指符合票据权利取得的法定要件取得票据的人,享有完全的票据权利;一般持票人是指不符合票据权利取得的法定要件而取得票据的人,他行使票据权利时会受到票据义务人的普遍对抗。但就票据权利取得的具体法定要件而言,两大法系的观点却有明显不同。

(1) 日内瓦法系以"背书之连续"和持票人"无恶意或重大过错"为票据权利取得的法定要件。根据《日内瓦公约》第 16 条的规定,"如以背书之连续而确立其所有权的汇票占有人,即使最后的背书为空白背书,应视为该汇票的合法持票人。任何人,不论以何方式丧失汇票,只要持票人系按上文所述方式确立其权利者,无义务放弃汇票,但该持票人以恶意取得或在取得时有严重过失者除外"。日内瓦法系各国彻底贯彻了"票据无因性"的法律原则,认为只要能够从票据的外观上确定持票人具有取得票据的合法性,无论是否有对价支持,持票人即可因此成为合法持票人,从而享有票据的完整权利。即使该票据是某一合法权利人遗失或以其他方式(例如,被偷窃或被抢劫)丧失的,持票人也可仅以票据的外观背书连续(即使某个背书是被伪造的)为由取得合法票据人的地位,而不必考虑原权利人将因此而丧失票据权利;除非原权利人或票据义务人能够证明持票人取得票据具有恶意或重大过失。所谓取得票据时的"恶意或重大过失"是指持票人取得票据时明知或应知或如果尽普通人的谨慎义务就能够获知票据上存有瑕疵的心理状态。在此种情况下,持票人将因欠缺票据权利取得的"善意"要件而无法获得完整的票据权利。鉴于日内瓦法系各国承认空白背书的效力①,因此即使持票人是因继承、赠与、税收等方式获得票据,也完全有可能享有完整的票据权利,而不必受其前手权利瑕疵的影响②。

(2) 英美法以"票据未过期或不知票据过期"③且持票人"善意"并"支付了对价"作为票据权利取得的法定要件。与日内瓦法系不同,英美法将票据持票人区分为一般持票人、对价持票人和正当持票人,只有正当持票人才是完整票据权利的享有者,其他如对价持票人则可能因为缺少"善意"的要件而遭到"非善意取得或非法对价取得"的抗辩,或者如一般持票人则可能因为"没有支付对价且存在恶意"等要件遭到抗辩。根据英国 1882 年《票据法》第 29 条第 1 款的规定,正当持票人是指"按照下述条件取得汇票,其票面完整而成为合格之持票人:(a) 在成为持票人时,汇票未过期,如已有退票之事实,亦不知该事实;(b) 以善意并支付对价取得汇票,在汇票流通转让于正当持票人时,不知转让人之所有权存有任何缺陷"④。

---

① 参见《日内瓦公约》13、16 条。
② 根据《日内瓦公约》第 17 条的规定"因汇票而被诉之人,不得以其与出票人或前手持票人间的个人关系发生的抗辩对抗持票人,但持票人在取得汇票时明知其行为有损于债务人者除外"。属于该法系的法国《票据法》的第 121 条、德国《票据法》第 10、16、17 条也有类似规定。
③ 对于持票人在符合善意且支付对价的前提下,取得过期的票据是否构成正当持票人的问题,英国法和美国法看法不同,英国法(第 29 条)认为只要票据过期,持票人就不能获得正当持票人的地位;而美国法(第 3-302 条)认为如果持票人在取得票据时不知票据过期,则仍可被认定为正当持票人。
④ 所谓"所有权存有缺陷",根据英国法的解释为,如某人以欺诈、胁迫、暴力和恐吓,或其他非法手段,或以非法对价取得汇票或汇票之承兑,或违反诚信,或在等同欺诈之情况下流通转让汇票,该人对票据的所有权即有缺陷。

"对价"是英美票据法票据权利取得的核心要件,对此,英国1882年《票据法》第27条规定了汇票对价的含义:"① 汇票之有值对价,得由下述条件构成:(a)任何足以构成单纯契约之对价;(b)发生在票据以前之债务或负债,无论汇票为见票即付或在未来某一时期付款,该债务或负债即被视为有值对价。② 如在任何时候已为汇票支付了价值,则汇票之持票人对承兑人和在支付对价时已成为当事人之所有当事人而言,即被视为付对价持票人。③ 如汇票持票人,不论起因于契约或法律之默示,对汇票有留置权,该持票人即被视为是付对价持票人,但以其有留置权之金额为限。"只有善意地支付了上述对价的持票人才构成英美票据法意义上的正当持票人,得享有作为正当持票人的一切权利。美国《统一商法典》在第3-302条甚至进一步解释了不符合法定票据权利取得要件的情形:"执票人以下列方式取得票据时不成为正当持票人:a.通过司法出售购买或通过法律程序取得票据;或 b.通过获得遗产而取得票据;或 c.在不属转让人正常业务的大宗交易中将票据作为交易的组成部分而购买票据"。因此根据英美法的规定,司法取得、继承或非正常商业转让都非票据权利取得的合法方式。

英国票据法还规定了票据权利取得法定要件的例外①,即如果持票人是从正当持票人手中善意的取得票据,即使无对价也可取得正当持票人的地位;而如果持票人从伪造背书人手中取得票据,即使是善意且支付了对价的,也不能获得正当持票人的地位,享有完全的票据权利。②

所谓票据义务,是指在票据上签章的票据行为人向持票人支付一定金额的义务;在票据上签章的人,称为票据义务人。票据义务与票据权利是相互对应的两个概念,票据权利是二次请求权,相应的票据的义务也有两个层次上的区分,即第一义务和第二义务。第一义务又称主义务或付款义务,是指票据第一义务人向持票人支付票据金额的义务。第一义务也是绝对义务,义务主体履行该义务后解除所有票据义务的义务。该项义务的主体在票据被承兑时为票据承兑人,除此以外为票据出票人。第二义务又称次义务或清偿义务,是指当持票人依法行使追索权时票据上所有义务人向持票人支付票据金额、该金额在法定时期内的法定利息、法定必要费用的义务。第二义务也是相对义务,每一个义务人在履行了清偿义务后,取得了原持票人的地位,可以继续行使追索权。该项义务的主体在票据被承兑时为包括出票人在内的所有其他票据义务人,在票据未被承兑时为出票人以外的其他义务人。

与票据法律关系相对应的是非票据法律关系,又称票据基础关系,是指与票据行为密切相关,但在法律上不产生票据权利和义务的关系。非票据关系包括票据原因关系、票据资金关系和票据预约关系。如一张票据因甲乙之间的买卖合同关系而

---

① 参见英国1882年《票据法》第29条第3款规定:"持票人(不论是否付对价)如从正当持票人处取得汇票之所有权,而其本人又不是对汇票有影响之欺诈或非法行为的参与者,则对承兑人和所有该持票人之前手当事人而言,具有该正当持票人所有之全部权利。"

② 参见英国1882年《票据法》第24条。

签发,委托丙来付款,那么甲乙之间的合同关系为原因关系,甲与丙之间的委托付款关系为票据的资金关系,而甲乙之间就票据签发的时间、付款日期、付款地点、支付金额等所做的约定就是票据预约关系。根据票据法票据关系与非票据关系相分离的原则,即使非票据关系存在某种瑕疵,只要票据经过流通且取得票据的人为善意第三人,则票据义务人不得因非票据关系的瑕疵主张票据关系无效。

▶ 四、票据行为

(一) 票据行为的概念和分类

狭义的票据行为是指能够产生票据义务的要式的法律行为。票据行为是一个学理上的概念,各国票据法并没有对其做一个具体的法律定义,而是规定了具体的票据行为,主要包括出票、背书、承兑、保证、参加承兑等;出票是指出票人以创设票据权利为目的而为的票据行为;背书是持票人以转让票据权利或其他目的而为的票据行为;承兑是远期汇票的付款人为实现票据权利而承诺在汇票的到期日支付汇票金额的票据行为;保证是票据的保证人为担保票据权利的实现而承诺对特定票据债务人承担保证付款责任的票据行为;参加承兑①是指参加承兑人为担保票据权利的实现而在票据上签章承诺支付票据金额以解除其他票据义务人义务的行为。而所有这些行为的目的及效果,都是使票据行为人产生保证于票据到期日向票据权利人支付一定金额的票据义务。

根据票据行为的性质不同,可将票据行为分为基础票据行为和附属票据行为。基础票据行为是指票据的出票行为,即票据的创设行为。票据上的权利义务都是由票据的签发行为而产生的,只有出票行为有效成立后,票据才可以有效存在,其他票据行为也才有存在的前提;相应地,附属票据行为就是指出票行为以外的其他票据行为。对票据行为的此种划分可用以区分票据行为的法律效果。

(二) 票据行为的法律特征

为保证票据的流通便捷和交易安全,各国票据法都赋予票据行为以下的法律特征:

(1) 要式性。各国票据法都规定票据行为具有法定的形式,当事人不得自行决定或予以变更。具体体现在三方面:第一,签名。无论何种票据行为,必须以行为人在票据上签名或盖章作为票据行为发生法律效力的前提。第二,书面。票据行为必须以书面形式在票据上作出,口头方式或非在票据上记载不发生票据法上的效力。第三,款式。票据的记载内容、书写格式以及记载位置必须依法定作出,否则不发生票据法上的效力。如背书须在票据的背面记载;而出票或承兑则应在票据的正面记载。票据是一种"要式证券"正是缘于票据行为的"要式性"。

---

① 参见《日内瓦公约》第 56—58 条、法国《票据法》第 166 条、德国《票据法》第 55—58 条、日本《票据法》第 55—58 条、英国《票据法》第 65—67 条。各国在参加承兑的时间上规定不尽相同。中国无参加承兑制度。

(2) 抽象性。票据行为只要符合法定"要式"的条件即可生效,不受其基础关系的影响,此种性质为票据行为的"抽象性"或"无因性"。票据行为的抽象性表现为:第一,票据行为独立发生效力,不因原因关系的无效或撤销而无效;第二,票据权利人行使票据权利无须证明取得票据的原因;第三,票据债务人不能以原因关系对抗非直接当事人的持票人。票据行为的抽象性构成了票据理论的核心和基础,票据因此被称为"无因证券"。

(3) 文义性。票据行为按照法律规定的"要式"作出后,票据上的文字记载就成为票据权利行使和义务承担的唯一根据。任何人不得以票据记载以外的证明方法对票据义务进行变更或对非直接当事人进行抗辩;任何人也不得主张票据记载以外的权利。票据因此被称为"文义证券"。

(4) 独立性。各个票据行为按照法定"要式"作出后,即各自独立地发生法律效力。如果其中一个票据行为未按法定要式作出,除非该行为为出票行为即基本票据行为,否则不影响其他票据行为的法律效力。具体表现为:第一,无行为能力人或限制行为能力人在票据上的签名无效,但不影响其他签章的效力;第二,票据上有伪造、变造的签章的,不影响其他真实签章的效力;第三,票据上被保证人的债务即使无效,保证人对票据的保证行为仍然有效;第四,无权代理人在票据上签名的,自负票据责任;越权代理的代理人在票据上签章的,在其代理权限之外对票据负责任。① 日本1983年《票据法》第7条专门规定"票据行为独立之原则"。

(5) 连带性。就票据行为的法律效力而言,票据行为具有独立性;而就票据行为的责任承担而言,则是具有连带性的。各个票据行为人不但各自地承担自己的票据义务,并且也连带地承担所有票据义务人的义务。一旦票据权利人行使追索权,所有在票据上签章的票据债务人,都不分先后、主次地承担法定的连带责任,以确保票据权利人的权利得到实现。

(三) 票据行为的有效要件

一般认为,法律行为生效的要件主要包括三个方面:第一,行为人具有相应的民事行为能力;第二,意思表示真实;第三,不违反法律或者社会公共利益。其中第三个即"合法性"要件中不仅包括行为内容合法,也包括行为形式合法。因此,法律行为的生效要件也被划分为实质要件和形式要件。通常,对于一般的法律行为而言,实质要件是行为效力的决定性要件,而违反法定的形式要件并不当然导致法律行为的无效。

但是,票据行为的法律特征决定其效力规则与一般法律行为迥异。主要表现为:

---

① 参见《日内瓦公约》第7条规定:"如汇票上有无承担责任能力的人签名,或伪造的签名,或虚拟的人签名,或因任何其他理由不能使签名人或被代签的人承担义务的签名,其他签名人应负之责仍然有效";第8条规定:"任何无权代他人签名而在汇票上代签名之人,应作为当事人对汇票自行负责,如该人付款,即与其所声称代表的人具有同样权利。此项规则同样适用于逾越权限的代表"。

(1) 形式要件是票据行为效力的决定性要件。票据行为的"要式性"决定符合法律规定的形式是票据行为有效的必备条件,包括按照法律规定的格式、内容进行记载并签章、交付。票据行为如不具备法定形式要件,则该票据行为当然无效,并且如果该票据行为是出票行为,还将导致整张票据无效,即自始不产生票据权利和义务。例如根据《日内瓦公约》第 2 条规定"欠缺前条①所载任何要求的票据,无汇票效力";而英国《票据法》也有类似规定。②

(2) 实质要件对票据行为效力有不同影响。票据行为的实质要件,主要包括票据行为人具有权利能力和行为能力、票据行为人的意思表示真实及票据行为的合法性。如果票据行为不具备实质要件,则要视具体情况区分该票据行为是否有效:

第一,如果票据行为人不具有权利能力和行为能力,则该票据行为无效,票据行为人可以此对抗所有请求票据权利的持票人,但不影响票据上其他票据行为的效力。如根据英国 1882 年《票据法》第 22 条第 2 款的规定,"如汇票由婴孩、未成年人或无行为能力人或无力在汇票上承担责任之法人组织开立或背书,该出票和背书仍使持票人有权取得汇票之付款,并向任何其他汇票上之当事人要求执行"。其他各国票据法也都直接或间接反映了这样的立法思想。至于票据行为人的权利能力和行为能力一般由各国民法进行规定。如根据英国《票据法》第 22 条第 1 款规定,"汇票当事人承担责任之行为能力与缔结合约之行为能力。但本条不应使法人组织作为出票人、承兑人或背书人而对汇票负责,除非按照当时有关法人组织之有效法律,法人组织有资格承担责任"。

第二,如票据行为人的意思表示不真实,即存在票据行为人受欺诈、胁迫或其他导致意思表示不真实的事实而为票据行为的情形,则日内瓦法系认为,根据票据"文义性"、"无因性"的特点,只要该票据行为符合法定要式,就应认为该行为有效,不可以对抗除直接当事人之外的任何善意持票人,并不影响其他票据行为的有效性。而英美法系认为该意思表示不真实构成了对正当执票人权利的一种抗辩,这种抗辩不仅局限在直接当事人之间。例如美国《统一商法典》第 3-305 条规定:"执票人在其正当执票人身份的范围内,取得票据后可以:(1) 不受任何人对票据提出的任何权利主张的对抗;并且(2) 不受任何未与执票人发生关系的票据当事方提出的任何抗辩的对抗,除非抗辩涉及:可在简式合同诉讼中构成抗辩的未成年人的行为;以及致使当事方义务根本无效的其他无行为能力的行为、胁迫行为或非法交易;以及诱使当事方在既不了解也无合理机会了解票据之性质或基本条款的情况下签署票据

---

① 参见《日内瓦公约》,根据第 1 条规定:汇票应包含下列内容:(1) 票据主文中列有"汇票"一词,并以开立票据所使用的文字说明之;(2) 无条件支付一定金额的命令;(3) 付款人(受票人)的姓名;(4) 付款日期的记载;(5) 付款地的记载;(6) 受款人或其指定人的姓名;(7) 开立汇票的日期和地点的记载;(8) 开立汇票的人(出票人)的签名。

② 参见英国《票据法》第 3 条规定:"(1) 汇票为一次书面之无条件支付之命令,由一人开致另一人,并由发出命令者签名,要求受票人见票或定期或在某一可预定之日期,将一定金额之款项付与规定之人或其指定人或来人;(2) 不符合上述条件或要求,在支付款项之外完成其他行为之票据,不是汇票。"

的虚伪说明,以及破产程序中的债务豁免;以及执票人取得票据时已得到通知的任何其他已被解除的责任。"

第三,如果票据上所显示的票据行为人根本没有作出过任何意思表示,即该行为人的签名系被伪造或变造,或被他人无权代理或越权代理而为的签名,则该签名对于被伪造者或被无权或越权代理的本人而言是不发生票据法上的效力的,也就是说被伪造者或被无权或越权代理的本人不对任何持票人承担票据上的责任。当然作为被伪造者或被无权代理或越权代理的本人必须负有对此抗辩举证的责任。那么应由谁来对持票人的权利承担责任?对此两大法系的观点是截然相反的。大陆法系认为虽然被伪造人或无权代理人的本人可以此对抗善意持票人,但其他在票据上签名的人仍应对善意持票人的权利承担责任①;英国法却认为伪造或未经授权之签名完全不产生票据法的效力,任何其后的正当持票人都不能从伪造或未经授权之签名的汇票上获得或转让完整的票据权利,因此也就不能获得任何汇票债务人的付款。② 但是正当持票人的损失可以通过向伪造者或无权代理或越权代理的行为人要求赔偿。

第四,如果票据行为在内容上或者在目的上不合法,即该票据行为人在为票据行为时有恶意或违反法律或社会公共利益等情形,如为走私或贩卖毒品等签发或转让票据,则根据票据行为无因性的原则,为保护善意持票人的合法票据权利,该票据行为仍然有效,违法行为人应对其所签章的票据对任何持票人承担票据责任,并且不因此而免除其违法行为应承担的其他法律责任。

▶ 五、票据的抗辩及其限制

票据的抗辩是指票据义务人根据票据法的规定,提出合法理由,拒绝履行其义务的行为。票据行为的特征使票据行为人承担了较重的付款或担保付款的票据义务。为防止持票人滥用权利,维护票据义务人的合法权益,票据法建立票据抗辩制度,赋予票据义务人行使一定的自我保护措施的权利,使票据权利人与票据义务人的利益得到法律的平衡保护。

从各国票据法的内容来看一般规定了两种票据义务人抗辩的原因:

其一为绝对抗辩。又称客观抗辩或物的抗辩,是指基于票据或者票据上记载的义务人的原因而发生抗辩,该抗辩是针对一切持票人行使的抗辩权,不因持票人的不同而有所不同。根据该抗辩权行使主体的不同可分为任何票据义务人享有的抗

---

① 参见《日内瓦公约》第 7 条,如汇票上有无承担责任能力的人签名,或伪造的签名,或虚拟的人签名,或因任何其他理由不能使签名人或被代签的人承担义务的签名,其他签名人应负之责仍然有效。

② 参见英国《票据法》第 24 条规定:"如汇票上之签名系伪造或未经被签名人之授权,则伪造或未经授权之签名完全不产生效力,从而无权通过或根据该签名保留汇票或解除汇票责任,或要求汇票上任何当事人履行付款,除非对保留汇票表示同意或对汇票应负付款责任之当事人不能否定该伪造或未经授权之事实。"

辩和特定票据义务人享有的抗辩。

任何票据义务人可为之抗辩,主要是指,因票据的出票行为欠缺必要记载事项而使票据归于无效(详见该节"票据行为有效要件"部分),致使票据权利义务根本没有产生;即使该票据上有后续的行为人,也可以此作为对抗任何持票人的合法理由。此外,如果票据权利人怠于行使自己的权利导致时效已过,则票据上的义务人也可以此作为抗辩,拒绝票据权利人的权利请求。①

特定票据义务人可为之抗辩,主要是指,因票据行为人欠缺票据行为能力,或该票据行为人的签名是被伪造的、或虚拟的,或被他人无权代理的或被他人越权代理的,则票据上虽显示其签名,但该票据行为人并不承担票据义务,并可以此对抗任何持票人的抗辩。《日内瓦公约》第7、8条对此做了具体的规定。而英美法则规定,票据义务人可依据意思表示不真实,如受胁迫或因错误陈述被诱骗为票据行为为抗辩理由对抗正当持票人的权利请求。此外,如果票据上记载的义务人被法院宣告破产,亦构成其抗辩的理由。

其二为相对抗辩。又称主观抗辩或物的抗辩,是指基于持票人自身或票据义务人与特定持票人之间的关系而产生的抗辩。该抗辩权的行使是针对特定持票人而为的,包括任何票据义务人对特定持票人的抗辩和特定票据义务人对特定持票人的抗辩。

任何票据义务人对特定持票人的抗辩,主要是指,特定持票人取得票据的方式不足以使其享有或完全享有票据权利。例如持票人取得票据时具有恶意或严重过失,或者欠缺英美法所要求的善意或对价等。根据《日内瓦公约》第10条的规定,"签发记载不全的汇票,如不按原订合约补全者,不得因未遵守该合约以对抗持票人,但持票人以恶意或严重过失取得汇票者除外"。而美国《统一商法典》第3-408条规定"缺乏或未能支付对价,可作为对抗不享有正当执票人权利(第3-305条)的任何人的抗辩理由,除非该对价不是必须的……"。

特定票据义务人对特定持票人的抗辩,主要是指,基于当事人之间的特定关系而产生的抗辩。例如直接当事人之间可以欠缺原因关系或原因关系不合法为由进行抗辩,或者如果出票人或背书人在票据上记载了"不得转让"的字样,则除了其直接后手以外的持票人,都可以此作为抗辩的理由。例如《日内瓦公约》第15条规定,"背书人得禁止任何再背书;在此情况下,该背书人对禁止后再经背书而取得汇票的人,不承担保证责任"。

基于票据流通性和安全性的需要,各国票据法律制度在赋予票据义务人自我保护权利的同时,也希望将这种抗辩的风险尽可能地限定在个别当事人之间,不引发

---

① 参见德国《票据法》第70条的规定:"(1)对承兑人的汇票合法请求权从到期日起3年内有效。(2)持票人对背书人和出票人的请求权,从及时作成拒绝证书之日起,或在载明'不负担费用'的文句的情况下从到期日起1年内有效。(3)背书人对另一背书人和出票人的请求权,从该背书人支付汇票票款日起,或从为向该背书人索赔而将汇票送交法院之日起6个月内有效。"

连锁的危及整体票据关系的不利后果,因此创设票据抗辩限制法律制度。所谓票据抗辩限制,主要是指,票据义务人与出票人或持票人前手之间存在的抗辩事由,不能用于对抗持票人的票据权利。也就是说,除非有法定的可以对抗一切持票人的抗辩事由,否则持票人的权利不因票据义务人与出票人或其前手之间的原因关系有瑕疵而受影响,直接当事人之间的抗辩得在非直接当事人之间被切断。例如英国《票据法》第38条第2款规定:"汇票持票人之权利和权力;如为正当持票人,其持有汇票之权利不受前手当事人有瑕疵所有权之影响,也不受前手当事人之间得作为个人抗辩事由之影响,并得强使所有对汇票负责之当事人付款。"《日内瓦公约》第17条也有类似规定。

以上是有关票据法律制度的基本理论问题,而对于不同的票据类型各国又有具体的法律规定。需要指出的是,各国票据法对于票据类型的认识和规定并不一致,德国(1933年)、法国(1935年)和日本(1983年)①的票据法中只规定了汇票和本票,而将支票单独立法;美国《统一商法典》和英国1882年《票据法》不仅将支票纳入其中,并且认为支票是以银行为付款人的汇票。② 而目前国际上较为统一的认识是将汇票、本票和支票一起列为票据的基本类型。以下我们将分别进行介绍。

第二节 汇 票

一、汇票的定义和种类

所谓汇票(bill of exchange),是指由出票人签名出具的,要求受票人于见票时或于规定的日期或于将来可以确定的时间内,向特定人或凭特定人的指示或向持票人,支付一定数额的无条件的书面支付命令。③

汇票是一种委托他人付款的证券。汇票的原始当事人通常包括出票人(drawer)、受票人(drawee)、受款人(payee)。汇票是由出票人签发票据,委托受票人向票据的受款人支付票载金额。其中受票人可以是包括个人、商号、银行在内的各种自然人或法人。

在国际贸易中,一般出票人为卖方,开立以买方为受票人的汇票,并指定卖方的开户行或关系行为受款人以结算货款。如果卖方没有履行或履行不符合约定或没有给买方合理的检验机会,则买方有权以拒绝承兑达到拒绝付款的目的。

根据不同标准,可将汇票区分为不同种类:

(1) 按出票人不同,可分为商业汇票(commercial bill)和银行汇票(banker's bill)。商业汇票是由实施商业行为的企业或公司所开,付款人可能是其他法人或企

---

① 《日本商法典》承认支票是票据的一种。
② 参见英国《票据法》第73条。
③ 参见英国《票据法》第3条。

业或有信誉的自然人;银行汇票是由银行开出,由银行兑现。

(2) 按付款时间不同,分为即期汇票(sight bill)和远期汇票(time bill)。即期汇票为见票即付的汇票;远期汇票是指付款人不是在见票时而是在汇票所记载的到期日付款的汇票。远期汇票又分为定日付款、定期付款和见票后定期付款三种形式。

(3) 按记载受款人的方式不同,可分为记名式汇票(special bill)、指示式汇票(assign bill)和不记名式汇票(blank bill)。记名式汇票是指在汇票上载明受款人的姓名或商号的汇票;指示式汇票是指出票人在汇票上不仅载明受款人的姓名或商号,同时还附加记载"或其指定人"字样的汇票;不记名式汇票是指出票人在汇票上不记载受款人的姓名或商号,无论谁为持票人都可直接向付款人请求付款的汇票。

此外还有指己汇票和对己汇票。如果出票人以自己为受款人开立汇票,则为指己汇票;如果出票人以自己为付款人开立汇票,则为对己汇票。对己汇票也可视为本票而存在。

▶ 二、汇票的出票(Issue)

汇票的出票是指作成要式票据并交付给受款人的行为。其中,作成票据的人为出票人,出票人在票据上载明的收款人为受款人。如前所述,票据的出票行为是票据关系产生的基础行为,必须按照法定要式作出。两大法系的国家均规定:只有具备法定要件的书面凭证才构成有效票据。但总的看来,日内瓦法系对票据的形式要件规定的要比英美法系更具体细致:

(1) 必须标明汇票字样。根据日内瓦法系的规定,票据上必须有表明票据类型的字样①,如汇票上必须有"汇票"字样,并认为这是票据文句,作用是避免混淆票据的类型,欠缺将导致票据无效。但英美法各国的票据法中所规定的形式要件里并无此项要求。

(2) 必须是无条件支付的命令。汇票是一种无条件支付的书面支付命令,其付款必须是无条件的。任何附条件的付款将导致票据的无效。例如在票据上记载"交付合格的货物后才付款",就构成一项可导致汇票无效的条件。但英美法对"无条件"进行了更具体的界定。根据英国《票据法》第3条第3款之规定,"从某一特定基金中支付之命令,按照本条含义不属无条件;但无保留支付之命令中有下述记载者,应属无条件:(a) 受票人自某一基金中取得偿付,或以金额借记某一账户者;或(b) 说明产生汇票之交易"。也就是说,如果汇票上记载"在出售某批纺织品所得的收入中支付某甲5万英镑"②,这种记载就是有条件的,将导致汇票的无效。因为这批纺织品也许卖不出去,也许所售不足5万英镑,受款人也就将得不到汇票上所规定的金额。但如果汇票上记载的是"付汤姆5万英镑,以本人的小麦售款补偿"③,

---

① 参见《日内瓦公约》第1、75条;日内瓦《支票统一法公约》第1条。
② 参见冯大同主编:《国际商法》,对外经济贸易大学出版社2001年版,第410页。
③ 参见张圣翠主编:《国际商法》,上海财经大学出版社2000年版,第287页。

或者加注出票原因,或者指定借记账户等,则被认为是汇票上的嘱托语句,并不对付款(支付)构成任何限制,票据应为有效。美国《统一商法典》第3-105条也有类似的规定。

(3) 记载的金额必须是确定的。汇票是有价证券,因此其上所记载的支付金额应为确定的,任何含糊的表述都将导致票据的无效,如"支付约1000美元"等。但是各国票据法一般也规定,汇票上可记载利息条款,利息金额的不确定性不影响票据金额的确定性,因此也并不导致票据无效。英美法甚至规定,利息条款可以在任何付款期限的汇票中记载,并不要求确定利率。① 而日内瓦法系的国家则要求利息条款中必须记载确定的利率,如不表明,则该利息条款视为无记载;同时利息条款只能在见票即付和见票后定期付款的汇票上记载,在其他汇票上记载的利息条款视为无记载。②

此外,英美法系票据法还规定,即使汇票上规定了分期付款、违约时的利息计算、提前付款的折扣、汇兑费以及违约时的托收或律师费用等,都不影响确定金额的认定。

如果汇票中所记载的金额是以文字和数字两种形式同时记载,而记载又有差异时,或同种记载先后有差异时,一般不影响票据的有效性。日内瓦法系各国明确规定:凡汇票应付金额同时以文字及数字表示者,如有任何差异,以文字表示的数额为应付金额;凡汇票应付金额多次以文字或数字表示者,如有任何差异,以较小的数额为应付金额。③ 英美法各国的票据法中也有类似的规定,如美国《统一商法典》第3-118条中规定了"文字支配数字"的原则,该原则被同样适用于票据金额的书写差异;但如果文字书写模糊,则根据该条,应以数字为准。但中国的《票据法》却强调记载的一致性,第8条规定:"票据金额以中文大写和数码同时记载,二者必须一致,二者不一致的,票据无效。"

(4) 必须载明付款人(受票人)的姓名。日内瓦法系各国认为汇票上必须载明付款人(受票人)的姓名。④ 该项记载不得以任何推定否定。如果没有该项记载将导致汇票无效。英国《票据法》则认为汇票上必须合理肯定地写明或以其他方式表示受票人的姓名⑤,但如果受票人是出票人本人或受票人为虚构或无缔约行为能力,则由持票人自行决定,将该票据视为本票或汇票。⑥ 英国法还认为,汇票得开致两名或两名以上的受票人,不论他们是否为合伙;但如果这两名或以上的受票人是可选择的,或有先后顺序的,则该记载将导致汇票无效。⑦ 美国《统一商法典》第3-104条

---

① 参见美国《统一商法典》第3-106条。
② 参见《日内瓦公约》第5条。
③ 参见《日内瓦公约》第6条;德国《票据法》第6条;法国《商法典》第113条;日本《票据法》第6条。
④ 参见《日内瓦公约》第1条。
⑤ 参见英国《票据法》第6条第1款。
⑥ 参见英国《票据法》第5条。
⑦ 参见英国《票据法》第6条第2款。

中没有将对受票人的记载作为汇票必须具备的格式,而是更加重视受款人的规定。

关于汇票受票人对受款人的付款义务,并非是当然的绝对义务,只有受票人在票据上签名或盖章(承兑)后,才成为主债务人,承担绝对的付款义务,否则票据的出票人应为主债务人,由其对受款人承担最终付款的义务。

(5)必须载明汇票的受款人或其指定人的姓名。根据日内瓦法系各国的规定,汇票的出票人本人或其指定的人,都可以作为汇票的受款人被记载于票据之上,但是未注明受款人或其指定人的姓名或商号的汇票即无记名式汇票不构成一项有效的汇票。① 英国法尽管认为受款人应于汇票上合理肯定地写明或以其他方式表示,但也承认汇票受款人可以为任何持有汇票的"来人";并且如果一张汇票所记载的受款人为虚拟者或并无其人,则该汇票也可视为付与来人。② 美国《统一商法典》强调受款人应被记载,在第 3-104 条第 1 款必须记载的事项中直接规定,受款人为"指定人"或"来人",并在第 3-110、111 条对"指定人票据"与"来人"票据做了具体规定:当汇票上合理确定地指定任何人或其受让人或当票据上明显载有"汇票"或类似字样并列明受款人姓名时,该票据为付给指定人的票据;如果没有这样的确定,则除非"来人"字样是手写或用打字机缮打的,该票据为付给指定人票据;如果该汇票是付给"来人"的,那么即使汇票上载有"此票据经正式背书后交还即可付款"等字样,也不构成一张"来人"汇票。根据英美法的规定,付款于指定人的汇票可以通过背书的方式流通转让,而如果是"来人式"汇票则通过交付就可实现转让。

(6)汇票的出票日期及地点。该项记载是否构成汇票的法定形式要件,日内瓦法系和英美法系的做法不尽一致。日内瓦法系各国认为,原则上该项记载得作为汇票有效出立的形式要件,特别是对出票日的记载是具有绝对法律效力的,缺少该项记载将导致汇票无效;但如果没有记载的内容是出票地点,则并不当然导致汇票的无效,而是可依据法律规定进行合理推定,从而使其具有法律效力。根据日内瓦公约的规定,"未载出票地的汇票,出票人姓名旁所记载的地点视为出票地"。

而英美法系各国一般认为,该项记载不构成汇票的法定要件。③ 对未注明出票日期的汇票,英国《票据法》第 12 条规定,"如表明为出票后定期付款之汇票在签发时未载日期,或见票后定期付款之汇票在承兑时未填日期,任何持票人得以实际签发日或承兑日补填,该汇票即应按补填之日期,作相应付款;但如持票人虽出于善意而错填日期,以及在任何情况下如错填日期之汇票最终由正当持票人持有,汇票不得作为无效,而应作为有效并支付,如同其所填日期为真实者"。美国《统一商法典》第 3-114 条也规定,票据的可流通性不因其未载日期、日期提前或日期填后而受影响,票据上或其他任何签名旁附有之日期,在无充分反证前应推定为是正确日期。

---

① 参见《日内瓦公约》第 1、2、3 条。
② 参见英国《票据法》第 7 条。
③ 参见英国《票据法》第 3 条第 4 款规定:汇票不因下列原因而无效:无出票日,未说明对价,无出票地或付款地。

关于缺乏出票地址的汇票,英美法国家的规定也以出票人的营业地或住所地为出票地。

出票日期和地点的确定在法律上有重要意义。出票日期对于出票后定期付款的汇票具有确定付款日期的作用;对于见票即付的汇票具有确定付款提示日期的作用;对于见票后定期付款的汇票具有确定提示承兑期限的作用。而出票地点则关系到国际汇票的法律适用问题。

(7) 汇票的付款日期及地点。汇票的付款日期也称汇票的到期日,应被以确定的或可确定的方式记载于汇票之上。日内瓦法系各国一般规定了四种付款日期[①]:见票即付,即一经持票人提示就得立即付款,也称即期汇票;见票后定期付款,是指由持票人在一定期限内提示承兑,由承兑人确定付款日期;出票后定期付款和定日付款。后三种也称远期汇票,它使汇票在到期日到来之前可以通过背书进行流通,从而具有信用工具的作用。上述四种方式以外的付款形式均被日内瓦法系所拒绝。如果汇票上没有记载付款日期,那么按照《日内瓦公约》第2条的规定,将被推定为见票即付的汇票,因此汇票不可能因为缺乏付款日期而导致无效。

英美法也将付款日期作为汇票的法定形式要件,并且也规定了上述四种付款方式,不过英美法同时也承认以某一肯定会发生的事件为依据来确定付款时间[②],如规定,汇票于某人死亡后2个月付款。但如果该事件是偶然发生的,即使该事件以后确实发生,也不能以该事件作为确定付款事件的依据,如汇票于某人大学毕业后3个月付款,可能该人并不能从大学毕业。

关于付款地点是否必须被记载于汇票之上,尽管各国规定并不一致,但基本认为欠缺该项记载并不必然导致票据无效。日内瓦法系认为可将付款人姓名旁的地点推定为付款地点。[③] 英美法则没有规定汇票上得记载付款地点,只要持票人能够找到付款人就可在该地得到支付。如果付款人是虚构的或无法找到,则持票人可将汇票视为本票,要求出票人支付。[④]

(8) 必须有出票人的签名。该项记载为法定形式之绝对必要,也是两大票据法系共同之规定。按照票据法的原则,只有在票据上签名的人,才是票据的行为人、义务人和责任人。而出票人的出票行为作为基础票据行为,产生最基本的票据权利义务,也将承担最终的担保承兑和担保付款的责任。因此欠缺出票人签名的汇票是一张自始无效的票据。

根据日内瓦法系的规定,出票人的责任有两项:一是担保汇票获得承兑。如果汇票的付款人拒绝承兑,持票人可以作成拒绝证书后,向出票人行使追索权,请求其偿付票面金额及相关费用;二是担保票据获得付款。如果汇票到期得不到付款,则

---

① 参见《日内瓦公约》第33条。
② 参见美国《统一商法典》第3-109条;英国《票据法》第10、11条。
③ 参见《日内瓦公约》第2条。
④ 参见英国《票据法》第5条。

出票人应对持票人进行清偿。日内瓦法系各国允许汇票的出票人在票据上记载"免责文句",免除其承担担保承兑的责任,但如果免除的是担保付款的责任,则该项免责记载不发生法律效力。① 而英美法系认为出票人或背书人可在汇票上明确规定,否定或限制其对持票人之责任②,并不限制责任免除之内容。

三、汇票的背书(Endorsement)

（一）背书的有效要件

汇票的背书就是指持票人在汇票背面签名,并把它交给对方的行为。在汇票背面签名的人称为背书人(endorsor),接受经过背书的汇票的人称为被背书人(endorsee)。背书是转让流通票据的主要方式,也是比较复杂的一种方式。因此两大法系均对背书的有效要件作了一般性的规定:

(1) 必须有背书人签名。背书是票据行为的一种,因此必须由背书人在汇票上签名才能确定具体的行为人、义务人及承担票据责任的人。根据各国票据法的规定,背书人在汇票上签名就构成背书的有效成立。

(2) 背书必须记载于汇票背面或与汇票连成一体的粘页上。票据行为是要式行为,它的记载应按照法律规定的格式作成。一项有效的背书应记载于汇票的背面,如果汇票经多次背书、流通,致使背面无法记载,则各国票据法都规定可通过在汇票上加贴粘页继续背书。为防伪造,汇票原纸上的最后一次背书应写在汇票原纸与粘页的骑缝上,粘页与粘页之间的背书规则亦同。

(3) 背书必须是无条件的。这里的条件是指不以某种前提作为背书生效的条件,如"以收到货款作为背书生效的条件"。若背书人在背书时于汇票上记载了这样的条件,各国都认为被背书人或持票人可无视这种条件的存在。但如果背书人记载的是"只能付与丙"或"付与丙,入某人之账"或"禁止转让"等内容,则被认为是对背书的限制,这种限制是具有法律效力的,背书人可不对该记载之外的其他持票人或受让人承担票据义务。

(4) 背书必须是对全部金额的背书。背书人若对汇票的部分金额进行背书,或将汇票金额分开转让给两个以上的被背书人,即为部分背书。各国法律均认为部分背书是无效的,不产生转让票据权利的法律后果。③ 尽管美国法的表述略有不同,但实践中并无二致。④

---

① 参见《日内瓦公约》第9条。
② 参见英国《票据法》第16条。
③ 参见英国《票据法》第32条第2款规定:"部分背书,即意图将应付之金额部分让与被背书人之背书,或旨在将汇票分别转让给两名或两名以上的被背书人之背书,不能起到使汇票发生流通转让之作用。"
④ 参见美国《统一商法典》第3-202条第3款规定:"背书只有在让与整张票据或其任何未付款的剩余部分时,才具有流通转让的效力。如背书金额少于前者,则此项背书仅起部分让与作用。"由于英美法对转让、让与和流通进行了区分,因此对票据金额的部分背书仅导致直接债权债务人之间的债权转让,受让人取得的是一般持票人而非正当持票人的地位,所获得的权利并非完整的票据权利。

（二）背书的种类

背书是最经常发生的票据行为，根据不同的标准，可以把背书分为以下几种：

(1) 依据背书的方式不同，可将背书分为记名背书(special endorsement)和空白背书(blank endorsement)。记名背书又称完全背书，是指背书人在背书时于背面同时记载自己的姓名和被背书人或其指定人(or order)的姓名、商号，再将汇票交付给被背书人的背书。记名背书的被背书人可以再度通过记名背书的方式转让，从而构成背书的连续。空白背书又称无记名背书，是指背书人在背书时仅于汇票背面记载自己的姓名，而不填写被背书人的姓名或商号。空白背书后的汇票凭交付而转让，其结果同来人式汇票(to bearer)相同。从目前世界各国的票据法看，除中国的《票据法》①外，一般都承认空白背书的法律效力，因此记名背书和空白背书可以交替使用，并不影响持票人享有票据权利。②

(2) 依据背书人背书的目的，可将背书分为转让背书和非转让背书。转让背书是指以转让票据上的权利为目的所作的背书，其受让人可取得该汇票的所有权。除持票人在背书时另有记载外，通常的背书多为此种背书。非转让背书(流通背书)是指背书人作背书的目的不是为转让票据权利，而是另有所需，具体的有：① 委任取款背书(endorsement for collection)，不产生转让票据权利的效力，给予被背书人的是代理权。如《日内瓦公约》第18条第1款规定：如背书载有"价值在托收中"、"为托收用"、"委托代理"或任何其他词语，以表明单纯委托的声明，持票人得以行使汇票上所有的一切权利，但只能以代理人资格背书。第2款规定：在此情况下，承担责任的各当事人对持票人提出的抗辩以能对抗背书人者为限。又如英国《票据法》第35条中认为，非为转让票据所有权"付与丙或其指定人、作托收用"，给予被背书人以收取票款之权利，但并不授予作为被背书人所具有转让权利之权力。② 设质背书(endorsement of pledge)，又称质权背书，如背书记载"担保价值"、"抵押价值"或任何其他抵押声明，被背书人得以质权人的资格行使汇票上的一切权利，并受抗辩限制的保护，除非质权人在接受汇票时明知有损害票据义务人的情形。

英美法还有一种背书称为"融通背书"，根据英国《票据法》第28条和美国《统一商法典》第3-415条的规定，融通背书是指背书人并未取得价值(对价)而将自己的名字借与其他人签于汇票之上。例如某甲取得汇票，并希望汇票得以顺利流通，遂要求乙公司将其商号签于汇票之上，乙公司应允。作为融通票据的融通人，乙公司得对任何对价持票人和正当持票人承担汇票责任，无论该持票人是否知悉其为融

---

① 参见《中华人民共和国票据法》第30条规定："汇票以背书转让或者以背书将一定的汇票权利授予他人行使时，必须记载被背书人名称。"

② 参见《日内瓦公约》第16条规定："如以背书之连续而确立其所有权的汇票占有人，即使最后的背书为空白背书，应视为该汇票的合法持票人。在此情况下，已涂销的背书视为无记载。在空白背书后紧接另一背书时，最后背书的签名人，应视为以空白背书而取得汇票者。"

通人。如果融通人对持票人支付了票据上的金额,那么他就取得了向被融通人行使追索权的权利。融通行为不仅可发生在背书时,也可发生于出票时或承兑时,其法律后果与背书相同。

汇票的背书行为一般发生在汇票到期日之前,如果对一张过期的汇票进行背书转让,则虽然各国法律一般不予否认,但在具体的规定上存在一些差异。英国法认为,过期汇票的背书转让应受到该票据到期时的任何权利缺陷的约束,并在此以后任何持票人都不能取得或给予较其前手所拥有之更优越的所有权。① 例如甲因继承而持有一张到期汇票,并于到期后将该汇票背书给善意且支付了对价的正当持票人乙,则尽管乙为正当持票人,但并不能享有其作为正当持票人得对票据义务人抗辩进行限制的权利,而是受到其前手甲无对价取得汇票的抗辩的制约;同时如果乙欲将该汇票背书转让给丙,则即使丙为正当持票人,他仍可能受到无对价取得的抗辩。但美国法对此的规定则不同,它认为只要后手对价持票人不知该汇票已过期,则他可以通过善意且支付对价取得正当持票人所应享有的完整票据权利并得享有抗辩限制制度所带来的好处。② 例如上例中的乙可因其不知该汇票已过期而成为真正意义上的正当持票人。日内瓦法系各国的规定较为简练,认为汇票到期后的背书与到期前的背书具有同等效力。

而对于被拒付汇票的背书转让问题,两大法系的规定存在根本性的差异。英国《票据法》第36条第5款规定,未过期而遭到退票的汇票,只要后手对价持票人在取得汇票时是善意的、不知悉汇票被拒付的事实,它即能获得正当持票人的完整权利。日内瓦法系的国家却规定,因拒付而作成拒绝证书后或规定作成拒绝证书的期限届满后的背书,只具有通常债权转让的效力。③ 但日内瓦法系同时认为对于未载明背书日期的背书,如无相反的证明,视为在规定作成拒绝证书期限届满前在汇票上所作的背书,从而尽量促成一项汇票得以背书的方式进行转让。

以设定票据义务、转让票据权利为目的的背书,产生相对应的两种法律后果,一是被背书人获得票据权利,并可因其善意且支付对价取得合法持票人或正当持票人的地位,享有完整的票据权利及非直接当事人之间抗辩事由的限制;二是使背书人承担票据义务进而是票据责任,即担保汇票获得承兑或付款的责任。但英美法甚至规定,背书人对正当持票人不得否认出票人及一切前手背书人签名的真实性及对其直接的或后来的被背书人不得否认该汇票在背书时是有效的,并不得否认他对该汇票享有正当的权利,从而保证其担保承兑或担保付款义务的实现。

---

① 参见英国《票据法》第36条第2款。
② 参见美国《统一商法典》第3-302条规定:"正当持票人是指给付对价、善意且不知该票据已过期或已被退票……"
③ 参见《日内瓦公约》第20条。

四、汇票的提示、承兑与付款

(一) 汇票的提示

持票人的票据权利是通过获得承兑进而获得付款而实现的,因此承兑与付款对持票人具有重要意义;而票据是完全有价证券,其权利行使必须以权利人持有票据并向义务人提示票据为前提,从这个意义上说,提示是权利人行使和保全票据权利的必须行为。

所谓汇票的提示(presentment),是指持票人向付款人出示汇票以要求承兑或付款的行为。提示可分为承兑提示和付款提示两种。一般的即期汇票,因为见票即付的性质(bills payable on demand, at sight 或 on presentment),所以只需作付款提示;而远期汇票则一般都要向付款人作承兑提示,然后再作付款提示。根据两大法系的规定,见票后定期付款的汇票必须提示承兑以确定付款的日期;其他远期汇票,如果出票人在汇票上规定必须提示承兑或者汇票在第三人的地址付款或在受票人住所以外的其他地点付款,则持票人必须作承兑提示。除此之外,除非出票人在汇票上规定"禁止提示承兑",可由持票人自行决定是否提示承兑以确定承兑人付款的义务。

关于提示应于何时作出,两大法系的规定不尽相同。日内瓦法系认为提示承兑的时间有法定和约定两种。根据《日内瓦公约》第 23 条的规定,"见票后定期付款的汇票应在出票日起 1 年内提示承兑",出票人也可以通过约定缩短或延长这个时间,但背书人只能以约定缩短提示承兑的期限;其他远期汇票,如汇票上记载了提示承兑的时间,则在该时间提示承兑,若无此规定,则应在汇票到期日之前为承兑提示。对于付款提示,根据该公约 38 条的规定,"定日付款或出票或见票后定期付款的汇票之持票人在付款日或其后两个营业日之一作付款提示";第 34 条规定,"见票即付的汇票,在提示时付款,并应在出票日起 1 年内提示付款。出票人得缩短或延长此期限。此项期限背书人得予缩短。"。英美法系对于提示时间仅作了一个原则上的规定,即提示承兑应在汇票过期之前的营业日之"合理时间"(reasonable time)内作出,至于什么是合理时间,根据英美法的解释,应在考虑了汇票性质、有关同类汇票之贸易惯例和具体案例之事实之后进行判断。付款提示应于汇票到期日进行。

汇票的提示在法律上产生两种效果,就积极方面而言,是行使票据权利的行为;就消极方面而言,是保全票据权利的手段——根据英国《票据法》第 40、45 条的规定,如果汇票未按照规定期间提示承兑或提示付款,汇票出票人及该持票人所有前手背书人得解除票据责任;但"如开立为在受票人营业处所或居住地以外地点付款之汇票持票人,经合理之努力,仍无时间在汇票到期日提示付款前提示承兑,则在提示付款前由于提示承兑所发生之延迟得予宽恕,从而并不解除出票人和背书人之责任"。美国法对持票人没有作出必须的提示或迟延提示的规定与英国法不同,《统一商法典》第3-502条规定,"在无免责理由的情况下,如果未在规定时间内作出必要的提示或拒付通知,所有的背书人均被解除责任;并且所有的出票人、由银行付款之汇票的承兑人、或由银行付款之本票的制票人,如果在拖延期间由于受票人或付款银行破产而无法获得其在受票人或付款银行处保存的用以兑付票据的资金,均可以用书面形式将其就该项资金的权利让与给执票人,从而解除自己的责任;此种出票人、承兑人或制票人不能以其他方式解除自己的责任。日内瓦法系的国家则规定,如未在出票人规定的时间内提示承兑,除非汇票上记载的文义表明仅出票人得因此解除对其承兑的保证,否则,持票人丧失其因拒绝承兑和拒绝付款而得行使的追索权。①

(二) 汇票的承兑

所谓汇票的承兑(acceptance),是指汇票的付款人接受出票人的付款委托,同意承担支付汇票金额的义务,并将此项意思表示记载于汇票之上的行为。一项有效的承兑一般须具备以下的要件:

第一,必须有承兑人的签名。两大法系均认为"签名"是付款人以自己的意思表示同意支付汇票金额的外在行为表现。"签名"使付款人成为票据法律关系的主义务人,承担绝对的付款义务。

第二,签名应于汇票上作出。除美国外,各国均认为承兑人的签名只能在汇票作出,非此不构成有效票据,但美国的《流通证券法》还承认"票外承兑",即付款人另纸写明承兑的亦有效。②

第三,承兑应在法定时间内作出。各国法律一般都规定承兑必须在法定时间作出,特别是必须提示承兑的汇票,一般应在持票人提示承兑后的第2个营业日结束前作出承兑。英国法的规定略有不同,认为承兑只要在"习惯时间"③作出即可,但这个习惯时间一般认为是从正式提示开始的24小时内。如在此期间付款人没有作出承兑,则视为拒绝承兑,持票人得行使追索权。

根据承兑人作出承兑的条件和法律后果的不同,各国法律一般将承兑区分为普通承兑和限制性承兑。普通承兑,是指付款人无条件的同意出票人支付委托的承诺表示,可由付款人在汇票上记载"承兑"或类似字样并签具其姓名及承兑日期,或者仅签具付款人的姓名也构成一项普通承兑。除此以外,没有其他任何附加条件。根据各国票据法的规定,付款人一旦作出这种普通承兑,即承担按其承兑时的汇票文义于到期日向持票人支付票据金额的绝对义务,受票人到期不付,即使持票人为出票人,也可以就该汇票对承兑人直接提起诉讼。此外,根据英美法的规定,普通承兑

---

① 参见《日内瓦公约》第53条。
② 参见张圣翠主编:《国际商法》,上海财经大学出版社2000年版,第312页。
③ 参见英国《票据法》第42条规定:"如汇票被正式提示承兑而在习惯时间内未被承兑,提示人必须视为拒绝承兑而退票。"

人还对持票人承担以下责任①:(a) 不能向正当持票人否认:出票人的存在;签名之真实性;开立汇票之行为能力和权力。(b) 如汇票付给出票人的指定人,则不能否认出票人背书的行为能力,但对背书的真实性和有效性不负鉴定之责。如汇票付给第三人的指定人,则不能否认受款人的存在及背书人的行为能力,但对背书的真实性和有效性不负鉴定之责。

限制承兑,是一种有条件地承诺支付委托的表示,一般有这样几种情形:(1) 有条件的承兑;(2) 部分金额承兑;(3) 其他对汇票原文义的修改,例如限制付款地——在付款地后加注"仅仅"(only),或修改原记载的付款时间,或在有数个受款人时只对部分人承兑。对于限制性承兑,日内瓦法系各国认为,汇票的承兑应是无条件的,所有在承兑时将汇票的主要条件修改者视为拒绝承兑,但对金额的部分承兑为有效。而如果持票人接受此种限制承兑,则承兑人仍须按照其所作的限制条件承担票据责任。② 英美票据法传统上将是否接受限制性承兑的权利赋予持票人,如果持票人拒绝该变更或限制后的汇票,则将汇票视为已退票,由持票人向其前手及出票人行使追索权,如果持票人接受限制性承兑,则每一未予确认的出票人和背书人都被解除责任。③ 但美国法认为如果承兑人对汇票条款的修改是将付款地点特定在某个银行或美国境内的某个地点,则不构成一项限制性承兑,除非该承兑说明只能在特定地点付款。④

(三) 汇票的付款

所谓汇票的付款(payment),是指汇票的付款人于汇票到期日向持票人支付票据金额以消灭票据关系的行为。一项有效的付款应具备以下条件:

(1) 必须为付款人的付款。汇票的付款人有两种:一是在汇票上签名承诺付款的人,即承兑人到期付款;二是未在汇票上签名,而由出票人在开立汇票时记载于票面上的付款人或其代理人。两种付款人付款的法律后果是一样的,都使整个票据关系得以消灭。其他人的付款仅使个人之于持票人的个别票据关系归于消灭。

(2) 必须是善意付款。所谓"善意"是指付款人并不知悉持票人对该票据具有权利上的缺陷。根据票据文义性、无因性的原则,付款人"善意"的构成仅在于对汇票表面进行合理的形式审查,对此,日内瓦法系各国规定,付款人应负认定背书连续性之责,但对背书人的签名,不负认定真伪之责。⑤ 英美法尽管要求付款人鉴别背书

---

① 参见英国《票据法》第54条第2款。
② 参见《日内瓦公约》第26条。
③ 参见英国《票据法》第44条。
④ 参见美国《统一商法典》第3-412条。
⑤ 参见《日内瓦公约》第40条第2款。

人签名之真伪,但这种鉴别的依据也仅限于能够从汇票表面所直接获得。①

(3) 必须于付款提示作出时付款。付款须由持票人向付款人进行付款提示,各国法律一般认为,付款人应在持票人提示付款之时付款,最迟也应在付款提示当日营业结束前付款,否则将被认为是拒付。根据美国《统一商法典》第3-506条的规定,"除根据信用证出立的跟单汇票可允许有较长时间外,且除付款人同意较早付款外,为了合理检验票据是否为可付票据,对票据的付款可延迟一段时间而不构成拒付,但在任何情况下,付款都应在提示日的营业业务结束之前作出"。

一般情况下,持票人得于汇票到期日到来时行使付款请求权,因此各国法律都明确规定了到期日的确定方法。② 但即使是持票人于期前请求付款或付款人决定于期前付款,除英国③外的其他国家票据法对此也均不否认。例如日内瓦法系规定,持票人为获得付款应于到期日或其后两个营业日之一作付款提示;付款人不得强制汇票的持票人接受到期日前的付款,如果持票人愿意接受此种付款,付款人必须自行承受提前付款可能带来的风险和危险。④ 美国法也承认期前付款,即如果汇票上规定有到期日,也规定了可提前付款的日期,则持票人可在提前付款日期到来后而在票载到期日到来前的合理时间内提示付款。按照各国法律或习惯,如果汇票的到期日是法定节假日,则付款日可顺延至下一个营业日。

关于付款所产生的法律后果,各国法律均规定,当付款人依据汇票记载的金额向持票人作全额付款时,票据上存在的一切权利义务关系宣告解除。但是如果付款仅是针对部分金额进行,则各国法律的具体规定不太一致。日内瓦法系各国认为持票人不得拒绝部分付款⑤,在部分付款的情况下,付款人可以要求在汇票上记载已部分支付的事实,以解除该部分金额的票据义务。持票人可就剩余部分进行追索。英美法系对此没有明确的同意或禁止,从美国《统一商法典》第3-116条及第604条⑥的规定看,付款必须针对全部受款人(在存在两个以上受款人的时候)之全部票据金额或者提供付款时必须将全部票款提供给受款人或持票人,因此并不承认部分付款的效力;而英国法则从部分承兑的角度诠释部分付款的效力,即如果持票人接受了部分承兑即意味着接受票据到期日时的部分付款,因此,持票人不得擅自接受部分

---

① 参见英国《票据法》第60条,如果一张以银行为付款人的即期汇票在银行正常营业过程中被善意的支付,银行无责任表明受款人之背书或任何后手背书是汇票上记载之背书人或其代理人所作,即使这种背书确出于伪造或未经授权,也应认为银行正当地对汇票作出付款。

② 参见《日内瓦公约》第34、35条,英国《票据法》第14条。

③ 参见英国《票据法》第59条。"正当付款"是指在汇票到期日或到期日后善意地兑汇票之持票人付款,并不知持票人对汇票之所有权有任何瑕疵。

④ 参见《日内瓦公约》第40条。

⑤ 参见《日内瓦公约》第39条。

⑥ 参见美国《统一商法典》第3-116条规定:"向两人或多人付款的票据,a. 如果为任选方式,那么可向其中任何一人付款,并可由占有票据的任何一人流通、解除责任或强制执行;b. 如果非为任选方式,应向其全体付款,并只能由全体共同流通、解除责任或强制执行";第604条规定:"任何当事方在票据到期日之前或之后将全部票款提供给持票人,即解除以后就此范围内所有偿付利息、费用和律师费用之责任。"

承兑(保留承兑),应征得出票人或其前手背书人的同意,否则,出票人可解除对汇票所承担的义务。

付款人在向持票人支付汇票金额后,有权向持票人要求在汇票上签名并注明所收讫的款项,并在付清票款时要求持票人当场交出票据。

如果付款人拒绝支付票据金额,则发生拒付,导致持票人追索权的发生。

▶ 五、汇票的拒付与追索权

汇票的拒付(dishonour of bill),也称退票,是指非因持票人的原因而无法获得承兑或付款的情形。各国法律一般规定了以下几种拒付的情形:(1)汇票经正式提示未获承兑或付款;(2)在无需提示或无法提示时,汇票过期或未付款;(3)在到期日前,不论汇票是否承兑,如受票人破产;或即使未由仲裁宣告,受票人停止付款;或对其货物已执行扣押而无效果;或如未承兑的汇票出票人破产。

在汇票遭到拒付时,持票人取得了向背书人、出票人及其他在汇票上签名的票据责任人行使追索的权利。但是追索权的行使并非基于拒付的事实而自动产生,各国法律均规定行使追索权的前提是正式提示(参见前述)、及时正确地作成拒绝证书并向有关责任人发出拒付通知。

(一)拒绝证书及拒付通知

拒绝证书是拒绝承兑或拒绝付款的书面证明材料,一般应由公证机关作出。拒绝证书是否必须作出,两大法系规定相左。日内瓦法系认为,拒付的事实必须由拒绝的公证书证明之①,除非受票人已宣告破产、或未承兑的汇票出票人已宣告破产,持票人可凭宣告破产的裁决行使追索权。此外如果出票人或背书人或保证人在汇票上批注"免于作成拒绝证书"或"退票时不承担费用"或相似的用语并签名,则可解除持票人为行使追索权而作成拒绝证书的责任。但该项批注仅在由出票人所为时,对所有汇票上签名的人有效;其他人所为,仅对该人有效,持票人向除该人以外的其他责任人追索时,仍得作成拒绝证书。

英美法认为,对于国内汇票遭到退票是否作成拒绝证书由持票人自行决定;但对于国外汇票,即使是一张表面看来是国外汇票的汇票,如因拒绝承兑而遭退票,则须作出拒绝承兑证书;如果是未遭拒绝承兑,而遭拒绝付款,则也应作出拒绝付款证书,以防止出票人或背书人解除责任。如果汇票的承兑人在汇票到期日以前破产或丧失清偿能力,或停止付款,持票人最好作出拒绝证书以获得追索的更好保障。②

拒绝证书作成的时间是持票人行使追索权的另一要件。根据《日内瓦公约》的规定,拒绝承兑的拒绝证书应于规定的提示承兑期限内作成。如发生二次提示,而第一次提示系在该期限的最后一日提示者,则拒绝证书得于次日作成。定日付款或

---

① 参见《日内瓦公约》第44条。
② 参见英国《票据法》第51条。

在出票或见票后定期付款的汇票,其拒绝证书须在汇票应付日后2个营业日之一作出。如系见票即付汇票,其拒绝证书须在提示付款期内作成。作成拒绝承兑的拒绝证书后,无需提示付款也无需作成拒绝付款的拒绝证书。不论汇票已否承兑,如受票人停止付款,或对其货物已执行扣押而无效果,持票人在把汇票向受票人提示付款和拒绝证书作成前,不得行使追索权。德国法还规定,非因法定可免责的原因造成拒绝证书作出的延误,持票人即丧失其对背书人、出票人及除承兑人之外所有其他汇票债务人的权利。

英国法规定,如果对汇票作成公证记录或拒绝证书,公证记录须在退票日作出,而拒绝证书可于公证记录开始后的时间作出;如果汇票退票是通过邮局退回,则在营业日退回,拒绝证书应于营业日作出,如为非营业日,则最迟延至下一个营业日。美国法将汇票拒绝证书的作成时间规定为拒付后的第3个营业日午夜以前作成,但是如果在作成拒绝证书的期限内,票据由制作合格证书的官员为作成拒绝证书而登记的,则该拒绝证书可在登记日后的任何时间作出。

持票人在遭到拒付并作成拒绝证书后应将该拒付事实通知相关票据责任人,以行使追索权。此为两大法系的共同要求;但对于不为此项通知的法律后果,两大法系规定不尽相同。日内瓦法系认为持票人应于法定时间内将拒付的事实通知汇票上的责任人,但未在法定期限内发出通知的人,并不丧失其追索权,只是应对由于其疏忽所造成的损失负赔偿责任,赔偿金额以汇票金额为限。而英美法认为退票通知应于法定时间通知汇票上的责任人,如果没有作出此项通知或延迟此项通知,除非是法定可免责的理由①,否则任何出票人及背书人均可解除票据责任。②

（二）汇票的追索权

所谓汇票的追索权(right of recourse),是指持票人在遭到拒付后向前手背书人以及汇票出票人请求偿还汇票金额及相关费用的权利,它是持票人票据权利的重要组成。各国法律均规定,只要持票人按照法律要求保全了票据权利——提示、作成拒绝证书、发出拒付通知,就有权行使该项权利,即所有出票人、承兑人、背书人或对汇票作出担保的保证人,都对持票人负有连带偿付责任。持票人有权不分先后顺序地对上述所有人提起单独或集体之诉。任何在汇票上签名的人,在接受汇票、拒绝证书并予清偿后,就取得了持票人的地位,享有再追索的权利。

持票人在行使追索权时,有权向被追索人索偿以下金额:未获承兑获付款的票面金额及至到期日之利息;追索费用,包括作成拒绝证书与拒付通知费用、律师费用等。但票据上如已加注"退票时不承担费用",则持票人在追索时不能索偿作成拒绝证书的费用。

已向持票人做了清偿的被追索人再追索的金额包括:已清偿的全部金额,已清

---

① 参见英国《票据法》第50条规定:"未发退票通知和退票通知延迟的免责。"
② 参见英国《票据法》第48条。

偿金额自前次清偿之日起到被再次清偿之日的利息;再次追索的费用。

关于追索的时效,各国法律规定是不同的。日内瓦法系一般规定,如果是对承兑人主张追索权,则自到期日起3年;对其他人的追索主张,自作成拒绝证书之日起算,或在有"退票时不承担费用"字样时自到期日起1年;背书人之间行使再追索权的时效为前一次清偿之日起或本人被诉之日起6个月。英国法一般规定为6年。美国法依民事诉讼时效处理。

▶ 六、汇票的保证与参加制度

（一）汇票的保证

所谓汇票的保证,根据日内瓦法系各国的规定,是指汇票的全部或部分金额得以担保的方式保证付款。此项保证通常是由汇票债务人以外的第三人作出,但也可以由已在汇票上签名的人作出。作出保证行为的为汇票保证人,其所保证的对象为被保证人,被保证人可以是出票人、背书人或承兑人。汇票的保证可使汇票的信用度增加,促进汇票流通。因此日内瓦法系各国及美国《统一商法典》对汇票保证都做了较具体的规定。与一般民事上的担保相比,汇票保证具有以下特点:

（1）汇票保证是一种要式行为。汇票保证应由保证人在汇票上注明"与保证同"或类似字样并/或签名作出。因此保证是一种票据行为,保证人因为在汇票上签名而对持票人承担票据义务。汇票保证一般须指明被保证人的姓名,如未指明,视为出票人保证。

（2）汇票保证具有独立性。虽然汇票保证是以票据债务存在为前提而产生的从属性债务,但保证人一旦在汇票上签名,其责任就独立与其主债务人。即使被保证的主债务无效,保证人仍应承担保证义务,除非作出保证的形式有缺陷。

（3）汇票保证人不享有先诉抗辩权。按照民法的原则,一般保证的保证人是第二债务人,债权人在对主债务人要求强制执行而不获清偿前,保证人得拒绝清偿即享有先诉抗辩权;而汇票上的保证因具有独立性,所以持票人可选择先向保证人请求付款或行使追索权,保证人不得以先诉抗辩权对抗。但美国法认为当保证人在汇票上加注"保证托收"或类似字样时,保证人得享有这种先诉抗辩权。

汇票的保证,保证人承担的责任与被保证人相同,并且当存在数个保证人时,各保证人应承担连带责任。在保证人清偿票据债务后即取得了持票人的地位,得享有票据上的权利,向保证人的所有前手直至出票人行使追索权。

（二）汇票的参加

所谓汇票的参加,是指为阻止持票人在被拒付时行使追索权而由第三人在汇票上签名承担票据责任的票据行为。参加分为参加承兑和参加付款。参加应在汇票上注明,并由参加人签名;如注明被参加人姓名,则参加人对该人负责,如未注明,则视出票人为被参加人。参加人一般是在出票或背书时由出票人或背书人在汇票上列明的一个供参考的受理人(预备付款人),一旦汇票遭到拒付,持票人即可提示该人是否参加,或者该人或其他人亦可主动要求参加。很多国家的法律规定了参加制度,以避免追索给持票人及票据义务人带来的不便利,维护汇票的信誉;但对于参加制度的具体规定,两大法系又有不同,体现在以下两个方面:

首先是参加人的范围。日内瓦公约规定,参加人可以是第三人,也可以是受票人或除承兑人以外的已对汇票承担责任的当事人。而英国法规定,参加人只能是任何非对汇票已负责任的第三人。

其次是参加的条件。日内瓦公约认为参加承兑得在持票人遭到拒绝承兑时进行,并且无须取得持票人的同意。持票人当然也可拒绝参加承兑,但是日内瓦法系各国规定,如果参加承兑人是在汇票上已表明的指定受托人时,除非持票人已向该指定受托人提示汇票并经后者拒绝且已由拒绝证书证明,不得拒绝该人参加承兑;而对其他情况下的参加承兑,持票人可拒绝也可接受。关于参加付款,日内瓦公约要求以作成拒绝证书为参加付款的要件。英国《票据法》规定,参加必须发生在持票人遭退票并作成拒绝证书之后,未作成拒绝证书之前不得参加。此外,如果是参加承兑,英国法要求必须是未过期的汇票并经持票人同意方可进行;而对于参加付款,则无"持票人同意"的法定要件。

关于参加的法律效果,两大法系均规定,持票人如果接受参加承兑,则丧失在到期前对被参加承兑人及其后手签名人的追索权;他也可以拒绝参加承兑,则可行使期前追索权。持票人应接受参加人的全额付款,如果拒绝参加付款,就将对任何由于此种付款而得以解除责任的当事人丧失追索权,即丧失了对被参加人及其后手背书人的追索权。持票人应及时向参加付款人提示汇票,并在必要时至迟在规定作成拒绝付款证书最后一日的次日提示,如未在期限内作成拒绝证书,指定的参加付款人或被参加承兑人及其后手背书人均解除责任。

参加承兑人对持票人和被参加承兑人的后手背书人承担与被参加承兑人相同的责任,即担保于到期日付款。参加付款人在付款后取得汇票上得对抗被参加人及向被参加人承担责任的人的一切权利。参加付款应至迟在规定作成拒绝付款证书最后一日的次日进行。

第三节　本票与支票

▶ 一、本票(Promissory Note)

本票,是指出票人签发的于见票时或一定日期向受款人或其指定人无条件支付一定金额的书面允诺。美国《统一商法典》第3-104条将本票表述为,除存折以外的付款承诺。根据该法,存折是指"银行开出的证明收到金钱且负有偿还义务的凭证",因此,由银行承认收到款项并约定负责偿还的付款凭证以外的付款承诺,都可被认定为本票。

我们可以将本票理解为由本人为付款人的汇票,因为各国法律均规定,"有关汇票的规定,凡与本票性质不相抵触的,适用于本票",具体体现为背书、到期日、付款、追索权、参加付款、副本、更改及诉讼时效等规定均可适用于本票。英国法从反证的角度规定:凡不属于汇票的提示承兑、承兑、作成拒绝证书后参加承兑及成套汇票的规定,经适当调整后也都可以适用于本票。[①]

本票与汇票的区别主要有以下三点:

(1) 票据关系当事人不同。汇票的基本当事人有三个:出票人、受款人和受票人;但本票的基本当事人只有两个:出票人和受款人。

(2) 票面记载内容不同。鉴于票据当事人的不同,因此本票的法定记载要件与汇票相比缺少对受票人姓名的记载。此外日内瓦法系各国要求本票上应列有"本票"的文义。

(3) 票据的主债务人不同。除见票即付的票据外,远期汇票一般须经承兑人承兑,以明确付款的主义务。承兑人作出承兑行为后,使得出票人对汇票的责任变为第二位的。而本票是一种自付的允诺,票据无须承兑,出票人自始至终都为主义务人。即使对于见票后定日付款的本票,出票人拒绝"签见"指见票并在本票上签注付款日,也不影响其对票据承担付款的责任。

▶ 二、支票(Check)

所谓支票,是指出票人签发的委托银行于见票时向持票人无条件支付一定金额的有价证券。英美票据法将支票作为汇票的一种,认为支票是以银行为付款人的即期汇票。

(一) 支票的特点

与汇票相比,支票具有以下特点:

(1) 支票的付款人仅限于银行。支票与汇票一样,都有三个基本的当事人,即出票人、受款人和受票人。但支票的受票人即付款人只能由银行来担当,而汇票的受票人可由包括银行在内的任何人出任。

(2) 支票只为见票即付。汇票有即期汇票与远期汇票的区别,但支票只能是即期的。近年来在国际商业实践中出现一种延期支票或提前签发的支票,即票载日期晚于实际签发日期,以增加支票流通的时间,但这并不影响付款人于见票时即支付支票金额。

(3) 支票无承兑行为。远期汇票一般须承兑,而支票上若有承兑的记载也视为无记载。因此支票的主债务人是出票人。

(4) 支票上无须记载受款人的姓名。汇票上受款人姓名为法定记载要件,而支票并无此要求,受款人可由出票人授权补记,或者即使未记载也可视为来人支票付给来人。

---

① 参见《日内瓦公约》第77条;英国《票据法》第89条。

(二) 支票的种类

根据不同的标准,各国法律一般将支票区分为:

(1) 记名支票和不记名支票。记名支票是指在支票上记载受款人姓名或商号的支票,这种支票须经受款人亲自在支票上签名或盖章,才能要求支付。不记名支票,也称来人支票,指支票上不记载受款人的姓名或商号,银行得向任何支票的持票人支付票据金额。

(2) 划线支票、普通支票与保付支票。划线支票是指出票人或背书人在支票正面划上两道平行线或在平行线内加注"银行"字样,此为普通划线支票;若在平行线间加注指定银行的名称则为特别划线支票。根据《日内瓦公约》的规定,普通划线支票的受票人(银行)仅对其客户或其他银行支付;特别划线支票的受票人(银行)仅对指定的银行支付,如果该支票的指定银行又是受票人,则应委托另一银行代其客户收款,即特别划线支票只能在特定银行间转账。① 支票上没有划线的为普通支票,受款人可为任何指定的或非指定的持票人。如果付款银行在普通支票上记载"保付"字样,则该支票成为保付支票,此时付款人成为支票的主债务人,承担到期后的绝对付款责任。

(3) 现金支票与转账支票。以现金支付的支票为现金支票。如果支票的出票人或背书人在支票正面横写"转账支付"或类似用语,则该支票禁止用现金支付,而只能在银行间转账。任何对"转账支付"的涂改视为未涂改,受票人(银行)如果不遵守"转账支付"的记载而以现金支付,对此所造成的损失以支票金额为限承担赔偿责任。②

为防止出票人恶意签发支票,给持票人及银行带来损失,因此各国支票法一般都明确强调,出票人与银行之间必须有存款关系③,这样才能开具以存款行为付款人的支票,并且出票人开立支票时必须按照其与存款银行事先就处理支票的方式所达成的明示或默示的协议进行。但是由于票据是无因证券,属于票据基础关系的资金关系不应对支票的有效性构成任何实质的妨碍,因此尽管法律禁止出票人签发无实际资金关系的空头支票,但出票人如果签发此种支票,也并不影响支票的有效性,只是出票人得因此而承担相应民事、行政甚至是刑事上的法律责任。

(三) 关于支票的提示付款期限与时效

根据《日内瓦公约》的规定,支票应是见票即付的,如果支票在支票上载明的开立日期前被提示要求付款,即提前签发的支票,票据金额应在提示之日支付,而不论其提示期限。④ 非如此,则在同一个国家签发、付款的国内支票,提示付款的日期从出票日起 8 日之内;处在同一个洲的国外支票,包括欧洲与地中海沿岸的国家之间

---

① 参见《支票统一法公约》第 38 条。
② 参见《支票统一法公约》第 39 条。
③ 参见《支票统一法公约》第 3 条。
④ 参见《支票统一法公约》第 28 条。

的国外支票,提示期限为出票日起的20天;其他国外支票为出票日起的70天。① 根据美国《统一商法典》第3-503条的规定,支票的提示应于合理时间内作出,凡涉及在美国出立和付款的未经银行保兑的支票时,只要该支票非为银行出立的汇票,下述时间应被假定为作出付款提示或开始进行银行收款的合理时间:(1)涉及出票人的责任时,为票据票面日期或出立日期后30天内,以迟者为准;(2)涉及背书人的责任时,为背书后7天内。

如果支票经持票人正确提示而不获付款,则持票人应于作成拒绝证书后向其前手背书人、出票人及其他在票据上签名的债务人行使追索权,追索权自提示期限届满之日起6个月内有效;支票债务人对其债务清偿后获得再追索的权利,该权利自清偿之日或被诉之日起6个月内有效。

第四节 联合国国际汇票和国际本票公约

为解决《日内瓦公约》与英美法系各国票据立法的分歧,促进票据的国际流通和使用,联合国国际贸易法委员会(以下简称贸法会)从1971年起开始着手起草、并于1973年提出一项《统一国际汇票法(草案)》。该草案尽管力求协调两大法系的差异,但终没有被通过。1979年贸法会将其更名为《联合国国际汇票和国际本票公约草案》(以下简称《国际票据公约草案》),并几经修改,直到1987年8月在维也纳召开的联合国国际贸易法委员会第二十届会议上才被采纳。1988年12月9日,联合国贸法会第76次全体会议正式通过《联合国国际汇票和国际本票公约》,并将其开放签署或加入。但根据公约规定,该公约须由10个国家批准方能生效,目前只有几内亚、墨西哥、洪都拉斯、加蓬和利比里亚5个国家批准,故而尚未生效。以下从立法体例和内容两方面介绍1988年《联合国国际汇票和国际本票公约》(以下简称《国际票据公约》)的特点。

一、《国际票据公约》在立法体例上对两大票据法系的调和和折中

从公约的立法体例上看,《国际票据公约》较大地体现了对两大票据法系的调和和折中,主要表现在:

(1)票据法与支票法相分离。《国际票据公约草案》分为两部分:"国际汇票和国际本票公约草案"、"国际支票公约草案",票据法和支票法分立。1988年《国际票据公约》第1条明确规定,本公约不适用于支票,这一点与日内瓦统一法的体例相同,而区别于英美法。

(2)取消了以票据种类区分为基础的篇章设置,以语言区别技术取代规则准用技术。② 日内瓦统一法和英国汇票法都是在以票据种类区分设置章节的基础上进行

---

① 参见《支票统一法公约》第29条。
② 参见姜建初:《我国票据立法体例探讨》,载《法学研究》1993年第5期。

规则内容的安排的,其关于本票、支票的规则,除了其本身的特殊规则外,与汇票相同或相类似的规则,一般都运用规则准用技术以避免规定的重复,即"除与票据性质不符的情形之外,有关规则,本票、支票准用汇票规定"。这一规则准用技术虽然节约了条款,避免了重复规定,但也造成了应用上的不明确和困难之处。美国《统一商法典》的"商业证券"编中,既没有以票据种类区分为基础的章节设置,也没有运用规则准用技术,而是将各种票据相同行为的规则规定在一起,以语言区别技术来区分票据的共同或相同规则以及各种票据自身的特殊规则。新的《国际票据公约》也采用并发展了美国《统一商法典》的这种立法体例和立法技术。所谓语言区别技术是指:在票据法的条款中,凡以票据为称谓的条款,均为三种票据共同适用的规则;凡以票据种类名称为称谓的条款,则是仅适用于该种票据的特殊规则。例如:新的《国际票据公约》第9条规定的汇票得向什么人开出、本票得向什么人开出的规则,就分别适用于汇票或本票,而第13条规定的票据转让手续的规则,就既适用于汇票,也适用于本票。这种语言区别技术,不仅避免了对照、查找、理解法律条款上的不便和困难,也使何种票据的何种票据行为应如何适用票据规则十分明确具体。

(3) 章节设置上,以流通顺序和当事人权利责任的双重逻辑进行安排。主要章节及顺序为:发票,流通转让,权利和责任,提示、退票和追索,责任解除等。从形式上来看,与美国《统一商法典》"商业证券"编的章节设置最为相近,但在内容集合方式上也吸收了日内瓦统一法的一定方式,例如设专节对追索权进行规定。

▶ 二、《国际票据公约》内容上对《日内瓦公约》的调整

从该公约内容来看,主要在以下方面对《日内瓦公约》作出重要调整:

(1)《国际票据公约》的适用范围。根据《国际票据公约》第1条的规定,公约适用于"国际汇票"和"国际本票",而不适用于任何国内的汇票和本票。如何判断一项汇票或本票的国际性?以汇票为例,公约认为只要在下列的五个地点中——出票地;出票人签名旁所示地点;受票人姓名旁所示地点;受款人姓名旁所示地点;付款地——至少两个地点表明它们是位于不同的国家,即可认定为是国际汇票。除出票地和付款地须位于缔约国境内外,其他地点不要求在缔约国境内。

(2) 关于票据的格式。相比较而言,日内瓦法系对票据形式的要求比英美法系要严格一些(详见第二节汇票的出票),《国际票据公约》对此进行了协调,在格式要求上基本采纳了日内瓦法系的规定,但在对票据要件的解释方面却更多体现了英美法的意图。根据该公约的规定,国际票据必须记载的事项包括:载明"国际汇票(贸易法委员会公约)"或"国际本票(贸易法委员会公约)"的字样;载明出票人指示受票人向受款人或其指定人支付一定金额的无条件支付的命令;载明凭票即付或定日付款;载有出票日期;载明前述的5个地点中的至少两处;由出票人签名。而根据新公约对要件的解释,任何票据都可将利息作为确定金额的一部分,以及"汇票得向两名或两名以上受票人开立;或,由两名或两名以上出票人开立;或,向两名或两名以上

受款人付款"的规定,都符合英美法的要求。

（3）关于持票人的权利。基于保障票据交易安全的需要,各国票据立法都对正当持票人的权利给予充分保护,认为他可享有优于其前手的完全的票据权利。但各国法律对正当持票人的标准是不尽相同的(详见本章第一节之三"票据法律关系"中有关票据权利取得制度的相关内容)。

《国际票据公约》把持票人分为持票人和受保护的持票人。根据该公约第5条第(g)项和第29条的规定,受保护的持票人须具备以下条件:持票人在取得票据时,票据表面是完整的;他在成为持票人时对有关票据责任的抗辩不知情;他对任何人对该票据的有效请求权不知情;他对该票据曾遭到拒付的事实不知情;该票据未超过提示付款的期限;他没有以欺诈、盗窃手段取得票据或参加与票据有关的欺诈或盗窃行为。上述规定,除在不要求支付对价的规定上与日内瓦法系相一致外,其余的标准均相似于英美票据法。

《国际票据公约》对受保护的持票人的权利给予了充分的保护,根据该公约第30条的规定除下列抗辩事由外,票据当事人不得对受保护的持票人提出任何抗辩:未在票据上签名的抗辩;被伪造签名的本人的抗辩;票据上曾发生重大更改的抗辩;未经授权或越权代理人在票据上签名的抗辩;未提示承兑或提示付款的抗辩;在不获承兑或不获付款时应作成而未作成拒绝证书的抗辩;票据时效已过的抗辩;基于本人与受保护的持票人的基础交易或由于该持票人以欺诈方式取得该当事人在票据上签名的抗辩;基于当事人无履行票据责任的行为能力的抗辩。

关于伪造签名的背书对持票人权利的影响,《国际票据公约》对英美法的做法和日内瓦法系的处理做了协调性的规定,根据该公约草案第25条的规定,除非持票人为伪造背书人的直接后手被背书人,否则他不受除被伪造背书人以外的其他票据当事人的抗辩。被伪造背书的人及被伪造背书前在票据上签名的人有权因此项伪造行为所遭受的损失向伪造背书的人及其直接后手背书人索取赔偿,或者在发生托收背书的时候,有权向直接或经由一名或一名以上的托收被背书人向伪造背书的人付款的当事人或受票人索取赔偿,但如果托收被背书人在收到票款时对伪造背书并不知情且并非因其过错所致的不知情,则该人不承担赔偿责任。

【参考书目】
1. 冯大同主编:《国际商法》第7章,对外经济贸易大学出版社2001年版。
2. 吕来明编:《票据法前沿问题案例研究》,中国经济出版社2001年版。
3. 张圣翠主编:《国际商法》第7章,上海财经大学出版社2000年版。
4. 王小能主编:《中国票据法律制度研究》,北京大学出版社2000年版。
5. 姜建初等:《票据法》,人民法院出版社1998年版。
6. 余振龙等主编:《国外票据法》,上海社会科学院出版社1991年版。

【思考题】

一、名词解释

1. 票据
2. 票据行为
3. 汇票
4. 本票
5. 支票
6. 追索权

二、简答题

1. 票据的法律特征。
2. 票据行为的种类及法律特征。
3. 票据保证制度与参加制度的特点。
4. 两大法系对追索权行使条件的不同规定。

三、论述题

1. 试论票据持票人权利的保护与制衡。
2. 试论票据国际统一立法的发展趋势。

第七章 代 理 法

代理制度广泛应用于国际商事活动的各个环节,对促进国际贸易的发展和沟通当事人之间的业务联系起着重要的作用。英美法系和大陆法系的代理制度在基本理念与法律构架上存在很大差异,本章主要对两大法系的代理制度的基本内容予以介绍,从历史起源、理论基础和法律渊源等方面进行比较分析。为了消除两大法系代理制度的差异对国际商事活动代理的负面影响,国际统一私法协会起草了《国际货物销售代理公约》,本章将专节介绍该公约的主要内容。结合我国国际贸易代理的实践,本章还介绍了《合同法》颁布以来我国的外贸代理制度。

代理是商品经济发展的产物。随着商品交换和经济流转的日益复杂化、多样化,各类民事主体由于时间、专业知识、经验等的限制,愈来愈多的依赖代理人实施民事法律行为,实现意思自治空间的扩展。可以说,市场交换愈频繁,市场机制愈成熟,代理也愈发达。我们认为代理是指代理人在代理权限内,代表本人与第三人为一定法律行为,由此产生的权利义务及于本人的一种法律制度。但由于英美法系和大陆法系的代理有着不同的起源和发展历史,两大法系的代理在理念与制度上存在诸多区别。为了消除各国代理法律制度的差异对国际交往实践造成的阻碍,有关组织致力于以国际公约和惯例来统一某些代理制度。

本章主要对两大法系的代理制度、由国际统一私法协会起草的《国际货物销售代理公约》以及我国的外贸代理制度,予以简要介绍,并进行比较研究。

第一节 英美法系和大陆法系的代理制度

一、英美法系代理制度概要

(一)代理的含义

等同论是英美法系代理制度中代理人与本人关系的理论基础,即代理人的行为视同本人亲自所为。因此,英美法系中代理的含义是代理人根据本人授权而与第三人订立合同时,该代理人与本人之间发生的法律关系。[1] 在代理人合法代理时,代理人所订立的合同对本人与第三人发生法律效力,而且代理人不必具有完全的行为能力,只要本人具有完全行为能力即可。[2]

(二)代理权的产生

英美法认为代理权主要基于以下四种原因产生:

(1)明示的授权。即由本人以明示的方式指定某人为他的代理人。这种指定是明示的却不要求必须是要式的,可以采用书面形式,也可以采用口头形式。

(2)默示的授权。即本人以其言论或行为使某人有权以他的名义签订合同,而且他人也相信本人已委托某人为代理人,并基于该种信赖而与某人订立了合同。此时,尽管某人没有正式被授予代理权,但本人仍要受合同的约束。英美法又称此情况下的代理为不容否认的代理,旨在保护善意第三人的利益,维护交易安全。

(3)客观必需的代理权。通常是在某人为另一人照管财产时,基于情况的紧急,为了保护该财产而必须采取某种行为时产生的代理权。这种情形在国际贸易中时常发生,如船长可以决定途中出售部分易于腐败的货物等。衡量某人是否取得客观必需的代理权,要注意某人是否是善意的,是否是兼顾了各方的利益而作出的行为,还要考察情况是否紧急到必需的程度。

---

[1] 曹建明、陈治东主编:《国际经济法专论》(第二卷),法律出版社 2000 年版,第 199 页。
[2] 大陆法系中《德国民法典》第 165 条也有此规定。

(4) 追认的代理权。在无权代理的情况下，代理人以本人的名义同第三人订立合同，则本人不应受该合同的约束。但是如果本人在事后予以批准或承认的，即为追认。追认的效果是溯及既往的，视为自该合同成立时起即对本人产生约束力。未经本人追认的行为视为代理人自己的行为。

（三）代理的分类

根据代理关系的公开程度，包括代理事实和本人身份的不同，代理可以分为以下三类：

（1）显名代理，也称被代理人身份公开的代理。即代理人明确表示其代理身份，并公开本人的姓名或名称，代表本人订立合同。在此种情况下，合同是本人与第三人之间的合同，合同对本人产生约束力。在合同签订后，代理人即退出代理关系，既不享有权利，也不承担义务。

（2）隐名代理，也称被代理人身份部分公开的代理。即代理人在代订合同时表明了代理关系，但是不向第三人披露本人的姓名或名称。在此种情况下，代理人必须清楚表明是合同关系中哪一方当事人的代理人，须标明是"买方代理人"或"卖方代理人"。这个合同是隐名本人与第三人之间的合同，代理人免除合同责任。

（3）被代理人身份不公开的代理。即尽管存在代理关系，但代理人以自己的名义订立合同，既未向第三人说明存在代理关系，也未公开本人的姓名或名称。在这种情况下，本人、代理人、第三人之间的关系就比较复杂了，代理人对合同是应当负责的，但本人如何介入合同使之与第三人发生关系，这是英美法系与大陆法系关于代理的一个重要区别之所在。英美法系认为，未被披露的本人原则上可以直接取得这个合同的权利并承担其义务。[①] 具体讲有以下两点：

第一，不披露身份的本人可以直接介入合同，对第三人行使必要的请求权或诉权。一旦本人介入合同，便使自己对第三人承担合同义务。但在下列情形下本人不得行使介入权：如果不披露身份的本人行使介入权会与合同的相关条款相抵触；如果第三人是基于对代理人才能与资信的特殊信赖而与之订立合同的，本人也不得行使介入权。

第二，第三人知悉本人身份后，享有选择权。第三人可以要求代理人承担合同义务和责任，也可以要求本人承担合同义务和责任。在发生违约时，第三人可以选择代理人或本人为起诉对象。但不论是履行合同还是诉诸司法，第三人必须在代理人和本人之间作出明确而唯一的选择，这种选择要符合不得反悔原则。

二、大陆法系代理制度概要

（一）代理的含义

区别论是大陆法系代理制度的理论基础，即严格区别委任（委托人与代理人之

[①] 冯大同主编：《国际商法》（修订本），对外贸易教育出版社1991年版，第328页。

间的合同)与代理权(代理人代委托人与第三人签订合同的权利)。也可以说委任调整的是本人(委托人)与代理人之间的关系,代理权调整的是本人和代理人与第三人之间的外部关系。因为大陆法系有抽象的法律行为的概念,所以这种区别更多的是法学家们一种理性的合乎逻辑的推论,强调代理独立于内部关系,本人不能通过对委任合同中代理人代理权的限制来减轻他自己的责任。因此,大陆法系代理的含义是代理人以本人名义在代理权范围内为本人进行的法律行为。

(二) 代理权的产生

大陆法系认为,代理权产生的原因主要有两种:

(1) 意定代理。即由本人意思表示产生的代理权。这种意思表示可以向代理人表示,也可以向与代理人打交道的第三人表示。

(2) 法定代理。即非本人意思表示而产生的代理权。主要有以下几种情形产生法定代理权:一是法律的规定,例如父母是未成年子女的法定代理人;二是法院的指定,例如审理破产案件时法院指定的清算人;三是私人的选任,例如亲属所选任的遗产管理人等。

(三) 代理的分类

根据代理的外部关系的不同,可以将其分为直接代理和间接代理两类。

(1) 直接代理。即代理人以本人的名义与第三人签订合同,合同直接约束本人和第三人。在直接代理中,合同的双方当事人是本人和第三人,代理人只是代为签订合同并不承担对合同的责任。相当于英美法系中的显名代理。

(2) 间接代理。即代理人为本人的利益以自己的名义与第三人签订合同。在间接代理中,本人与第三人不建立直接的法律关系,代理人与第三人所签订之合同仅约束该两方当事人,并不约束本人。但代理人是为本人利益以自己的名义实施的民事行为,本人是否可以加入到合同中来呢?大陆法系的代理制度认为需要代理人将合同转让给本人后,本人才可以向第三人主张权利或承担义务。也就是需要两个合同关系,才能使本人与第三人建立直接的法律关系。间接代理与被代理人身份不公开的代理有相似之处,但区别在于:被代理人身份不公开的代理只需有代理人同第三人之间的一个合同就可以建立本人与第三人之间的法律关系,本人享有介入权,第三人享有选择权;而间接代理需要两个合同关系才可在本人与第三人之间建立法律关系。

三、两大法系代理制度的区别

由于历史沿革、法律文化、思维方式及其他社会经济因素的不同,两大法系的代理制度存在诸多区别,主要表现在:

(一) 理论基础的对立:等同论与区别论

英美法系的等同论笼统地把代理人的行为视同为本人自己的行为,没有内部关系与外部关系之分,只是由一者引出另一者。但是代理权及代理权的授予并非不存在，而是体现在委任或其他契约关系的权利义务之中，只是没有进行法律抽象而已。这种理论基础有很大的包容性，有较强的灵活性，覆盖了实践中的多种形式的代理。

大陆法系的区别论则是概念法学家抽象创造出来的。它强调委任与代理权之间的区别，内部关系与外部关系的区别，但并不能因此否认委任作为基础关系对代理权产生的直接影响。这种重视本人和代理人与第三人之间关系的外在化的思路，更注重对第三人利益的保护。

（二）法律渊源不同

从历史沿革看，英美法系代理制度是由法院判例逐渐创立的，当代英美法系代理的法律渊源也主要表现在判例法上。大陆法系代理制度则是由高度体系化、抽象化的民法典或其他成文法建立的。当然，这并不意味着英美代理法中没有成文法，也不意味着大陆法系代理法中没有判例法。例如，英国1889年的《代理商法》，1971年的《授权委托书法》、1985年的《永久性授权委托书法》和美国不少州有关代理的成文立法都深刻地影响着英美代理法的发展历程。大陆法系也在英美法系的影响下，注重发挥判例法在补充和完善成文代理立法方面的作用。[①]

（三）民商事代理区分不同

大陆法系国家中有的采取民商法分立体制，因此其代理制度有民事代理和商事代理之分，以德国作为典型代表。德国的民事代理制度主要见于《德国民法典》第三章"法律行为"第五节"代理与代理权"第164至181条，是从代理行为和代理权限界定的角度来阐释的，内容与我国民法中的代理制度基本相同。民事代理不具有营利性，对代理人的身份也没有特殊的要求，可以有偿代理，也可以无偿代理。德国的商事代理制度主要见于《德国商法典》第一编"商人的身份"第七章"代理商"第84至92条，第四编"商行为"第三章"行纪营业"第383至406条，第五章"运输代理营业"第453至466条，是从作为商人、商行为的角度阐释的，强调以营利为目的。而英美法系没有民商法分立的区分，因此也不存在民事代理和商事代理的区分。

第二节 《国际货物销售代理公约》

▶ 一、公约的制定及其结构

代理是国际贸易中经常发生的行为，而各国代理制度的差异显然不利于国际贸易的发展。正如著名的国际贸易法学家施米托夫所说的："在国际贸易法中，没有哪一个分支中的法学理论与商业现实之间的区别像代理这样大。显然，国际商业只有在中间人介入缔约双方交易的情况下才能实现。……这些中间人的特征都是在商业实践中发展起来的，它们往往不符合法学理论中提出的关于代理的概念。"[②]

[①] 徐海燕：《英美代理法研究》，法律出版社2000年版，第363页。

[②] 〔英〕施米托夫：《国际贸易法文选》，赵秀文译，中国大百科全书出版社1994年版，第368页。

有鉴于此,国际统一私法协会早在1935年即着手统一代理法方面的工作。1961年该协会以大陆法系上的直接代理和间接代理的分类为基础,完成了《国际性私法关系中代理统一法规》和《国际货物买卖佣金合同统一法规》两个公约草案的起草。这两个公约草案的内容和形式均带有大陆法系的明显痕迹,并未消除两大法系在代理法上的冲突,因而遭到英美法系国家的反对。1970年,国际统一私法协会又召集了一个审议上述公约草案的政府级专家会议,试图缩小代理统一法的范围,保证起草一项规范国际货物买卖代理合同中代理问题的新法规。其后,该委员会又多次举行会议,制定了新的统一法规草案文本,并将草案文本和初步报告在协会成员国中进行传阅,直至1979年5月28日至6月13日在布加勒斯特举行了外交会议,对草案文本进行了讨论。但会议未能就全部条款取得一致意见。在分析了形势之后,国际统一私法协会理事会于1980年召开了第59届会议,决定于1981年召开代理公约草案第二次会议,还决定成立一个由英美法系、大陆法系和社会主义法系的三名专家组成的小组对现有文本进行审查和修改。该小组认为,就国际代理实体法而言,不同法系之间代理的基本方法差别相当大,不同国家对各种代理合同和中间人有不同的分类,因此,拟订一个范围广泛而全面的统一法规是很困难的。小组建议取消1972年草案文本中的第三章,即删除争议较大的有关代理人与本人关系的章节,仅就代理人的外部关系拟订一个统一法规,本人与代理人的关系留待将来的国际公约规定。国际统一私法协会接受了专家小组的建议,重新拟订了公约文本。[①]

为通过该文本,1983年1月在日内瓦举行了由49个国家代表参加的外交会议。同年2月15日,会议正式通过了《国际货物销售代理公约》。该公约规定,自第十件批准书、接受书、核准书或者加入书交存之日起12个月后的第一个月的第一天开始生效。目前该公约尚未生效,但无论是从代理统一法的历史来看,还是从公约本身的规定来分析,它的确是国际代理统一实体法方面较为成功和完备的国际公约。

该公约共5章35条。它力求兼顾不同的社会经济及法律制度,在其范围所及的领域里为国际货物销售代理提供一套比较简便、明确且具有可行性的规则,消除国际贸易中的法律障碍。该公约具体内容为:第一章为适用范围与总则,第二章为代理权的设定和范围,第三章为代理人实施的行为的法律效力,第四章为代理权的终止,第五章为最后条款。

▶ 二、公约的适用范围

公约的调整范围是涉及以本人或代理人为一方与第三人为另一方之间的关系。即不调整代理中本人与代理人之间的关系,仅就代理的外部关系制定统一规则。公约对代理行为的界定由法律行为扩展到具有法律意义的相关行为,指出:本公约不

---

① 郑自文:《国际代理法研究》,法律出版社1998年版,第137页。

仅调整代理人订立货物销售合同的行为,也调整代理人旨在订约或有关履行合同的任何行为。

公约适用的地域范围体现了国际性,具体而言：

(1) 本人与第三人在不同国家设有营业地、而且代理人在某一缔约国设有营业地,或者根据国际私法规则导致适用某一缔约国的法律。

(2) 第三人在订立合同时,如果不知道也无从知道代理人是以代理身份行事,则只有在代理人和第三人营业地分处不同国家并符合前述规定时,才构成公约所规定的国际货物销售代理。

(3) 当事人的国籍、合同的民事或商事性质并不影响公约适用的地域范围。

排除公约适用的几项特殊性质的代理,包括：证券交易所、商品交易所或其他交易所之交易商的代理；拍卖商的代理；家庭法、夫妻财产法或继承法规定的法定代理；对无行为能力人的法定代理或指定代理；由司法、准司法部门的裁决或受上述部门控制下产生的代理。考虑到保护消费者法规的特殊性,公约规定"本公约不影响任何保护消费者法规的规定"。

三、代理权的设定和终止

公约虽然调整的是代理的外部关系,但对本应属于本人与代理人之间的内部关系的代理权的设定和终止也作了规定。因为代理权的设定与终止对代理的外部关系的内容与效力是产生影响的,所以有必要确立一定的客观标准,使代理的统一成为可能。

(一) 代理权的设定

在代理权的设定问题上,公约尽量避免形式主义。规定本人对代理人的授权既可以是明示的方式,也可以是默示的方式,而且不要求必须以书面形式授予或者证明,不受任何形式的限制。对授权的证实可以采用包括证人证实在内的任何形式。但考虑到许多国家对外贸合同所持的慎重态度,公约同时规定,当缔约国声明公约所涉及的授予、追认或终止某代理权在任何情况下均须以书面形式作出或证明时,则在该缔约国设有营业所的本人或代理人不得适用其他形式。

代理权的范围是代理人为实现授权之目的而有权从事的一切必要行为。这就将代理人实施代理权的行为扩大到对于实现代理合同的目的有必要但在授权时不可预见(如紧急处分代理权),或者不属于特殊授权,或者授权中没有明确提及的一切行为,这表现出公约对代理权的范围问题采取了极为灵活的态度。①

(二) 代理权的终止

根据《国际货物销售代理公约》的规定,代理权在如下情况下终止：

(1) 根据本人与代理人之间达成的协议；

---

① 郑自文:《国际代理法研究》,法律出版社1998年版,第142页。

（2）为之授权代理的某一笔或者数笔交易已经履行完毕；

（3）不论是否符合本人与代理人之间的协议规定，代理权因本人撤销或代理人放弃而终止；

（4）依所适用的法律而使代理协议终止。

可见，公约以上规定的代理权终止的情形可分为两类：一是因当事人的行为而终止；二是依法律规定而终止。而且，公约采取了概括性的规定方法，不涉及一些细节问题，因为一些具体的终止理由在不同国家可能有不同的区别标准。

关于代理权终止对第三人的效力，公约创设了一条适用于所有终止情形的一般规则，即第三人不受代理权终止的影响，除非他知道或者应当知道代理权的终止或者造成终止的事实。

代理权终止后，代理人仍然有权代理本人或其继承人实施必要的行为，以使他们的利益免受损害。

▶ 四、代理行为的法律效力

代理人实施代理行为意在完成自己的代理任务，并使代理行为对第三人及本人产生法律后果。

（一）代理行为只约束本人和第三人的情况

代理人在授权范围内代表本人所为的行为，如果第三人知道或者应当知道代理人是以代理人的身份进行的，则代理人的行为直接约束本人和第三人，除非代理人的行为只是约束他自己的。

这种情形类似于大陆法上的直接代理，但范围稍加扩大。大陆法上的直接代理强调代理人以本人的名义进行活动，而公约中的代理则不要求必须以本人的名义进行，或者必须披露本人的姓名。只要代理人是在授权范围内代表本人行为，而第三人知道或者应该知道代理人是以代理人的身份实施行为的，即使是第三人在订约之时不知道他具体将与谁发生合同关系，这种代理行为也会导致本人与第三人之间产生直接的合同关系。例外情况是：本人或与本人有协议的代理人同第三人约定代理行为的后果只约束代理人自己；代理人表明愿意同本人一起承担责任或代理人坚持其行为只约束他自己。

（二）代理行为只约束代理人和第三人的情况

代理人在授权范围内行事，但行为的法律效力却不指向本人和第三人的情况有两种：如果第三人在与代理人订立合同时既不知道也无从知道代理人是以代理人的身份进行活动的；如果第三人和代理人已经同意或承诺代理行为仅约束代理人自己的。在上述情况下，代理行为约束代理人与第三人，不约束本人。

公约规定在一定情形下，本人可以享有代理人从第三人处取得的权利，或者第三人可以对本人行使从代理人那里取得的权利。这些规定类似于英美法上关于本人的介入权和第三人的选择权的规定，但是多了一些限制。具体而言：

（1）当代理人因第三人不履行义务或者其他原因而未履行或者无法履行其对本人的义务时，本人可以对第三人要求代理人代表本人所取得的权利，即有权介入合同，但本人要受到第三人可能对代理人提出的任何抗辩的限制。

（2）当代理人未履行或者无法履行其对第三人的义务时，第三人可以直接对本人行使其从代理人那里取得的权利，但该第三人应承受代理人可能对第三人提出的任何抗辩以及本人可能对代理人提出的任何抗辩的双重限制。

本人或者第三人对上述两项权利的行使，必须事先向代理人、第三人或者本人送交拟行使这种权利的通知。按照公约规定，如果代理人是在第三人不知道本人的情况下以自己的名义与第三人订立合同的，当因本人不履行义务致使代理人未履行或无法履行其对第三人的义务时，代理人负有将本人姓名披露给第三人的义务。同样，当因第三人未履行其对代理人的合同义务致使代理人未履行或无法履行其对本人的义务时，代理人也负有将第三人的姓名披露给本人的义务。

如果按当时的情形，第三人若知道本人的身份就不会订立合同的，本人不得对第三人行使代理人从第三人那里取得的权利。

（三）代理人无权或越权行为的法律效力

作为一般原则，公约规定，当代理人未经授权或者超越代理权限范围行事时，其行为对本人和第三人没有约束力，但例外情形如下：

（1）如果因本人的行为致使第三人合理地并善意地相信代理人有权代表本人为某种行为，并且相信代理人是在授权范围内行事，则本人不得以代理人无代理权为由抗辩第三人。

（2）代理人未经授权或者超越代理权限范围的行为，可以由本人予以追认，经追认的行为视为自始具有经授权的行为的效力。追认于追认通知到达第三人或经其他方法为第三人知晓时起生效，且追认发生效力后不可撤销。但是追认对于第三人不具有绝对的效力，第三人在某些情况下可以拒绝受追认的约束，有些情况下则不可以，具体而言：第一，如果第三人不知道也无从知道该代理人未经授权，且在本人追认前发出通知表示拒绝受追认的约束，或者本人未在合理期限内作出追认通知，而第三人已将拒绝追认的通知送达本人，则第三人不受本人追认的约束。第三人可以拒绝接受本人的部分追认。第二，如果第三人知道或者应当知道该代理人未经授权，则在约定的追认期间届满前，如无约定，则在第三人确定的合理期间届满前，第三人不得拒绝受追认的约束。

关于无权代理人或者超越代理权限的代理人对第三人的责任问题，公约区别了不同的情况加以规定。如果未经授权或者超越代理权限范围行事的代理人的行为未得到本人的追认，则该代理人应承担对第三人的赔偿责任，以使第三人处于如同代理人有权并在授权范围内行事时同样的地位。但是，如果第三人知道或者应当知道代理人未经授权或者超越代理权限范围行事，则代理人对第三人不承担责任。

第三节　中国的外贸代理制度

▶ 一、中国外贸代理制度的产生

长期以来,我国在外贸领域实行所谓"收购制",即由外贸公司用自有资金向国内生产企业收购出口商品,然后由外贸公司以自己的名义对外出口,自负盈亏。这种"收购制"使外贸公司在收购出口货源方面的财务负担沉重,不适应改革开放后贸易活动发展形势的需要。1984年在国务院转批的《对外经济贸易部关于外贸体制改革意见的报告》中首次提出了外贸代理制。国务院在其后的若干有关外贸体制改革的文件中,多次指出要大力推行代理出口,以促进工贸结合,发挥各自优势,实现我国对外贸易由粗放型向集约型的转变。1991年8月29日,对外经济贸易合作部颁布了《关于对外贸易代理制的暂行规定》,该规定构建了我国外贸代理制的基本框架,2007年年底废止。

由于我国没有采用民商分立的体制,因此我国没有民事代理与商事代理之分,现行代理法律主要见于《民法通则》第四章第二节"代理"、最高人民法院《关于贯彻执行〈中华人民共和国民法通则〉若干问题的意见(试行)》第78至83条、《中华人民共和国合同法》(以下简称《合同法》)第47至49条与第二十一章"委托合同"中。除上述规定外,我国现行外贸代理制度的法律依据主要有《中华人民共和国对外贸易法》(以下简称《对外贸易法》)和《合同法》第二十一章"委托合同"和第二十二章"行纪合同"的规定。

我国原先的外贸代理制度是在对外贸易计划专营、外贸经营权实行审批制的背景和基础上制定的,用以规范有外经贸权的公司、企业接受委托以自己名义对外签约的外贸代理行为。为实现我国加入WTO的承诺,2004年修订的《对外贸易法》放开了对外贸易经营权,扩大了对外贸易交易主体的范围,将对外贸易经营权审批制改为备案登记制,使建立在对外贸易经营权审批制基础上的对外贸易制度失去了原有的基础。《对外贸易法》第9条规定:"从事货物进出口或者技术进出口的对外贸易经营者,应当向国务院对外贸易主管部门或者其委托的机构办理备案登记;但是,法律、行政法规和国务院对外贸易主管部门规定不需要备案登记的除外。备案登记的具体办法由国务院对外贸易主管部门规定。对外贸易经营者未按照规定办理备案登记的,海关不予办理进出口货物的报关验放手续。"尽管对外贸易经营权已放开,修订后的《对外贸易法》也继续保留了对外贸易代理制,其第12条明确规定:"对外贸易经营者可以接受他人的委托,在经营范围内代为办理对外贸易业务。"

▶ 二、《合同法》项下的外贸代理制度

(一)《合同法》确立了外贸代理制的法律基础

我国外贸代理制度在形式上主要采用大陆法系模式,主要有委托合同模式和

行纪合同模式,即直接代理和间接代理模式,同时又吸收了英美法系关于隐名代理的具体内容。与外贸代理关系最为密切的条款是第二十一章"委托合同"中的第402条和第403条。有的学者认为,《合同法》中的这些规定吸收了英美法中有关代理的合理规定,不仅引入了隐名代理和披露委托人的代理,而且对未披露委托人的代理中的委托人的介入权和第三人的选择权都作出了明确的规定。①《合同法》中的相关规定构成了我国新的外贸代理的法律基础,与国际通行的代理制度的规定更趋于一致。其中对外贸代理中的委托人、受托人和第三人的权利、义务的规定更加明确。

(二)《合同法》中外贸代理的相关规定

(1) 委托合同模式。即受托人作为有或者无对外贸易经营权的法人、其他组织或个人的代理人身份开展外贸代理活动。具体又可分为三种情形:

一是受托人以委托人的名义在授权范围内开展外贸代理活动,与第三人订立外贸合同,其法律后果由委托人承受。这就是我国传统的民事代理制度。

二是《合同法》第402条规定的情形:"受托人以自己的名义,在委托人的授权范围内与第三人订立的合同,第三人在订立合同时知道受托人与委托人之间的代理关系的,该合同直接约束委托人和第三人,但有确切证据证明该合同只约束受托人与第三人的除外。"这种类似于英美法系的隐名代理。

三是《合同法》第403条规定的情形:"受托人以自己的名义与第三人订立合同时,第三人不知道受托人与委托人之间的代理关系的,受托人因第三人的原因对委托人不履行义务,受托人应当向委托人披露第三人,委托人因此可以行使受托人对第三人的权利,但第三人与受托人订立合同时如果知道该委托人就不会订立合同的除外。

受托人因委托人的原因对第三人不履行义务,受托人应当向第三人披露委托人,第三人因此可以选择受托人或者委托人作为相对人主张其权利,但第三人不得变更选定的相对人。

委托人行使受托人对第三人的权利的,第三人可以向委托人主张其对受托人的抗辩。第三人选定委托人作为其相对人的,委托人可以向第三人主张其对受托人的抗辩以及受托人对第三人的抗辩。"

(2) 行纪合同模式。即受托人作为行纪人以自己的名义为委托人从事外贸活动,委托人支付相应报酬的外贸代理。这种外贸代理模式吸收了德国商法典中行纪行为的规定,更加灵活地反映市场经济的趋利特征,比如:行纪合同可以约定,行纪人享有有利交易增酬权,即行纪人以比委托合同约定更低的价格买入、更高的价格卖出时行纪人可获得额外报酬。行纪合同模式与委托合同模式中的第二和第三种

---

① 陈立虎:《中国外贸代理制度刍议——兼析〈合同法〉的有关规定》,载《苏州大学学报》(哲社版)2000年第2期。

情形极为相似,但有所区别的是受托人的身份不同,行纪合同的受托人大多是专业性的商人,而委托合同中的受托人则无此身份限制。

(三)《合同法》调整下的外贸代理制度的主要内容

《合同法》对外贸代理中委托人、代理人、外商的权利义务关系重新定位。

就代理人而言,仍以自己的名义在委托人的授权范围内与外商签订合同,但却增加了在特定情形下的披露义务。第一种情形是外商不知道委托人与代理人之间的代理关系,而代理人因外商的原因对委托人无法履行义务,代理人应当向委托人披露外商的有关情况,以使委托人在此种情况下可以介入进出口合同,但外商与代理人订立合同时如果知道该委托人就不会订立该进出口合同的情况除外。第二种情形是因委托人的原因而使代理人对外商无法履行义务,代理人也应当向外商披露委托人的有关情况,外商因此可以选择其主张权利的相对人——委托人和代理人。代理人因此有了摆脱第一性责任的可能性。

就委托人而言,可以授权代理人在一定范围内与外商订立合同,而且当外商在订立合同时知道委托人与代理人之间的代理关系时,除非有确切证据证明该合同只约束代理人与外商,否则委托人就直接受该合同效力的约束,不仅可以承担合同义务,而且可以行使一定的介入权。如果委托人自身违约,代理人向外商披露此种情况后,则委托人可能成为外商主张权利的选择对象。如果在代理人与外商订立合同时未披露委托人,委托人可因外商违约而介入该合同并行使代理人对外商的权利,这种介入权的行使受到一种情况的限制,即外商与代理人订立合同时如果知道该委托人就不会订立合同的情况。

就外商而言,如果知道代理人与委托人之间的代理关系存在,则订立的合同约束外商自身与委托人,合同的效力及于权利义务的真正承担者。当发生因委托人的原因而致使代理人不能履行义务时,外商拥有了选择权——或者选择委托人或者选择代理人作为主张权利的相对人,但此种选择一旦确定就不可更改。

《合同法》的上述规定使委托人、代理人和外商的权利义务更加明确,在一定程度上摆脱了原有外贸代理制下的权利义务、责任与利益失衡的困境,对外贸代理实务产生了积极的影响。

【参考书目】

1. 曹建明、陈治东主编:《国际经济法专论》(第二卷),法律出版社2000年版。
2. 冯大同主编:《国际商法》(修订本),对外贸易教育出版社1991年版。
3. 徐海燕:《英美代理法研究》,法律出版社2000年版。
4. 〔英〕施米托夫:《国际贸易法文选》,赵秀文译,中国大百科全书出版社1994年版。
5. 郑自文:《国际代理法研究》,法律出版社1998年版。
6. 江帆:《代理法律制度研究》,中国法制出版社2000年版。

【思考题】

一、名词解释
1. 直接代理
2. 间接代理
3. 隐名代理

二、简答题
1. 英美法系、大陆法系关于代理权产生的原因的观点。
2. 《国际货物销售代理公约》的适用范围是什么？
3. 《关于对外贸易代理制的暂行规定》中委托人、代理人的主要义务是什么？

三、论述题
1. 英美法系和大陆法系代理制度的区别主要表现在哪里？
2. 《国际货物销售代理公约》的主要内容是什么？
3. 《合同法》调整下的新的外贸代理制度的主要内容是什么？

第八章　国际商事主体法律制度

随着国际经济的发展以及各国间经济交往的加深,国际商事主体的表现形式也越来越多。当今的国际商事主体要么以独立法人的形式存在,要么以非法人企业的形式存在,在国际商事交往中都占据了非常重要的地位。从中世纪时的商人到当今世界的跨国公司,其相关的法律制度都成为了国际商法的研究对象。本章主要介绍独资企业、合伙企业、公司等几种常见的国际商事主体的法律特征、设立条件和设立程序、内部管理和资本运营、投资主体的权利义务、商事主体外部法律关系、解散和清算,以及商事主体破产的法律适用、破产程序等。

随着国际经济的发展以及各国间经济交往的加深,国际商事主体的表现形式也越来越多。当今的国际商事主体要么以独立法人的形式存在,要么以非法人企业的形式存在,在国际商事交往中都占据了非常重要的地位。从中世纪时的商人到当今世界的跨国公司,其相关的法律制度都成为了国际商法的研究对象。本章将介绍独资企业、合伙企业、公司等几种常见的国际商事主体的相关法律制度。

第一节 国际商事主体概述

商事主体(国外商法典上又称"商人"),是指依照商事法规定,参加商事活动,享有权利并承担义务的人。简言之,即商事法上的权利义务的归属者。要准确理解其含义,必须认识到:商事主体必须是商法上规定的人(包括自然人、法人及其变态形式),必须有商行为能力,必须是参加商事活动者,并在所缔结的法律关系中享有权利、承担义务。①

中世纪后期,伴随着手工业的发展和贸易的发达,社会上出现了一种象征着一个专门阶层的特殊经济利益集团——商人,也就出现了一个全新的法律部门——商法。为了适应时代发展的需要,商事立法逐渐规范化并日趋完善,商法所涉及的范围越来越广,商人在法律上的地位和特权也更加稳固。拿破仑在法国大革命之后力图改变具有特权色彩的商法形象,制定了《法国商法典》。该法典虽然从形式上确立了以商事行为为调整对象,并赋予了每一个公民平等的商事行为资格,但实质上并未能改变商法以商人为主体、商人具有特权的客观事实。20世纪初《德国商法典》的出台,又重申了商人在商法中的中心地位,致使一些奉自然法为圭臬的人们视商法为特权法。为了改变这种现象,从20世纪初开始,世界各国的商法学家们就力图将商法的中心从商人向企业转变。其中的原因主要有二:第一,随着经济的发展和经济规模的扩大,以自然人形态出现的商事主体已远远不符合现代经营主体形态的需要;第二,商人作为财产的所有人,作为权利的主导者,造成了不同阶层之间的对立,激化了社会矛盾。因此,现代社会的商事主体不应再局限在传统观念上,而应该是具有一定经济规模和组织形式的企业。

商事主体,按照其在现代社会中的组织形式、表现类型可分为商自然人和商事组织。商自然人即以自然形式存在的专职从事商事行为的主体;商事组织则包括商法人及不具备法人资格的各类实体。在我国,由于并不存在"商人"这一特殊群体,所谓商事主体主要是指企业,包括个人独资企业、合伙企业和公司。

企业是现代市场经济活动中最重要、最活跃的主体,调整企业的法律规范是各国商法的主体部分。关于企业的立法例,大陆法系和英美法系均没有独资企业的单行立法,只有我国制定了《中华人民共和国个人独资企业法》(以下简称《个人独资

---

① 覃有土主编:《商法学》,中国政法大学出版社1999年版,第15页。

企业法》)。西方国家对独资企业的立法规范散见于有关法律条文中。关于合伙企业及公司的立法规范，英美法系多采用单行立法的方式，辅之以判例法进行调整；大陆法系则形成了双重规范的立法格局，先以统一的法典进行规范，尔后制定了一些单行的法律法规，德国、法国均是这种模式。

就我国目前的立法现状来看，主要是区分企业类型分别进行立法规范的。

个人独资企业，是一个自然人投资，投资者以其个人财产对企业债务承担无限责任的经济实体。个人独资企业的财产实质上是投资者个人财产的一部分，所以个人独资企业不具有独立的法律人格，系非法人企业。投资者对企业享有绝对的控制和支配的权利，企业的存续、经营完全取决于投资者一人的个人意志，经营非常灵活，而且个人独资企业一般不交纳企业所得税，所以即使是在市场经济最为发达的国家，个人独资企业仍大量存在。个人独资企业虽然数量较多，但企业规模较小，其产值在国民生产总值中的比重较小，并且经常受到诸如经营范围等方面的限制。

合伙企业是指自然人、法人和其他组织依照《合伙企业法》设立的普通合伙企业和有限合伙企业。合伙企业主要是由独资企业演变而来的，合伙企业在我国经历了由只允许单纯的普通合伙企业存在，到允许普通合伙企业和有限合伙企业并存的发展。由于合伙企业是建立在合伙人之间相互信任的基础上的，所以合伙一般规模有限，影响力不大。

公司是依照公司法设立的、以营利为目的的企业法人。公司具有独立的法人资格，以自己的名义享有权利，承担义务。公司以其资产为限，对外承担有限责任。公司(尤其是股份有限公司)是各国国民经济的支柱，一国立法水平的高低也主要体现在公司法中，公司是最为重要的企业类型。

此外，各国还规定了一些其他类型的企业，但非典型企业，也不具有代表性，故不再赘述。

第二节　独资企业法

▶ 一、独资企业的概念、特征

(一) 独资企业的概念

虽然在其他一些国家基本上没有"独资企业"一词，但都承认了独资企业存在的合理性。在德国，独资企业就是德国商法意义上的商人，一般被称为个体商人或个体企业，由民法和商法予以调整。《德国商法典》规定商人就是从事工商经营活动的人，即长期自主经营的、以营利为目的的、经主管当局批准的从事经营活动者。而法国则将"独资企业"定义为一个自然人以个人名义、为个人利益从事商事活动、以此作为自己的职业，经相关部门登记的商事活动者。

独资企业，在我国称个人独资企业，是指依法在中国境内设立，由一个自然人投资，财产为投资人个人所有，投资人以其个人财产对企业债务承担无限责任的经营实体。

独资企业是一个自然人投资成立的,相对于其他企业类型而言,简便易操作,所以独资企业是最为简单、出现最早的企业形式。独资企业只要有一人出资、具备相应经营条件并有必要的从业人员即可成立。尽管公司、合伙等企业类型在市场经济中占有相对重要的地位,但对一些诸如理发、餐饮、小规模生产加工等不需要很多资金,但需要灵活经营的市场活动,公司企业、合伙企业等较少涉足,而独资企业由于其独有的特点,可以在这些领域大显身手。(当然,独资企业的经营范围是非常广泛的,事实上,我国有相当数量的较大规模的独资企业,并从事着多种行业的经营管理。)所以,即使在市场经济高速发展的今天,独资企业仍然能在市场主体中占有重要的一席之地,独资企业在长时期内仍然是一种重要的企业类型。

(二)独资企业的特征

(1)独资企业投资人为一人,而且仅限于自然人。《布莱克法律词典》对"独资企业"的解释是:"一种与合伙和公司相对立的个人(person)拥有企业资产的组织形式",投资人为一人是对独资企业的质的规定。尽管有的国家允许设立"一人公司"(一般认为,一人公司是指法律上由一人持有全部股份的公司),但许多国家禁止该种做法。因而一个自然人投资所能采用的企业组织形式一般是独资企业(在我国目前立法例下,还可以采用个体工商户形式)。而由法人投资设立的企业,无论是分公司还是子公司,都不具有独资企业资格。

(2)独资企业投资者对企业享有完全的控制、支配权利。独资企业的存在与经营直接与投资者的意愿相联系,独资企业完全处于投资者的控制之下,不存在他人分享对企业的管理、控制和支配;投资者可以根据其意愿进行经营。

(3)投资者对独资企业债务承担无限责任。独资企业可以有自己的名称或商号,并以企业的名义开展经营活动,但并无独立的法人资格,投资人须以个人财产对企业债务承担无限责任。

(4)独资企业依附于投资者的人格。企业以自己的名义进行经营活动,必须有其独立的财产、能力为独立的意思表示,并以其财产独立承担民事责任。就独资企业而言,由于投资者是一个自然人,因而独资企业的经营是同投资者个人紧密相连的,其人格依附于自然人格。自然人死亡,则其所投资的独资企业亦不复存在。从某种意义上说,独资企业只是自然人进行活动的特殊形态。

(三)各国立法简况

与我国制定单行的《个人独资企业法》不同,其他国家基本上都未对独资企业进行单独立法规范。法国、德国都没有独资企业单行立法,而是根据民法和商事法律来调整独资企业,因为他们认为个体完全控制着企业,没有其他组成成分的利益需要考虑,这种类型的商事企业并不使个人免于任何责任,这样,没有必要单独立法以调整独资企业的组织和运营。美国法上则认为个人业主制和公民个人并无实质区别,公民从事个体的生产经营即成为个体业主。美国各州没有个人业主制的专门立法,对个人业主制企业(即独资企业)的规范调整主要是通过适用相关的法律(宪法以及税收、专卖、合同和破产等方面的法律)实现的。

二、独资企业与个体工商户及一人公司的区别

我国《民法通则》第26条规定:"公民在法律允许的范围内,依法经核准登记,从事工商业经营的,为个体工商户。个体工商户可以起字号。"可见,个体工商户也是由个人投资设立、投资人以个人财产承担无限清偿责任的经济实体,因此,独资企业和个体工商户在本质上是一致的。在《个人独资企业法》颁布前,对个体工商户的调整适用《民法通则》,对独资企业的调整则主要适用《私营独资企业暂行条例》或者《外资企业法》。《私营独资企业暂行条例》以雇工人数多寡来区别个人独资企业和个体工商户,是不科学的,不利于个人投资经营的发展。实践中,无论是资金、设立、日常经营管理还是责任承担、税收征纳①等方面,都没有必要对二者加以区分。对我国的个体工商户以独资企业法规制,也是与国际接轨的必然要求。

一人公司一般指公司股东只有一人,公司全部股份由一人拥有的公司。自20世纪中期以来,西方国家逐步确立了一人公司的法律地位,美国(大多数州)、日本、德国、丹麦均允许一人公司存在。法国《商事公司法》1966年进行了修订,规定有限责任公司是由一人或若干人仅以其出资额为限承担损失而设立的公司,并且当公司股东仅为一人时不适用原先规定的关于公司解散的规定。德国1980年修改《公司法》时,允许有限公司设立后,由于股东退出而产生的"一人公司"的存在,1993年再度修改时规定,有限责任公司可以依照本法规定,为了任何法律允许的目的由一人或数人设立。但也有国家如英国、比利时等不承认一人公司的法律地位。

我国2005年10月27日修订通过的《公司法》对一人公司作了明确规定:一人公司是指只有一个自然人股东或者一个法人股东的有限责任公司。

独资企业和一人公司的区别首先是性质的不同。尽管二者的投资者均为一人,但一人公司性质上属于公司,具有法人资格,是公司法的调整对象;而独资企业性质上属于非公司企业,不具有法人资格,受独资企业法的调整。一人公司具有法人资格,适用公司法的规定,尤其是在对外债务承担上仅以股东的出资为限负有限责任,投资者所承担风险较小,但为保护债权人的利益,一般都会有注册资本的要求;独资企业不具有法人资格,在对外债务承担上投资者以个人财产承担无限清偿责任,法律没有规定企业注册资本额的必要。所以,尽管独资企业投资者承担的风险较大,但因经营灵活、法律限制和政府干预都相对较少,仍受到众多投资者的青睐。

此外,一人公司与独资企业的人格不同。一人公司是公司,具有独立的人格,由公司独立享有权利和承担义务,公司股东的变化不会影响公司的人格;独资企业的

---

① 根据国务院发布的《关于个人独资企业和合伙企业征收所得税问题的通知》,自2000年1月1日起,对个人独资企业和合伙企业停止征收企业所得税,企业投资者生产经营所得比照个体工商户的生产经营所得征收个人所得税。

人格则依附于投资者,投资者变动或消灭影响到企业的人格。

▶ 三、独资企业的设立

我国《个人独资企业法》第 8 条规定,设立个人独资企业一般应当具备下列条件:(1) 投资人为一个自然人;(2) 有合法的企业名称;(3) 有投资人申报的出资;(4) 有固定的生产经营场所和必要的生产经营条件;(5) 有必要的从业人员。可见,独资企业的设立条件较为宽松,没有关于企业出资额的规定。尤其是在美国、加拿大,"一元企业"均属常见。由于独资企业投资者以个人财产对企业债务承担无限清偿责任,因而,对独资企业规范管理的重点应放在投资者的财产登记管理上,以防止投资者抽逃企业财产、逃避债务。

在我国申请设立个人独资企业,应当由投资人或其委托的代理人向个人独资企业所在地的登记机关提交设立申请书、投资人身份证明、生产经营场所使用证明等文件。委托代理人申请设立登记时,应当出具投资人的委托书和代理人的合法证明。个人独资企业设立申请书应载明下列事项:企业的名称和住所、投资人的姓名和居所、投资人的出资额和出资方式以及经营范围。登记机关应当在收到设立申请文件之日起 15 日内,对符合法律规定条件的予以登记,发给营业执照;对不符合法律规定条件的,不予登记,并应当给予书面答复,说明理由。营业执照签发日即为独资企业成立日。

美国对独资企业设立程序的规定更为宽松。在美国注册成立独资企业,首先要求注册申请人交纳注册申请费,并填报投资人、企业名称、经营地点等注册登记事项后,经投资经营者签名并缴纳注册费后,注册即告完成。独资企业的注册程序简单快捷,与独资企业的特点及债务承担不无关系。

个人独资企业设立分支机构,应当由投资人或其委托的代理人向分支机构所在地的登记机关申请登记,领取营业执照。分支机构核准登记后,应将登记情况报该分支机构隶属的个人独资企业的登记机关备案。分支机构的民事责任由设立该分支机构的个人独资企业承担。

▶ 四、独资企业事务管理

独资企业系由投资者一人投资建立,企业的全部资产由投资者所有,投资者对企业有完全的控制和支配的权利,因而独资企业的事务应由投资者管理。但随着独资企业规模的扩大及独资企业事务的日益增加,投资者不可能对企业事必躬亲;更重要的是,现代市场竞争日益激烈,如何建立强有力的企业内部管理机制、完善企业的营销机制、形成职业化管理队伍成为一个重要的问题。而投资者未必就具备市场竞争所需的优势条件。因而,我国《个人独资企业法》第 19 条规定:"个人独资企业人可以自行管理企业事务,也可以委托或者聘用其他具有民事行为能力的人负责企业的事务管理。"这也是我国借鉴多数国家立法的结果。

投资人委托或者聘用他人管理个人独资企业事务,应当与受托人或被聘用的人签订书面合同,明确委托的具体内容和授予的权利范围。在个人独资企业中,受托人或被聘用人的法律地位相当于公司中的经理,应当履行诚信、勤勉义务,按照与投资人签订的合同负责个人独资企业的事务管理。

受托人或聘用的管理个人独资企业事务的人员不得有下列行为:(1) 利用职务上的便利,索取或收受贿赂;(2) 利用职务或工作上的便利侵占企业财产;(3) 挪用企业的资金归个人使用或借贷给他人;(4) 擅自将企业资金以个人名义或者以他人名义开立账户存储;(5) 擅自以企业财产提供担保;(6) 未经投资人同意,从事与本企业相竞争的业务;(7) 未经投资人同意,同本企业订立合同或进行交易;(8) 未经出资人同意,擅自将企业商标或其他知识产权转让给他人使用;(9) 泄露本独资企业的商业秘密;(10) 法律、行政法规禁止的其他行为。

▶ 五、独资企业的转让

独资企业财产实质上是投资者私人财产的一部分,但独资企业的转让并不能简单地认为是个人所有财产的转让。独资企业的转让涉及商号、竞业禁止、企业债权债务等问题。

关于独资企业的转让问题,我国《个人独资企业法》只在第 17 条进行了笼统的规定,缺乏可操作性,在不涉及企业或营业整体的情况下,有关独资企业中财产的转让与个人财产的转让适用相同的规则(但应防止转移财产以逃避企业债务的情形);在独资企业或其营业整体转让时,则应处理好以下相关事务:

首先是转让企业财产的范围问题。独资企业转让的双方当事人以合同形式完成企业产权转让,只要不违反法律规定,双方当事人可以就转让财产范围进行约定,一般而言,转让人应将企业全部资产(包括各类财产、账目、产权证明等)转让给受让人,以保证受让人能正常地生产经营。商号具有一定的财产价值,是同企业的生产经营状况紧密联系在一起的,因此,商号应随同企业的营业同时转让。此外,技术秘密由于与本企业的生产经营、商号的整体运营不可分,所以也应随同企业转让。独资企业的转让应使受让人能有效地利用受让财产进行生产经营。

其次,独资企业转让时的企业债权债务问题。当企业营业转让时,我国香港地区《营业转让(保护债权人)条例》(该条例适用于各类企业的概括转让)第 3 条规定,不管转让人和受让人之间有无任何相反的规定,受让人应该承担转让人经营业务而引起的全部债务和责任,包括根据香港税务条例应缴纳的税款。企业营业转让,即出现概括承受企业资产及负债时,独资企业的债权债务应一同转让。我国台湾地区民法典也进行了相同立法。由于独资企业的债权债务实质上就是投资者的债权债务,所以,大陆法系认为单纯的商号转让时,企业债权债务并不必然随同转让。在我国,关于独资企业债权债务的概括转让,应依照我国《合同法》中关于一般债权债务转让的规定办理。

《日本商法典》第25条还规定了转让人的竞业禁止义务。转让人在转让营业的2年内不得在同一或邻近的市、镇、村从事相同的营业,以保证受让人有良好的经营环境。我国目前没有这方面规定。

六、独资企业的解散与清算

独资企业的解散是指在经营管理的过程中出现了法律、行政法规规定的事由,从而停止独资企业的经营活动的法律行为。

我国《个人独资企业法》规定以下两种解散情形:(1)自愿解散:投资人决定解散。(2)强制解散:投资人死亡或者被宣告死亡,无继承人或者继承人决定放弃继承;被依法吊销营业执照;法律、行政法规规定的其他情形。

独资企业解散需要进行清算。清算的主体可以是投资人,也可以由债权人申请法院指定清算人。由于独资企业的投资人以自己的财产对企业承担无限责任,因此个人独资企业解散后原投资人对个人独资企业存续期间的债务仍应承担偿还责任。

第三节 合伙企业法

一、合伙企业的概念和特征

(一)合伙企业的概念与立法例

在大陆法系国家,合伙分为"民事合伙"和"商事合伙",分别适用民法典和商法典或有关的商事法规,二者的主要区别在于后者经营的规模化和专门化上,商事合伙是达到一定的经营规模并专门从事营利性活动的合伙企业。《德国民法典》对民事合伙的规定是,"根据合伙契约,合伙人彼此间有义务实现由契约方式而确立的共同目的,特别负履行约定出资义务"。《德国商法典》对商事合伙则规定了无限公司、两合公司及隐名公司三种合伙类型。与德国强调合伙的契约性不同,法国、日本更强调合伙的团体性,法国甚至规定了隐名合伙以外的合伙自登记之日起享有法人资格。《日本商法典》中规定无限公司(英美法上的合伙)和两合公司(有限合伙)具有独立的法人人格。

英美法系对合伙的规定则有不同。为了消除差异,美国统一州法委员会于1914年起草制定了《统一合伙法》(Uniform Partnership Act),将合伙分为普通合伙和有限合伙,而且均不承认其具有法人地位,但可以以自己的名义进行营利性活动。其对合伙的规定较为宽泛,因此美国有学者认为就合伙的债务承担来讲,个体户可以看成是单人合伙制。英国合伙法规定,普通合伙是从事共同经营的人之间为营利而存在的一种关系,英国为合伙限定了企业的地位,并限于商事合伙,突出了合伙的团体性。

各国普遍强调合伙的团体性,许多国家将其规定为公司,赋予其法人的身份。

尽管许多国家有无限公司的规定,但作为法人,其最根本的特征在于对外承担责任的有限性(欧洲大陆法系国家赋予合伙企业以法人资格,但并不免除合伙人对合伙债务的连带责任),合伙是基于合伙人的合伙协议而设立的,各合伙人对合伙债务承担的是无限连带责任。因此,合伙企业的法人资格地位是值得考虑的。

我国1997年2月23日通过的《合伙企业法》规定:合伙企业是合伙人依合伙协议共同出资、合伙经营、共享收益、共担风险,并对合伙企业债务承担无限连带责任的营利性经济组织。

2006年8月27日修订的《合伙企业法》规定:合伙企业是指自然人、法人和其他组织依照本法设立的普通合伙企业和有限合伙企业。普通合伙企业由普通合伙人组成,各合伙人对企业债务承担无限连带责任;而有限合伙企业由普通合伙人和有限合伙人组成,普通合伙人对企业债务承担无限连带责任,有限合伙人则以其认缴的出资额为限对企业债务承担责任。

(二) 合伙企业的类型

(1) 根据合伙的责任承担不同,可以分为普通合伙企业和有限合伙企业。

普通合伙企业是指对依法成立的合伙企业,各合伙人均承担无限责任(有的国家称为无限公司)。这是合伙企业的常见形态,其他形式的合伙企业都是以普通合伙企业为基础的。有限合伙企业,相当于两合公司,是指对合伙企业的债务既有承担有限责任的合伙人,又有承担无限责任的合伙人,承担无限责任的合伙人为普通合伙人,承担有限责任的合伙人为有限合伙人。因此,有限合伙企业至少应有一名普通合伙人和一名有限合伙人。有限合伙人一般不参与合伙的经营,其行为对合伙无拘束力,但有限合伙人可以依照有关规定查询合伙企业的经营账目等。1807年《法国商法典》首次对有限合伙作了规定,1890年英国规定了有限合伙,1907年制定了单行的《有限合伙法》,美国统一州法委员会1916年制定了《统一有限合伙法》,现已被大多数州采纳。

美国是知识经济最发达的国家,对有限合伙企业的利用也是最为成功的,美国对有限合伙企业基本上是任由当事人自治,其主要做法是:第一,普通合伙人通常有创业投资机构专业管理人员担任,有限合伙人往往为养老基金、人寿基金等机构投资者和外国投资人等;第二,企业通常由有限合伙人100%出资,普通合伙人即使出资一般也不超过1%;第三,在有限合伙人收回其投资前,普通合伙人不得参与盈余分配,资本收回后普通合伙人可按其持股份额参与分红;第四,有限合伙企业订有存续期限,通常为7—10年;第五,为了减缓普通合伙人及经营者的偏好及道德风险,作为激励和约束,通常约定在企业达到经营目标后,可增加其持股份额。[①]

我国的《合伙企业法》也采纳了这种分类。因为对于初期的科技成果转化,由于市场、风险、资信以及可行性等因素的影响,项目的实施不能以公司的形式向社会筹

---

① 史际春等:《企业和公司法》,中国人民大学出版社2001年版,第424页。

集资金,通过有限合伙企业的方式,尽管筹集资金较少、规模较小,但对科技成果商品化这一风险性经营来说,无疑是最佳的选择。

(2) 根据合伙企业是否显示合伙人,合伙可以分为显名合伙企业和隐名合伙企业。

显名合伙企业也就是普通的合伙企业,是隐名合伙企业的对称。隐名合伙企业是一方向另一方出资,并不参与合伙事务的决策和执行,但分享合伙经营收益并以其出资为限承担合伙经营损失的合伙。《法国商法典》第335—342条对隐名合伙作了规定,《法国民法典》在第三章规定了隐名合伙。《日本商法典》也以"匿名组合"对隐名合伙作了规定。隐名合伙制度已成为现代各国合伙制度中不可缺少的一部分。隐名合伙企业具有以下特征:第一,隐名合伙人的出资仅限于金钱或其他财产,而不包括劳务或信用,隐名合伙人出资后,其财产属于出名合伙人;第二,隐名合伙人在对外关系上不为合伙人,如其参与了企业的执行或决策,则视为出名合伙人;第三,隐名合伙人对合伙事务无执行权、决策权;第四,隐名合伙人对合伙债务承担有限责任,仅在出资限度之内承担有限责任,大陆法系的隐名合伙与英美法系有限合伙实质上具有相同之处,二者都可以成为一种对较大风险的行业经营负有限责任的投资方式,二者都包括两种责任承担主体,隐名合伙人和有限合伙人都承担有限责任,但就目前各国规定来看,隐名合伙企业具有更为广阔的适用范围的。

▶ 二、合伙企业的特征

(一) 合伙企业的法律定位

要了解合伙企业的法律特征,首先应对合伙企业的法律地位有充分的了解,根据前述立法例,法国、日本等赋予合伙企业法人资格,在这些国家法律中规定的各种合伙企业类型均可以获得法人的主体资格。另一种做法是英美法上不赋予其法人资格,但承认其作为营利性经济组织的主体地位。

我国《合伙企业法》规定合伙可以合伙企业的名义对外经营,享有权利、承担义务,合伙企业可以有自己的财产等都表明合伙企业在我国具有团体资格,是一种经济组织,可以作为独立的纳税主体。因此,我国法律实质上将合伙企业定位于具有商业团体的资格。

(二) 合伙企业的基本特征

(1) 自治性强。合伙企业是按照自愿订立的合伙协议成立的。合伙协议一般应采用书面形式,并应当办理工商登记。普通合伙协议一般应包括:合伙的目的、合伙人的出资、合伙的盈余分配、合伙的亏损负担、合伙事务的执行、入伙与退伙以及合伙的终止等。有限合伙协议除了普通合伙协议的必要记载事项外,还应该载明:执行事务合伙人应具备的条件和选择程序;执行事务合伙人权限与违约处理办法;执行事务合伙人的除名条件和更换程序;有限合伙人入伙、退伙的条件、程序以及相关责任;有限合伙人和普通合伙人相互转变程序等。

（2）普通合伙企业是人合组织，有限合伙企业是人、资两合组织，均是基于合伙人之间的相互信任关系而成立的，合伙人的死亡、破产以及退出都直接影响合伙企业的存续。

（3）合伙人共同出资、共同经营、共享收益、共担风险，合伙既是人的联合，又是财产的联合，合伙企业须有合伙人的出资构成的一定的财产，合伙的出资数额、方式及期限等由合伙人约定。对合伙企业的事务，各合伙人有平等的决策权、执行权和监督权。合伙企业是营利性的经济组织，有着共同的经济目的，因而合伙企业各合伙人收益共享、风险共担。

（4）普通合伙人对合伙企业债务负有无限连带责任，这是区别于其他类型企业的最为显著的特征。在这种责任制度中，债权人可以请求任何一个债务人清偿所有债务，并且当合伙企业财产不足时，可直接追索至债务人的个人财产，这样能最有效地保护债权人的利益。有限合伙人对合伙企业债务仅以其出资额承担责任，类似于公司股东对公司债务承担责任的方式和范围。

▶ 三、合伙企业的设立

合伙企业的设立手续简单、费用较少，省去了诸如公司注册等严格的要求。各国政府对合伙企业的监督和管理也比较松。这些都使合伙企业有较大的经营自由和灵活性。

（一）普通合伙企业

设立普通合伙企业必须满足法律所规定的条件，我国《合伙企业法》第14条规定设立合伙企业的条件是：(1)有两个以上的合伙人，并且都是依法承担无限责任者；合伙人是自然人的，须为完全民事行为能力人。(2)有书面合伙协议。(3)有合伙人认缴或实际缴付的出资。(4)有合伙企业的名称和生产经营场所。(5)法律、行政法规规定的其他条件。合伙企业一般是根据合伙协议成立的，根据《合伙企业法》第18条的规定，合伙协议应当载明：合伙企业的名称和主要经营场所的地点，合伙目的和合伙经营范围，合伙人的姓名或名称、住所，合伙人的出资方式、数额和缴付期限，利益分配、亏损分担方式，合伙事务的执行，入伙和退伙，合伙企业的解散与清算，违约责任等事项。

各国和地区法律对法人能否作为合伙企业的合伙人规定不一。美国允许法人作为合伙人，日本、瑞士及我国台湾地区立法则不允许。《日本商法典》第55条规定，公司不能为其他公司的无限责任股东。瑞士《债务法》第552条、第553条规定禁止法人作为合伙成员，我国台湾地区"公司法"第13条、第54条、第110条等也做了规定。我国《民法通则》专门规定了"个人合伙"，而从《合伙企业法》的规定可以看出，我国采取例外规定的立法模式，允许法人作为合伙人：国有独资公司、国有企业、上市公司以及公益性的事业单位、社会团体不得成为普通合伙人，但是并未排除其作为有限合伙人的可能性。

此外，由于合伙企业是合伙人基于相互间的信任关系而成立的，因此有的国家和地区对合伙企业的人数上限作了规定，英国和我国的澳门地区都规定合伙企业的人数不得超过30人，大多数国家和地区是靠合伙关系来自然确定的，我国对普通合伙企业也未做规定。

设立合伙企业还应满足一定的程序要求。在我国设立合伙企业应向企业登记机关提出登记申请，提交登记申请书、合伙协议书、合伙人的身份证明等文件，经核准方可取得营业执照，须由有关部门批准的还要提交批准文件。

美国《统一合伙法》规定，合伙有合法目的即可依合伙协议组成合伙企业。英国法律要求合伙商号须冠以合伙人的姓氏，姓氏之后加上商号或公司，如在商号名称中没有包含合伙人的真实姓氏或没有包含合伙人的真实姓名的开头字母，均须向主管部门进行登记注册，登记事项包括商号名称、所营事业的一般性质、主要营业地、合伙人姓氏及曾用名和国籍、合伙人所拥有的其他企业等，合伙企业开业后14天完成注册。

德国法律要求合伙企业必须进行登记注册，合伙人事先提出注册申请，包括合伙人的姓名、职业、住所、企业名称、地点、开业日期等具体事项。

（二）有限合伙企业

与普通合伙不同，有限合伙企业的设立则较为复杂。多数国家和地区规定有限合伙须在有关机关注册，并提交合伙章程。英国1917年《有限合伙法》规定，合伙章程应载明：企业名称、所营事业的一般性质、主要营业地点、合伙人的姓名、合伙企业经营期限及开业日期，注明是有限合伙企业并载明有限责任合伙人的姓名，每个有限合伙人出资金额并注明出资类型。

我国《合伙企业法》对有限合伙企业的合伙人数作了明确规定：有限合伙企业由2个以上50个以下合伙人设立，且其中至少有一个普通合伙人。此外，在企业登记时要特别注明有限合伙人的名称或姓名等情况。

▶ 四、合伙企业的财产

合伙企业存续期间，合伙人的出资①、所有以合伙企业的名义取得的收益以及依法取得的其他均为合伙企业的财产。合伙企业的财产由全体合伙人共同管理和使用。该立法对投入财产和收益财产不再进行法律地位上的区别对待，合伙企业财产包括了合伙人的投入财产和收益财产。关于合伙企业财产的性质，理论上颇多争议，一般认为，合伙企业财产应为合伙人共有，但属于哪一种类型的共有，则有不同的认识，有人认为是共同共有②，有人认为是按份共有③。

各国和地区关于合伙立法例表明，合伙财产具有共有的特征。英国合伙法规

---

① 我国《合伙企业法》允许普通合伙人以劳务作为出资，但有限合伙人则不可以劳务出资。
② 甘培忠：《企业法新论》，北京大学出版社2000年版，第87页。
③ 史际春等：《企业和公司法》，中国人民大学出版社2001年版，第428页。

定,合伙财产(包括投入财产、为合伙之经营目的而购入财产以及以其他形式取得的财产)归合伙人共同共有。《德国民法典》规定,合伙财产属于全体合伙人的共同财产,包括合伙人的出资以及在合伙存续期间因合伙事务而得到的财产。《日本民法典》也规定,合伙人及其他合伙财产属于全体合伙人共有。

合伙人的出资构成了合伙企业的初期财产,合伙人应当依照合伙协议规定的方式、数额、期限缴付出资,合伙人出资一经合伙协议的确定,非经合伙人的同意不得变动。因此,合伙人依合伙协议出资后,无增资的必然义务,即使企业的资金减少也无补充资金的义务。我国《合伙企业法》第21—25条对合伙人的合伙财产分割、转让以及出质等进行了限制,未经其他合伙人一致同意,不得进行处分。合伙企业的经营收益是合伙企业的目的所在,由合伙人按照约定的比例进行分配,没有约定的,由各合伙人平均分配。值得注意的是,普通合伙企业的合伙协议不得约定将全部利润分配给部分合伙人或者由部分合伙人承担全部亏损,而有限合伙企业的合伙协议可以做此约定。

合伙企业财产责任的承担。合伙企业没有独立的法人资格,因而,在对外关系中所产生的债务最终是要由投资者来承担的,根据我国《合伙企业法》第33条的规定,合伙企业亏损由合伙人按照合伙协议的约定办理,合伙协议未约定的或约定不明确的,由合伙人协商决定;协商不成的,由合伙人按照实缴出资比例分担;无法确定出资比例的,由合伙人平均分担。

▶ 五、合伙企业的内部关系

(一) 合伙人的权利

(1) 合伙企业事务的执行。合伙人对执行合伙企业事务享有同等的权利,可以由全体合伙人共同执行合伙企业的事务,也可以由合伙协议约定或者全体合伙人决定,委托一名或数名合伙人执行合伙企业事务。执行合伙企业事务的合伙人对外代表合伙企业。普通合伙企业是人合组织,与公司相比是较为松散的经济组织,没有严格的组织、领导、管理机构,就各个合伙人而言,有权执行合伙的事务,但就效率等原因考虑,由一名或数名合伙人执行合伙事务更为有利。但执行合伙事务应为各合伙人的权利之一,执行合伙人一般应以善良管理人的诚信和谨慎处理合伙事务,全体合伙人也可以根据企业的具体情况及各合伙人的专长分别授权,以提高效率。合伙人分别执行合伙事务时,可以对其他合伙人的事务执行提出异议,异议提出时,一般应暂停执行合伙事务,发生争议时可由全体合伙人作出决定。然而,有限合伙企业中的有限合伙人不得执行合伙企业的事务。

(2) 监督检查企业账目的权利。合伙企业事务执行人应向其他不参加执行事务的合伙人报告其事务的执行情况以及合伙企业的经营状况和财务情况。不参加执行事务的合伙人有权监督执行事务的合伙人,检查其执行合伙企业事务的情况,并可以提出质询,合伙事务执行人不得拒绝。

(3) 合伙人除享有执行事务和监督检查的权利外,还可以从合伙企业中分享利润、获得补偿。

英、美、德等国家规定,合伙人应平均分配利润,而不考虑合伙人出资的多少。法国规定应按合伙人的出资比例分享利润。我国香港地区《合伙条例》规定,合伙人在合伙财产中所享有的利益以及对合伙的权利及责任,合伙人可以明定或隐含的协议规定,如无协议,则合伙人有权平均分摊业务资本以及利润,并平均分担资本或其他方面所蒙受的损失。我国台湾地区法律则规定,损益分配的成数,如无约定则按出资比例决定。

(4) 合伙人享有事务决策权。根据我国《合伙企业法》第31条的规定,除合伙协议另有约定外,合伙企业下列事务必须经全体合伙人一致同意:改变合伙企业的名称,改变合伙企业的经营范围、主要经营场所的地点,处分合伙企业的不动产,转让或处分合伙企业的知识产权和其他财产权利,以合伙企业名义为他人提供担保,聘任合伙人以外的人担任合伙企业的经营管理人员。

(5) 合伙人的优先权利。合伙企业经营效益较好且需要扩大投资规模时,合伙人有权优先投资,合伙人依法转让其份额时,在同等条件下,其他合伙人有优先受让权。

(二) 合伙人的义务

合伙人的义务,总体上可以分为资金方面的义务和经营方面的义务。

(1) 资金方面的义务,包括出资义务和财产份额转移合法的义务。合伙人有义务依照合伙协议约定的出资数额、方式、期限出资,合伙人因不按合伙协议的要求出资给其他合伙人造成损失的,应赔偿其损失。根据我国《合伙企业法》的规定,普通合伙企业存续期间,非经合伙人全体同意,合伙人不得向合伙人以外的人转让其在合伙企业中的全部或部分财产份额,也不得以其在合伙企业中的财产份额出质。而有限合伙人除协议另有约定外,可以将其在有限合伙企业中的财产份额出质,在提前30天通知其他合伙人的前提下向合伙人以外的人转让其在有限合伙企业中的财产份额。

(2) 经营方面的义务,主要是合伙人的忠实义务和竞业禁止义务。忠实义务要求合伙人应以善良管理人的谨慎和注意管理经营合伙企业的财产,维护合伙企业的整体利益,及时向合伙企业报告有关信息和事务的执行情况,以求得合伙企业利益的最大化。合伙企业事务执行的收益归合伙企业所有。

我国《合伙企业法》第32条规定:"合伙人不得自营或者同他人合作经营与本合伙企业相竞争的业务。除合伙协议另有约定或者经全体合伙人同意外,合伙人不得同本合伙企业进行交易。合伙人不得从事损害本合伙企业利益的活动。"要求普通合伙人不得从事上述行为,一方面是出于合伙企业的利益考虑,当合伙人同时代表两个以上的利益主体时,其利益冲突是必然的,企业利益处于受侵害状态;另一方面,也是基于对合伙企业合伙人之间相互信任关系的考虑,合伙人之间互相信任对方会为合伙企业的利益付出最大的努力、尽到忠实的义务。同时这也是对社会竞业精神的提倡。如合伙人违反该规定,其所得利益应归全体合伙人,对企业有损害时,其他合伙人有权要求其赔偿。而在竞业禁止方面,我国《合伙企业法》对有限合伙人做了更为宽松的规定:除合伙协议有约定外,有限合伙人可以自营或者同他人合作经营与本有限合伙企业相竞争的业务。

▶ 六、入伙

入伙是指在合伙存续期间,第三人加入合伙企业而成为合伙人。

（一）普通合伙企业

新合伙人对入伙前的合伙企业债务是否承担连带责任,各国和地区规定不尽相同。英美法系普遍主张不应承担责任,英国法律规定,加入商行的合伙人对入伙前的商行债务不承担责任,我国香港地区《合伙条例》甚至规定任何加入现有商号的新合伙人,对其入伙前的商号债权人不负有法律上的责任。而法国、日本、瑞士等大陆法系国家则规定新合伙人应对入伙前的合伙企业的债务承担连带责任。

我国《合伙企业法》第43条规定,新合伙人入伙,除合伙协议另有约定外,应当经全体合伙人一致同意,并依法订立书面协议。第44条规定,入伙的新合伙人与原合伙人享有同等权利,承担同等责任。入伙协议另有约定的,从其约定。

关于新合伙人的入伙,我国立法要求必须经全体合伙人的同意。而美国《统一合伙法》则规定,未经所有合伙人同意前,任何人不能成为合伙人,但合伙协议另有约定的除外。

我国承认新合伙人的连带责任,所以,同时要求订立合伙协议时原合伙人应向合伙人告知原合伙企业的经营状况和财务状况,给新合伙人以充分的资料权衡加入合伙的利弊,以作出最终的决断。

（二）有限合伙企业

由于有限合伙企业中既有普通合伙人,又有有限合伙人,其承担责任的方式和范围有很大区别。所以在入伙时,明确新合伙人的性质显得尤为重要。如果新合伙人为普通合伙人,则适用普通合伙企业的相关规定,即新合伙人对入伙前企业债务承担连带责任;如果新合伙人为有限合伙人,其仅以出资额为限对合伙企业债务承担责任。

▶ 七、退伙

（一）普通合伙企业

退伙是指合伙存续期间,合伙人与其他合伙人脱离合伙关系而不再为合伙人。一般来说,退伙分为任意退伙和法定退伙。

任意退伙,有的称为声明退伙,是指基于合伙人的意思表示而为的退伙行为。依我国《合伙企业法》第45条的规定,在约定有合伙期限时,有下列情形之一的,合伙人可以退伙：(1) 合伙协议约定的退伙事由出现；(2) 经全体合伙人一致同意；(3) 发生合伙人难以继续参加合伙企业的事由；(4) 其他合伙人严重违反合伙协议约定的义务。在未约定合伙企业的经营期限时，合伙人在不给合伙企业的事务执行造成不利影响的情况下，可以退伙，但应当提前30天通知其他合伙人。

《日本民法典》第678条规定，未以合伙契约约定合伙的存续期间时，或以某合伙人的终身定合伙的存续期间时，各合伙人无论何时均得声明退伙，但除有不得已事由场合外，不得在于合伙不利的时期为之，即使定有合伙的存续期间但合伙人有不得已事由时，亦得声明退伙。

法定退伙是指，非基于合伙人的意思表示而是基于法律的规定以及法定的事由而当然退伙。依我国《合伙企业法》第48条的规定，法定的退伙事由有：(1) 作为合伙人的自然人死亡或被依法宣告死亡；(2) 个人丧失偿债能力；(3) 作为合伙人的法人或者其他组织依法被吊销营业执照、责令关闭、撤销，或者被宣告破产；(4) 法律规定或者合伙协议约定合伙人必须具有相关资格而丧失该资格；(5) 合伙人在合伙企业中的全部财产份额被人民法院强制执行。《日本商法典》第679条规定，合伙人非任意退伙事由为死亡、破产、禁治产和开除。

此外，我国《合伙企业法》第49条还规定了决议退伙（除名退伙）的情形：未履行出资义务；因故意或者重大过失给合伙企业造成损失；执行合伙事务时有不正当行为；发生合伙协议约定的事由。

（二）有限合伙企业

有如前述入伙一样，除有特殊规定外，有限合伙企业适用普通合伙企业的相关规定。关于退伙，我国《合伙企业法》作了如下特殊规定：其他合伙人不得因有限合伙人丧失民事行为能力而要求其退伙。究其原因，主要有二：一是有限合伙人对企业的债务仅承担有限责任，有无民事行为能力并不会影响其责任承担；二是有限合伙人并不能成为合伙企业事务执行人，不会妨碍企业的正常运作。

合伙人退伙时应进行财产清算，退还退伙人的财产份额，分配或分担合伙的盈余，并对退伙前的合伙债务承担连带责任。

八、合伙企业的外部关系

（一）合伙企业的对外代表

关于合伙人对外代表权的法律性质，从各国和地区的立法例来看，都认为是代理关系，即对外执行合伙企业事务的合伙人是合伙企业和其他合伙人的代理人。大陆法系大多在民法典中直接规定准用委托代理的法律规定。《日本民法典》第67条规定，对执行合伙事务的合伙人准用第644—650条（受托人的权利义务）的规定。英美法系也有类似的规定。英国1890年《合伙法》规定每个合伙人均应视为合伙和其他合伙人的代理人，其依照同行业通常的营业方式所为的行为对合伙和其他合伙人均具有约束力。美国、澳大利亚和我国香港地区也作了类似的规定。

代表合伙企业及合伙人执行事务,既是合伙人的权利又是合伙人的义务。各合伙人均可以代表合伙企业执行事务,合伙企业对合伙人执行合伙事务以及对外代表合伙企业的权利的限制,不得对抗善意第三人。如果合伙人在合伙企业事务执行过程中给他人造成了损害,侵犯了他人的合法权益,则应当首先由合伙企业承担赔偿责任。

(二) 合伙企业的债务承担

合伙企业债务,是指合伙企业存续期间因合伙的经营活动而产生的债务。

对合伙企业的债务,应当首先以合伙企业的财产清偿,合伙企业财产不足时,再以合伙人合伙财产以外的个人财产清偿。对合伙人之间是否负有连带责任有两种立法例:(1) 无限连带责任。德国、瑞士法律规定,合伙企业为合伙人的共有团体,合伙债务为合伙人的共同债务,应由合伙团体来承担。(2) 分担无限责任。《日本民法典》规定,各合伙人就合伙债务,仅就其分担部分负清偿的无限责任,原则上依分担损失的成数定之。

我国对普通合伙企业采取的是无限连带责任的立法模式。合伙企业的债务先以企业现有的财产偿还,如不足以偿还债务时,各合伙人承担无限连带责任。当然,《合伙企业法》也赋予了合伙人追偿的权利。而有限合伙企业中的有限合伙人仅以出资额对企业的债务承担责任。

合伙人对合伙企业享有的份额也为合伙人的个人财产,可用于清偿其个人债务,但首先应以合伙企业外的财产进行清偿。

(三) 表见合伙

表见合伙是指某人虽不具有合伙企业合伙人的身份,但其言辞或行为足以使人相信他是合伙企业的合伙人,或使他人误以为是合伙企业的合伙人而与之交易。

大陆法系不承认表见合伙制度,该制度实际上是由英美法系国家确定的。英国1890年《合伙法》和美国《统一合伙法》都对表见合伙做了规定。

而我国仅规定有限合伙企业的有限合伙人的行为如果足以让善意第三人相信他是合伙事务执行人或普通合伙人而与其交易,该有限合伙人对该笔交易承担与普通合伙人同样的责任。

九、合伙企业的解散清算

关于合伙企业的解散与清算,美国将普通合伙企业与有限合伙企业的解散与清算进行了分别的规定:关于普通合伙企业的存续与解散问题,依美国《统一合伙法》的规定:当一个合伙人死亡或退伙时,合伙企业解散并清算。但对于此项规定,合伙人可通过合伙协议约定排除,即可约定某个合伙人的死亡或退伙不影响合伙企业的存续;有限合伙企业可因自愿或行政原因被解散和终止,个别合伙人的破产或退伙行为不影响有限合伙企业的法律地位。

我国对普通合伙企业和有限合伙企业做了综合性的规定。《合伙企业法》第85

条规定,合伙企业有下列情形之一的,应当解散:

(1) 合伙期限届满,合伙人决定不再经营;
(2) 合伙协议约定的解散事由出现;
(3) 全体合伙人决定解散;
(4) 合伙人已不具备法定人数满 30 天;
(5) 合伙协议约定的合伙目的已经实现或者无法实现;
(6) 依法被吊销营业执照、责令关闭或者被撤销;
(7) 法律、行政法规规定的其他原因。

合伙企业解散应当进行清算,由全体合伙人担任清算人,也可以指定一名或几名合伙人或委托其他第三人担任清算人。合伙企业解散后,原普通合伙人对合伙企业存续期间的债务仍应承担连带责任,但债权人 5 年内未向债务人提出清偿请求的,该责任消灭。

第四节 公 司 法

一、公司概述

(一) 公司的概念和特征

公司是现代市场经济条件下最重要的商事组织法律形式,是市场经济的重要主体。关于公司的概念,各国的立法、学说不尽一致。一般认为,现代公司来源于英国的特许贸易,英国 1862 年《公司法》被认为是现代公司法的基础。从一般意义上讲,公司是依法定程序设立并以营利为目的的企业法人。

对"公司"的定义,大陆法系和英美法系有所区别。在英美法系国家,"公司"具有广泛而不确切的法律含义,并非大陆法系严格意义上的"公司"。公司一般是依据公司法而成立的,但在英美法系国家,有时可以依照皇家特许证以及国会的特别法设立。英美法系国家并不强调公司的营利目的,公司可以分为两类,即以营利为目的的商事公司和以发展慈善、教育、科学、文化等为目的的非营利公司。美国《示范公司法》对以营利为目的的商事公司的概念作了明确的规定。英美法系公司法总体上是一个较为宽泛的法律体系。

大陆法系国家则认为公司是依法设立并单纯以营利为目的的法人。公司的名称本身就表明了该团体的营利性质,非以营利为目的的社团组织不能成为公司。《日本商法典》第 52 条、《法国民法典》第 1832 条(民事公司)均对公司依法设立和以营利为目的作了明确的规定。

《中华人民共和国公司法》(以下简称《公司法》)规定了有限责任公司和股份有限公司两种主要公司类型,并进而对公司进行了具体规定。

公司的基本特征可概括如下:

(1) 法定性。公司是依据公司法及其他法律而成立的企业法人,非依照法定的条件和程序不得成立公司,不受公司法的保护。在英美法系国家,可以根据单行的公司法、皇家特许或国会的特别法而设立公司;在大陆法系国家,则可依照单行的公司法、商法典(民商分立的国家)或民法典(民商合一的国家)而设立。法定性是公司的重要特征,是法律规范市场主体的需要。

(2)营利性。公司设立的目的最终是为了获取利润并分配给股东,公司股东的投资是以获取利润为目的的,否则,就没有投资于公司的必要。投资者需要经济利益的回报,公司就必须满足投资者的这一目的,以使公司得以生存发展。各国法律在强调公司的营利性的同时,也越来越重视公司的社会责任,但这不是公司的本质属性。

(3)有限责任性(或法人性)。公司强调的是资本的联合和积聚,各国几乎都把公司规定为分离于它的投资人而独立存在的法律实体(即法人)。公司作为独立的经济实体,仅以其财产对公司的债务负有限责任,股东仅以其对公司的投资为限承担有限责任。公司的有限责任保障了股东对公司经营后果的承担不超过其投资,从而使公司成为较为安全的投资方式。公司的有限责任性包含了公司的独立性,股东一经对公司出资,便无法再对其直接支配,公司拥有了独立的财产;同时,公司以其财产独立承担责任。这都表明公司是区别于出资人而独立存在的。

(4)公司存在的永久性。公司能够永久存在是因为公司的存在与股东的变化无关,股东及股东人数的变化不影响公司的存在。英美法上称之为永续性(perpetual existence),大陆法系国家有的规定了公司的注册年限,如法国规定,公司的注册年限不得超过99年。

(5)组织严密性。公司是以营利为目的的,公司在所有权和经营权相分离的情况下,要适应多变的市场和激烈的竞争,需要有一个严密的组织机构,各国公司法一般都对公司的机构及其职能作了规定。

(二)公司沿革简介

公司的起源在西方可追溯到古罗马时代,在中国古代的《庄子·杂篇》中也曾出现"公司"一词,意为"共同管理"。通说认为,公司制度发端于中世纪的意大利及地中海沿岸的商业都市,当时由于海运贸易的发达,除了直接从事海上贸易的商人外,还出现了将出资交给他人经营而分获利益的一类商人,形成了康枚达组织,后来该种形式发展为一种稳定的陆上经济形态,即索赛特。康枚达是两和公司的原始形态,索赛特是无限公司的原始形态。

1600年英国东印度公司的成立开启了现代公司制度的发展之门。公司的设立最初是特许主义,需要由政府批准,18世纪末出现股份两和公司,19世纪德国首创有限公司。现代社会,公司已成为最重要的市场经济主体,公司制度日益完善,正发挥着愈益重要的作用。

(三)公司的分类

根据公司中股东责任承担的不同,可以将公司分为无限公司、两合公司、有限责任公司和股份有限公司。

无限公司是指公司全体股东对公司债务承担无限连带责任的公司。无限公司是一种人和公司,以股东间的相互信任为基础,与合伙企业较为类似。法国赋予民事合伙以法人资格,规定了无限公司。德国法上无限公司适用《德国商法典》第105—160条的规定,无限公司不具备法人资格。无限公司在英国是依照英国《公司法》成立的,股东对公司债务负无限责任的具有法人资格的注册公司,这种公司主要适用于投资期限比较长、投资巨大的事业。《日本商法典》第80条也对无限公司作了规定。

两合公司是由承担有限责任的股东和承担无限责任的股东所组成的公司。这种公司是大陆法系国家所特有的类型,与英美法系中有限合伙类似。两合公司到20世纪60年代在发达国家逐渐衰落,但由于两合公司能弥补资本市场脆弱情况下的公司形态和资本的不足,因而一些发展中国家,如埃及、巴西、墨西哥、印度等都有关于两合公司的规定。

有限责任公司及股份有限公司均是全体股东对公司债务不负直接责任的公司。有限责任公司股东人数较少,不发行股票,由股东对公司债务承担有限责任。有限责任公司融合了合伙企业和股份有限公司的优点,继18世纪德国首创后,先后被法国、意大利、卢森堡、比利时等国采用。英国规定了 Private Company(私人公司),美国规定了 Closed-held Company(封闭公司)。

股份有限公司是指公司资本分成相等的股份,公司通过向社会发行股份募集资本,股东以其出资对公司负有限责任的公司。其基本特点是:(1) 公司资本分为等额股份,股东根据所持股份的比例对公司享有权利;(2) 公开向社会募集资金;(3) 股份可随意转让;(4) 公司须将财务账目及年度报告向政府主管机关、股东及社会公开;(5) 经营管理主要由公司董事会、总经理负责。

此外,根据不同的标准还可以有其他的分类,不再赘述。

(四) 公司法立法例

1. 商法典和单行公司法并行

实行该种模式的主要是民商分立的大陆法系国家,而且往往是民法典的颁布在前,为了弥补其不足而对公司法单行立法。

德国的公司法规范最早见于1861年的《德国商法典》,1937年颁布的《股份及股份两合公司法》修改了原先的立法,规定了两合公司、无限公司、股份有限公司和股份两合公司。奥地利、瑞士及北欧国家进行了类似的立法规定。

1807年的《法国商法典》开创了近代公司立法的先河,但为弥补商法典的不足,法国又颁布了一些新的法规,主要有1867年的《股份公司法》和1925年的《有限责任公司法》。此后,根据《欧洲统一合同法草案》颁布了新的《商事公司法》。法国的立法模式为意大利、西班牙、葡萄牙、埃及和南美洲一些国家所效仿。

2. 成文法和判例法并行

采用这种模式的主要是英美法系国家。

美国的公司法主要由三部分构成：(1) 由各州的立法机构通过的普通公司法；(2) 由美国国会通过的联邦法（包括《反托拉斯法》以及与公司证券发行和交易有关的《证券法》）；(3) 法院在解释成文法的过程中积累了大量的判例，形成了州及联邦法院的"案例法"。州公司法中以《特拉华州公司法》最具影响力。此外，美国还有一部由美国律师协会起草并于 1984 年修订的《示范公司法（修改版）》，不具有任何法律效力但颇具权威性。

英国最早于 1720 年颁布了有关公司制度的《反泡沫公司法》(Bubble Act of 1720)，此后英国又颁布了一系列公司法律，辅之以判例法对公司进行规范调整。英国现行公司法是在《1848 年公司法》的基础上修订而成的。

除上述两种较为典型的模式外，荷兰等国将公司法纳入到民法典中，韩国则将公司法纳入到商法典中，将公司法仅仅作为商法典的一部分。

▶ 二、股份有限公司的基本制度

我国《公司法》规定了有限责任公司和股份有限公司。相对而言，有限责任公司适合于中小型企业的需要。我国《公司法》规定，有限责任公司的最低注册资本额为 3 万元，而股份有限公司的最低注册资本额为 500 万元。

美国 1977 年怀俄明州第一个颁布了《有限责任公司法》，到 20 世纪 80 年代末进入有限责任公司繁荣期，而在此前，这种公司类型在美国并不存在。法国的有限责任公司则是由一人或若干人仅以其出资为限承担损失而设立的公司。有限责任公司在各国规定上差异较大，不是现代公司的典型形态。在发达资本主义国家，股份有限公司虽然数量少，但却是最为重要的公司形态，是最有代表性和最有影响力的企业组织形式，在整个国民经济中处于举足轻重的地位。

（一）股份有限公司的设立

公司的设立是指发起人依照法律规定的条件和程序为组建公司并使其成为法人而采取和完成的行为。

关于公司的设立有几种立法主义：(1) 自由主义，即公司的设立由当事人自由决定。该自由主义流行于欧洲中世纪自由贸易时代，后被淘汰；(2) 特许设立主义，即设立公司须经国家或国家元首特许。该种立法主义盛行于 17—18 世纪股份公司发展初期；(3) 许可设立主义，即公司设立除依据法定条件外，还须行政主管机关批准。法国 1673 年《商事条例》首创许可设立主义，为 1861 年德国商事立法所借鉴；(4) 准则设立主义，即只要公司设立符合法定条件，设立人申请登记时，主管机关即应予以登记。准则设立主义为英国 1862 年《公司法》首创，得到 19 世纪西方国家公司法的普遍采用，这也是当今世界普遍采用的公司设立原则。

我国《公司法》第 77 条规定：设立股份有限公司，应当具备下列条件：(1) 发起人符合法定人数;(2)发起人认购和募集的股本达到法定资本最低限额;(3)股份发行、募办事项符合法律规定;(4)发起人制订公司章程,采用募集方式设立的经创立大会通过;(5)有公司名称,建立符合股份有限公司要求的组织机构;(6)有公司住所。

公司法关于公司设立的规定可以概括为四个要件,即人的要件(发起人数)、行为要件(公司章程)、物的要件(最低资本额及必要设施)和程序要件(注册登记)。此外,设立公司还应履行法定的程序。

1. 人的要件——发起人

公司发起人是指向公司出资或认购公司股份,并承办公司筹办事务的公司的创始人,这是大陆法系普遍性的规定,德国、日本、奥地利、我国以及我国台湾地区均认同这一点。在英美法上发起人只能是筹办公司设立事务的人,而且只有在公司章程上签名才能确定其发起人的身份,发起人不一定是公司股东。

发起人的主要责任是负责公司的筹办事宜,日本法上发起人的职责是承办公司设立所需要的有关事务,美国法上则具体规定为落实资金,落实地点、管理人员和设备以及注册成立公司等。德国、日本、我国台湾地区的公司立法都明确规定发起人应认购公司股份。我国《公司法》规定,以发起方式设立的发起人认购全部股份,以募集方式设立的认购35%以上公司股份,而在英美法发起人不负有股份认购义务。

英美法系对发起人人数不作限制。而大陆法系发起人有认购公司股份的义务,所以一般有人数的限制。德国规定最少5人,日本以及我国台湾地区规定至少7人,挪威、瑞典、韩国规定至少3人,而我国《公司法》规定设立股份有限公司应当有2人以上200人以下为发起人。各国对发起人资格限制也有不同规定,如日本无特别限制,既可以是行为无能力者,也可以是法人、公司及外国人,意大利《公司法》则对外国人作为发起人所持有的股份数额作了规定,在我国,公司发起人必须过半数在我国境内有住所。

对发起人以设立中的公司名义订立的合同的效力,各国规定有所不同。德国法规定原则上对公司无效;法国法规定,公司不能成立时,发起人应对发起人合同承担连带责任,如果公司成立,一般情况下,由成立后的公司承担发起人合同责任;英美法上发起人以公司名义于公司成立前订立的合同无效。我国《公司法》规定发起人应订立发起人协议并明确各自的权利义务;当公司不能成立时,对设立行为所产生的债务和费用承担连带责任。

2. 行为要件——公司章程

公司章程,从形式意义上讲是记载公司组织及行动的基本规则的书面文件,从实质意义上讲,是指关于公司组织及行动的基本规则。公司章程是股份有限公司设立的必要条件,也是公司设立的必经程序。

公司章程的内容总体上可分为三部分:(1)绝对必要记载的事项,如无记载将导致公司章程无效;(2)相对必要记载事项,是否记载由当事人决定,一经记载即发生效力;(3)任意记载,只要不违反法律规定和公序良俗,可予以记载。

各国对公司章程内容的规定有所差异。在英美法系国家,公司章程包括两个文件:一是组织大纲,其内容主要是公司的基本事项,包括公司的名称、住址、目的、股份、资金以及股东等;一是内部细则,其内容主要是公司的内部关系,包括公司机构设置、公司机构权限、股东权利义务等。英美法系公司章程条款规定,不区分公司类型,其必要记载事项主要包括公司名称、公司将要被授权发行股票的数量、公司设立时注册地和注册代理人以及发起人的姓名和地址。大陆法系公司章程则大多是一个单一文件,并根据内容的重要程度区分为绝对必要、相对必要和任意记载三部分。日本的公司章程中必要记载事项包括公司的目的、商号、股份总数、票面股份的每股金额、公司设立时的股份总数、公司所在地、公告方式以及发起人姓名和住址。

我国《公司法》对公司章程作了明确规定,与其他国家公司法相比较,我国《公司法》只有绝对必要事项记载的规定。此外,我国《公司法》有一些特有的规定,如股份有限公司的设立方式、公司的法定代表人等。

3. 物的要件——最低资本额及必要设施

公司资本,是全体发起人或股东认缴的股金总额。公司的资本决定了公司承担责任的范围,也是对外信用担保的基础,所以许多国家规定了公司资本的最低限额。我国《公司法》规定股份有限公司最低资本额为500万元,一般有限责任公司和一人有限责任公司则有一定差异。

法国规定股份有限公司最低资本额为10万法郎(发起设立)或50万法郎(募集设立),德国规定为50万马克,日本规定为1000万日元。在美国,历史上所有的州都对公司最低资本额作过规定,但由于公司法对所有公司作了统一要求,最低资本额相等(一般为500—1000美元),失去了保护债权的作用,所以从1969年开始,美国逐渐废除了最低资本额限定。对由此引发的商业受骗风险,则可通过调查对方公司"资信"情况以及查阅记录公司资产信誉的专门数据库来避免。

依据我国《公司法》规定,以发起方式设立股份有限公司的,由发起人认购公司全部股份,以募集方式设立的,发起人认购的股份不得少于公司股份总数的35%,其余股份向社会公开募集或向特定对象募集。如果采取发起方式设立,公司的注册资本为公司登记机关登记的全体发起人认购的股本总额,但全体发起人首次出资额不得低于20%;如果采取募集方式设立,则注册资本为公司登记机关登记的实收股本总额。

在发起设立情况下,法国、德国规定应足额认购公司全部股份,并且在设立时至少缴纳1/4股款,余额分期缴纳。日本及我国台湾地区则要求书面认足设立时的全部股份,并应于公司设立时全部缴清。而在募集设立情况下,美国、法国并没有对发起人的认股要求。

4. 程序要件——注册登记

两大法系在公司注册问题上差别较大。

美国各州通用的公司注册程序是：首先将申请文件（一般是公司章程）向主管公司注册事务的州务卿登记并交纳登记费，注册文件通常称为"注册证书"（certificate of incorporation）或执照（charter），注册文件经州政府官员审查批准后，注册即告完成。向州务卿登记的日期即为公司成立日期，登记注册凭证为政府颁发的注册证书或执照。

大陆法系对公司的登记注册则复杂得多，各国的具体规定也有很大不同。以德国为例，公司设立首先要有经公证人公证的公司章程（也可以法院证明的公文书证明）以及有关声明和审查报告，由发起人将这些文件报请注册地法院审查，经法院司法审查通过方可由发起人向公司营业所所在地公司登记处予以注册登记，经登记方可取得法人资格。

（二）公司组织制度

1. 公司组织制度的立法模式

公司是一个组织体，要进行对内管理对外执行事务就必须有公司的组织机构。公司组织机构即是依公司法和公司章程的规定，形成公司的意志，对外代表公司进行活动，对内执行公司事务、管理公司事务的自然人或自然人的集合体。有学者以"法人治理结构"一词表述公司组织结构制度。

公司法对公司组织机构的要求因公司类型的不同而不同。公司组织机构主要是依照分权制衡原则设计的，典型的股份有限公司组织机构由权力机构即股东大会、日常经营机构即董事会和监察机构即监事会三部分组成，关于三部分之间的权力关系，大体上可分为四类：

一是以德国为代表的双层委员会制。股东大会是权力机关，下设监事会，监事会向股东会负责并报告工作。监事会下设董事会，董事会向监事会负责并报告工作。

二是英美法系国家单层制。由股东会选举董事组成董事会，董事会对公司经营进行指挥，并由董事会聘任公司高级职员负责具体的经营管理，对其经营管理活动进行监督。美国实行"董事会中心主义"，股东大会的权力限于公司法及章程明文列举的部分，未列举的部分全部都归董事会。

三是以法国为代表的选择型机制。法国公司法规定公司既可以采取单层制，也可以采取双层制，由公司自由选择。荷兰、丹麦亦采用该种模式。

四是以日本为代表的三角制。日本实行"董事会中心主义"，在股东大会之下设董事会和监察人，分别行使业务执行权和监察权。但是，董事会和监察人是平等机关，均对股东大会负责，相互之间无隶属关系。

我国《公司法》的规定类似于日本的三角制模式。

2. 股东大会

股东大会是由股份有限公司全体股东组成的权力机构。

（1）股东大会会议主要包括股东大会年会和临时股东大会会议。

我国《公司法》规定，股东大会年会每年召开一次，于每会计年度终了后6个月内召开。德国规定在营业年度头8个月内召开，美国《公司法》规定于章程细则指定或依确定的时间举行。临时股东会则是不定期召开的股东会议，我国《公司法》从法定情形和提议主体两方面进行了规定，美国则主要是从提议主体角度进行了规定，法国从会议决定内容上进行了规定，日本、德国则没有区分两类股东大会的决议事项。此外，英国法还规定了股东法定会议，即依照法律规定必须召开的股东会议。

（2）股东大会会议召集人主要有董事会、监事会以及一定数量的股东。

股份有限公司股东大会会议通常由董事会召集，法国规定经理室也有权召集。监事会召集权的规定则有不同，德国、意大利、法国以及我国台湾地区法律直接赋予了监事会以召集权，韩国则仅赋予监事会以股东大会会议召集请求权。有的国家和地区规定一定数量的股东可召集股东大会会议，具体数量规定不一。我国《公司法》规定股东大会会议一般由董事会召集；如董事会不能或不履行职责，由监事会召集；如监事会不履行职责，则连续90日以上单独或合计持有公司10%以上股份的股东可以召集。

（3）股东大会的权限一般包括两个方面：审议有关事项的报告、方案，和就公司重大事项作出决定。我国《公司法》列举了股东大会的11项职权，德国《股份有限公司法》列举了股东大会享有的8种权力。多数国家规定，除法定职权外，股东大会还享有公司章程所规定职权。

股份有限公司的权力分配上，经历了股东大会中心主义和董事会中心主义两个阶段。股东大会地位逐渐下降，有的国家公司法规定，选任董事与监事的权力不再属于股东大会，而属于监察人会。法国所采用的选择型机制立法模式，实际上就是从立法上为公司权力分配提供不同方案。现代各国大多采用"董事会中心主义"，股东大会职权主要有：① 审议公司年度账目以及董事、监事、审计员的报告，并宣布股息；② 任免董事会或监事会成员；③ 任命审计员；④ 决定董事、监事、审计员报酬；⑤ 发行债券；⑥ 决定公司增资或减资；⑦ 决定公司合并、分立、解散、清算或变更公司形式；⑧ 修改公司章程等。

3. 董事会

董事会指由董事组成的公司的法定常设权力机构，行使公司的业务执行、经营决策和对外代表公司的权力。

（1）董事任职

董事会成员人数通常是由法律直接规定的，以满足公司的组织管理为限。我国《公司法》规定，股份有限公司为5至19人，有限责任公司为3至13人，日本、比利时、瑞典及我国台湾地区规定不少于3人。美国《示范公司法（修改版）》则规定董事会人数为一人或数人均可。

关于董事的任职资格，各国公司法一般是从积极条件和消除条件两方面规定的。我国《公司法》列举了董事资格的消极条件,日本、英国也以列举方式进行了规定,其他国家的规定多散见于公司法的具体规定中。相比之下,多数国家对公司董事任职的积极条件作了规定。董事是否必须为股东,各国规定不同,瑞士、法国公司法规定董事必须由股东出任,而英国、美国、日本、德国公司法允许非股东来担任董事。

(2)董事权力与其对公司负有的义务

董事权力主要包括:① 出席董事会,并就董事会决议的事项予以表决。这是董事行使其权力的主要方式。根据我国《公司法》,董事就其决议的事项有平等的表决权,董事不能出席时,可以书面委托其他董事代为出席董事会。② 取得相应报酬的权利。我国《公司法》规定,董事报酬由股东大会决定;德国、奥地利及法国实行双层委员会制,公司法规定由监事会决定;日本、我国台湾地区规定无章程规定时,则由股东大会决议;美国规定无章程规定则由董事会确定。此外,有的国家还允许董事享有广泛的公司管理、业务执行的权力。

董事义务可以归纳为三项,即善管义务、竞业禁止义务以及与本公司交易限制义务。善管义务要求董事必须尽最大努力维护公司利益,必须忠于公司,不得利用其地位和职权谋取利益和非法收入,对其权力须谨慎行使等。竞业禁止义务要求董事不得自营或为他人经营与所任职公司同类的营业。董事与本公司进行交易需要得到公司章程或股东大会的同意。英国《公司法》进一步规定,在涉及董事个人利益的合同签订时,董事须将有关情况向董事会作出说明,董事对涉及其个人利益的合同或其他安排,不得参与投票。德国的《股份有限公司法》和《日本商法典》都对董事的责任进行了详细规定。

随着董事会在公司组织结构中的地位的提升,各国都加重了董事的责任,特别是董事对第三人的责任。我国《公司法》未予规定。《日本商法典》第266条规定,董事执行职务中有恶意或重大过失时,对第三人负有连带损害赔偿责任。《意大利民法典》第2394条规定,董事须就保管公司财产的义务所犯的过失向公司的债权人负责。该法典第2395条规定,董事的故意或过失行为损害了个别股东和第三人利益时,受害的股东、第三人享有请求损害赔偿的权利。

4.监事会(监察人会)

我国《公司法》对监事任职消极资格作了如同董事任职消极资格一样的严格限制,监事会成员不少于3人,有限责任公司可设1至2名监事。监事会职权包括:检查公司财务;对董事、高级管理人员执行公司职务时违反法律、法规或者公司章程的行为进行监督,要求董事或高级管理人员纠正其损害公司利益的行为,提议召开临时股东大会,向股东大会提出提案,依照相关规定对董事、高级管理人员提起诉讼,公司章程规定的其他职权。

日本股份有限公司不设监事会而设立监事,大公司的监事为3人以上,其他公司1人以上即可。《日本商法典》第274条规定,监事为监察董事职务执行的机关,其职务权限,不单涉及会计的监察,还涉及业务的全部。不仅对公司日常业务,还要对新股发行等有关公司组织的重要事项进行监察。也就是说,董事在职务行使中的所有行为均为监事的监察对象。

德国《股份有限公司法》规定,必须设立监察人会,由监事3人组成。公司可以在公司章程中规定监察人会由多人组成。监察人会对公司经营管理进行全面监督,其权力仅限于监督检查,不能代替董事会执行公司业务。法国股份有限公司的监事制度则因公司组织机构模式不同而有区别。

英美法系国家则没有监事会或监察人制度。英国对股份有限公司的会计监督由审计员完成,审计员地位属于合同性质,只向公司负责,其任务仅限于会计审核;美国的会计监督由公司的一名高级职员完成。对公司的监督则主要由股票与交易所委员会完成,方式是审核公司向它提交符合规定格式的财务会计报告。

(三) 股份有限公司资本

公司的资本,通常是指公司的注册资本,是公司成立时在公司章程中所确定的由股东出资构成的公司的财产总额。

在公司资本制度上,大陆法系采用的是"资本三原则":

第一,资本确定原则。它是指在公司设立时,应认足或募足在公司章程中载明的公司资本总额。资本确立原则由近代大陆法系国家确立,并一直沿用,起初适用于股份有限公司,后来也适用于有限责任公司。

第二,资本维持原则。公司在其存续过程中,应经常保持与其资本额相当的财产,以防止公司资本的实质性减少,维持公司的资信,确保公司债权人以及潜在股东的利益。

第三,资本不变原则。公司的资本总额一经确定,原则上即不允许变动,如需增减,须严格依照法定程序进行。这一原则与资本维持原则相结合才能防止公司资本实质性减少。

与大陆法系的法定资本制不同,英美法系国家和地区形成了授权资本制(有学者认为英美法系国家也遵循前述的资本维持原则和资本不变原则),美国、英国及我国香港地区公司立法都采用了授权资本制。依据授权资本原则,公司成立时于公司章程中确定公司资本总额,认足一定比例或最低限额的资本,公司即可成立,对于未认购的股份,则授权董事会于公司成立后可随时募集。授权资本制的最大特点在于操作灵活,对公司没有最低注册资本限制,没有首次发行的股份额的限制,董事会于公司成立后可根据需要募集资本,有效避免了公司资本的闲置。

1. 股份有限公司资本的表现形式:股份与股票

股份是股份有限公司特有的概念,是股份有限公司资本的构成单位。股份是股东权利义务的基础和基本计算单位,股份决定着股东的资格、权利义务的内容和效力等。

股票是体现股份即股东地位的有价证券,是股份有限公司签发的证明股东所持股份的凭证。股份有限公司登记成立后,即应向股东交付股票。股票使得股份便于流通和转让。

股份有限公司的股票依据不同的标准,可以划分为不同种类,主要有以下几类:

(1) 普通股和优先股

以股东所享有的权利的异同为标准,股份可以分为普通股和优先股。普通股是指在盈余分配或公司剩余财产的分配上没有限制或优先权的股份,普通股是股份的基本类型。如果公司仅发行一种股票,这唯一的一种股票应当是普通股票。持有该种股票的股东,享有表决权、盈余分配权以及公司剩余财产分配权。普通股相对于优先股而言,股东没有任何优先权,普通股没有固定的红利率,股东所分得红利多少完全取决于公司经营状况。

在实践中,普通股的操作是十分复杂的。在股票市场发达的美国尤为显著,股东的投资动机、策略因人而异,相应地,实践中设计出了一些享有不同权利的普通股票以满足不同的需要。将普通股票分为两类:A 类股票和 B 类股票,A 类股票可以比 B 类股票多一倍股息,或者 A 类股票每股可以比 B 类股票多一倍的选举票,或者 A 股、B 股各有权选举一定比例的董事,或者可以委任不同的公司高层管理人员等。

优先股是相对于普通股而言的,优先股股东优先分配公司盈余以及公司剩余财产,公司也必须按约定的利率予以支付。优先股股东无表决权。我国《公司法》规定,公司如连续 3 年不支付优先股股利时,优先股股东即享有出席股东会并行使表决权等权利。依据优先权内容的不同,可将优先股进一步分为:① 累积优先股和非累积优先股。累积优先股是指本年度公司盈余分配时,优先股股东有权要求在分配普通股红利股息前补足上年度公司未付足的优先股的红利股息。非累积优先股则不享有予以补足的权利。累积优先股比非累积优先股具有更大的优越性。② 参与的优先股与非参与的优先股。参与的优先股是指优先股股东依其优先权利取得红利股息后,仍同普通股股东一样参与公司盈余分配。非参与的优先股股东则只能优先取得红利股息,而不能进一步参与分配盈余。优先股股东具有优先分配红利股息的权利,但由于利率是固定的,因此,当公司盈利丰厚时,普通股股东获利更大。参与的优先股股东获利较高,但通常受到表决权方面的限制。

此外,还有可转换优先股票。所谓可转换优先股票是指股票在发行时为优先股,可以按一定的价格或比例转换成普通股。可转换优先股的转换权掌握在股东手中,也有的国家规定掌握在公司手中。

(2) 记名股和无记名股

记名股是指股票上载有股东姓名或名称,并记载于公司的股东名册的股份,无记名股则在股票和公司名册上均无记载。区分二者的意义在于股东权利行使和股票转换的程序不同:记名股票只能由本人行使权利,无记名股票则由合法持有股票者行使权利;记名股票转让必须办理过户手续,即将受让人的姓名或名称、住所等记载于股东名册,无记名股票转让只要交付股票即可。

(3) 有票面金额股和无票面金额股

每股金额已在章程中规定,并在股票票面上明确记载的股份为有票面金额股份;股票上不记载每股的金额,股票上只记载股份数的股票为无票面金额股。目前,只有美国、日本、比利时等允许发行无票面金额股,而且允许与有票面金额股相互转换。

根据我国《公司法》规定,以投资主体不同为标准,股份可分为国家股、法人股、个人股和外资股。

2. 股份有限公司融资的方式:公司债券

公司债券是依照公司法规定程序发行的约定在一定期限内还本付息的有价证券。债券是公司筹集资金的重要途径。各国债券发行主体一般仅限于股份有限公司,而在我国的主体范围则较为广泛。

发行股票和债券都是股份有限公司筹集资本的重要方式,二者的不同主要表现为:

(1) 性质不同。股票所代表的是股东权,股东据此可行使其权利,债券所代表的是债券所有人对公司的债权。正因为债券是一种负债,所以公司破产时,公司只能在偿债后退还股本,即债券在公司破产时优先于股票受偿。

(2) 获利计算方式不同。股票(普通股)只有当公司盈利时才能分红,而且随公司盈利多少而浮动。公司债则有固定利率,无论公司是否盈利均需要支付利息。

(3) 权利人风险承担程度不同。购买股票系出资行为,股东承担出资范围内的有限责任,股东经济利益与公司经营状况相联系,承担一定风险。债券所有人对公司享有的是债权,即使公司破产或解散,也有权获得清偿,承担风险责任较小。

(4) 权利不同。股东系公司资本出资人,有权参加股东大会并进行投票,对公司的经营决策有参与权;而公司债券持有人则处于债权人地位,一般无权参与公司的经营决策。

(四) 股份有限公司解散和清算

公司的解散是公司法人资格消灭中的一种法律现象,是公司在经营过程中因发生章程中规定的或者其他法定的解散事由,从而停止公司的对外营业活动,并开始处理公司未了结事务的法律行为。

依我国《公司法》第181条规定,公司解散的原因有:

(1) 公司章程规定的营业期限届满或者公司章程规定的其他解散事由出现;

(2) 股东大会决议解散;

(3) 因公司合并或分立需要解散;

(4) 依法被吊销营业执照、责令关闭或者被撤销;

(5) 当公司经营管理发生严重困难,继续存续会使股东利益受到重大损失,通过其他途径无法解决,持有公司全部股东表决权10%以上的股东请求人民法院解散公司的。

我国与大陆法系国家规定相类似，前三种事由属于自愿解散的原因，因违法被责令关闭属于强制解散，大陆法系强制解散的原因主要有公司宣告破产、经法院命令解散、经法院裁决解散以及公司因违法被行政机关责令关闭或吊销营业执照。

英美法系国家的公司法关于公司解散的原因有具体的规定。依美国《示范公司法（修改版）》的规定，公司解散分为自愿解散、行政命令解散和司法解散三种，各种解散原因又包括多种解散事由，如自愿解散包括创办人自愿解散、股东会决议解散和董事会决议解散。英国公司法把公司解散程序称为结业，公司的结业有三种情形，即强制结业、自愿结业和法院监督下的结业。

公司解散，除因合并或分立而解散者外，均应成立清算组织进行清算。清算人的确定有几种方法：一是由公司执行业务的股东或董事担任清算人；二是由公司章程中确定的人担任清算人；三是由公司股东会决定任命清算人；四是由法院选任清算人。

各国公司法对清算人主要职责的规定基本一致。我国《公司法》规定，清算组在清算期间行使下列职权：① 清理公司财产，分别编制资产负债表和财产清单；② 通知、公告债权人；③ 处理与清算有关的公司未了结的业务；④ 清缴所欠税款以及在清算过程中产生的税款；⑤ 清理债权、债务；⑥ 处理公司清偿债务后的剩余财产；⑦ 代表公司参与民事诉讼活动。清算组依法行使职权，同时也应忠于职守，依法履行清算义务。

第五节 破 产 法

一、破产与破产法

（一）破产

现代市场竞争日益激烈，有竞争就会有优胜劣汰，就不可避免的会出现破产。"破产"一词在不同历史时期、不同的法律区域包含了不同的内容。从历史上看，"破产"常意味着"倾家荡产"、"资不抵债"等。传统破产法上，"破产"是指债务人无力清偿债务的情况下，将其财产分配给债权人以公平清偿其债务的法律程序，是法律上的一种特别程序。破产直接导致对债务人的清算，将其财产强制变价并公平分配给债权人。"破产"一词不仅指法律程序，还经常用来表示一种客观状态，如《布莱克法律词典》对"破产"的解释是，一个人不能清偿到期债务的处境或地位，应受破产法约束的情形。

现代的"破产"概念与传统的"破产"含义有所不同，主要区别在于"破产"首先是一种事实状态，是债务人无力偿还其全部债务的事实状态；并且，这种事实状态也并不必然导致破产清算程序的发生，从而造成债务人法律人格的消灭。由于传统破产法上的破产清算具有许多弊端，20世纪70年代以来，西方国家纷纷改革破产立法，当债务人出现无力偿债的事实状态时，债权人、债务人可以协商解决，或者向法院提起破产申请解决,即使在启动破产审理程序后,仍可通过和解程序、重整程序来解决债务问题。破产申请、和解程序、重整程序和破产清算程序构成了现代破产法的主体内容。

理解"破产"概念应注意广义破产程序和狭义破产程序的区别。狭义的破产程序仅指破产清算程序,即传统破产法上的"破产"。而广义上的破产程序内容广泛,包括了债务人无力偿债时,债权人与债务人可选择的各种程序、途径。如《美国破产法》认为,可供选择的破产程序共有五种:清算程序、整顿程序、有经常性收入的个人债务调整程序、有年收入的农业工人的债务调整程序以及市政府调整程序。① 清算程序和整顿程序是最重要的两种程序。

(二) 破产法

破产法是指规定破产制度的法律规范的总称,有时仅指破产法典。

世界各主要资本主义国家都制定了单行的破产法。

(1) 英美法系制定了成文的破产法以规范破产制度。英国早在1542年就颁布了《破产条例》,实行一般破产主义,1571年颁布《破产法》,改行商人破产主义,而非商人破产适用其他法律。1861年,改革破产法时又恢复了一般破产主义。1914年英国颁行新的破产法,仅适用于自然人破产,法人破产则适用公司法规定,1986年又对破产法进行了改革。美国1800年颁布第一部联邦破产法,系仿英国破产制度制定,1898年美国颁布第四部联邦破产法,并据此成立了破产法院。美国现行破产法是1978年通过的《破产改革法》,该法在国内和国际都具有深远的影响,被称为西方国家破产法的典范。加拿大、澳大利亚、新西兰、阿根廷以及我国香港地区破产法都是效仿美国破产法而制定的。

(2) 大陆法系破产制度。在早期罗马法上,就已经出现了债务人无力偿债时公平清偿债权人债权的观念。法国里昂最早于1667年颁布单行破产法,1807年《法国商法典》第三部分规定了破产制度,实行商人破产主义和不免责主义。1967年法国颁布单行破产法,并改用一般人破产主义。德国于1871年统一后以《普鲁士破产法》为蓝本编纂了1877年统一破产法,1994年颁布了新的破产法。日本最早于1890年商法中规定了"破产"一编,实行商人破产主义。日本最早于1890年商法中规定了"破产"一编,实行商人破产主义。1922年,日本参照德国、奥地利的法律颁行新的破产法,经多次修改沿用至今。该法采用了德国式的一般破产主义。1952年,日本引进了美国破产法中的复权制度,并将传统的破产不免责主义改为破产免责主义。

2006年8月27日第十届全国人大常委会第二十三次会议通过了《中华人民共和国企业破产法》(以下简称《企业破产法》),适用于所有企业法人。

---

① 潘琪:《美国破产法》,法律出版社1999年版,第1页。

二、破产法立法原则

对于破产制度,各国存在着不同的立法例。总结各国的立法例,大致有以下几种主要的立法原则:

(一)商人破产主义与一般破产主义

这是以是否具有破产能力为标准进行分类的。商人破产主义即只对具有商人身份的人适用破产程序而否认非商人的破产能力的立法主义。意大利历史上一直沿用商人破产主义,法国、比利时、英国都曾采用过商人破产主义。一般破产主义则适用于商人或非商人破产案件,德国、日本及英美法系国家采用,该种立法主义逐渐成为破产立法的趋势。西班牙还创立了折中主义体制,即在实体部分统一规定的基础上,区分主体适用不同的程序,葡萄牙、巴西、丹麦曾采用。

(二)免责主义与不免责主义

对破产财产分配所未能清偿完毕的债务,破产者继续负清偿责任的做法属于不免责主义,免除其清偿责任的做法则属于免责主义。大陆法系国家多采用不免责主义,日本1952年修改破产法时,改采免责主义;英美法系多采免责主义。现代各国破产法修改趋向于采用有条件的免责主义。

(三)惩罚主义和非惩罚主义

这是以自然人破产时是否对破产自然人的人身权利进行惩罚为标准进行的分类。在惩罚主义立法例下,限制或剥夺破产人人身自由及权利是破产的必然结果,破产人被限制或剥夺的自由权利必须在破产程序终结后,在具备法定条件时以复权程序恢复。非惩罚主义则不以破产人人身自由的拘束为破产程序的必然结果。大陆法系国家历史上多采取惩罚主义。现代各国多采取非惩罚主义,而以有条件的惩罚主义为例外。

(四)清算主义与再建主义

清算主义主张将债务人的资产全部变卖,以所得价金清偿债务,再建主义主张破产程序的目的不是变卖债务人财产以清偿债务,而是对债务人的营业及资产作出一定安排,使债权得以受偿。传统破产法上破产仅指破产清算程序,采用的是清算主义,现代各国立法多允许当事人选择适用清算程序或再建程序。

此外,还有破产原因列举主义与概括主义、破产受理开始主义与破产宣告开始主义、破产属地主义与普及主义等。

三、破产申请的提出和受理

破产问题的处理首先要解决破产的适用范围问题。现代各国多采用一般破产主义,具有民事权利能力即意味着具有破产能力,可以适用破产程序。而我国《企业破产法》仅适用于企业法人,此外,《商业银行法》等也对金融机构的破产进行了规定。关于非法人企业、个体工商户、农村承包经营户以及个人合伙破产,如果属于破产清算的,可以适用《企业破产法》的规定。

（一）破产申请提出

破产程序一般始于破产申请,由当事人向法院提出破产申请,经法院审查立案后开始破产案件的审理。

根据我国《企业破产法》规定,债权人和债务人都有权提起破产申请。债务人不能清偿到期债务,并且该债权请求权为具有给付内容和可以强制执行的请求权时,债权人可以申请宣告债务人破产。如果企业法人已经解散,但还未清算或未清算完毕且资产不足以清偿债务的,依法负有清算责任的人应当向人民法院申请破产清算。

在美国破产法上,债权人可以主动提出强制清算申请,但由于债务人破产即意味着债权人的债权无法得到充分清偿,所以由债权人提起的破产申请十分罕见,实践中债权人更多的是通过单独的民事执行程序来解决债务问题的。美国破产法要求债权人向法院提交的申请书是统一的标准格式,内容上只需说明债权人和债务人姓名、地址、债权额、清算要求以及申请原因即可。因此,在美国,债权人提出破产申请的手续很简单。

债务人一般享有破产申请的自主决定权,各国对债务人申请破产均有明确规定。法国甚至规定债务人在发生破产原因时必须申请破产。美国破产法对债务人申请破产的规定较为复杂,要求提交诸多文件(包括清算申请表、债权人名单、资产负债表、财务状况陈述书等),以供法院了解案情。

我国《企业破产法》规定,企业申请破产应提交破产申请书(载明申请人、被申请人的基本情况;申请目的;申请的事实和理由;法院认为应载明的其他事项)和有关的证据。和美国的破产法一样,我国的破产法也对债务人申请破产规定了较为繁杂的手续——除上述文件外还应递交财产状况说明、债务清册、债权清册、有关财务会计报告、职工安置预案以及职工工资的支付和社会保险费用的缴纳情况。

（二）破产申请受理

法院在收到破产申请后,认为申请符合法定条件的予以受理,开始破产案件的审理。我国破产程序的开始以法院受理破产案件为标志。大陆法系国家主要以法院的破产宣告为破产程序开始的标志,法院对案件进行形式审查和实质审查后,认为符合法律规定的宣告债务人破产,从而开始破产程序,而在我国此时解决的是受理与否的问题。

法院在接到破产申请后,开始对案件进行审查,包括形式审查和实质审查。形式审查包括审查申请人是否具备破产申请资格,申请材料是否合乎规定,本法院有无管辖权以及债务人是否属于破产法适用范围内的主体。实质审查则是审查破产原因存在与否的问题。

破产申请一经受理,破产程序开始,即产生对双方当事人的拘束力。此时,债务人负有财产保全义务,对法院说明义务以及有关文件提交义务,并不得对个别债权人清偿。债权人则只能通过破产程序行使权利,并应及时进行债权申报。

法院受理破产申请后,应为破产企业指定管理人。在第一次债权人会议举行之前,管理人经人民法院许可,有权决定继续或者停止债务人的营业或者实施《企业破产法》第69条规定的行为(不动产权益、财产权、债权转让,设定财产担保等对债权人利益有重大影响的财产处分行为)。

▶ 四、债权人会议

债权人会议是全体债权人借以参加破产程序并形成债权人意思表示的机构。债权人会议本质上是就全体债权人的权利行使或处分作出共同的意思表示,并采取必要的措施以维护全体债权人的共同利益。

根据我国《企业破产法》规定,依法申报债权的债权人均为债权人会议成员,有权参加债权人会议并享有表决权,但有担保债权的债权人以及债权额未确定的债权人除外。第一次债权人会议由人民法院召集,应当在债权申报期限届满后15日内召开。日本破产法上的债权人会议依申请或职权由破产法院召集,管财人、监察委员或相当于申报债权额1/5以上的破产债权的债权人可以申请召开。第一次债权人会议日期在作出破产宣告的同时确定下来,并公告各当事人。英国、德国对债权人会议召开都作了明确规定。

各国破产法对债权人会议的职权也作了明确规定。我国《企业破产法》第61条对债权人会议的职权作了集中规定,包括:核查债权;申请法院更换管理人,审查管理人的费用和报酬;监督管理人;选任和更换债权人委员会①成员;决定继续或者停止债务人的营业;通过重整计划;通过和解协议;通过债务人财产的管理方案;通过破产财产的变价方案和分配方案等。总结日本破产法的规定,债权人会议的权限主要是:财团管理机关任免权、财团的管理换价权限、作出强制和议的决议、作出关于因财团不足而废止破产的意思表示以及其他权限。在美国破产法上,债权人会议的权限主要是围绕债权人会议的目的而进行设计规定的,债权人会议的目的有三个,一是使债权人有机会了解债务人的财产和业务状况,二是选出一名代替临时托管人的正式托管人,三是选举债权人委员会与托管人进行协调。

在我国,除《企业破产法》另有规定外,债权人会议的决议由出席会议的有表决权债权人的过半数通过,并且其所代表的债权额,必须占无财产担保债权总额的1/2以上。债权人会议决议,对全体债权人均有约束力。

▶ 五、和解与整顿

(一) 和解

和解是指破产程序开始后为避免破产清算,由债务人提出和解申请及草案,经

---

① 债权人委员会并非破产程序必须设立的组织,由债权人会议决定是否设立。债权人委员会由债权人会议选任的债权人代表和一名债务人的职工代表或者工会代表组成,但不得超过9人。

债权人会议讨论通过并经法院认可后中止破产程序的制度。和解实质上是债务人与债权人会议之间达成的解决债务的协议,该协议一旦生效,对不同意和解的债权人也具有约束力,所以又称强制和解。

和解制度降低了破产程序的成本,利于债务人保持继续经营的能力,并有利于社会秩序的稳定,所以,自比利时1886年创设和解制度以来,和解制度被广泛采纳。美国、我国以及我国台湾地区破产法都规定了和解制度;日本、韩国则将破产宣告前的和解进行单独立法,破产宣告后的和解规定于破产法中。

我国《企业破产法》规定,债务人申请和解的,应提交和解协议草案。草案经法院审查并裁定和解后,由债权人会议讨论决定是否同意和解。债权人会议通过和解协议的决议,由出席会议的有表决权的债权人过半数同意,且其所代表的债权额占无财产担保债权总额的2/3以上。

值得一提的是,和解制度由于其弊端,正经历着一场简化适用的改革,有的国家如法国,曾以重整制度取代和解制度。

(二) 重整

重整是指企业无力偿债情况下,依照法律规定的程序,保护企业继续营业,进行债务调整和企业整理,使之摆脱困境,并最终解决债务问题的债务清理制度。重整(整顿)程序首创于美国。在美国破产法上,无论是债权人还是债务人都倾向于重整程序优于清算程序,提出重整申请的手续和提出清算申请的手续基本上是相同的。

根据我国《企业破产法》规定,债务人或者债权人可以直接向法院申请对债务人进行重整。经法院裁定重整后6个月内(有正当理由,可延期3个月),债务人或管理人应当向人民法院和债权人会议提交重整计划草案。草案由按照债权分类的各个债权人组分别表决。各小组出席会议的有表决权的债权人过半数同意,且其所代表的债权额占无财产担保债权总额的2/3以上。各小组均表决同意草案才算通过。在重整期间,有担保权的债权人应暂停行使对债务人特定财产享有的担保权;债务人的出资人不得行使投资收益分配请求权;债务人的董事、监事、高级管理人员不得行使其持有的股份转让权。

整顿期间,企业有法定情形之一的(我国《企业破产法》第78条),人民法院裁定终结该企业的重整,宣告其破产。

▶ 六、破产清算

企业因经营管理不善造成严重亏损,不能清偿到期债务的,可依照破产法规定宣告破产。破产宣告是法院依当事人申请或依职权确认债务人确已存在无法消除的破产原因,决定进入破产清算程序的行为。依我国《企业破产法》的规定,有下列情形之一的,宣告企业破产:企业法人不能清偿到期债务,并且资产不足以清偿全部债务或者明显缺乏清偿能力的;依法终结重整程序的;不能按照和解协议清偿债务的。

企业破产宣告后,接下来就应当对企业进行破产清算。破产清算内容庞杂,问题较多,仅作简要介绍:

(一) 破产清算人

破产清算人,在我国《企业破产法》中称为"管理人",是依照破产法的规定在申请破产后由法院指定的人或组织。管理人可以由有关部门、机构的人员组成的清算组或者依法设立的律师事务所、会计师事务所、破产清算事务所等社会中介机构担任。

管理人在企业被宣告破产后接管破产企业,负责破产财产的保管、清理、估价、处理和分配以及以自己的名义参与有关的民事诉讼活动。

(二) 破产财产

在破产法上,所有可以用来分配给债权人的财产都被称为破产财产。由于破产清算的最终目标是把债务人的财产分配给债权人,所以,破产财产的范围确定是一个很重要的问题。

关于破产财产范围的确定,存在固定主义和膨胀主义两种立法原则。破产财产以破产人被宣告破产时拥有的全部财产为限的做法属固定主义;不以破产时所拥有的财产为限,而是既包括破产宣告时拥有的财产,又包括破产终结前取得的财产的做法属膨胀主义。膨胀主义立法原则是现代各国的立法趋势。我国的破产法律适用于法人,无固定主义和膨胀主义的区别。

依据我国《企业破产法》,破产财产由下列财产构成:(1)宣告破产时破产企业经营管理的全部财产;(2)破产企业在破产宣告后至破产程序终结前所取得的财产;(3)应当由破产企业行使的其他财产权利;(4)已作为担保物的财产不属于破产财产,担保物的价款超过其所担保的债务数额的,超过部分属于破产财产。至于破产财产的具体形式,则包括实物财产、各种有价票证、各种财产权利以及可折价的无形资产等。[①] 破产财产在日本称为破产财团,破产法从破产制度的目的上,将破产者的财产确定为法定财团,其合理的范围由客观的范围、期限来确定。日本破产法上破产人的破产财产,必须是在日本国内的、可以查封的并且在宣告时属于破产者的财产。美国破产法上,债务人在提出自愿清算申请或强制清算申请时所拥有的全部财产均属于破产财产,包括普通财产及设有担保权益的财产。值得注意的是,美国还规定了不受执行的财产制度,某些特定财产虽属债务人所有,但债权人不能请求用来偿还债务。这主要是基于债务人破产后的生活保障来考虑的。债务人可依据州法或联邦破产法主张不受执行的财产范围。

(三) 与破产财产相关的几项权利

(1) 取回权。取回权是指破产清算人占有不属于破产财产的他人财产时,该财

---

① 覃有土主编:《商法学》,中国政法大学出版社1999年版,第256页。

产的权利人所享有的不经破产程序而直接取回该财产的权利。破产人可能基于寄托、借用等合法原因，或基于侵权等不法原因占有他人财产，在法律上对财产权利人负有返还义务。将他人财产列入破产财产的范围是没有任何根据的。

我国《企业破产法》第38条规定，人民法院受理破产申请后，债务人占有的不属于债务人的财产，该财产的权利人可以通过管理人取回。这是对一般取回权的规定。德国、日本等国破产法中对一般取回权和特别取回权都进行了规定，如日本破产法中特别取回权包括卖主的取回权、批发商的取回权和代偿性取回权。

一般来讲，取回权权利人可以依据所有权、担保物权及占有权行使其取回权。

（2）别除权。别除权是指就属于破产财产的特定财产，不按照破产程序而优先受偿的权利。别除权并非破产法本身固有的权利，而是担保物权在破产法中的体现，别除权是以担保物权的存在为基础的。这里的担保物权包括抵押权、质权、留置权以及其他法定担保物权或优先权。

别除权以破产人的特定财产为标的物，该标的物不计入破产财产，别除权人行使别除权不受破产程序的限制和约束。

各国对别除权都进行了规定。日本《破产法》第92条规定，拥有在破产财团的财产上的特别先取特权、质权或抵押权者，对于其标的物的财产拥有别除权。德国《破产法》第50条规定，对于破产财团中的财产享有质权、抵押权等的债权人，有权依照本法的规定就主债权、利息和费用从担保物中优先受偿。我国《企业破产法》也进行了规定。

（3）抵销权。抵销权是破产债权人在破产宣告前对破产人负有债务时，不论债的种类及是否到期，得不依破产程序而以其对债务人的债权抵销其所负债务的权利。破产法中抵销权与合同法中作为债的消灭原因的抵销不同，破产债权人的债权为主动债权，抵销权的行使以破产债权的债权人为限，并且不论给付种类是否相同及是否到期，均得主张抵销。

破产抵销权的行使，可使债权人在破产程序之外获得优先清偿，所以对债权人是非常有利的。英国、美国、日本、德国以及我国的破产法都规定了破产抵销权。

（四）破产债权

我国《企业破产法》规定，破产宣告前成立的无财产担保的债权和放弃优先受偿权的有财产担保的债权为破产债权。破产债权是经由破产分配，由破产财产公平受偿的财产请求权。日本破产法规定，破产人基于破产前的原因发生的财产上的请求权为破产债权。美国破产法则规定破产债权是金钱支付请求权。关于破产债权的规定涉及破产债权的形成问题，破产债权是破产宣告前就已经产生了的债权。美国破产法规定，如该债权未能申报或未能按规定期限申报，则债权人将失去参与破产分配的机会，该有关债务将与其他未偿债务一样被豁免掉，债权人在清算完结之后无权再向债务人追索。各国都做了相类似的立法规定，如法国第85—98号法律第53条规定，"债权人在最高行政法院命令规定的申报期限内不申报，将不能参与财产的分配"。

根据我国的破产法律规定,破产债权主要包括:破产宣告前成立的无财产担保的债权,破产宣告前成立的放弃优先受偿权的有财产担保债权,破产宣告时未到期债权,代替清偿债务的保证人的代位求偿权,未能就担保物优先受偿的有财产担保的债权,以及因票据关系产生的债权等。

(五) 破产终结

我国《企业破产法》第120条第1款规定,"破产人无财产可供分配的,管理人应当请求人民法院裁定终结破产程序。"人民法院应当在15日内裁定是否终结破产程序。这是破产程序实现预期目标的情形。此外,破产程序终结事由还包括法定不予宣告破产的事由、债务人按和解协议清偿债务以及破产财产不足以支付破产费用。日本破产法规定,破产程序可因最后分配、强制和议和破产废止而终结,可以作出破产废止决定的场合有破产财团不足的场合与有申报的债权者同意的场合。

破产程序终结后,未得到清偿的债权不再清偿。但破产程序终结后,又发现债务人有可分配财产的,可由人民法院对债权人进行追加分配。

【参考书目】

1. 任先行、周林彬:《比较商法导论》,北京大学出版社2000年版。
2. 史际春等:《企业和公司法》,中国人民大学出版社2001年版。
3. 徐景和、王柏:《〈个人独资企业法〉条文释义》,人民法院出版社1999年版。
4. 雷兴虎主编:《商法学教程》,中国政法大学出版社1999年版。
5. 赵中孚主编:《商法总论》,中国人民大学出版社1999年版。
6. 吴建斌:《国际商法新论》,南京大学出版社2001年版。
7. 〔英〕马克·霍伊:《国际贸易法》,李文玺译,法律出版社1992年版。
8. 赵万一主编:《商法学》,中国法制出版社1999年版。
9. 刘连煜:《公司法制的新开展》,中国政法大学出版社2008年版。
10. 李哲松:《韩国公司法》,吴日焕译,中国政法大学出版社1999年版。
11. 王保树主编:《中国商事法》,人民法院出版社2001年版。
12. 沈四宝:《国际商法论文集》,对外经济贸易大学出版社2005年版。
13. 王东敏:《新破产法疑难解读与实务操作》,法律出版社2007年版。
14. 姚敏放:《企业法律实务书系:新合伙企业法精解与运用》,中国法制出版社2007年版。
15. 张国键:《商事法论》,台湾三民书局1980年版。
16. 杨良宜:《国际商务游戏规则——英国合约法》,中国政法大学出版社1998年版。
17. 〔德〕罗伯特·霍恩等:《德国民商法导论》,楚建译,中国大百科全书出版社1996年版。
18. 〔英〕戴维·M.沃克:《牛津法律大辞典》,北京社会与科技发展研究所组织翻译,光明日报出版社1988年版。
19. 干衍祥主编:《国际商法》,上海三联书店2006年版。

【思考题】
一、名词解释
1. 商事主体
2. 有限合伙企业
3. 优先股
4. 破产
5. 公司债券

二、简答题
1. 个人独资企业的法律地位。
2. 普通合伙企业设立的条件和程序。
3. 普通合伙企业与有限合伙企业的区别何在？
4. 合伙企业与个人独资企业、公司的区别何在？
5. 股份有限公司和有限责任公司的主要区别是什么？
6. 如何认识股份有限公司股东大会、董事会及监事会的关系？
7. 股份有限公司的设立方式是什么？发起人的职责是什么？

三、论述题
1. 合伙企业的内部事务如何进行管理，如何认识合伙人就合伙企业的对外债务所达成的协议？
2. 如何认识有限责任公司的内部权力机构设置？
3. 我国《企业破产法》的适用对象是什么？破产程序是什么？

第九章　国际知识产权贸易法律制度

在被称为知识经济时代的今天,知识成为了最有价值的产品,知识产权问题也因此受到了前所未有的重视,以知识产权为标的的国际贸易得到了空前的发展,已经成为与货物贸易、服务贸易并列的三大贸易形式,甚至成为国际贸易中最有生命力的部分。随着国际知识产权贸易的发展,作为调整这一领域各种社会关系的国际知识产权贸易法也日渐完善。本章主要围绕知识产权、国际知识产权、国际知识产权贸易等基本概念,着重介绍国际知识产权贸易的标的、国际知识产权贸易的方式和国际知识产权贸易管理等。另外世界贸易组织框架下的《与贸易有关的知识产权协定》第一次将知识产权问题与贸易联系在一起,因此这一协定对国际知识产权贸易法产生了重大影响,本章对该协定的产生背景、主要内容和最新发展以专节加以介绍。

在被称为知识经济时代的今天,知识成为最有价值的产品,知识产权问题也因此受到前所未有的重视,以知识产权为标的的国际贸易得到了空前的发展,已经成为与货物贸易、服务贸易并列的三大贸易形式,甚至成为国际贸易中最有生命力的部分。随着国际知识产权贸易的发展,作为调整这一领域各种社会关系的国际知识产权贸易法也日渐完善。国际知识产权贸易法一个最突出的特点,就是世界各国都以立法的形式实现国家在不同程度上对国际知识产权贸易的干预和管制。另外世界贸易组织框架下的《与贸易有关的知识产权协定》第一次将知识产权问题与贸易联系在一起,因此这一协定对国际知识产权贸易法产生了重大影响,本章对该协定以专节加以介绍。

第一节　国际知识产权贸易法概述

一、知识产权

(一) 知识产权的概念

知识产权(intellectual property)是人们对基于自己的智力活动创造的成果和经营管理活动中的标记、信誉而依法享有的专有权利。① 简单地说,知识产权是基于知识产品而产生的权利。知识产品是指创造性的智力成果和工商业标记及信誉,它们是知识产权的客体,也是知识产权产生的前提和基础。

关于知识产权所包含的内容,受经济、文化、科技发展水平、政治等因素的影响,不同国家有不同认识,即使同一个国家在不同历史时期也有不同看法。大多数国家所承认和接受的知识产权的范围,还是在1967年7月14日在斯德哥尔摩签订的《成立世界知识产权组织公约》中所划定的。该公约第2条第8款规定,"知识产权"包括以下有关项目的权利:

(1) 文学艺术和科学作品;
(2) 表演艺术家的演出、录音制品和广播节目;
(3) 在人类一切活动领域内的发明;
(4) 科学发现;
(5) 工业品外观设计;
(6) 商标、服务标记、商号名称和标记;
(7) 禁止不正当竞争;
(8) 在工业、科学、文学或艺术领域内其他一切来自知识活动的权利。

对于上述范围中的第(4)项"科学发现",我国学者普遍认为不宜将其作为知识产权的保护对象,因为"科学发现"是对原本存在但尚未被人类认识的自然现象、物质或规律的认识,并非人的智力创造成果。我们同意这种观点。

---

① 吴汉东主编:《知识产权法》(第六版),中国政法大学出版社2012年版,第2页。

传统意义上的知识产权包括著作权、专利权和商标权三个部分,随着科学技术的迅猛发展,社会生活日新月异,知识产权的范围也正在不断扩大,出现了许多新的权利客体,如:商业秘密、集成电路布图设计、植物新品种、域名、数据库以及商业形象等。

(二) 知识产权的特征

知识产权在性质上属于私权,是一种民事财产权。与其他民事财产权如物权、债权相比,知识产权有其独特的法律特征。

1. 无形性

知识产权是一种无形财产权,与有形财产权不同,其客体——知识产品,是无形的,因此对知识产权的占有不是有形的控制,对知识产权的使用也不发生有形的损耗。知识产权的这一特征使得知识产品可以被多数人在不同地域内同时使用。例如,专利权人可以同时将一项专利许可给不同人在不同地域内使用,而一件有形财产不能同时被不同人在不同地域使用。

2. 专有性

知识产权是受法律保护的一种独占权,具有排他性,没有法律规定或未经知识产权人的许可,任何人不得随意利用。但是与所有权相比,知识产权的专有性要弱一些,这主要表现在知识产权的"权利限制"制度设计上,通过合理使用、法定许可、强制许可等制度,对知识产权的专有性加以限制。

3. 地域性

与有形财产权不同,知识产权没有当然的域外效力,一般来说,依一国法律产生的知识产权只在该国地域内有效。如一项发明要取得国外专利保护,需在希望得到保护的国家提出申请,能否授予专利以及权利的具体内容要由被申请国的国内法决定。

4. 时间性

知识产权仅在法律规定的期限内受到保护,超过了法律规定的保护期,知识产权归于消灭,有关的知识产品进入公有领域,成为全社会的共同财富。世界各国对保护期的规定长短不一,例如发明专利在我国的保护期为20年,自申请之日起计算,美国则给予17年的保护期,自授权之日起计算。

(三) 知识产权与技术的关系

根据世界知识产权组织出版的《发展中国家许可证贸易指南》(Licensing Guide for Developing Countries),技术(technology)是指制造某种产品、实施某种工艺或提供某种服务的系统知识,不论这种知识是否体现为一项发明、实用新型或一种动、植物新品种,也不论它是否反映在技术情报、技能技巧中,或是反映在专家所提供的设计、安装、建立、维持一个工厂或管理一个工商企业而提供的服务或援助之中。

从国际贸易的角度出发,知识产权与技术是两个既有联系又相互区别的概念,主要表现在以下几个方面。

(1) 技术是一种系统知识,与知识产权客体一样,具有无形性。很多知识产权客体本身就是技术,例如专利技术、集成电路布图设计。但是并非所有的知识产权客体都是技术,如受著作权法保护的文学艺术作品。

(2) 按照所有权属状态,技术可以分为公有技术和私有技术,而知识产权作为一种私权,具有专有性,处于公有领域的知识产品不享有知识产权。从这个角度看,技术的范围要大于知识产权的范围,不过作为国际贸易的对象,通常仅与私有技术相关。

(3) 以是否受知识产权保护为标准,技术又可以分为受知识产权保护的技术和不受知识产权保护的技术。前者包括专利、商业秘密、集成电路布图设计、植物新品种、计算机软件;后者包括管理技术以及与产品技术相关的服务。

二、知识产权贸易

(一) 知识产权贸易与货物贸易、服务贸易

按照贸易标的的不同,我们可以把贸易分为三类:货物贸易、服务贸易与知识产权贸易。货物贸易是最古老的贸易形式,主要涉及的是货物所有权的转让;服务贸易是以服务为交易对象的购销活动,其范围涉及金融、电信、运输、旅游、传媒等行业;知识产权贸易是以受知识产权法律保护的知识产品及其创造者所享有的权利为标的的贸易形式。

货物贸易、服务贸易、知识产权贸易虽然是涉及不同标的的贸易形式,但三者之间的关系十分密切。一般来说,只涉及初级产品或劳动密集型产品的贸易仅仅是货物贸易,对于成套设备的贸易可以说是货物贸易与知识产权贸易的结合,提供技术咨询与服务既是服务贸易也是知识产权贸易。

(二) 知识产权贸易与技术贸易

按照《联合国国际技术转让行动守则(草案)》,技术转让(technology transfer)是指"转让关于制造一项产品、应用一项工艺或提供一项服务的系统知识,但不包括只涉及货物出售或只涉及货物出租的交易"。技术转让可以分为无偿转让(transfer without pay)和有偿转让(transfer without pay),前者如两国政府间通过技术援助的方式无偿转让有关技术,后者是按照商业条件进行的转让,因此又称为"技术贸易"[①] (technology trade or technology transfer transactions)。

[①] 在我国,有偿的技术转让作为与货物贸易、服务贸易并列的一种贸易形式,通常被称为技术贸易,而不是知识产权贸易。笔者认为,随着经济的发展,贸易在社会生活中的地位和作用日渐增强,这不仅表现在贸易形式呈现多样化的趋势上,也反映在贸易标的多元化的现实中。除了货物与服务,无形的知识产品也是重要的贸易标的。传统的"技术"这一概念显得过于狭窄,不能涵盖知识产品所包含的全部内容,例如版权贸易所涉及的版权(包括邻接权)就不能用技术一词来表述。因此,本书没有使用传统的"技术贸易"的表述方式,而采纳了含义更为广泛的"知识产权贸易"一词。但是"技术贸易"无论是在立法中还是在贸易实践中仍被经常使用,所以为了与法律规定或习惯用语保持一致,本书在有些地方也使用"技术贸易"一词。

在知识产权贸易中,提供知识产权的一方被称为"供方",而接受的一方被称为"受方"。

三、国际知识产权贸易

知识产权贸易具有涉外因素时便成为国际知识产权贸易。关于知识产权贸易的国际性并没有一个统一的标准,不同国家有不同的规定。有的以当事人的营业地或惯常住所地在不同的国家为标准,有的以当事人的国籍为标准。而在涉及法人时,法人的国籍的确定又有登记国和资本控制人所属国等不同标准。[①]

我国的《技术进出口管理条例》第 2 条第 1 款规定:"本条例所称技术进出口,是指从中华人民共和国境外向中华人民共和国境内,或者从中华人民共和国境内向中华人民共和国境外,通过贸易、投资或者经济技术合作的方式转移技术的行为。"可见,我国对国际知识产权贸易的理解是跨越中国国境的知识产权贸易,至于贸易供方和受方的国籍是否相同并不影响知识产权贸易的国际性。

区分国内知识产权贸易和国际知识产权贸易的意义在于:两种贸易适用的法律不同。由于知识产权的进出口对一个国家的政治、经济会产生一定的影响,国家经常通过立法的手段对国际知识产权贸易进行干预,因此对国际知识产权贸易的管制往往多于对国内知识产权贸易的管制。特别是发展中国家,通常作为贸易的受方,对于国家知识产权贸易的管制更为严格。也正是由于这个原因,在确认知识产权贸易的国际性这个问题上,发展中国家普遍希望扩大对"国际"的解释,这样可以尽可能把涉外知识产权贸易活动纳入本国法律的控制范围之内。而发达国家正相反,凭借着在知识产权贸易中的优势地位,尽量回避其他国家的管制,对"国际"的解释尽可能缩小其范围。

四、国际知识产权贸易法

(一)国际知识产权贸易法的概念及调整对象

国际知识产权贸易法是调整跨国知识产权贸易关系的法律规范的总称。国际知识产权贸易法的调整对象既包括横向的贸易当事人之间的关系,又包括纵向的国际贸易管理者与被管理者之间的关系。

首先,知识产权作为一种民事财产权,属于私权,权利人可以通过国际贸易的方式,如许可使用、转让、处分自己的权利,在贸易活动过程中,当事人之间的关系由国际知识产权贸易法所调整。

其次,知识产权是具有垄断性的权利,在国际知识产权贸易中,作为供方的权利人往往处于事实上的优势地位,为了保护受方的利益,受方所在国家的法律常常对贸易进行干预。另外为了防止涉及国家安全、技术优势的知识产权外流,供方所在

---

① 参见郭寿康、赵秀文主编:《国际经济法》(第四版),中国人民大学出版社 2012 年版,第 116 页。

国家也常常在法律中作出限制性或禁止性规定。因此国际知识产权贸易法中有相当一部分是贸易管制规范。

(二) 国际知识产权贸易法的渊源

国际知识产权贸易法的渊源包括:国际条约、国际惯例、国内立法。

1. 国际条约

国际条约是国际知识产权贸易法的重要渊源。迄今为止,还没有一个国际知识产权贸易方面的世界性的专门公约。1978年联合国贸易与发展会议拟定的《国际技术转让行动守则(草案)》提交联合国讨论,由于各国政治经济利益的根本性分歧,草案至今未获通过。但是在多次讨论过程中,对有些问题各国已经达成了共识,该草案对各国的立法提供了诸多可借鉴的内容。在知识产权保护方面,有《保护工业产权巴黎公约》、《专利合作条约》、《保护文学艺术作品伯尔尼公约》、《世界版权公约》、《国际商标注册马德里协定》、《保护植物新品种国际公约》、《保护表演者、录音制品制作者与广播组织公约》(《罗马公约》)、《WIPO版权条约》、《WIPO表演和录音制品条约》等。2012年6月世界知识产权组织关于保护音像表演的外交会议在北京通过了《视听表演北京条约》,填补了视听表演领域全面版权保护国际条约的空白。[①] 上述国际公约主要是从静态角度保护知识产权,与国际知识产权贸易有着不可分割的联系。世界贸易组织的《与贸易有关的知识产权协定》(《TRIPS协定》)第一次将知识产权的国际保护从静态引向了动态,将知识产权保护与国际贸易联系在一起。有关《TRIPS协定》的具体内容,后面我们专门讨论。

2. 国际惯例

国际惯例作为国际条约的重要补充,也是国际知识产权贸易法的组成部分。国际惯例不具有普遍的约束力,一般来说,只有贸易当事人以明示或默示的方式采纳某一惯例时,它才对当事人产生约束力。国际惯例可以起到补充现有法律不足,明确合同条款的作用。在国际技术转让合同中不得订立限制性商业条款,是多数国家普遍接受的重要国际惯例。[②]

3. 国内立法

各国的国内立法仍然是国际知识产权贸易法最主要的法律渊源。有些国家是通过反垄断法对国际知识产权贸易予以调整。很多国家都制定了专门的国际知识产权贸易的法律,以此来实现国家的干预和控制,如我国的《对外贸易法》、《技术进出口管理条例》。2004年修订后的《对外贸易法》根据中国加入WTO所应享有的权利和承担的义务,专门增加一章"与对外贸易有关的知识产权保护"的内容,对从国外进口中国的货物侵犯知识产权的处理,采取措施消除知识产权权利人滥用知识产权所造成的危害,以及对不能对我国的知识产权或来源于我国的货物、技术或服务

---

① 世界知识产权组织正式缔结《视听表演北京条约》,http://www.chinanews.com/cul/2012/06-27/3988383.shtml,2013年3月18日访问。

② 参见郑成思:《国际技术转让法通论》,中国展望出版社1987年版,第32页。

及其提供者提供有效知识产权保护的国家或地区采取必要措施等作出了原则性规定。

国际知识产权贸易是以知识产权为标的的国际贸易,确认有关的知识产权是进行贸易的前提和基础,因此知识产权法与国际知识产权贸易的关系非常密切,世界大多数国家都制定了自己的版权法、专利法和商标法,有些国家还制定了有关计算机软件、植物新品种、集成电路布图设计等方面的专门立法。我国除了有《专利法》、《商标法》、《著作权法》等知识产权基本立法外,还有《计算机软件保护条例》(2013年修订)、《植物新品种保护条例》(2013年修订)、《集成电路布图设计保护条例》等法规对知识产权进行保护。有些国家的知识产权法中还有专门的条款直接调整贸易关系。我国现行的《专利法》、《商标法》、《著作权法》、《反不正当竞争法》、《合同法》作为补充法律规范,也适用于相关知识产权的进出口。①

第二节　国际知识产权贸易的标的

国际知识产权贸易是以知识产权为标的的国际贸易。传统上根据知识产权属性的不同,把知识产权分为版权、工业产权两大类。随着科学技术的不断进步,出现了一些介于两者之间的边缘性客体,如计算机软件、集成电路布图设计,有学者将它们称之为工业版权的客体。传统的国际技术贸易包括计算机软件贸易、专利权和专有技术贸易(专有技术曾被认为是知识产权法保护范畴之外的一种技术)。②随着国际贸易活动范围的扩大,国际知识产权贸易的标的已经远远不限于上述三种,而是包含了更多的内容。

▶ 一、版权

(一) 版权制度的基本内容

版权(copyright),又称为著作权,指的是基于文学、艺术和科学作品依法产生的权利。版权有广义和狭义之分,狭义的版权是指文学、艺术和科学作品的创作者所享有的权利,广义的版权还包括邻接权,即作品的传播者在传播作品的过程中对其劳动成果依法享有的权利。

版权保护的客体是具有独创性的文学、艺术和科学作品,包括文字作品、口述作品、音乐作品、戏剧作品、舞蹈作品、美术作品、建筑作品、摄影作品、视听作品、图形作品和模型作品。③

版权作为一种知识产权,除了具有知识产权的共同特征(无形性、专有性、时间性、地域性)之外,还具有一个重要的特征——双重性,即版权既包括精神权利又包

---

① 参见莫世健:《国际经济法》,中国政法大学出版社2008年版,第317页。
② 参见单文华主编:《国际贸易法学》(下),北京大学出版社2000年版,第627页。
③ 各国具体规定有所不同,如很多发展中国家保护民间文学艺术作品,英美等国不保护口述作品。

括经济权利。所谓精神权利,是指作者对其作品所享有的以精神利益为内容的权利,一般包括作者身份权和保护作品完整权。① 作者的精神权利具有基本的、非经济性的、作者的身份所固有的和绝对的特征,所以精神权利是不能转让的②,因此国际版权贸易所涉及的仅仅是经济权利。经济权利通常包括三大类:复制权、演绎权和传播权。③演绎权中包括摄制权、改编权、翻译权、汇编权,传播权可细分为发行权、出租权、展览权、表演权、放映权、广播权、网络传播权等。另外有些国家的版权法中还确认了追续权。④ 我国现行《著作权法》中没有规定追续权,但在 2012 年《〈著作权法〉修改草案(第三稿)》中增加了视觉平面作品追续权的内容,规定"美术作品、摄影作品的原件或者作家、作曲家的手稿首次转让后,作者或者其继承人、受遗赠人对该原件或者手稿的每一次转售享有分享收益的权利,追续权不得转让或者放弃"。⑤ 经济权利的保护是有时间性的,各国版权法根据本国经济文化发展水平规定了长短不一的保护期。我国《著作权法》规定:自然人作品的经济权利的保护期为作者终生及其死亡后 50 年,截止于作者死亡后第 50 年的 12 月 31 日;对于法人作品以及电影作品和以类似摄制电影的方法创作的作品、摄影作品,其经济权利的保护期为 50 年,截止于作品首次发表后第 50 年的 12 月 31 日,但作品自创作完成后 50 年内未发表的不再予以保护。2012 年《〈著作权法〉修改草案(第三稿)》增加了延长摄影作品的保护期的内容,规定摄影作品和音乐、美术等其他作品一样,其发表权、著作权中的财产权利的保护期为作者终身及其死亡后 50 年。⑥ 另外,版权采用自动保护原则⑦,作品创作完成之后,无须履行任何手续,即享有版权。

邻接权,又称为作品传播者权。狭义的邻接权仅指《罗马公约》(全称是《保护表演者、录音制品制作者与广播组织国际公约》)中所指的表演者、录音制品制作者和广播组织的权利。2012 年 6 月世界知识产权组织关于保护音像表演的外交会议在北京通过的《视听表演北京条约》对表演者提供了视听录制表演方面的保护(1996 年的《WIPO 表演和录音制品条约》未提供这种保护),结束了表演者权利得不到完整知识产权保护的历史,这对完善国际表演者版权保护体系,推动世界各国文化产业健康繁荣具有里程碑意义。条约第 1 条规定:(1) 本条约的任何内容均不得减损

---

① 各国法律对精神权利的具体内容不尽相同,除了作者身份权和作品完整权之外还有发表权、收回权等。我国《著作权法》规定了四项精神权利:发表权、署名权、修改权和保护作品完整权。
② 〔西班牙〕德利娅·利普希克:《著作权与邻接权》,联合国译,中国对外翻译出版公司、联合国教科文组织 2000 年版,第 117 页。
③ 参见郑成思:《版权法》,中国人民大学出版社 1997 年版,第 151 页。
④ 系指艺术作品的作者从作品原件(包括作品手稿)的再次销售的收入中提取一定比例的权利。世界上仅有一部分国家保护这种权利,如法国、德国、意大利、巴西。
⑤ 专家解读《著作权法》修改草案第 3 稿,http://news.xinhuanet.com/book/2012-11/02/c_123904552.htm,2013 年 3 月 19 日访问。
⑥ 著作权法修改草案权利内容普增,http://www.legaldaily.com.cn/executive/content/2012-10/31/content_3948465.htm,2013 年 3 月 19 日访问。
⑦ 自动保护原则是《伯尔尼公约》确立的一项基本原则。

缔约方相互之间依照《世界知识产权组织表演和录音制品条约》或依照1961年10月26日在罗马签订的《保护表演者、录音制品制作者和广播组织国际公约》已承担的现有义务。(2)依本条约给予的保护不得触动或以任何方式影响对文学和艺术作品版权的保护。因此,本条约的任何内容均不得被解释为损害此种保护。(3)除《世界知识产权组织表演和录音制品条约》之外,本条约不得与任何其他条约有任何关联,亦不得损害任何其他条约所规定的任何权利和义务。此外,条约还规定了国民待遇原则,精神权利,表演者对其尚未录制的表演的经济权利,表演者的复制权、发行权、出租权、提供已录制表演的权利、广播和向公众传播的权利,以及转让、限制和例外等内容。依据该条约给予表演者的保护期,应自表演录制之年年终算起,至少持续到50年期满为止。

但是,世界各国国内法律所保护的邻接权的种类有较大区别,有的仅保护上述三种中的一种或两种,如1989年英国《著作权法》只把表演者的权利作为邻接权加以保护,而把录音制作者和广播组织的权利纳入著作权的保护范畴;美国邻接权的保护对象仅为录音制作者的权利。有的不仅保护这三种传统的邻接权,还扩大了保护范围,例如德国《著作权法》所明文保护的邻接权有8种之多。它不仅保护表演者、唱片制作者和广播组织,还保护表演主持人、电影制片人、不具备摄影作品条件的照片、科学版本、遗作版本等①;意大利把摄影作品、戏剧的布景作品、个人的书信及肖像、工程项目的设计等作品的专有权都归入邻接权中。② 我国2010年修订的《著作权法》没有采用"邻接权"一词,与之对应的概念是"与著作权有关的权益"。其保护内容包括出版者的权利、表演者的权利、录音录像制作者的权利、广播组织的权利。邻接权主体所享有的权利基本上是经济权利(表演者例外),并且有保护期限。2012年修订的《〈著作权法〉修改草案(第三稿)》增加了表演者的出租权以及在视听作品中的获酬权,增加了录音制作者在他人以播放和公开传播的方式使用其录音制品的获酬权,将广播电视组织享有的权利由"禁止权"改为"专有权"。③

(二)计算机软件的保护

关于计算机软件的保护问题在过去的二十年内曾在世界范围内被广泛讨论,讨论的焦点就是用版权法还是专利法来保护计算机软件。在美国的推动之下,现在世界各国基本上将计算机软件纳入版权法保护体系中,而且《TRIPS协定》明确要求成员将计算机软件作为文字作品加以保护。

计算机软件是指计算机程序及有关文档,表面上看起来与传统的文字作品很像,实际上计算机软件是具有实用性的工业产品,因此很多国家在把计算机软件作

---

① 参见韦之:《著作权法原理》,北京大学出版社1998年版,第115页。
② 参见詹爱岚主编:《知识产权法学》,厦门大学出版社2011年版,第108页。
③ 《著作权法修改草案(第三稿)》内容变化明显,http://www.sipo.gov.cn/mtjj/2012/201211/t20121102_766829.html,2013年3月20日访问。

为版权客体予以对待的同时,又对计算机软件给予了有别于传统作品的保护,如在权利内容上引入了专利法中的使用权,将软件登记作为在诉讼中对抗第三方的必要条件。①

我国《著作权法》第3条明确将计算机软件作为保护的对象,同时在第59条规定计算机软件的保护办法由国务院另行规定,因此在《著作权法》之外还有单行的《计算机软件保护条例》。根据《计算机软件保护条例》,软件著作权人享有发表权、署名权、修改权、复制权、发行权、出租权、信息网络传播权和翻译权。软件著作权人有权许可他人行使、全部或部分转让软件著作权;并且规定中国公民、法人或者其他组织向外国人许可或者转让软件著作权的,应当遵守《技术进出口管理条例》的有关规定。软件著作权人可以向国务院著作权行政管理部门认定的软件登记机构办理登记,登记起到初步证明著作权有效性的作用,并非是取得软件著作权和受《计算机软件保护条例》保护的前提。2013年1月30日,国务院对《计算机软件保护条例》进行了第二次修订,加重了对"复制或者部分复制著作权人的软件的;向公众发行、出租、通过信息网络传播著作权人的软件的;故意避开或者破坏著作权人为保护其软件著作权而采取的技术措施的;故意删除或者改变软件权利管理电子信息的;转让或者许可他人行使著作权人的软件著作权的"五类侵权行为的处罚力度,对后三种行为的处罚,由修改前的"可以并处5万元以下的罚款"提高到"可以并处20万元以下的罚款"。②

▶ 二、专利权

"专利"(patent)一词的原意是指国王亲自签署的带有御玺印鉴的独占权利证书,这种证书与其他证书的不同之处在于它是一种"敞口的证书",没有封口,任何人都可以打开看里面的内容。这种证书的特点构成了专利两个最基本的特征:垄断和公开。所谓垄断就是授予技术发明人在一定时期内享有独占使用的权利;所谓公开是指发明人作为法律授予独占使用权的回报,将自己的技术公之于众。③现代专利制度的核心就是建立在垄断与公开基础上的专利权。所谓专利权,就是国家主管部门依据专利法授予发明创造人或其他合法申请人对某项发明创造在一定期间内所享有的独占权,作为享有独占权的对价,专利权人通过专利申请文件向全社会公开自己的专利技术。

世界各国对于专利权客体的规定差异较大④,我国《专利法》同时保护三种客体——发明、实用新型和外观设计。按照我国2009年10月1日起施行的修订后的

---

① 参见郑成思:《版权法》,中国人民大学出版社1997年版,第67—72页。
② 《计算机软件保护条例》(2013年3月1日实施)第24条第2款。
③ 张平:《知识产权法详论》,北京大学出版社1994年版,第31页。
④ 例如日本的专利法仅保护发明专利,对实用新型和外观设计分别专门立法加以保护;美国专利法保护发明专利、植物专利和外观设计专利。

《专利法》的解释,发明(invention)是指对产品、方法或者其改进所提出的新的技术方案;实用新型(utility model)是指对产品的形状、构造或者其结合所提出的适于实用的新的技术方案;外观设计(design)是指对产品的形状、图案或者其结合以及色彩与形状、图案的结合所作出的富有美感并适于工业应用的新设计。

发明创造被授予专利权后,专利权人就享有了独占性实施权。对于发明和实用新型来说,除了法律另有规定外,未经专利权人许可,任何单位和个人不得为生产经营目的制造、使用、许诺销售、销售、进口其专利产品;或者使用其专利方法以及使用、许诺销售、销售、进口依照该专利方法直接获得的产品。对于外观设计来说,任何人不得为生产经营目的制造、销售、进口外观设计专利产品。专利权人的实施权可以转让或许可他人行使。我国《专利法》规定发明专利的保护期为20年,实用新型专利和外观设计专利的保护期为10年,自申请日起计算。

专利权的取得并非是自动的,而是要经过一定的程序。各国专利法都规定了一套专门的专利申请办法,通常是由专利申请人向国家的专利主管部门提出申请,经审查,对于符合法律规定条件的申请授予专利权。需要特别指出的是,一般情况下一国专利主管部门的授权仅在该国地域内有效,一项专利若想在若干个国家都获得保护,应当分别向有关国家的专利主管部门提出申请并获得授权。专利的这种地域性使得以发明创造作为贸易标的的专利权的国际贸易必须以发明创造在受方所在国已获得专利权为前提,否则该项发明创造在受方所在国处于公有领域,没有引进的必要。

专利申请权也可以作为国际知识产权贸易的标的予以转让。

▶ 三、商标权

商标(trade mark)是商品生产者、经营者或服务提供者在自己的商品或服务上使用的,可区别于其他同种商品或服务的一种标志。商标是当今商事活动中最重要的标志,因此世界上大多数国家都颁布商标法来规范商标的使用,商标法的核心就是商标权。

由于我国实行注册原则,只有依法注册的商标才受商标法保护[①],因此在我国,商标权是指商标注册人依法对其注册的商标所享有的专有权利,具体说来包括积极的使用权和消极的禁止权。使用权是商标权人对商标享有完全支配和使用的权利,商标权人可以在其注册商标所核定的商品或服务上使用该商标,这种专有使用权可以许可给他人使用,也可以转让给他人。禁止权是商标权人有禁止他人未经许可,在与其注册商标核定的商品相同或类似的商品上使用与注册商标相同或近似的商标的权利。

---

① 有些国家采用使用原则,即通过使用某个商标就可对该商标享有商标权,如美国。采用注册原则的国家居多。

商标权也有时间性,但商标权的时间性与版权、专利权的时间性不同,商标权可以通过续展而使得保护期无限延长。以我国为例,注册商标的有效期为自核准注册之日起 10 年,在期满前 6 个月以及到期后 6 个月的宽展期内可以续展,每次续展的有效期为 10 年。

▶ 四、商业秘密权

商业秘密(Business Secret)作为专门的法律制度,是工业革命和市场经济发展的产物,它起源于 19 世纪初的英国,其有关商业秘密的界定主要体现在判例中。[①]

目前对于商业秘密概念的界定,各国不尽一致。为了适应全球经济一体化的发展趋势,世界贸易组织对"未披露信息"作了界定。《TRIPS 协定》第 39 条规定:"在保证按《巴黎公约》(1967 年)第 10 条之二的规定为反不正当竞争提供有效保护的过程中,成员应依照本条 2 款,保护未披露的信息;应依照本条 3 款,保护向政府或政府的代理机构提交的数据。只要有关信息符合下列三个条件:(1)在一定意义上,其属于秘密,就是说,该信息作为整体或作为其中内容的确切组合,并非通常从事有关该信息工作领域的人们所普遍了解或者容易获得;(2)因其属于秘密而具有商业价值;(3)合法控制该信息之人,为保密已经根据有关情况采取了合理的措施。"根据这一规定,构成商业秘密应具有秘密性、价值性和保密性三个特征。[②]

商业秘密应当受到法律的保护,这已经在世界范围内达成共识,但各国具体的保护方式又有所不同。大致说来,有侵权法[③]、合同法[④]、反不正当竞争法[⑤]三种主要的保护方式。

我国《反不正当竞争法》在第 10 条第 3 款定义了商业秘密,商业秘密是指不为公众所知悉,能为权利人带来经济利益、具有实用性并经权利人采取保密措施的技术信息和经营信息。商业秘密分为技术秘密和经营秘密两类。技术秘密[⑥]在商业秘密保护中,从一开始到今天一直居于重要地位,在我国也比较早就受到重视[⑦],而且也是国际知识产权贸易的重要标的。

[①] 参见张玉敏:《知识产权法学》(第二版),法律出版社 2011 年版,第 386 页。
[②] 参见曹新明:《知识产权法学》(第二版),中国人民大学出版社 2011 年版,第 237 页。
[③] 美国《侵权法重述》中专门有两节(第 757、758 节)的内容是关于商业秘密的保护的。
[④] 我国的《合同法》第十八章第三节中对于技术秘密给予合同法上的保护,英国、美国在司法实践中也采用合同法理论保护商业秘密。
[⑤] 德国的《反不正当竞争法》中有专门保护商业秘密的条款。
[⑥] 关于技术秘密与专有技术是否为同一概念,在国内外都有不同看法。参见张玉瑞:《商业秘密法学》,中国法制出版社 1999 年版,第 46—47 页。
[⑦] 我国 1987 年颁布的《技术合同法》中对"非专利技术"予以合同法的保护,该法被 1999 年《合同法》所取代,《合同法》用"技术秘密"取代了"非专利技术"一词。

五、集成电路布图设计权

20世纪70年代发达国家投入大量人力物力研究开发集成电路,以期在微电子技术领域占有优势地位,与此同时,也有一些厂商利用各种手段窃取他人的成果谋取利益,因而集成电路的保护问题引起了产业界的关注。在集成电路大国的积极推动之下,世界知识产权组织在1989年的华盛顿外交会议上通过了《关于集成电路知识产权条约》。《TRIPS协定》将集成电路布图设计的保护纳入其中的同时,还加入了以下的规定:(1)扩大了集成电路专有权的效力,将进口、销售或者其他出于商业目的而进行分销的行为扩大到了适用于含有侵权集成电路的商品。(2)延长了集成电路的保护期,将《华盛顿公约》中规定的集成电路的保护期从8年延长至10年。(3)限制强制许可,在《TRIPS协定》中对非自愿许可的实施条件规定得较为严格。(4)将善意侵权的范围扩展至含有侵权布图设计的集成电路布图的物品上,规定善意侵权者在知道该集成电路包含有非法复制的布图设计后,应当支付合理的报酬。① 集成电路是一种综合性技术成果,它包括布图设计和工艺技术。其中布图设计通常需要相当的资金投入和专家的人力资源投入,而复制布图设计很容易,因此对集成电路的布图设计需要法律保护。②

作为这两个条约的成员,我国于2001年颁布了《集成电路布图设计保护条例》及其实施细则。我国《集成电路布图设计保护条例》将集成电路定义为"是指半导体集成电路,即以半导体材料为基片,将至少有一个是有源元件的两个以上元件和部分或者全部互连线路集成在基片之中或者基片之上,以执行某种电子功能的中间产品或者最终产品"。《条例》对集成电路的定义过于狭窄。随着科技进步,新材料的不断出现,集成电路制造的材料不再局限于传统意义上的半导体,因此有观点提出修改条例扩大保护对象,将"以半导体材料为基片"改为"以半导体等材料为基片",并主张提高立法层次,制定《集成电路布图设计保护法》。③ 布图设计是指集成电路中多个元件(包括有源元件和无源元件,其中至少有一个是有源元件)的三维配置方式。它以图形或数字编码的形式存在于掩膜版、集成电路芯片或磁盘等介质中,能够为人们所感知。对集成电路布图设计这种类似于图形作品而又执行一定技术功能的电子产品的保护,采用一种介于版权法和专利法之间的特别法的保护方式。在我国,权利人对布图设计享有复制权和商业利用权,保护期为10年,自布图设计登记申请之日或者在世界任何地方首次投入商业利用之日起计算,以较前日期为准。④

---

① 靳晓东:《论我国集成电路布图设计保护法的制定》,载《中国信息界》2011年05期,第30—32页。
② 参见吴汉东主编:《知识产权法》,北京大学出版社2007年版,第318页。
③ 胡嘉禄:《我国集成电路布图设计权保护探析》,载《中国知识产权报》2012年7月20日。
④ 对集成电路布图设计专有权的保护期,《关于集成电路的知识产权条约》要求至少为8年。

▶ 六、植物新品种权

植物新品种来源于人们对植物的人工培育或对野生植物的开发。培育新的植物品种对于减少病虫害、提高农作物的产量、促进生物多样性的发展具有重要意义,因此植物新品种逐渐成为许多国家立法保护的对象。

1961年,法国、丹麦等国在巴黎签订了《保护植物新品种国际公约》,该公约于1972年和1978年进行过两次修订,我国于1999年加入该公约1978年文本。根据该公约,成员国可以选择专门法或专利法或两者并用对植物新品种予以保护,取得植物新品种权应当履行申请——审查——批准的程序。《TRIPS协定》基本上承袭了该公约的内容。目前多数国家采用特别法的方式保护植物新品种。①

我国颁布和历次修订的《专利法》都明确将植物新品种排除在保护对象之外,但在1997年国务院颁布了《植物新品种保护条例》并在2013年修订了该条例,即通过单独制定行政法规的方式保护植物新品种。鉴于该条例规定得过于原则,最高人民法院又依据其规定先后于2001年公布了《关于审理植物新品种纠纷案件若干问题的解释》、2006年公布了《关于审理侵犯植物新品种权纠纷案件具体应用法律问题的若干规定》,从而加强了对植物新品种的司法保护,保障了条例的实施。根据该条例,植物新品种是指经过人工培育的或者对发现的野生植物加以开发,具备新颖性、特异性、一致性和稳定性并有适当命名的植物品种。条例给予育种者一种类似于专利权的品种权。完成育种的单位或者个人对其授权品种享有排他的独占权。除了法律另有规定外,任何单位或者个人未经品种权所有人许可,不得为商业目的生产或者销售该授权品种的繁殖材料,不得为商业目的将该授权品种的繁殖材料重复使用于生产另一品种的繁殖材料。品种权的保护期限,自授权之日起,藤本植物、林木、果树和观赏树木为20年,其他植物为15年。为保障《植物新品种保护条例》的实施,农业部2007年又根据条例制定了《植物新品种保护条例实施细则》(农业部分),并于2011年对细则进行了修订。

品种权可以依法转让或许可他人行使,植物新品种的申请权可以转让。

第三节 国际知识产权贸易的方式

随着国际经济交流与合作的加强,国际知识产权贸易不断发展,在国际贸易中所占的地位日益重要。这不仅表现在贸易标的的多元化上,也表现在贸易方式的多样化上。国际知识产权贸易可以与货物贸易、服务贸易、投资、工程承包等相结合进

---

① 美国采用特别法和专利法结合的方式保护植物新品种,专利法将植物专利作为客体之一,另外还颁布了《植物新品种保护法》。

行,也可以以转让和许可的方式单独进行。在众多的贸易方式中,以许可贸易的方式最为常见。

▶ 一、国际知识产权许可贸易

（一）国际知识产权许可贸易概述

许可贸易是国际知识产权贸易中最常见的贸易方式,它是通过国际知识产权许可合同,由作为知识产权权利人的许可方授予被许可方在一定期限、一定地域内行使某项权利,被许可方向许可方支付一定费用。这种贸易方式好像是许可方向被许可方发放行使某项权利的许可证,因此被称为国际知识产权许可贸易。

国际知识产权许可贸易的应用非常广泛,包括版权许可、专利权许可、商标权许可、商业秘密许可、集成电路布图设计权许可、植物新品种权许可以及包含上述内容的混合许可。

按照被许可方获得授权的性质不同,可以将国际知识产权许可分为独占许可、排他许可、普通许可、分许可和交叉许可。

（1）独占许可(exclusive license)是被许可方在授权的时间和地域内,有权排斥任何人包括许可方在内的行使被授予的权利。换句话说,独占许可的被许可方是在许可合同规定的范围(包括时间、地域、权项)内唯一合法的权利持有人,这也就意味着许可方一旦发放了独占许可,也就不能在相同时间和地域内就同一权利向任何人发放任何形式的许可。一般而言,独占许可的被许可人对于在许可合同规定范围内来自第三方的侵权行为可以以独立的名义提起诉讼,这是其他类型的许可所不具备的特点。正因为独占许可的被许可方享有比较大的权利,独占许可的费用通常会比较高。

（2）排他许可(sole license)与独占许可的不同之处在于被许可方在授权的时间和地域内,有权排斥任何第三人行使被授予的权利,但是许可方仍然可以在相同时间、相同地域内行使授予许可方的权利。

（3）普通许可(simple license)是授权程度最低的一种许可,被许可方无权排斥许可方在同一时间、同一地域内将相同的权利授予第三人行使,也无权排斥许可方自己行使。这也就意味着在同一范围内可能有多个合法的权利持有人。在普通许可的情况下一般含有最惠受让方条款:同一区域内,被许可方享有的条件不低于以后的被许可方享有的条件。[1]

（4）分许可(Sub-license),也叫从属许可,是指在合同规定的时间和范围内,许可方允许引进方将其从许可方得到的权利再部分或全部转让给第三方。订立分许可合同必须经原许可方同意或在原许可合同中有明确的规定。

（5）交叉许可(Cross License),又称交换许可,是指许可方和引进方双方将各自拥有的知识产权使用权提供给对方使用,互为许可方和被许可方。许可各方的权利

---

[1] 参见郭寿康、赵秀文主编:《国际经济法》(第四版),中国人民大学出版社2012年版,第131页。

可以是独占的,也可以是非独占的。双方权利对等,一般不需要支付使用费。[①]

此外,许可贸易按其标的内容,可以分为专利许可、商标许可、计算机软件许可、专有技术许可等形式。在国际知识产权贸易中,一项许可贸易可能包括上述一项内容,也可能包括上述两项或两项以上内容,称为"一揽子许可",或称"组合许可"、"成捆许可"或"混合许可"。

(二) 国际知识产权许可合同的主要条款

国际知识产权许可合同是国际知识产权许可贸易中最重要的法律文件,它不仅证明当事人之间存在贸易关系,而且是确定当事人权利义务的重要依据。不同标的、不同目的的许可合同的内容自然有所不同,但一些基本条款是通用的。国际知识产权许可合同通常由五个部分组成——合同首部、鉴于条款、合同主体、合同尾部以及合同附件。

(1) 合同首部一般包括合同名称、合同签订的时间与地点、合同当事人的名称以及住所地。合同名称应当与其实际内容相符。合同签订的时间与地点具有重要的法律意义,签约时间是履行审批手续的起算日期(许多国家的法律都规定国际知识产权许可合同须经有关主管机关审批才能生效);在当事人未订立法律适用条款的情况下,根据国际私法的有关规则,签约地法律可以作为确定处理当事人争议准据法的依据。当事人的名称及住所应当完整、准确,表明当事人的国籍、法律性质及确切处所。

(2) 鉴于条款又称为序文,通常是由"鉴于……"(Whereas)引出的一段或几段话,因而被称为鉴于条款。其内容涉及当事人进行许可贸易的背景,签订合同的目的及愿望,许可方所拥有的权利,当事人签订合同的态度及原则立场。鉴于条款的作用在于为解释合同条款提供指导,特别是在合同正文中没有明确规定的情况下,通过解释鉴于条款探求当事人的真实意思,以此来确定当事人的权利义务关系。不过鉴于条款并非合同正文,当鉴于条款与合同正文发生矛盾时,应以合同正文为准。

(3) 合同主体规定了当事人具体的权利与义务,是许可合同的核心内容。它通常包括以下条款:

第一,定义条款。对一些关键的、容易产生歧义的词语进行解释,以免产生歧义。

第二,授权条款。主要明确合同标的,授权的性质是独占许可、排他许可还是普通许可,授权的地域范围,被许可行使的具体权利范围,以及被许可方是否有分许可权。

第三,保证条款。许可方一般要提供两方面的担保:权利担保——保证并维持权利的有效性与合法性;技术担保——保证被授予的权利可实施,主要针对合同标的是技术的情况,许可方保证通过实施被许可使用的技术能够达到预期的结果或约定的标准。

[①] 参见杜奇华:《国际技术贸易》(第二版),对外经济贸易大学出版社2012年版,第304页。

第四,支付条款。在国际知识产权许可合同中,支付许可费是被许可方最主要的义务,因此支付条款是许可合同中必不可少的条款,一般包括支付方式、币种。许可费可以采取直接以货币支付的方式,也可以采取间接的和非货币的补偿方式。直接的货币支付方式有三种基本形式:总付方式、支付提成费的方式、入门费加提成费的方式。间接的和非货币的方式一般是通过有关的经营收入、分红、费用的转移和分摊、技术信息的回馈、市场资料的获得对许可方进行补偿。① 实践中,当事人通常根据各自的实际需要协议采用上述支付方式中的一种或几种,形式非常灵活。

第五,法律适用条款。国际知识产权许可合同的当事人往往来自不同的国家,他们都希望选择自己熟悉、对自己有利的法律,通常是本国的法律,作为处理合同纠纷所适用的法律。根据国际私法中的意思自治原则,当事人有选择合同适用法律的权利,为了能使当事人对自己的行为后果有一个合理的预期,最好在合同中规定法律适用条款。

第六,争端解决条款。在许可合同的履行过程中难免发生争议,在合同中写明争端解决的条款有利于争端的快速解决。一般而言,在发生争端时,当事人应当友好协商,协商不成时,可以选择仲裁或诉讼的方式解决。

(4) 合同尾部涉及合同生效、合同期限、合同终止、合同的文本与签字等问题。当事人就许可合同的内容达成一致仅仅意味着合同成立,很多国家的法律都规定国际知识产权许可合同要经过国家的主管部门批准才生效,如果双方当事人所在国都要求履行审批手续,通常以最后一方的批准日期为合同生效日期。大部分合同中都规定许可的期限,知识产权时间性的特点决定了这个期限应当是在权利的保护期内(商业秘密是个例外,因为只要有关的信息处于保密状态,就会受到法律保护)。终止条款一般包括合同终止的原因以及合同终止后双方的权利与义务。国际知识产权许可合同的当事人可能使用不同的文字,所以一定要在合同中明确以哪一种文字文本为准。合同最后要双方当事人本人或合法授权人签字。

(5) 合同附件通常包括技术资料、产品质量标准等。在合同主要条款中,一定要有文字写明"本合同的附件系合同不可分割的一部分,与合同本文同样有效",以确保附件的法律效力。②

除了上述条款之外,一般国际知识产权许可合同还含有不可抗力条款、税费条款等内容。另外对于不同标的的许可合同,还会有一些属于合同主体的重要条款。例如,在商标权许可合同中一般会有质量监督条款,为了保护商标的市场信誉,许可方有权检查使用被许可使用的商标的产品的质量,对于达不到合同约定的标准的,许可方保留终止合同的权利。又如,在商业秘密许可合同中都会有保密条款,因为商业秘密的价值在很大程度上依赖其秘密性,所以无论是许可方还是被许可方都负

---

① 参见郭寿康、赵秀文主编:《国际经济法》(第四版),中国人民大学出版社2012年版,第131页。
② 贺小勇主编:《国际贸易法学》,中国政法大学出版社2008年版,第389页。

有保密的义务。专利许可合同则会加入专利条款(包括专利号、申请国别、申请时间、有效期限、专利内容等)、专利有效性的保持条款、专利被宣布无效时的处理条款等。①

(三) 强制许可

强制许可是知识产权领域的一项权利限制制度,它是指在特定条件下,由有关的机关将某项权利许可申请人行使的制度。在版权制度、专利制度以及植物新品种保护制度中都有强制许可制度,由于这种制度的存在,在国际知识产权许可贸易中就有了一种非常特殊的贸易形式——强制许可。与一般许可贸易中由权利人授权不同,强制许可是由特定的机关授权,但是被授权人要向权利人支付使用费。

《伯尔尼公约》的附件和《世界版权公约》的文本中,都有对发展中国家优惠的强制许可制度。但是颁发强制许可证只能是为系统教学和科学研究的目的,复制或翻译以印刷形式或类似形式出版的外国作品;有权颁发强制许可证的国家必须是联合国所确认的发展中国家,并且向两个公约的管理机关——世界知识产权组织与联合国教科文组织递交声明,这种声明的有效期为10年,期满可以续展。根据两公约的有关规定,发展中国家的国民在为了教学和研究的目的要复制和翻译外国作品,如果找不到版权人或找到了版权人却得不到授权的情况下,可以向本国的版权主管机关申请颁发强制许可证。

《巴黎公约》和《TRIPS 协定》都有有关专利强制许可的规定,允许各国在特定情况下颁发强制许可证。根据我国2009年实施的修订后的《专利法》,在五种情况下,专利行政部门可以颁发强制许可证:第一种是合理条件的强制许可(或称"为救济专利实施不足的强制许可"),即专利权人自专利权授予之日起满3年,并且自提出专利申请之日起满4年,无正当理由未实施或未充分实施其专利,具有实施条件的单位或个人,以合理条件请求许可实施该专利未成,可请求国家知识产权局给予实施该专利的强制许可。第二种是为公共利益的强制许可,即在国家出现紧急状态或非常情况时,或为公共利益目的,国家知识产权局可给予实施某发明或实用新型专利的强制许可。第三种是依《TRIPS 协定》修正案,为公共健康目的之药品专利强制许可。该类许可属于一种新型专利强制许可,即为公共健康目的,对取得专利权的药品,国家知识产权局可给予制造并将其出口到符合我国参加的有关国际条约规定的国家或地区的强制许可。第四种是依存专利强制许可(也称"从属专利强制许可")。所谓依存专利或从属专利,是指在前一专利的基础上发展出后一专利,而后一专利的实施需依赖于前一专利实施,后一专利就属于前一专利的依存专利。如果与前一专利相比,依存专利有重大技术进步,可产生显著经济意义,经依存专利权人请求,国家知识产权局可给予其实施前一专利的强制许可;在此基础上,如果前一专利权人要求,国家知识产权局也可给予其实

---

① 参见杜奇华:《国际技术贸易》(第二版),对外经济贸易大学出版社2012年版,第315页。

施依存专利的强制许可,从而形成交叉许可。① 第五种是救济垄断行为的强制许可。如果专利权人行使专利权的行为被依法认定为垄断行为,为消除或减少该行为对竞争产生的不利影响,国家知识产权局根据具备实施条件的单位或个人申请,可给予其实施发明或实用新型专利的强制许可。为保障专利强制许可的实施,国务院于2010年公布了修订后的《专利法实施细则》,国家知识产权局于2012年颁布了《专利实施强制许可办法》。

有些国家还在对植物新品种的保护方面规定了强制许可。如我国《植物新品种保护条例》明确规定:为了国家利益或者公共利益,审批机关可以作出实施植物新品种强制许可的决定。

二、国际知识产权转让贸易

(一) 国际知识产权转让贸易概述

转让贸易并不是国际知识产权贸易中常见的方式,一般情况下,如果知识产权的所有人一次卖绝自己的权利,只能获得一次性的收益,但通过许可等方式可以获得多次回报,而作为国际知识产权贸易的受方通常只要得到使用权就足够了,没有必要支付更高的费用取得所有权。

作为国际知识产权转让贸易的标的包括:版权、专利权、专利申请权、商标权、集成电路布图设计权、植物新品种权以及品种权的申请权。其中国际版权转让贸易比较复杂,下面专门加以介绍。

(二) 国际版权转让贸易

版权转让或称著作权转让,是指著作权人将其作品使用权的部分或全部在法定有效期内转移给他人的行为。

版权转让与版权许可使用合同的本质区别是,版权许可使用时,权利主体没有发生变更,权利还在著作权人手中,而版权转让时则是版权主体的变更,版权中的某些权利由一个主体转到另一个主体,版权一经转让,权利人就没有相应权利了。在国际版权贸易中,版权许可使用一般表述为"授予版权",版权转让一般表述为"一次永久卖绝"或"卖断版权"。②

版权转让的特点之一是转让对象仅限于财产权。由于版权中的精神权利具有与作者人身的不可分割性,所以能够作为转让标的的仅限于经济权利,这是各国的通例。

---

① 有文献把依存专利强制许可直接表述称为交叉强制许可,这不确切。因为前一专利权人未必有兴趣实施依存专利,如果其不要求给予实施依存专利的强制许可,就只形成单向强制许可,不形成交叉许可。参见刘银良:《知识产权法》,高等教育出版社2010年版,第127页。

② 参见杜奇华:《国际技术贸易》(第二版),对外经济贸易大学出版社2012年版,第278页。

仅就经济权利而言,大多数国家都在版权法中明确规定可以转让①,如美国《版权法》第201(a)(1)条规定:版权所有权可以全部或部分通过任何转让方式或法律的实施来转移,我国《著作权法》第10条也明确规定著作权人可以全部或部分转让经济权利。

在国际贸易中,版权的转让有全部转让和部分转让,永久转让和非永久转让之分。

全部转让就是将全部经济权利一并转让,而部分转让是仅转让经济权利中的某项或某几项权能。有些国家允许全部或部分转让,如美国、中国;有些国家则只允许部分转让而禁止全部转让,如突尼斯《版权法》第17条规定,版权可以部分转让,如果全部转让,则一般视为无效(除非转让给作家协会或类似的代表作者利益的组织)。②

由于版权保护是有时间性的,严格说来不存在绝对"永久"转让版权,因为一旦超过保护期,作品就进入公有领域,任何人都可以无偿使用。在这里永久转让指的是在整个保护期内版权的转让,非永久转让是指在保护期内的一段时期内版权的转让。也就是说在版权贸易中存在着版权转让给他人,过了一定期限被转让的版权又回复到原来的权利人手中的情形。

一般来讲,无论是版权的部分转让还是全部转让,既可以是永久转让也可以是非永久转让,但是有些国家为了保护版权人的利益,规定不得进行整个期限内的全部转让,即使进行了这样的转让,也必须在被转让的版权的最后25年内回归原著作权人或者其合法继承人。③

版权的转让中还涉及未来版权的转让问题,对此各国的态度不同。英国、澳大利亚版权法规定可以转让未来版权,法国版权法规定全部转让未来版权无效,巴西、厄瓜多尔、委内瑞拉对于未来版权转让合同的最长期限规定为5年。

最后需要指出的是,享有版权的作品的载体的转让与版权的转让是相互独立的,一般情况下,享有版权的作品的有形载体的转让仅仅是物的所有权的转让,属于货物贸易的范畴,而且作品载体的转让并不意味着版权的转让,除非法律有特殊规定或当事人之间有特别约定。例如我国《著作权法》第18条规定:美术等作品原件所有权的转移,不视为作品著作权的转移,但美术作品原件的展览权由原件所有人享有。

▶ 三、国际工程承包

国际工程承包是指一个国家的项目所有者(通常是国家的政府部门、企业)委托另一个国家的工程承包人按照合同规定的条件完成某项工程任务,由项目所有者验

---

① 目前在版权法中明确禁止转让版权的国家不多。原来一部分国家主张一元论,将精神权利和经济权利看做是不可分割的整体,精神权利不可转让,经济权利也就不可单独转让,在版权法中明确禁止转让版权。如原苏联就持这种观点。有些国家在版权法中没有明确规定可以转让版权,也没有明确禁止,如俄罗斯联邦《著作权与邻接权法》和我国2001年修改前的《著作权法》。
② 郑成思:《版权公约、版权保护与版权贸易》,中国人民大学出版社1992年版,第153页。
③ 参见吴汉东等:《西方诸国著作权制度研究》,中国政法大学出版社1998年版,第211页。

收后支付报酬的贸易方式。由于在国际承包工程项目的建设过程中,包含有大量知识产权转让、许可和服务的内容,因此国际工程承包属于国际知识产权贸易。

国际工程承包主要适用于大型的工程项目,如石油勘探、矿山开采、电厂建设、大型生产线引进等。根据承包人承担责任的不同,国际工程承包可以分为以下四种类型[①]:

(1) 分项工程承包。项目所有者将整个工程项目分为若干个部分,每个部分包括一个或几个项目,分别由不同的承包人承包各个项目,每个承包人仅对自己承包的项目负责,整个工程项目有项目所有者协调有关事项。

(2) 交钥匙工程承包。承包人负责整个项目工程的勘察、可行性研究、设计、施工、设备采购、安装调试、试产,直到产品质量、产量及原材料的消耗等方面完全达到合同规定的标准,最后承包人把项目的"钥匙"交给项目所有者表明可以正式投产,承包人的义务到此为止。

(3) 半交钥匙工程承包。与交钥匙工程承包的不同之处在于,半交钥匙工程的承包人不负责试产,只要工程项目本身符合合同约定的标准即履行了全部义务。

(4) 产品到手工程承包。承包人不仅负责整个工程项目从勘察到试产的全部责任,而且还负责正式投产之后的一段时间内的技术指导、设备维修和技术培训。

▶ 四、国际合作生产

国际合作生产是指不同国家的企业联合设计或生产某种产品,在合作的过程中,由一方向另一方或相互之间进行生产知识的传授。国际合作生产产品的过程就是知识产权贸易的过程,如提供生产图纸、提供技术服务。

国际合作生产有以下两种基本形式:一种是当事人根据各自的技术特长分别生产同一产品的不同部件,然后由一方或双方组装成完整的产品;另一种是当事人各自为对方生产并提供其所需要的产品部件,然后各自组装自己的产品。

国际合作生产是国际分工细化的产物,合作中技术力量较强的一方可以通过提供图纸和技术服务换得质量较高的产品部件,技术力量较弱的一方也可以通过学习提高自己的技术水平和制造能力。不过国际合作生产的当事人之间的技术水平应当相匹配,否则难以合作,而且通过这种方式引进的技术很少涉及高精尖的技术。

▶ 五、国际技术咨询与服务

国际技术咨询与服务属于国际服务贸易的范畴,如果其中涉及了知识产权的内容,同时也就成为国际知识产权贸易的一种方式。

简单地说,技术咨询与服务就是供方运用自己的知识为解决受方的技术问题提供服务并收取一定的报酬。当这种服务跨越国界时就成为了国际技术咨询与服务。

---

① 参见王丽萍、李创主编:《国际贸易理论与实务》,清华大学出版社2011年版,第168—169页。

严格说来,技术咨询与技术服务还是有一定差别的,主要表现在以下三个方面:(1)技术咨询的供方仅为受方的决策提供参考性意见;而技术服务的供方要传授具体的知识和经验,要解决受方具体的技术问题。(2)技术咨询的供方所提供的咨询报告是参考性的,供方一般不为咨询意见的实施结果负责;而技术服务的供方应当保证自己提供的知识和技能能够解决受方的技术问题,否则要承担相应的责任。(3)技术咨询一般用于项目研究开发阶段;而技术服务多发生在技术项目实施过程中或实施之后。

联合国工业发展组织在其1979年编写的《技术转让合同评价指南》中认为:"技术援助"与"技术服务"仅指专有技术与专利以外的那部分技术资料与服务。这种观点过于绝对,供方以其所持有的专利或技术秘密完成某些咨询与服务的情况是存在的。

▶ 六、国际投资经营

与国际投资相结合的知识产权贸易在实践中运用得越来越多,而且被实践证明是一种效果非常好的知识产权贸易方式。由于供方要分享知识产权带来的收益,所以他会比较关心知识产权的实际应用状况,也更愿意把先进的知识拿出来进行投资,以期获得更高的经济回报,因此对需要引进知识与技术的一方来说,采用国际投资经营的方式不失为一种好的选择。

国际投资经营的基本方式就是合营(joint venture),通过特定的方式结合各方的资源,并且各方共担风险、共享利润。合营又可分为股权式合营和契约式合营。股权式合营在我国习惯上被称为合资经营,由合营各方提供资金和其他资源成立一个公司,合营各方根据出资比例享有股权。契约式合营在我国习惯上被称为合作经营,与股权式合营相比,它的方式更为灵活,完全由合营各方按照合同的约定分担风险和分享利润,不必要成立一个独立的法律实体。

通过合营进行知识产权贸易的基本方式有两种:一种是以知识产权作为出资,对知识产权进行评估作价,将知识产权资本化。另一种是合营的一方与合营企业进行知识产权许可贸易。

▶ 七、与货物相结合的国际知识产权贸易

国际知识产权贸易不仅与国际服务贸易、国际投资结合在一起,也常常与货物贸易相结合。现代社会越来越多的具有科技含量的货物成为贸易的标的,特别是成套设备和生产线往往就是知识产权的载体,因此成套设备和生产线的买卖与知识产权贸易通常会结合在一起进行。

总之,国际知识产权贸易的方式是多种多样的,有的是单纯的知识产权贸易,有的是混合型的知识产权贸易,它们在国际贸易中所占的比例越来越大,作用也日益重要。

第四节 国际知识产权贸易管理

相对于自由的国际货物贸易而言,国际知识产权贸易受到了更多的来自于国内法的干预和管制,在国际知识产权贸易法中有相当一部分内容就是关于国家对国际知识产权贸易进行管理的规范。

一、国家对国际知识产权贸易的管理

对一个国家来说,国际知识产权贸易分为知识产权进口贸易和知识产权出口贸易。由于各国文化、科技、经济发展水平不同,在知识产权贸易中所处的地位就不同,因此国家管制的侧重点也就不同。一般而言,发达国家在国际知识产权贸易中经常处于供方的地位,因而发达国家比较重视对知识产权出口的管理,而发展中国家常常是国际知识产权贸易的受方,因而发展中国家把管理的重心放在了知识产权进口方面。

(一) 对知识产权进口的管理

1. 知识产权进口管理概述

国家之所以对知识产权进口进行管理,是基于以下原因:一方面,从事知识产权进口的当事人一般只从微观的层次上考虑自己的需要,这样就可能造成知识产权的重复引进,由国家进行宏观上的调控,可以控制知识产权引进的规模、领域、层次;另一方面,在知识产权贸易谈判中,供方往往利用其优势地位向处于劣势的受方附加各种不公平条件,通过国家的强行干预可以在一定程度上消除或限制这种不公平的做法,以平衡双方的权利义务关系。

由于知识产权进口并非发达国家的管理重点,因此发达国家多采用合同备案登记制度对知识产权进口进行一定意义上的管理。如法国、日本都要求在合同签订后的一定时期内向有关部门报告、备案。

发展中国家对知识产权进口非常重视,也是进行管理的重点,其主要形式是审批制度。为此国家制定专门的法律法规规定审批机关、需要审批的合同范围、审批的内容、审批的程序以及审批的效力。国家建立专门的审批机关,对需要审批的知识产权进口合同进行审查,审查的内容包括知识产权本身的有效性及适用性、有关费用的支付、涉及商业秘密的保护条款、合同期限以及有关限制性条款等。对于审批的效力,大多数国家规定审批是合同生效的条件,也就是未经审批的知识产权进口合同不具有法律效力;不过也有一些国家并不把审批作为合同生效的条件,如《阿根廷技术转让法》规定未经批准的技术转让协议仍有效力(但受方不得从其纳税申报额中扣除他应支付给供方的款项,而且据此协议所支付的全部价金视为供方所得的净利润,足见审批仍具重大实质意义)。[①]

---

① 张瑞萍主编:《涉外经济法学》(修订版),吉林大学出版社2007年版,第90页。

2. 我国对知识产权进口的管理

我国对知识产权进口的管理是根据有关的法律法规,由政府主管部门对有关项目和合同进行许可证管理与合同登记相结合而实现的。

我国修订前后的《对外贸易法》都对技术进出口作了原则性的规定,除了属于国家限制、禁止进出口的技术外,对于技术实行自由进出口。由对外经济贸易主管部门会同其他有关部门制定、调整并公布限制或者禁止进出口的技术目录,必要时可以临时决定限制或者禁止目录以外的技术的进出口,对于限制进出口的技术实行许可证管理。

1985年国务院发布了《技术引进合同管理条例》,1988年对外经济贸易部发布了该条例的实施细则,对技术引进合同的管理作了具体规定。不过该条例及其实施细则被2001年12月10日国务院发布的《技术进出口管理条例》所取代。随后,对外经济贸易合作部等有关部委又据此颁布了《禁止进口限制进口技术管理办法》、《禁止出口限制出口技术管理办法》、《技术进出口合同登记管理办法》,上述法规均自2002年1月1日起施行。

根据《技术进出口管理条例》中关于技术进口管理的规定,对于属于自由进口的技术,不实行许可证管理,而实行登记管理,技术进口合同要向主管部门登记,主管部门颁发技术进口合同登记证。登记不是合同生效的条件。2004年7月1日实施的新《对外贸易法》也增加规定:"进出口属于自由进出口的技术,应当向国务院对外贸易主管部门或者其委托的机构办理合同备案登记",从而对自由进出口的技术实施贸易监测管理。① 对于属于限制进口的技术,实行许可证管理;未经许可,不得进口。进口属于限制进口的技术,应当向国务院外经贸主管部门提出技术进口申请并附有关文件,主管部门收到申请后应当会同有关部门对申请进行审查,在自收到申请之日起30个工作日内作出批准或者不批准的决定。对限制进口技术实行许可证管理,与原来的技术引进合同审批制度不同,既有审批程序上的差异,也有审查内容上的区别。首先,从审批程序上,在许可证管理下,要对该限制进口技术是否许可其进口进行审查。按照2009年修订的《禁止进口限制进口技术管理办法》的规定,审查包括贸易审查和技术审查两部分,贸易审查包括:(1) 是否符合我国对外贸易政策,有利于对外经济技术合作的发展;(2) 是否符合我国对外承诺的义务;(3) 是否对建立或加快建立国内特定产业造成不利影响。技术审查包括:(1) 是否危及国家安全、社会公共利益或者公共道德;(2) 是否危害人的健康或安全和动物、植物的生命或健康;(3) 是否破坏环境;(4) 是否符合国家产业政策和经济社会发展战略,有利于促进我国技术进步和产业升级,有利于维护我国经济技术权益。②技术进口申请经批准的,由国务院外经贸主管部门发给技术进口许可意向书。进口经营者取得

---

① 参见黄东黎、王振民主编:《中华人民对外贸易法:条文精释及国际规则》,法律出版社2004年版,第73页。
② 参见《禁止进口限制进口技术管理办法》第7、8条。

技术进口许可意向书后,可以对外签订技术进口合同。进口经营者签订技术进口合同后,应当向国务院外经贸主管部门申请技术进口许可证。国务院外经贸主管部门对技术进口合同的真实性进行审查,并自收到规定的文件之日起10个工作日内,对技术进口作出许可或者不许可的决定。① 其次,从审批内容上看,在许可证管理下的技术进口合同的审查仅仅限于"真实性"审查,而原技术引进合同的审查包括甚至重点是"合法性"审查。

(二) 对知识产权出口的管理

通过知识产权出口可以扩大本国知识产品在世界市场上的占有率,在一定程度上延长知识与技术的生命周期,还可以增加外汇收入,带动商品输出,因此许多国家都对知识产权出口采取鼓励的态度。但是考虑到国家安全与发展、本国国民的利益,各国往往对知识产权的出口进行一定的管制,特别是发达国家,对于知识产权出口作了较为严格的管理。

各国对知识产权出口的管理分为两种情况:一种是类别管制,即禁止或限制某些种类的知识产权出口;另一种是国别管制,即禁止或限制知识产权向某些特定的国家出口。②

在对知识产权出口进行管制的国家中,以美国最具代表性。美国对知识产权出口的管理主要集中在《关税法》中有关知识产权的不公平贸易做法、《贸易法》中的特别301条款、《出口管理法》中的技术出口管制部分。③这其中又以特别301条款最为引人注目,因为它不是针对某特定知识产权贸易进行的管制,其目的是要求外国政府对美国知识产权提供有效保护。特别301条款的核心是以美国市场为武器,迫使其他国家接受美国所认可的知识产权保护标准,准许美国的知识产权进入其市场。如果美国认为,某一贸易伙伴的有关法律、法规或者做法对美国的知识产权保护不利,对知识产权的市场准入设置了障碍,并且造成了美国公司和个人的损失,就会以征收高额关税和限制进口相威胁,迫使有关贸易伙伴改变其法律、法规或做法。④

在我国的《技术进出口管理条例》中,将技术分为禁止出口、限制出口和自由出口三类。属于禁止出口的技术不得出口;属于限制出口的技术实行许可证管理,只有经过外经贸主管部门发给技术出口许可意向书后才可以签订技术出口合同,合同也需要主管部门批准方可生效;属于自由出口的技术实行合同登记管理。

---

① 参见我国《技术进出口管理条例》第13、14条。
② 参见单文华主编:《国际贸易法学》(下),北京大学出版社2000年版,第721页。
③ 参见韩立余主编:《国际经济法学原理与案例教程》,中国人民大学出版社2010年版,第413页。
④ 李明德:《美国的"特别301"条款与中美知识产权争端》,载《知识产权文丛》(第三卷),中国政法大学出版社2000年版,第128页。

二、限制性贸易做法

(一) 限制性贸易做法的概念

根据第 35 届联合国大会通过的《一套多边协议的控制限制性贸易做法的公平原则和规则》,凡是通过滥用或谋取滥用市场力量的支配地位,限制进入市场或以其他方式不适当的限制竞争,对国际贸易,特别是对发展中国家的国际贸易及其经济发展造成或可能造成不利影响,或者是通过企业之间的正式或非正式的、书面的或非书面的协议以及其他安排造成了同样影响的一切行动或行为都叫做限制性贸易做法。简单地说,限制性贸易做法就是指在国际贸易中,一方利用其在市场上的优势地位把某些限制竞争的不公平贸易条件强加于贸易对手的做法。

限制性贸易做法广泛地存在于一切国际贸易领域,在国际知识产权贸易中表现得尤为明显,因为知识产权是一种专有权,权利人也就是国际知识产权贸易中的供方,处于事实上的垄断地位,就有可能向贸易对手施加各种不合理的条件,所以对限制性贸易做法的管制是各国国际知识产权贸易管理的一个重点。

发达国家和发展中国家在国际知识产权贸易中所处的地位不同,所持的立场不同,因此对限制性贸易做法的确定采用了不同的标准。发达国家主张采用"竞争标准"(competition test),即凡是构成或导致市场垄断、限制或扭曲自由竞争的做法属于限制性贸易做法。发展中国家则主张采用"发展标准"(development test),即凡是阻碍受方国家经济技术发展的做法都属于限制性贸易做法,无论其是否限制了竞争。

由于采用的衡量标准不同,到底哪些做法属于限制性贸易做法,发达国家和发展中国家的认识也就不同,为此双方进行过激烈的争论。经过反复磋商和相互妥协,最终取得比较一致的意见并被列入《联合国国际技术转让行动守则草案》的限制性贸易做法包括 14 项:

(1) 单方面的回授;
(2) 对权利的效力不表示异议;
(3) 限制受方取得类似的或竞争的技术;
(4) 限制受方从事有关技术的研究与发展;
(5) 限制受方使用本地人员而使用供方指定的人员;
(6) 限定受方利用所转让的技术制造的产品和提供的服务的价格;
(7) 限制受方对技术进行改进;
(8) 要求受方将包销权或独家代理权授予供方或供方指定的代理人;
(9) 强迫受方接受其不需要的技术、设备与服务或限制受方所需要的技术、设备或服务的来源;
(10) 限制受方出口的地区、数量或价格;
(11) 供方强制要求受方与之订立共享专利或交叉许可协议或其他安排;
(12) 限制受方对其产品和服务进行宣传;

(13) 要求受方对过了保护期的工业产权付款或承担其他义务;
(14) 限制受方在协议期满后使用该项技术。

除此之外,限制受方产量与生产范围、要求受方接受供方的质量控制、限定使用商标、供方要求参与受方的企业管理、合同期限过长或无限期、限制受方扩大技术使用范围等也被作为限制性贸易做法讨论过,但是最终没有达成一致意见。虽然该草案影响比较大,但终因不是有约束力的正式文本,实际上各国国内法对限制性贸易做法范围的规定依然存在着比较大的差异。

认识到与知识产权有关的某些妨碍竞争的许可证贸易活动或条件,可能对贸易具有消极影响,并可能阻碍技术的转让与传播,《TRIPS 协定》允许各成员在其国内立法中对于构成知识产权的滥用并对相关市场上的竞争产生消极影响的做法采取适当措施予以防止或控制。在《TRIPS 协定》中被明确列为限制性贸易做法的有独占性回授、禁止对有关知识产权的有效性提出异议、强迫性一揽子许可。①

(二) 各国对限制性贸易做法的管理

尽管世界各国对于限制性贸易做法的确定标准和范围认识不一,但是在对限制性贸易做法进行管理的问题上采取了一致的做法,即通过法律的手段对限制性贸易做法予以管制和干预,不过各国所采取的法律形式有所不同。

1. 发达国家对限制性贸易做法的管理

发达国家一般是采用反托拉斯法、反不正当竞争法管理限制性贸易做法,其中以美国为代表,也有些国家在竞争法之外还制定一个规则,详细规定哪些做法有碍自由竞争,属于限制性贸易做法,如日本在 1947 年颁布了《关于禁止私人垄断及保持公平贸易方式的法律》,然后于 1968 年制定了专门法规《反垄断法关于国际许可合同的施行准则》,明确列举了技术引进合同中禁止订立的限制性贸易条款。日本公平贸易委员会 1999 年颁布了《专利和技术秘密许可协议中的反垄断法指导针》,从不公正交易的角度归纳了三种主要限制类型:第一,原则上属于不公正交易方法并违法的限制;第二,在某些情况下属于不公正交易方法并违法的限制;第三,原则上并不属于不公正交易方法的限制。②

美国在保护竞争、反对垄断和不公平贸易做法方面是通过反托拉斯法实现的,对限制性贸易做法的管理也包含在其中。美国的反托拉斯法是美国联邦和州多年来在调控市场竞争关系方面的成文法和判例法的总称,其核心是美国国会 1890 年制定的《谢尔曼法》、1914 年制定的《克莱顿法》和《联邦贸易委员会法》。此后的百余年中,美国国会不断对三部法案进行修正和补充以适应新的形势。

判断某项行为或合同条款是否属于反托拉斯法指控的限制性贸易做法,美国法院通常采取"合理原则"和"本身违法原则"。"合理原则"是 1911 年美国联邦最高

---

① 《TRIPS 协定》第二部分第八节(第 40 条)专门规定了许可合同中对限制竞争行为的控制。
② 参见王先林:《日本关于知识产权滥用的反垄断控制及其借鉴意义》,载《知识产权》2002 年第 2 期,第 44—45 页。

法院在美国政府诉新泽西标准石油公司一案中确立的,它是指某项做法虽然含有限制自由竞争的成分,但尚未超出合理限度,则该项做法就不被认为是反托拉斯法所禁止的限制性贸易做法。"本身违法原则"是1927年在美国诉特伦通陶瓷公司案中提出的,它是指某些对竞争造成重大限制或妨碍的行为,不考虑行为人是否有合理的商业理由,即被认为是非法的限制性贸易做法。该项原则作为对"合理原则"的修正,使得贸易当事人对自己的行为有了合理的预期,也减轻了司法机关为判断合理性而进行城市调查的负担。但是"本身违法原则"应用范围有限,"合理原则"仍然是最常用的规则,这样可以使美国在维护自身利益方面有灵活解释的余地。

1995年4月6日,美国司法部和联邦贸易委员会联合发布《知识产权许可的反托拉斯指南》(Antitrust Guidelines for the Licensing of Intellectual Property),就知识产权许可行为可能引起的反托拉斯法问题,阐明了其在执法中将采取的一般态度、分析方法和法律适用原则,并以举例的方式作了详细说明。该准则分为六个部分:第一部分阐述了知识产权的特殊性及其对反托拉斯法的影响。第二部分规定了三项一般原则:一是在确认是否触犯反托拉斯法时,反托拉斯部门将知识产权与其他财产权同样对待;二是反托拉斯部门并不假定知识产权产生反托拉斯意义上的市场支配力,即知识产权作为垄断本身并不能导致其权利所有人具有市场支配的结论;三是肯定知识产权许可总体上具有促进竞争的作用。第四部分阐述了执法机构对许可协议进行评估的一般原则,并设立了反托拉斯法"安全区",即规定了执法机关不会对知识产权许可协议中限制条款提出质疑的情形。第五部分对某些类型的限制性条款适用问题做了说明。第六部分规定了实际上或试图强制执行以不正当方法获得专利或无效知识产权时的处罚。《知识产权许可的反托拉斯指南》集中反映了美国反托拉斯法在知识产权领域的丰富经验和最新动向。①

2. 发展中国家对限制性贸易做法的管理

与发达国家不同,发展中国家多是以技术转让法这类单行法来规范限制性贸易做法的,如墨西哥1972年颁布了《技术转让法》,1974年制定了《关于贯彻技术转让法的实施细则》;巴西1975年颁布了《技术转让合同注册规范法》,1981年又颁布了《关于引进计算机技术的条例》。在这些专门性的法律法规中都明确禁止在技术转让合同中包含某些限制性贸易做法的条款,否则合同将得不到审批而不具备法律效力。也有的国家没有这种专门性的立法,而是把相关规定分散在不同的法律中,例如印度分别在《专利法》、《垄断及限制性惯例法》、《工业发展管理法》、《外汇管理法》等法律中从不同角度对限制性贸易做法予以规制。

我国对与知识产权有关的限制性贸易的规定,除知识产权法律体系及相关实施细则外,主要有:

我国《合同法》第329条规定非法垄断技术、妨碍技术进步或者侵害他人技术成

---

① 参见汪建新:《国际技术贸易》,上海人民出版社2011年版,第258—260页。

果的技术合同无效。第334条规定技术转让合同可以约定让与人和受让人实施专利或者实用技术秘密的范围,但不得限制技术竞争和技术发展。

我国《反不正当竞争法》第12条规定经营者销售商品,不得违背购买者的意愿搭售商品或者附加其他不合理的条件。该条虽然不是专门针对知识产权领域行为的,但同样也适用于知识产权领域行为。

我国的《技术进出口管理条例》第29条明确规定:技术进口合同中,不得含有下列限制性条款:(1)要求受让人接受并非技术进口必不可少的附带条件,包括购买非必需的技术、原材料、产品、设备或者服务;(2)要求受让人为专利权有效期限届满或者专利权被宣布无效的技术支付使用费或者承担相关义务;(3)限制受让人改进让与人提供的技术或者限制受让人使用所改进的技术;(4)限制受让人从其他来源获得与让与人提供的技术类似的技术或者与其竞争的技术;(5)不合理地限制受让人购买原材料、零部件、产品或者设备的渠道或来源;(6)不合理地限制受让人产品的生产数量、品种或者销售价格;(7)不合理地限制受让人利用进口的技术生产产品的出口渠道。

我国《对外贸易法》第30条规定知识产权权利人有阻止被许可人对许可合同中的知识产权的有效性提出质疑、进行强制性一揽子许可、在许可合同中规定排他性返授条件等行为之一,并危害对外贸易公平竞争秩序的,国务院对外贸易主管部门可以采取必要的措施消除危害。该法第31条规定其他国家或者地区在知识产权保护方面未给予中华人民共和国的法人、其他组织或者个人国民待遇,或者不能对来源于中华人民共和国的货物、技术或者服务提供充分有效的知识产权保护的,国务院对外贸易主管部门可以依照本法和其他有关法律、行政法规的规定,并根据中华人民共和国缔结或者参加的国际条约、协定,对与该国家或地区的贸易采取必要的措施。

我国于2008年8月1日起实施的《反垄断法》第55条规定:经营者依照有关知识产权的法律、行政法规规定行使知识产权的行为,不适用本法;但是,经营者滥用知识产权,排除、限制竞争的行为,适用本法。

由上述内容可知,我国对与知识产权有关的限制性贸易的规定,还存在法律体系较为零散、立法技术相对粗糙、立法内容尚待完善等诸多不足,需积极借鉴国外先进的立法和实践经验进一步完善立法。国家强行法的规定有利于加强发展中国家在国际知识产权贸易谈判中地位,为维护自身的利益提供了有力的武器。

第五节 与贸易有关的知识产权协定

《与贸易有关的知识产权协定》(Agreement on Trade-Related Aspects of Intellectual Property Rights,简称《TRIPS协定》)是世界贸易组织框架内的一个有关知识产权问题的协定,也是当今世界上影响极为深远的一个知识产权方面的国际公约,不仅因为它使得世界大多数国家在知识产权领域达成了基本的共识,更重要的是它第一次把知识产权与国际贸易两个问题联系了起来,使知识产权保护进入了一个新阶段。因此,《TRIPS协定》被认为是一个"没有历史,但有前途"的协议。

一、《TRIPS协定》的背景

知识产权最终能够与货物贸易、服务贸易并列成为世界贸易组织的三大支柱,这应该归功于美国长期不断的努力。

早在1978年关贸总协定的东京回合谈判中,美国和欧共体就提出了反假冒商品贸易的提案,初次涉及了知识产权问题,但是由于日本、加拿大以及广大发展中国家的反对,在东京回合的谈判中没有就此达成任何协议。

但是美国没有就此放弃,而是更加积极致力于将知识产权问题推入关贸总协定的谈判议题之中,其原因在于20世纪70年代末美国针对其连续出现的外贸赤字展开调查研究,所得出的结论是,由于美国的知识产权在世界范围内没有得到应有的保护,高科技的优势难以有效发挥,因此给美国经济造成重大损失,这是造成外贸逆差的最重要的原因之一。[①] 1985年美国代表在关贸总协定的一次专家会议上,再度提出假冒商品贸易中的侵犯知识产权问题。

1986年9月,在关贸总协定乌拉圭回合谈判开始的部长级会议上,瑞士等20个国家提出议案,要求把"知识产权"纳入新一轮谈判中。美国由于知识产权保护不充分而蒙受的损失不断增长,加之有了其他国家的支持,态度更为坚决,美国贸易代表表示如果不把知识产权等问题作为新议题纳入,美国将拒绝参加第八轮谈判。尽管很多发展中国家对此表示反对,但是最终还是将知识产权问题纳入到新的谈判议题之中。

由于立场不同,发达国家和发展中国家提出的建议文本分歧也比较大,在美国、英国、日本、印度、巴西等国的推动之下,于1991年12月达成了《TRIPS协定》最后文本草案的框架,即邓克尔文本。1994年4月15日签署了关贸总协定乌拉圭回合谈判的最后文件,《TRIPS协定》作为其中之一成为关贸总协定及后来的世界贸易组织的正式协议文件,并于1995年1月1日生效。

二、《TRIPS协定》的主要内容

《TRIPS协定》除序言外,分为七个部分,一共73条,包括实体规则和程序规则,内容十分具体,下面对协定的主要内容作一介绍。

(一)《TRIPS协定》的基本原则

《TRIPS协定》的第3条和第4条分别明确了两项基本原则——国民待遇与最

[①] 李顺德:《WTO、知识经济与知识产权》,载《知识产权文丛》(第四卷),中国政法大学出版社2000年版,第336页。

惠国待遇。作为基本原则，它们具有普遍的适用性，但是同时《TRIPS 协定》也允许在原则之外存在例外，作为对基本原则的修正与补充。

1. 国民待遇原则

国民待遇原则是知识产权国际公约中普遍确认的一项基本原则。《TRIPS 协定》第 3 条第 1 款规定，除了《巴黎公约》(1967 年)、《伯尔尼公约》(1971 年)、《罗马公约》(1961 年)和《关于集成电路知识产权条约》(1989 年)已经规定的例外情况之外，每一成员在知识产权保护方面对其他成员的国民所提供的待遇不得低于对其本国国民所提供的待遇。对于表演者、录音制品制作者和广播组织而言，国民待遇原则的适用范围仅仅限于《TRIPS 协定》所规定的权利。

《TRIPS 协定》第 3 条第 2 款规定了在司法和行政程序方面国民待遇原则的例外。在保证为遵守与《TRIPS 协定》的规定相一致的法律法规所必需而且不对贸易构成变相限制的情况下，可以在一个成员的司法管辖范围内指定一个送达地址或聘请代理人。在诉讼中外国人只能聘请本国的律师作为诉讼代理人，这是世界各国通行的做法。在相关的行政程序中，为了便于有关文件的交换、送达等等，必须对于在本国地域内无居所（因而无法直接联络）的外国自然人与法人，作出不同于本国国民或居民的要求，否则，专利申请案的更改、商标注册中的意义答复等等都可能被延误，因此在这些程序上，"非国民待遇"是应当允许存在的。[①]

2. 最惠国待遇原则

与国民待遇原则不同，最惠国待遇原则并非传统的知识产权国际公约确认的基本原则，而是国际贸易领域的一项重要原则，《TRIPS 协定》第一次把该项原则与知识产权保护联系起来。根据《TRIPS 协定》第 4 条，最惠国待遇的基本含义是就知识产权的保护而言，任何成员向任何其他国家的国民所给予的任何利益、优待、特权或豁免都应立即和无条件地给予所有其他成员的国民。

虽然《TRIPS 协定》把最惠国待遇确认为一项基本原则，但是又通过四项例外规定限制了该原则的适用范围。构成最惠国待遇例外的四种情况是：(1) 由司法协助和法律实施的国际协议所产生，并且不是特定对知识产权保护的待遇；(2) 根据《伯尔尼公约》或《罗马公约》的规定给予的，不是依照国民待遇而是按照互惠原则提供的待遇；(3)《TRIPS 协定》中没有规定的表演者、录音制品制作者以及播放组织的权利；(4) 世界贸易组织协定生效之前已经生效的关于知识产权保护的国际协议所产生的优惠，并且这些协议已通知与贸易有关的知识产权理事会，并对其他成员的国民不构成任意的或不合理的歧视。

最惠国待遇原则对于在谈判中往往处于劣势地位的发展中国家比较有利，通过这一原则可以在一定程度上消除一国对于不同国家的差别待遇。

---

① 参见郑成思：《世界贸易组织与贸易有关的知识产权协议》，中国人民大学出版社 1996 年版，第 78 页。

(二) 与贸易有关的知识产权

《TRIPS 协定》第二部分——关于知识产权的可获得性、范围和行使的标准,除了第八节是关于对许可合同中限制竞争行为的控制外,其他内容全部是其保护的权利客体及其相关问题,这也是《TRIPS 协定》最主要的实体性内容。《TRIPS 协定》所指的知识产权的客体包括:版权及相关权利、商标、地理标记、工业品外观设计、专利、集成电路布图设计(拓扑图)、未披露的信息。关于知识产权的一般内容我们在本章第二节已经较为详细地讲述过,在这里仅就《TRIPS 协定》的特殊规定进行简单的介绍。

1. 版权及相关权利

由于《TRIPS 协定》仅涉及与贸易有关的内容,所以该协定要求其成员保护《伯尔尼公约》所规定的一切经济权利,而不包括精神权利,另外还增加了一项《伯尔尼公约》中所没有的、针对计算机程序和电影作品而设立的"出租权"。

《TRIPS 协定》明确要求将计算机源程序和目标程序作为文字作品加以保护;对于数据或其他材料的汇编,无论是采用机器可读方式或者其他方式,只要是其内容的选取或编排构成了智力创造,就给予版权保护。

在相关权利即邻接权方面,《TRIPS 协定》规定:表演者有权禁止未经其许可而录制其尚未录制的表演以及复制已录制的内容,通过无线手段广播以及向公众传播其表演实况;录音制品制作者有权同意或者禁止对其录音制品的直接或间接的复制;广播组织有权禁止未经许可而录制其节目、复制录音制品、通过无线广播重播其节目,以及通过电视向公众播放其节目。表演者和录音制品制作者保护期限自进行录制或者进行表演的那一年年底起至少 50 年,广播组织的保护期限为自进行播放之年的年底起至少 20 年。

《TRIPS 协定》允许成员对版权和相关权利进行必要的限制。

2. 商标

《TRIPS 协定》要求商标应当具备识别性,特别是"视觉上可辨认",能够区分相关的商品或服务。商标经合法注册,所有人享有一种独占权,以防止任何第三方在未经其同意的情况下,在相同或相似的商品或服务上使用可能会导致混淆的相同或相似的符号标记。商标首次注册和每次续展后获得的保护期不少于 7 年,续展不应当有次数限制。

在驰名商标的保护方面,《TRIPS 协定》比《巴黎公约》有所发展。在保护范围上,由商品商标扩大到服务商标;在驰名商标的认定标准上,要求考虑商标在相关公众中的知名度;在权利范围上,将驰名商标所有人的权利扩大到不相同或不相似的商品或服务。

《TRIPS 协定》允许成员确定商标许可和转让的条件,但是禁止对商标实行强制许可,而且注册商标的所有人可以单独转让其注册商标,而无须将商标所属企业一同转让。

3. 地理标志

《TRIPS 协定》中的地理标志是标示出一种商品来源于一个成员的领土或者一个成员领土内的一个地区或地点的标记,而该产品的特定品质、声誉或者其他特性主要取决于该产地。协定要求各成员采取法律手段保护地理标志。

协定还对葡萄酒和烈性酒的地理标志给予特殊保护,其保护措施包括:(1) 用法律手段禁止欺骗性地使用葡萄酒或烈性酒的地理标志,即使同时也指出了产品的真实产地,或者该地理标志采用的是译文或伴有诸如"……类"、"……型"、"……式"、"仿制品"之类的字样也不允许。(2) 如果葡萄酒或烈性酒的商标中含有不真实的地理标志,各成员国应当不予注册,已经注册的应当宣布注册无效。(3) 在对葡萄酒采用同音异义或同形异义的地理标志时,应对每一种标记都提供保护。在确保给予有关制造者以平等待遇和不误导消费者的基础上,确定关于这样的地理标志相互区别的具体条件。(4) 在与贸易有关的知识产权理事会进行旨在建立有关葡萄酒地理标记的公告和注册的多边系统的谈判。

4. 工业品外观设计

《TRIPS 协定》要求对独立完成的、具有新颖性或原创性的工业品外观设计提供保护,这种保护不延及本质上取决于技术或功能因素的设计。协定还特别强调对纺织品外观设计必须提供不附带不合理条件的保护。工业品外观设计的权利人有权禁止他人未经其许可,为商业目的制造、销售和进口带有或采用了与受保护的外观设计相同或近似的外观设计的产品。外观设计的保护期不少于 10 年。协定允许对工业品外观设计权予以合理限制。

5. 专利

《TRIPS 协定》中的专利是指所有技术领域中具有新颖性、创造性和工业实用性的发明,包括产品发明和方法发明。[①]为了保护公众利益或社会公德,包括保护人类、动物或植物的寿命及健康,或者为避免对环境的严重污染,成员可排除某些发明的可专利性。

专利权人对其发明享有独占权。对产品专利而言,专利权人有权禁止他人未经许可制造、使用、为销售而提供、出售,或为上述目的进口该产品;对方法专利而言,专利权人有权禁止他人未经许可使用该方法,以及使用、为销售而提供、出售或为这些目的而进口至少是由该方法所直接获得的产品。专利权的保护期限自申请日起算不得少于 20 年。协定允许对专利权进行合理的限制,特别对于强制许可制度规定了详细的条件和要求。

协定还要求对撤销专利或宣告专利无效的任何决定都应提供接受司法复审的机会。这就意味着行政机关的决定不能是终局的,而要接受司法审查。

《TRIPS 协定》还对方法专利侵权民事诉讼中的举证责任作了规定,原则上由被

---

① 我国《专利法》中的专利包括发明、实用新型和外观设计。

告举证证明其制造相同产品的方法不同于专利方法。

6. 集成电路布图设计(拓扑图)

根据《TRIPS协定》，集成电路布图设计权利人有权禁止他人未经许可为了商业目的而进口、销售或以其他方式发行受保护的布图设计，含有受保护的布图设计的集成电路，或者含有上述集成电路的产品。但是如果行为人不知道或无合理依据知道相关产品中含有非法复制的布图设计，则该行为不应认定为非法。

关于布图设计的保护期，协定针对不同情况作了不同规定：在以登记作为提供保护的条件的成员中，布图设计的保护期限自登记申请日起或者自在世界上任何地方进行的首次商业性使用之日起，不得少于10年；在不以登记作为提供保护条件的成员中，保护期限自在世界上任何地方进行的首次商业性使用之日起，不得少于10年。各成员还可以规定保护期限为布图设计创作完成之日起15年。

7. 未披露的信息

具有秘密性和商业价值并经合法控制人采取合理保密措施的信息即为《TRIPS协定》所指的未披露的信息。任何自然人或法人均有权防止他人在未经其同意的情况下以违背诚实商业行为的方式，透露、获得或使用合法地处于其控制之下的信息。协定还特别要求对向政府或政府机构提供的关于采用新化学成分的药品或农业化学产品的未公开的实验数据或其他数据予以保护，以防止对这种数据的不正当商业性使用或公开。

(三) 知识产权的执法

在一个国际公约的文本中，既有丰富的实体性条款，又包括详细的程序性条款，这也是《TRIPS协定》的一大特点。在《TRIPS协定》第三部分——知识产权的执法中，除了一般性的规定各成员保证在其国内法中提供各种公正而平等的执行程序之外，还详尽地规定了民事、行政、刑事程序以及临时措施与边境措施，以确保与贸易有关的知识产权在受到侵犯时能够得到最充分的救济。

1. 民事和行政程序

民事诉讼是知识产权权利人寻求救济最基本的途径，协定要求各成员为权利人提供公平合理的民事诉讼程序。在民事诉讼中，救济方式包括：

(1) 禁令。司法部门应当有权责令一方当事人停止侵权，特别是在海关一旦批准进口之后，立即禁止含有侵犯知识产权的进口商品在其管辖范围内进入商业渠道。

(2) 损害赔偿。在侵权者知道或者应当知道其行为侵犯了他人的知识产权时，司法部门应有权责令侵权者向权利人支付适当的损害赔偿费以及相关费用，例如律师费。在适当的情况下，即使侵权者不知道或者没有正当的理由应该知道他从事了侵权活动，成员也可以授权司法部门，责令侵权者返还其所得利润或/和支付预先确定的损害赔偿费。

(3) 其他救济。在考虑侵权行为的严重程度和所采取的法律救济之间的协调关系以及第三方利益的前提下,司法部门有权责令将其发现的没有提供任何补偿的侵权商品排除出商业渠道,或者在不违反宪法规定的情况下销毁这样的商品,或者将没有提供任何补偿的情况下将主要用途是用于制造侵权商品的材料和工具排除出商业渠道。

除了救济措施之外,协定还对证据的提供、相关信息的通告、对被告的赔偿等问题作出了规定。

关于行政措施,协定规定的非常简单,只有一条,如果行政程序涉及案件的是非曲直,而且其结果是责令采取某种民事法律救济措施,则行政程序应当符合协议中有关民事程序的一般规定。

2. 临时措施

司法部门有权为防止发生知识产权侵权行为或保存有关被指控侵权行为的证据而采取及时有效的临时措施。

《TRIPS协定》详细规定了司法部门为避免对权利人造成无法弥补的损害或有关指控侵权的证据被销毁,在单方请求下采取临时措施的程序。请求人应当提交现存的任何能够以合理方式获得的证据以证明自己就是权利人,证明自己的权利已经或者马上就要受到侵犯。司法部门有权责令请求人提供足以保护被告和防止滥用的保证金或与之相当的担保。采取临时措施时或者之后,应当及时通知受影响的各方。在采取临时措施后的合理期限内,如果申请人没有提出诉讼,那么司法部门应当取消临时措施。由于请求人的行为使得临时措施有误,或者随后发现不存在对知识产权的侵权或侵权征兆,司法部门有权应被告的请求责令请求人向被告赔偿由采取这些措施而造成的损失。

协定没有明确规定司法机关依职权采取临时措施,但是也没有明文排除这种可能性。临时措施也可由行政部门作出,同样适用上述有关规定。

3. 边境措施

边境措施可以依权利人申请,由主管部门包括司法部门和行政部门作出。《TRIPS协定》要求各成员采取各种程序保证权利人在有正当的理由怀疑进口商品侵犯其知识产权时,能够向主管部门提交书面请求,要求海关中止放行,不让有关的商品进入自由流通。申请人应提供适当的证据,使有关主管部门相信,按照进口国的法律,已可初步认定存在对其知识产权的侵权行为,同时还应提供有关商品的足够详细的说明,使海关能够容易地识别侵权商品。主管部门应在合理的期间内通知请求人是否接受其请求以及由海关采取行动的时间。主管部门还有权要求申请人提供足以保护被告和该主管部门并防止滥用的保证金或与之相当的担保。

如果在向申请人发出中止放行通知之后不超过10个工作日内,海关没有接到有关当事方已经提起诉讼或者有关部门已决定采取延长中止放行的临时措施的通知,则在符合其他进出口条件的情况下,应当对该商品予以放行。在特殊的情况下,这一期限可以延长10个工作日。由于错误扣留商品而导致进口者、收货人和所有者损失的,主管部门有权责令申请人支付适当的赔偿。

《TRIPS 协定》还允许主管部门依职权采取边境措施。如果主管部门已经获得初步的证据证明有关商品侵犯了一项知识产权,可以主动采取边境措施。对于旅客个人行李中携带的以及小件托运的少量非商业性产品,不再采取边境措施的范围内。

4. 刑事程序

《TRIPS 协定》要求至少在商业上蓄意使用假冒商标或侵犯版权的案件中适用刑事诉讼程序和刑事处罚。适用的法律补救措施应包括足以起到威慑作用的监禁或罚款,或二者并处,其处罚程序应与对具有相应严重性的罪行的处罚程序相一致。在某些案件中,还可采取扣押、没收或销毁侵权商品以及主要用于从事上述犯罪活动的材料和工具。

(四)《TRIPS 协定》的其他内容

《TRIPS 协定》的后四个部分依次是:知识产权的获得与维持以及相应的程序,纠纷的预防和解决,过渡安排,机构设置和最终条款。与前面的内容相比,这四部分内容显得不那么重要,但是其中仍然有一些非常有价值的条款,往往会对成员国产生重大影响,在此简要介绍对我国产生较大影响的两个条款。

(1)《TRIPS 协定》第 62 条第 5 款要求,有关获得和维持知识产权的程序以及由一些国内法所规定的行政撤销程序和诸如异议、无效和撤销程序中作出的行政决定,都应当接受司法或准司法部门的审查。

我国 2000 年修订前的《专利法》中关于专利复审委员会对外观设计申请的驳回、外观设计的撤销以及无效决定都规定为终局决定;在 2001 年修订前的《商标法》中同样也把商标评审委员会对商标申请的驳回、商标的异议、争议、撤销程序中作出的决定作为终局决定。这些都是与《TRIPS 协定》的要求有差距的,因此我国在修订《专利法》、《商标法》的时候,对于上述内容都按照《TRIPS 协定》的要求进行了修改。

(2)《TRIPS 协定》第 63 条是关于"透明度"的要求,凡是与知识产权有关的法律、法规,具有普遍适用性的终局司法判决和行政决定,政府之间的协议都应当以本国语言公开发表,有关的法律、法规还要通知与贸易有关的知识产权理事会,以便理事会进行检查。

我国政府部门的工作长期以来缺乏透明度,经常会有一些"内部规定"、"内部条例"。加入 WTO 后,加强政务公开,减少直至消灭暗箱操作,增加透明度都是必要和必需的。

另外,需要指出的是,争端解决机制为《TRIPS 协定》带来了比较强大的执行力,由于成员国间通过交叉报复措施作为威慑,使得《TRIPS 协定》与其他的知识产权国际公约相比,获得了在更大程度上被履行的实际效果。

(五)《TRIPS 协定》的新发展

《TRIPS 协定》规定了保护公共利益原则和防止知识产权滥用原则,以达到保护私有权利与维护社会公共利益的平衡。但在应用其具体规定时,会存在一定问题。以对维护社会公共利益最为重要的强制许可为例,由于其限制性规定过多,并且可以适用强制许可的"紧急状态"标准不明,导致那些缺乏技术与生产能力却又急需专利药品的欠发达国家无法依据该协议解决实际问题,使这些国家的公共健康受到严重威胁,由此引发了对保护知识产权与保护公共健康之间关系的激烈争论。

1. 《多哈宣言》对《TRIPS 协定》的新发展

鉴于《TRIPS 协定》协定不能很好地平衡药品专利权与公共健康权之间的冲突,发展中国家成员对其合法性提出了强烈的质疑。正是在广大发展中国家的据理力争下,WTO 第四次部长级会议于 2001 年 11 月通过了《TRIPS 协定与公共健康多哈宣言》(简称《多哈宣言》)。《多哈宣言》确认了 WTO 成员使用强制许可和平行进口等措施的权利,重申了 WTO 成员享有充分的权利运用《TRIPS 协定》中为此目的而设置的有关灵活性条款,包括:各成员有权批准强制许可,并且有权决定批准强制许可的理由;各成员有权认定构成国家紧急状况或其他紧急情况的条件,明确公共健康危机可算作国家紧急状况或其他紧急情况;各成员有权在遵守最惠国待遇和国民待遇条款的前提下,自由地建立自己的"权利用尽"制度;等等。①《多哈宣言》第一次在 WTO 体制内确认了公共健康权优先于知识产权的法律原则。

2. 《总理事会决议》对《TRIPS 协定》的新发展

《多哈宣言》虽然确认了公共健康权优先的法律原则,但也存在一定问题,其中一个突出问题就是没有彻底解决《TRIPS 协定》第 31 条第 6 款问题,其核心是实施强制许可而生产的药品不能出口,这就意味着许多缺乏药品生产能力的发展中国家实际上不能获得廉价的仿制药品。②因此《多哈宣言》并未从根本上解决《TRIPS 协定》与公共健康的冲突问题。

2003 年 8 月 30 日,WTO 总理事会通过了《关于 TRIPS 协定与公共健康的多哈宣言第 6 段的执行决议》(简称《总理事会决议》),针对《TRIPS 协定》应对公共健康危机时出现的问题,提出了解决方案,即因艾滋病、疟疾、肺结核和其他流行疾病而发生公共健康危机构成国家紧急状态或者其他极端紧急情况时,可基于公共健康目的,在未经专利权人许可的情况下,在其国内通过实施专利强制许可以生产、使用、销售有关治疗产生公共健康危机疾病的专利药品,并允许那些贫困且没有制药能力的成员可以从其他国家进口利用专利强制许可制度生产的专利药品。《总理事会决议》消除了在现行专利制度下进口廉价药品的障碍,使国家强制许可有章可循,具有了可操作性。

3. 《TRIPS 协定》第 31 条修正案对《TRIPS 协定》的新发展

《总理事会决议》的形成虽然意味着发展中国家能够享受一些特殊待遇,但它只

---

① 《多哈宣言》http://www.sipo.gov.cn/sipo/tfs/ggjkipcq/gjws/200709/t20070920_202675.htm,2008 年 10 月 11 号访问。

② 曹建明、贺小勇:《世界贸易组织》(第二版),法律出版社 2007 年版,第 294 页。

是一个政治性宣言①,法律稳定性较低。2005年12月6日,在WTO第六次部长级会议前夕通过的《TRIPS协定》第31条修正案,不仅终于实现了《TRIPS协定与公共健康多哈宣言》第6段提出的对《TRIPS协定》第31条的修改,而且是WTO"一揽子协定"生效11年以来,WTO首次对其核心协议进行修正。实施专利药品强制许可制度文件被以永久修正形式纳入《TRIPS协定》,允许发展中成员和最不发达成员可以在国内因艾滋病、疟疾、肺结核和其他流行疾病而发生公共健康危机时,在未经专利权人许可的情况下,在国内实施强制许可制度,生产、使用、销售或从其他实施强制许可制度的成员进口有关治疗上述疾病的专利药品。该修正协议的通过,突破了《TRIPS协定》关于专利的限制,标志着与贸易有关的知识产权法的最新发展,对于《TRIPS协定》以及整个WTO体制的发展,都具有重大意义。② 这一修正案需要该组织三分之二的成员国批准才能生效。由于世界贸易组织现有153个成员国,因此需要有102个国家同意才能使这一修正案获得通过。目前已有约39个成员国作出了批准(欧盟算作一个成员国)。世界贸易组织总理事会再次同意延长各国在国家层面采纳这一修正案的最后期限,如今的最后期限是2013年12月31日。③

【参考书目】
1. 吴汉东主编:《知识产权法》(第六版),中国政法大学出版社2012年版。
2. 郑成思:《世界贸易组织与贸易有关的知识产权协议》,中国人民大学出版社1996年版。
3. 郭寿康、赵秀文主编:《国际经济法》(第四版),中国人民大学出版社2012年版。
4. 杜奇华:《国际技术贸易》(第二版),对外经济贸易大学出版社2012年版。
5. 陈宪民主编:《国际贸易法专论》,北京大学出版社2007年版。
6. 王丽萍、李创主编:《国际贸易理论与实务》,清华大学出版社2011年版。

【思考题】
一、名词解释
1. 知识产权
2. 国际知识产权贸易
3. 限制性贸易做法
4. 国民待遇
5. 最惠国待遇

---

① 刘俊敏、王秀玲:《TRIPS协议下药品专利保护与公共健康的冲突与协调》,载《学术论坛》2006年第8期,第159页。
② 张乃根:《试析TRIPS协定第31条修正案及其重大意义》,载《世界贸易组织动态与研究》2006年第5期,第29—30页。
③ WTO总理事会延长《TRIPS协定》卫生修正案的最后批准期限,http://www.ipr.gov.cn/guoji-iprarticle/guojii pr/guobiebh/zhzhishi/201112/1269897_1.html,2013年3月21日访问。

二、简答题

1. 国际知识产权贸易的方式主要包括哪些?
2. 国际知识产权贸易法的渊源是什么?
3. 发达国家和发展中国家对国际知识产权贸易管理的侧重点和采取的方式有何不同?
4. 《TRIPS协定》中所指的知识产权包括哪些内容?它与一般意义上的知识产权的客体有何差别?

三、论述题

1. 知识产权有哪些特征?这些特征对国际知识产权贸易会产生哪些影响?
2. 与传统的知识产权国际公约相比,《TRIPS协定》有哪些特点?
3. 《TRIPS协定》有哪些新发展?

第十章　国际商事仲裁

在国际商事交易中,由于交易双方往往具有不同的经济利益以及分处不同的法律体系中,再加上交易的过程时常受到国家政治、经济和文化的影响,发生争议是极为常见的。仲裁作为与诉讼并列的解决争议的方式,具有许多诉讼难以实现的优势,尤其是在处理跨国商事争议中,仲裁已成为最常用的选择性争议解决方式(ADR)。本章将集中阐述国际商事仲裁涉及的基本法律问题,包括国际商事仲裁的产生发展和法律特征、国际商事仲裁机构的职能及主要机构的概况、国际商事仲裁协议及其法律效力、国际商事仲裁程序,以及国际商事仲裁裁决的承认与执行等。

在国际商事交易中,由于交易双方往往具有不同的经济利益以及分处不同的法律体系中,交易的过程又时常受到国家政治、经济和文化的影响,发生争议是极为常见的。仲裁作为与诉讼并列的解决争议的方式,具有许多诉讼难以实现的优势,尤其是在处理跨国商事争议中,仲裁已成为最常用的选择性争议解决方式(ADR)[①]。有鉴于此,世界上许多国家制定相关仲裁立法,本章将集中阐述国际商事仲裁的产生发展以及程序等问题。

第一节 国际商事仲裁概述

一、商事仲裁的定义

商事仲裁,是指当事人在自愿的基础上,将有关的商事争议提交给第三人(即仲裁员或公断人)进行审理,第三人依据法律或公平正义原则作出对双方当事人均有拘束力的裁决的一种解决争议的法律制度。可见,商事仲裁包括以下要素:第一,商事仲裁是私人间商事争议解决的方式,这与国际仲裁不同,国际仲裁旨在解决发生在主权国家之间的公法争端;第二,商事仲裁是当事人在平等自愿基础上,通过协商作出的合意的选择,这是与诉讼的根本区别之一;第三,商事仲裁是根据当事人的选定而由第三人来实现对争议的解决,区别于谈判和协商;第四,商事仲裁的结果——裁决对双方当事人具有强制力,从而区别于调解。

商事仲裁最初主要用于国内商事争议,随着国际商事交易的发展及全球经济一体化,商事仲裁范围开始跨越国境。例如,总部在美国的公司可以与总部在日本的公司签订合同,并约定在英国设立炼油厂,如有争议,则在中国仲裁。在这种情况下,单纯一个国家的法律已无法解决这些问题,国际商事仲裁可以将各个国家法律连接在一起并提供统一的解决方式。

二、国际商事仲裁的含义

认定一项商事仲裁属于国际的还是国内的有着很重要的意义。这是由于目前许多国家的国内法院对无涉外因素的国内商事仲裁往往保留了更多的控制权,而对国际商事仲裁裁决通常只进行非实体性审查,尤其是对于认定争议事项可仲裁性的问题,在国际商事仲裁中往往采用比国内商事仲裁中更为宽松的认定标准。对国际商事仲裁的认定因而成为各国关注的焦点之一,目前在国际上影响最大的是联合国国际贸易法委员会(UNCITRAL)的《国际商事仲裁示范法》(1985年6月21日通过,

---

① 选择性争议解决方式(Alternative Disputes Resolution,简称ADR),也可译做"替代性争议解决方式",通常指以诉讼外的方式解决争议而采用的包括谈判、调解、仲裁等在内的争议解决程序的总称。

2006年修订)对国际商事仲裁的认定。①

国际商事仲裁是解决跨国商事争端的一种仲裁,其国际性体现于以下几点:

(1) 仲裁争端的双方当事人具有不同的国籍;

(2) 仲裁争端的双方营业地点位于不同的国家;

(3) 有关仲裁协议确定的仲裁地点、履行商事合同的地点、争议标的最密切联系地点,位于当事各方营业地所在国以外的国家;

(4) 当事各方明确地同意仲裁标的与一个以上国家有联系的仲裁。

由此可以认定,国际商事仲裁是国际商事关系中的当事人在自愿基础上,通过协议将有关的商事争议提交某一国际仲裁机构审理,由其依据有关法律或公平原则作出裁决,并约定当事人自觉履行该项裁决的一项制度。根据仲裁裁决的依据不同,可将仲裁分为依法仲裁和友好仲裁。

确立国际商事仲裁的标准对我国来说极为重要,这表现为:

第一,只有该商事仲裁含有国际性特点时,才允许当事人选择境外仲裁机构以及适用国际仲裁机构的仲裁规则和外国实体法或者国际公约、惯例;

第二,在国际商事仲裁中,当事人在我国申请证据保全时,申请必须提交证据所在地中级人民法院,不同于国内商事仲裁提交基层人民法院的规定;

第三,对于申请执行的国际商事仲裁裁决,我国人民法院仅能就其程序作出审查,并据结果决定是否承认并执行,但对国际商事仲裁的实体问题无权审查。

三、国际商事仲裁的特性

作为有效解决国际商事争议的方式,国际商事仲裁与国际商事诉讼相比,具有以下特点:

1. 当事人意思自治性

国际商事仲裁的最大特性就是当事人具有高度的意思自治,这表现为:

(1) 国际商事争议的当事人在达成合意基础上,可以在一定范围内自主地决定将有关争议提交仲裁解决,即在一定程度上,仲裁协议可以对抗有关国家法院的司法管辖权。

(2) 国际商事争议的当事人可以自主选择位于不同地点的仲裁庭。

(3) 国际商事争议当事人可以自主选择仲裁机构及仲裁员。当事人可以自主决定将有关争议提交常设或临时的仲裁庭解决,可以自主决定交由任何国家仲裁机构仲裁,同时,在选择某一仲裁机构进行仲裁时,当事人可以自主选择一名或者几名

---

① 《国际商事仲裁示范法》第1条第3款规定,一项仲裁是国际性的,如果(a) 仲裁协议双方当事人在签订该协议的时候,他们的营业地位于不同的国家;或者(b) 下列地点之一位于双方当事人营业地共同所在的国家之外:(i) 仲裁协议中或根据仲裁协议确定的仲裁地;(ii) 商事关系义务的主要部分将要履行的任何地点或与争议标的具有最密切联系的地点;或者(c) 双方当事人已明示约定仲裁协议的标的与一个以上的国家有联系。该规定对"国际"的认定较为宽泛。

仲裁员组成合议庭审理。

(4) 国际商事争议当事人可以自主选择仲裁程序及仲裁适用的法律。

2. 灵活性

这是国际商事仲裁与国际商事诉讼的根本区别之一,国际商事仲裁受法律规范的约束较少,一般不具有强制的法定形式,仲裁机构可以依据当事人的合意选择仲裁员组成、仲裁的程序,甚至任意选择所依据的法律,并且可以依据公平原则裁决当事人之间的国际商事争议。

3. 保密性

国际商事仲裁案件的审理和裁决以不公开为原则,对庭审期间披露的文件和提交的证据也应予以保密,这有利于保护当事人的商业秘密和维护当事人的商业信誉。

与国际商事争议的其他解决方式——调解以及和解相比,国际商事仲裁的裁决具有强制性和终局性的特点。虽然国际商事仲裁机构并非政府机构,而是一种民间机构,不属于国家司法机关,仲裁庭也是基于当事人合意产生,依照当事人合意选择程序或者法律等进行裁决,但这并不影响裁决的效力,裁决具有终局性,对争议各方具有强制执行力。

正是由于国际商事仲裁具有以上特点,在国际经济贸易中,双方当事人倾向于通过仲裁来解决他们之间的纠纷。

第二节　国际商事仲裁机构

国际商事仲裁机构是由国际商事关系的当事人自主选择,用以解决相互间商事争议的民间机构,是国际商事仲裁程序进行的组织机构。国际商事仲裁机构审理案件的管辖权完全依赖于当事人的合意选择,其本身的民间性区别于受理国际商事案件的法院。在国际商事仲裁实践中,基于不同的组成形式,国际商事仲裁机构分为临时仲裁机构和常设仲裁机构。

临时仲裁机构是在当事人所达成的仲裁协议基础上组成的临时仲裁机构,此仲裁机构由当事人推荐的仲裁员组成,在对当事人间商事争议作出裁决后即可解散。临时仲裁机构没有固定的组织、章程和所在地点。19世纪中期常设性仲裁机构出现以前,处理国际商事仲裁案件只存在临时仲裁一种方式。但随着人类社会的发展和商事交易的全球化进程,临时仲裁的过分"灵活性"以及缺少固定制度支持的弊端日益显现,即便当前仍然存在临时性仲裁机构,但其重要性已远不及常设商事仲裁机构。

常设仲裁机构,是指依据国际条约及一国国内法或某些自治性行业组织规则而设立的,具有固定的组织、名称、地点和仲裁程序规则,并且具有完整的行政管理体系和健全的办事机构,以协助管理国际商事仲裁程序进行的永久性机构。常设仲裁机构最早出现在19世纪中期,1841年成立的英国利物浦棉花公会(Liverpool Cotton Association)在1863年第一次拟定一个包含仲裁条款的格式合同,要求将可能发生的争议提交于棉花公会主持下的机构仲裁解决。常设仲裁机构最初多为专业性和区域性的仲裁机构,但进入20世纪以后,国际性仲裁机构在世界范围内广泛建立起来。国际商法中所提的国际商事仲裁机构一般是指常设商事仲裁机构。本节所介绍的国际商事仲裁机构是指国际性常设仲裁机构。

一、国际商事仲裁机构的分类

考虑到目前世界上存在众多国际商事仲裁机构,并且新的仲裁机构也在不断地出现,将所有的机构罗列出来是不现实的,本书将以不同的分类标准就现存的国际商事仲裁机构进行分类,以便形成系统认识框架。

(一)根据产生的法律依据不同

根据国际商事仲裁机构产生的法律依据不同,国际商事仲裁机构可以分为国际性国际商事仲裁机构、地区性国际商事仲裁机构和国家性国际商事仲裁机构三种。

(1)国际性国际商事仲裁机构是指依据全球性国际公约或在全球性国际组织的指导下成立的国际商事仲裁机构。此类仲裁机构一般处理不同的国家或者国际组织之间的国际性商事争议,通常从属于某个全球性国际组织,具有较高的独立性和自治性,不被任何一个国家的意志所干扰。例如1923年成立的国际商会仲裁院(International Chamber of Commerce International Court of Arbitration,简称ICCICA),1965年由世界银行主持制定的《解决国家与他国国民之间投资争议公约》所设立的解决投资争议国际中心(International Centre for Settlement of Investment Disputes,简称ICSID),以及于1994年在瑞士日内瓦成立的世界知识产权组织(World International Property Organization,简称WIPO)仲裁中心。

(2)地区性国际商事仲裁机构是指根据地区性的国际条约或者区域性的双边或多边条约而设立的,主要仲裁解决区域内成员国或条约当事国之间相关国际商事争议的国际商事仲裁机构。地区性的国际商事仲裁机构通常不属于任何一成员国,是由成员国全体创立的,例如美洲国家间商事仲裁委员会。

(3)国家性国际商事仲裁机构是指依据一国国内法而设立的可以处理国际商事案件的仲裁机构。此类仲裁机构不仅可以受理有关本国的国际商事争议仲裁,也可以受理与所在国没有任何联系点的仲裁案件,但是通常情况下,该仲裁机构从属于所在国的某一机构,并与所在国有极为密切的联系,一般设立于一国的行业商会中,属于民间组织。

国家性国际商事仲裁机构又可分为两种:一是仅受理国际性仲裁案件的仲裁机构,例如中国国际经济贸易仲裁委员会和中国海事仲裁委员会,以及罗马尼亚商会商事仲裁委员会和南斯拉夫商会对外贸易仲裁院等;二是不仅受理国际性商事仲裁争议,还受理国内商事仲裁争议案件的仲裁机构,例如英国伦敦仲裁院(London

Court of International Arbitration Commission,简称 LCIAC)、美国仲裁协会(American Arbitration Association,简称 AAA)、日本商事仲裁协会(Japan Commercial Arbitration Association,简称 JCAA)等。

国家性国际商事仲裁机构相对于其他两种国际商事仲裁机构而言,数量上占绝对优势,其范围也远远超过其他两种,对于解决国际性商事争议起到了极为重要的作用,但是前两种国际商事仲裁机构的出现是适应跨国商事发展的结果,随着经济迅猛发展及全球一体化的进程,国际性和地区性国际商事仲裁机构的重要性日益凸显,但是这并不意味着国家性国际商事仲裁机构的退出,相反,国家性国际商事仲裁机构仍具有其存在的必要性和广泛的适用性。三种不同法律依据的国际商事仲裁机构之间是相辅相成、互相补充、共同发展、共同完善的关系。

(二)根据仲裁范围的不同

根据国际商事仲裁机构仲裁的范围不同,国际商事仲裁机构可以分为专业性国际商事仲裁机构和综合性国际商事仲裁机构。

(1)专业性国际商事仲裁机构是指只受理与特定行业或专业有关的国际商事仲裁案件的仲裁机构,对于无关本仲裁机构的其他类型的商事争议一般不予受理。专业性国际商事仲裁机构通常是依附于某个行业或者商会的内部组织机构,分为开放性和非开放性两类。开放性的国际专业商事仲裁机构是指,该仲裁机构不仅处理本行业团体成员内部的仲裁案件,同时也可以受理非本行业团体成员的仲裁案件。非开放性国际商事仲裁机构指该仲裁机构仅处理本行业团体成员之间的仲裁案件,对于非本行业团体成员的商事争议均不予受理。当前这种专业性国际商事仲裁机构非常普遍,例如荷兰咖啡贸易仲裁委员会、英国伦敦橡胶交易所仲裁机构、鹿特丹谷物交易所仲裁机构、瑞士电灯泡工业协会常设仲裁庭、可可散装地协会仲裁机构、谷物和食品贸易协会仲裁机构等,另外各海事仲裁机构也属于专业性国际商事仲裁机构。

专业性的国际商事仲裁机构由于其仲裁庭组成成员往往是精通该行业规则的专家或者资深贸易商,他们拥有丰富的理论和实践经验,能够充分了解行业商事争议,保证专业仲裁的迅速公正裁决,在处理行业内仲裁案件时具有显而易见的优势。

(2)综合性国际商事仲裁机构是指可以受理各种不同种类、不同行业商事争议的国际商事仲裁机构。目前存在的大部分国家性国际商事仲裁机构均属综合性国际商事仲裁机构。例如中国国际经济贸易仲裁委员会、美国仲裁协会等。

专业性的国际商事仲裁机构出现早于综合性国际商事仲裁机构,最初的国际商事仲裁机构就是英国棉花工会的内设仲裁机构,是棉花贸易行业内专业性国际商事仲裁机构。随着世界经济不断发展和经济内部联系的复杂化,综合性国际商事仲裁机构的地位日益提高,但是当前两者并不会出现冲突,它们之间是相互补充的关系。

(三)根据参与设立主体资格不同

根据国际商事仲裁机构参与设立主体资格不同,国际商事仲裁机构可以分为政府性国际商事仲裁机构和民间性国际商事仲裁机构。

(1) 政府性国际商事仲裁机构是行政仲裁所依附的仲裁机构。行政仲裁是指由国家行政机关实施的仲裁,从严格意义上讲这并不属于仲裁的范围,但是鉴于这种行政仲裁曾经于历史上出现,例如我国计划经济时期的经济合同仲裁,本书仅简单介绍此类仲裁机构。政府性国际商事仲裁机构一般从属于国家政府的某个部门,代表国家对社会经济生活进行调控,是计划经济时代的产物,随着经济的市场化已淡出历史舞台,不复存在。

(2) 民间性国际商事仲裁机构是目前国际商事仲裁机构的主要类型,国家权力不再介入仲裁之中,是依照当事人意思自治原则建立起来的,参与设立主体具有民间性,仲裁机构也不被国家意志所左右,而是相对独立地管辖和审理国际性商事争议。

▶ 二、国际商事仲裁机构的职能

国际商事仲裁机构的职能即国际商事仲裁机构在仲裁程序的不同阶段所起的作用,主要是保障仲裁程序的顺利进行,协助当事人充分有效地利用仲裁解决争议,具体表现为以下四个方面:

(1) 制定仲裁规则和标准国际商事仲裁协议。

通常国际商事仲裁机构均设定自己的仲裁规则和相关的仲裁协议标准文本,一方面,一旦当事人选择该仲裁机构,就意味着当事人必须适用该仲裁机构的仲裁规则,而这些仲裁规则对仲裁地点、仲裁庭的组成和仲裁程序的进行等仲裁具体问题有专门规定;另一方面,给当事人起草仲裁协议提供蓝本。由于仲裁协议是仲裁程序进行的依据,对当事人、仲裁机构和法院均产生相应的法律效力,采纳仲裁机构建议的标准国际商事仲裁协议,可以避免当事人自己拟定仲裁协议时可能出现的遗漏或错误,节省当事人的时间和精力,具有较强的可操作性,有利于仲裁程序的顺利进行。

(2) 接受并审查仲裁申请。

国际商事仲裁机构接受仲裁当事人的申请后通常对当事人的仲裁申请进行初步的审查,以确认该仲裁机构是否具有管辖权和是否应当受理。该项职能的主要作用在于要求各国际商事仲裁机构审查当事人之间的仲裁协议是否有效。例如《中国国际经济贸易仲裁委员会仲裁规则》第6条规定,"仲裁委员会有权对仲裁协议的存在、效力以及仲裁案件的管辖权作出决定。如有必要,仲裁委员会也可以授权仲裁庭作出管辖权决定。仲裁委员会依表面证据认为存在由其进行仲裁的协议的,可根据表面证据作出仲裁委员会有管辖权的决定,仲裁程序继续进行。仲裁委员会依表面证据作出的管辖权决定并不妨碍其根据仲裁庭在审理过程中发现的与表面证据不一致的事实及/或证据重新作出管辖权决定"。

(3) 协助组成仲裁庭。

国际商事仲裁机构一般具有自己的仲裁员名册,即该机构依据一定的标准所挑选的仲裁员候选名单,包含相关经贸、法律领域的专家和学者,他们来自世界不同国家,方便当事人进行选择。

这类候选名单是组建仲裁庭的前提,国际商事仲裁争议发生后,需要争议当事人参与选择仲裁员,但在当事人因故无法在选任仲裁员方面达成一致时,将由仲裁机构对仲裁员进行指定,以确保仲裁程序顺利进行。除此以外,如果当事人在仲裁程序进行过程中对仲裁员提出异议或申请回避,一般由该仲裁机构负责审查并作出是否回避或更换仲裁员的决定。

(4) 协助承认与执行仲裁裁决。

一些国际商事仲裁机构规定对仲裁裁决的审查程序。这种审查程序有助于规范裁决书形式,便于对裁决的承认与执行,同时加强了裁决的公正性和可靠性,便于提高世界各国对该仲裁机构所作裁决的信任度,有利于裁决的承认和执行。对于国际商事仲裁裁决的承认与执行在此不做赘述,后文将系统讨论承认与执行问题。

三、世界重要国际商事仲裁机构概况

(一) 国际商会仲裁院

国际商会仲裁院是附属于国际商会的国际性国际商事仲裁机构,成立于1923年,总部设在巴黎。所谓的"国际商会仲裁院",并非法院意义上的"院",而是国际商会的管理机构之一,其代表来自许多不同的国家。仲裁院有一套完整的国际商事仲裁程序规则——《国际商会仲裁规则》,第一个仲裁与调解规则于1922年制定,之后分别在1955年、1975年和1998年进行了三次主要修订,现行仲裁规则是2011年修订、2012年1月1日起生效的《国际商会仲裁规则》。2012年版仲裁规则旨在提高仲裁程序的效率,明确了仲裁院是唯一有权依据该规则管理仲裁活动,并核阅仲裁裁决的机构;增加了针对涉及多项合同及多方当事人的争议等事项的新规定;更新了案件管理程序;创设了紧急仲裁员程序;并为推动解决投资及自由贸易协定项下所引起的争议作出了修改。

国际商会仲裁院的管辖范围极为广泛,就申请主体来看,任何国家的当事人均可通过仲裁协议将有关国际商事争议提交该仲裁院仲裁,无论当事人所在国是否是国际商会的成员国。同时国际商会仲裁院是综合性国际商事仲裁机构,可以受理各种不同种类、不同行业商事争议,其受理范围涉及国际商事法律关系的各个方面。2012年版仲裁规则中不再使用"具有国际性特征"纠纷的用语,该规则因此也将同样适用于处理同一国家当事人之间的国内案件和一国与他国国民之间的投资条约争议。在审理商事争议时具体由仲裁院指定或确认的仲裁员组成的仲裁庭进行,仲裁庭有权自行决定管辖权和变更当事人选择的仲裁地点,并允许当事人将有关仲裁协议的存在、效力和范围的争议直接提交给仲裁庭而不必提交给仲裁院解决。在仲裁庭组成之前,仲裁当事人一方出现过渡性措施或者紧急保全措施的需要时,该方当事人可以申请紧急仲裁员予以裁决。仲裁庭审理案件所依据的法律必须是当事

人合意选择适用的法律,若当事人未选择时,由仲裁庭决定适用其认为适当的法律。仲裁庭所作的裁决具有终局性,当事人可以据以请求有关国家法院协助执行。

(二) 世界知识产权组织仲裁中心

世界知识产权组织仲裁中心于1994年在世界知识产权组织的主持下成立,仲裁中心的总部设在日内瓦,除与其他国际商事仲裁机构一样具有相关仲裁程序外,世界知识产权组织仲裁中心有其特殊之处。仲裁中心备有仲裁员名册,当事人在提交争议后请求委任仲裁员时,可以利用"名单程序"选择仲裁员。名单程序是在各方当事人选择仲裁员时,仲裁中心提供给当事人一份列有候选仲裁员的名单,要求当事人将其反对的仲裁员换掉,然后在剩下的候选人中按优先顺序标记,仲裁中心依此选择组成仲裁庭人员。

(三) 解决投资争端国际中心

解决投资争端国际中心是根据《解决国家与他国国民之间投资争议公约》(即《华盛顿公约》)于1966年在华盛顿建立的专门处理国际投资争议的国际性常设仲裁机构,是复兴开发银行下属的一个独立机构,具有完全的国际法律人格。中心的管辖权只限于缔约国[①]和另一缔约国国民之间直接因投资而产生的任何"法律争议"[②]。争议得经双方当事人书面同意提交给中心,而一经双方当事人表示同意后,任何一方当事人不得单方面撤销其同意。

(四) 瑞典斯德哥尔摩商事仲裁院

成立于1917年的瑞典斯德哥尔摩商事仲裁院是瑞典斯德哥尔摩商会属下的专门处理商事争议的独立机构,地点位于瑞典首都斯德哥尔摩。该仲裁院属于国家性国际商事仲裁机构,但是与其他国家性仲裁机构相比有特殊之处,原因在于瑞典在政治上的中立地位。仲裁院除具有一整套自己的适用于国际范围商事仲裁的规则外,还可以根据《联合国国际贸易法委员会仲裁规则》等其他任何仲裁规则来审理裁决当事人提交的商事争议,其仲裁公正在国际社会享有很高的声誉,所以现在已经发展成为国际社会的重要商事仲裁中心。

瑞典斯德哥尔摩商事仲裁院可以接受各个国家当事人提交的商事争议,并且当事人在指定仲裁员时可以不受仲裁员名册的限制,仲裁所依据的具体程序由仲裁员组成的仲裁庭进行。

(五) 伦敦国际仲裁院

伦敦国际仲裁院前身为1892年成立的伦敦仲裁厅,是成立最早、影响最大的常设国际仲裁机构之一,特别是它的海事仲裁在国际社会享有很高声望,世界各国大多数海事案件都诉诸该院仲裁。

伦敦国际仲裁院对产生于商事交易的争议提供全面服务,而不考虑当事人的国

---

① 缔约国的范围应扩及缔约国的公共机构和实体。
② 法律争议指因直接投资而产生的法律上的争议。

籍。为适应国际性仲裁的需要,该仲裁院于1978年设立了伦敦国际仲裁员名单,由主要的贸易国家挑选出来的仲裁员组成。仲裁庭一般依照仲裁院1998年修订的仲裁规则来进行仲裁,该规则较其他机构的规则更为详尽,因而为当事人和仲裁庭提供了可靠的指引。

(六) 美国仲裁协会

美国仲裁协会成立于1926年,总部设在纽约,是美国最大的综合性常设仲裁机构。其受案范围非常广泛,包括国际商事纠纷、劳动争议、消费者争议等。当事人在选择仲裁员时享有较多的自由,既可以在仲裁员名册中指定仲裁员,也可以在名册外指定仲裁员。若没有特殊约定,通常由一名仲裁员进行仲裁;若仲裁协会认为案件争议复杂时,可决定由三名仲裁员组成仲裁庭。

▶ 四、我国国际商事仲裁机构

长期以来,我国受理涉外仲裁案件的仲裁机构只有中国国际经济贸易仲裁委员会和海事仲裁委员会,中国国际经济贸易仲裁委员会和海事仲裁委员会也因此成为专门受理涉外纠纷案件的常设仲裁机构。我国《仲裁法》第七章"涉外仲裁的特别规定"专门调整涉外仲裁。依照仲裁法在各地设立的仲裁机构,如北京仲裁委员会、上海仲裁委员会等在涉外仲裁案件的当事人自愿选择其进行仲裁时,对该涉外仲裁案件具有管辖权。

(一) 中国国际经济贸易仲裁委员会

中国国际经济贸易仲裁委员会成立于1956年(时称"对外贸易仲裁委员会",1980年改称"对外经济贸易仲裁委员会",1988年改为现名称),是中国国际贸易促进委员会属下的民间性仲裁机构,2000年同时启用"中国国际商会仲裁院"的名称。中国国际经济贸易仲裁委员会总部设在北京。根据业务需要,又设有上海分会、华南分会(原深圳分会)、西南分会。仲裁委员会建立的目的在于通过仲裁方式,独立、公正、合理地解决国际商事争议,以保护当事人的正当权益,促进国际经济发展。

目前仲裁委员会适用的是中国国际商会于2012年2月3日修订并通过,2012年5月1日起施行的《中国国际经济贸易仲裁委员会仲裁规则》,仲裁委员会受理当事人根据仲裁协议和任何一方当事人的书面申请而提交的国际商事争议案件以及国内争议案件,仲裁委员会有权就仲裁协议的有效性和仲裁案件的管辖权作出决定。

中国国际经济贸易仲裁委员会由主任一人,副主任和委员若干人组成,依仲裁程序规则履行其职责。同时设有秘书局(处),负责处理仲裁委员会的日常事务。仲裁委员会还设有仲裁员名册,其中仲裁员由中国国际商会从经济、法律等方面的中外专家中聘任。具体的仲裁程序由当事人选定或由仲裁委员会指定的仲裁员组成的仲裁庭来主持进行。仲裁庭依据仲裁委员会的仲裁规则对案件进行审理,并依据当事人合意选择的法律或由仲裁庭决定适用的法律①作出实质性裁决。仲裁裁决具有终局性,对双方当事人有强制约束力,有关当事人违反裁决规定义务时,另一方当事人可依法请求有关法院协助强制执行。

(二) 中国海事仲裁委员会

中国海事仲裁委员会最初于1959年成立,于1988年、1995年和2001年做了新的调整,总部设在北京,是中国国际贸易促进委员会属下的专业性国际商事仲裁机构,主要负责审理关于海上船舶之间的救助报酬、海上船舶碰撞、海上船舶的租赁和代理业务、海上运输和保险,以及海洋环境污染损害等方面所发生的争议案件和双方当事人协议要求仲裁的其他海事争议案件。

该仲裁委员会目前适用的有效的仲裁规则是中国国际商会于2004年修订通过的《中国海事仲裁委员会仲裁规则》。该仲裁规则与中国国际经济贸易仲裁委员会的仲裁规则趋于一致,具有较强的可操作性。仲裁委员会由主任一人,副主任和委员若干人组成。委员由中国国际商会聘请有关方面专家担任,每届任期两年。该委员会有权就仲裁协议的有效性和案件的管辖权作出决定。仲裁委员会设名誉主席一人和顾问若干人,由中国国际商会邀请。仲裁委员会设有秘书处,有秘书长一人,副秘书长若干人,负责处理仲裁委员会的日常事务。此外仲裁委员会还备有仲裁员名册,供当事人仲裁时选用。

仲裁委员会受理争议后,即交由依仲裁规则成立的仲裁庭裁决。仲裁庭根据仲裁规则所规定的程序审理争议,并依据双方当事人合意选择的法律或者在未选择的情况下,适用仲裁庭所确定的法律,对有关争议案件作出终局性裁决。

(三) 香港国际仲裁中心

香港国际仲裁中心(Hong Kong International Arbitration Center,简称HKIAC)成立于1985年,是一个民间的仲裁性机构。仲裁中心由理事会领导,理事会由不同国家具备各种专长和经验的专业人士组成,日常业务活动由理事会管理委员会通过秘书长进行管理,秘书长是仲裁中心的行政首长。仲裁中心受理本地和国际商事仲裁案件,对于本地仲裁,仲裁中心有仲裁规则和协助当事人和仲裁员的指南;而对于国际仲裁,仲裁中心推荐采用《联合国国际贸易法委员会仲裁规则》。

第三节 国际商事仲裁协议

国际商事仲裁协议是国际商事仲裁的基石,它记录了当事人将争议提交仲裁的合意。这种合意对于任何国家诉讼之外的争议解决程序均是不可或缺的。仲裁程序之所以存在,有赖于当事人的协议。从某种程度和范围上看,这种当事人的合意

---

① 《中国国际经济贸易仲裁委员会仲裁规则》第47条第2款规定:"当事人对于案件实体适用法有约定的,从其约定。当事人没有约定或其约定与法律强制性规定相抵触的,由仲裁庭决定案件实体的法律适用。"

加上适当的规则可以使国际商事仲裁独立于国内法律而进行。一项有效的仲裁协议不仅对当事人产生法律效力,对仲裁机构乃至相关法院同样产生相应的法律效力。国际商事仲裁协议是国际商事仲裁制度的基础。

▶ 一、国际商事仲裁协议概述

（一）国际商事仲裁协议的概念

国际商事仲裁协议是指当事人之间以解决国际商事争议为目的,在争议发生前或者争议发生后达成的一致同意采取仲裁形式解决相互间商事争议的书面意思表示。

国际商事仲裁协议是一种特殊类型的合同,它不仅处分当事人在诉讼法上的起诉权,同时又处分当事人在相关争议中的实体权利义务。从各国有关商事仲裁的国内法和国际公约以及仲裁实践来看,一个较为完善的国际商事仲裁协议应具有以下内在法律特征:

（1）仲裁协议是双方当事人一致达成的、真实的意思表示。当事人将有关商事争议提交仲裁解决的合意表示是仲裁协议的基本要素,没有当事人的合意,就不存在有效的商事仲裁协议。

（2）仲裁协议确立的是双方当事人解决相互间商事争议的方式。仲裁协议并不直接规定当事人之间的实体权利和义务,而是规定一种解决商事争议的程序,并通过这种程序的履行来最终确立当事人之间的权利义务。

（3）仲裁协议的履行具有附条件性。仲裁协议签订生效后并不立即发挥协议中规定的作用,只有在出现协议规定情形的前提下,即当事人之间发生了协议规定范围内的争议时,才有履行的必要。争议的产生是履行仲裁协议的必要条件。

（4）仲裁协议的相对独立性。仲裁协议的独立性是指协议的效力相对于商事合同具有相对独立性。通常作为仲裁条款存在于商事合同中的仲裁协议一经订立即具备相对独立性,不因主合同的无效而无效。

（5）仲裁协议的效力不仅及于各方当事人,同时涵盖相关的仲裁机构、仲裁庭和具有管辖权的法院。仲裁协议的履行不仅需要当事人的作为或不作为,还需要仲裁机构的配合及相关法院的司法协助。

（6）仲裁协议必须是书面文件,绝大部分国家的立法和实践以及有关的国际条约都对此作了明确的规定。例如我国法律规定,仲裁协议可以用任何书面形式,包括信件、电传、电报等。

（二）国际商事仲裁协议的种类

国际商事仲裁协议从形式上划分,一般可以分为两类:一是仲裁条款(arbitration clause),二是仲裁协议书(submission agreement)。

（1）仲裁条款。仲裁条款是一种在商事争议发生之前订立的、把将来可能发生的商事争议提交仲裁的书面协议。这种协议通常是在双方当事人订立商事合同时,以一个条款的形式订入合同并构成该合同的一部分。仲裁条款是仲裁协议中最常见和最重要的形式,一般商事合同中都订有仲裁条款,仲裁条款是主合同的组成部分。

(2) 仲裁协议书。仲裁协议书是一种在商事争议发生之前或发生之后订立的、把商事争议提交仲裁解决的专门性文件。这种协议书虽然针对的是有关商事合同中将来可能发生或者已经发生的商事争议,但是它从形式上到效力上都完全独立于主合同。这种协议书的签订时间没有任何限制,但在国际社会实践中,若原商事合同中不含有商事仲裁条款,当事人往往在商事争议发生后通过共同协商订立仲裁协议。

从法律效力上分析,仲裁条款与仲裁协议书具有同等效力。如果主合同中存在仲裁条款,那么出现争议之后,当事人即可依据此仲裁条款进行仲裁,而不需要再签订仲裁协议书。从国际商事仲裁实践来看,仲裁协议书比仲裁条款详细得多。这主要是因为仲裁条款是针对将来可能发生的商事争议而订立,当事人对未来商事争议不可预测,通常不在仲裁条款中规定太多的细节,一般情况下是加入仲裁机构预设的简单示范性条款。与此形成对比的是,仲裁协议书通常涉及事实上已经产生的争议,因而在协议书中有适当规定来准确适用于特定争议的具体条款,除了包括约定仲裁地和依据的实体法以外,一般还会列明仲裁员和争议事项等。

▶ 二、国际商事仲裁协议的内容

仲裁协议的内容涉及仲裁程序的各个方面,直接影响到仲裁协议的有效性和可执行性。明确仲裁协议的内容对国际商事仲裁制度有极为重要的意义。各国的仲裁立法和国际条约大多没有对此作出明确的规定,但是原则上都承认双方当事人可以自主达成仲裁协议的内容。通常情况下,一项完善的仲裁协议至少应该包括:

(一) 仲裁意愿

仲裁意愿指当事人一致同意将争议提交仲裁的意思表示,表明当事人同意接受特定仲裁机构的审理,接受仲裁机构作出合法有效的裁决的约束,并承诺自觉履行裁决规定的义务。当事人的仲裁意愿是仲裁协议最重要的内容,也是一项有效的仲裁协议的首要内容。杨良宜先生曾经指出,对于一项有效的仲裁协议而言,最重要的是有 arbitration(仲裁)这个词的出现,因为这表明双方当事人确有依此方式解决其争议的意图。①

(二) 仲裁事项

仲裁事项,即当事人提交仲裁解决的商事争议事项。仲裁事项的范围决定了仲裁庭管辖权的范围,仲裁庭只能在仲裁协议所确定的仲裁事项的范围内行使仲裁权,否则即为越权。仲裁庭越权作出的裁决为无效裁决,经一方当事人的申请,或法院在审查被申请执行裁决时,有关法院可以据此不予执行裁决或撤销。

此外,当事人在仲裁协议中约定仲裁事项时,还须注意事项的可仲裁性,如果是

---

① 杨良宜:《国际商务仲裁》,中国政法大学出版社1997年版,第113页。

就不具有仲裁性的争议事项达成的协议,则是一项无效的仲裁协议。

(三)仲裁地点

仲裁地点在国际商事仲裁中是一项至关重要的因素,因为它的确定对仲裁协议的效力、仲裁程序法和实体法的适用以及仲裁裁决的承认和执行等一系列重要问题都会产生直接的影响。例如,在当事人没有另外做选择的情况下,一般以仲裁地国家的法律作为准据法,即使当事人另外作出选择,所选择的法律也不能违反仲裁地国家的法律中的强制性规定,否则该选择无效,因此仲裁地国家的法律对仲裁协议有着重要的甚至是决定性的影响。

(四)仲裁机构

国际商事仲裁一般选择常设性国际商事仲裁机构仲裁,当事人在签订仲裁协议时通常会约定一个仲裁机构,我国的涉外商事仲裁都是选择常设机构仲裁,没有临时仲裁。在实践中,仲裁地点和仲裁机构所在地往往是一致的,在约定仲裁机构时,当事人应该写明指定的仲裁机构名称的全称,若仲裁机构所在地与仲裁地点不一致的,应在仲裁协议中写明。只写明仲裁地未写明仲裁机构的,通常推定当事人默示选择仲裁地的国际商事仲裁机构。

(五)仲裁规则

仲裁规则,即仲裁程序规则,是双方当事人和仲裁庭在整个仲裁程序中所必须遵循的程序性规则。仲裁规则主要用于调整和规范商事仲裁的内部程序,为仲裁员和当事人提供行为准则,直接制约仲裁活动的进行。一般包括仲裁申请、仲裁员指定、仲裁庭组成、仲裁答辩与反诉、仲裁审理、仲裁裁决及仲裁费用等方面的内容。

仲裁规则是仲裁机构依据一定的仲裁法所制定的,一般来说,仲裁协议指定了某仲裁机构进行仲裁,就认为是接受了该仲裁机构仲裁规则的约束,除非当事人在许可范围内自行拟定了仲裁规则。但是如果当事人选择临时仲裁,由于不涉及任何仲裁机构,因而在确定所要使用的仲裁规则上有更大的选择权,可以自行拟定仲裁规则。

(六)仲裁裁决的效力

仲裁裁决的效力主要是指裁决是否具有终局性,对双方当事人有无法律强制力,当事人能否针对裁决向法院提起上诉的问题。仲裁裁决的效力直接影响到整个仲裁程序的效力,决定了当事人双方的权利义务关系最终能否得到确认,有关当事人的合法权益是否可以得到保护,是仲裁协议中一项很重要的内容。当前几乎所有的国家都承认仲裁裁决的终局性,但是也有少数国家虽不否认这点,却仍然在一定范围内保留当事人就裁决上诉的权利,例如英国《1996年仲裁法》第69条第1款规定:"除非当事人另有约定,仲裁程序的一方当事人(经通知其他当事人和仲裁庭)可就仲裁程序中所作出的裁决中存在的法律问题向法院提起上诉。"由此,为维护商事仲裁的一裁终局,排除法院对裁决的实体审查,由当事人事先在其仲裁协议中明确约定仲裁裁决的终局效力,放弃对裁决提起上诉的权利很有必要。

三、国际商事仲裁协议的法律效力

作为仲裁的基础,仲裁协议的效力主要体现在以下几个方面:

(1) 对当事人的效力。仲裁协议一经成立即对当事人产生法律效力。第一,当争议发生时,任何一方当事人都有权将争议提交仲裁,通过仲裁解决争议;第二,当事人只能采取仲裁方式解决商事争议,如果任何一方当事人就仲裁协议规定范围内的商事争议向法院提起诉讼,另一方当事人可以仲裁协议为抗辩事由要求法院终止司法诉讼程序并将案件发还仲裁解决。

(2) 对仲裁庭和仲裁机构的效力。仲裁协议对仲裁庭和仲裁机构的法律效力体现在两个方面:其一,是仲裁庭或仲裁机构受理争议的依据,赋予仲裁机构对争议的管辖权。不存在仲裁协议,仲裁机构就无权受理商事争议案件。其二,仲裁机构或仲裁庭的受案范围受到仲裁协议的严格限制,仲裁机构只能受理当事人在仲裁协议中约定的可提交仲裁争议事项,而对于任何超出仲裁协议范围的事项,仲裁机构或仲裁庭都无权过问。

(3) 对法院的效力。仲裁协议对法院的效力集中表现在协议排除了法院对商事争议案件的司法管辖权。也就是说,一旦双方当事人达成仲裁协议,并且争议发生后一方当事人向法院提起诉讼,则法院不应受理。或者根据另一方当事人的请求,停止司法诉讼程序,将案件发还给仲裁机构审理。

第四节 国际商事仲裁程序

国际商事仲裁程序是指仲裁机构在进行仲裁审理的过程中,仲裁机构、当事人以及少数参与人从事仲裁活动必须遵循的程序,即仲裁的申请、受理、答辩、反请求须依法定的条件和程序。本节主要根据相关国际公约以及我国《仲裁法》和现行《中国国际经济贸易仲裁委员会仲裁规则》,对国际商事仲裁程序予以介绍和阐述。

一、仲裁的申请和受理

(一) 仲裁的申请

仲裁的申请,是指有关当事人依据仲裁协议就他们之间已经发生的商事争议,依法提请有关的仲裁机构,或在他们之间组建成立的仲裁庭进行仲裁解决的书面请求。提出仲裁申请是启动仲裁程序的第一步。当事人在申请仲裁时必须具备一定条件,同时申请还必须符合一些具体要求。

1. 申请仲裁的条件

国际商事仲裁申请的提出须具备一定的条件。对此,各有关仲裁立法和仲裁规则大都作了较为明确的规定。总体来看,需要具备的条件包括:(1) 当事人须初步证实存在有效的仲裁协议;(2) 当事人须提出明确的商事仲裁的请求;(3) 当事人须陈述相应的事实和理由;(4)当事人须提供必要的证据和证据来源;(5)该争议属于所提交仲裁委员会的受理范围。

2. 提交的申请的具体要求

当事人申请涉外仲裁时,需遵循一定的要求。如根据2012年《中国国际经济贸易仲裁委员会规则》,当事人申请涉外仲裁,提出仲裁申请时一般包括以下具体要求:

(1)提交的仲裁申请书应包括:

① 申请人和被申请人的名称和住所,包括邮政编码、电话、传真、电子邮件或其他电子通讯方式;

② 申请仲裁所依据的仲裁协议;

③ 案情和争议要点;

④ 申请人的仲裁请求;

⑤ 仲裁请求所依据的事实和理由。

⑥ 申请人或其授权的代理人签章。

(2)提交仲裁申请书时,应当附有申请人请求所依据的证据材料以及其他证明文件。根据"谁主张,谁举证"的原则,申请人提出申请,必须有证据支持。申请书应当附有与仲裁有关的合同、仲裁协议及相关证据。其中证据包括书面证据、实物证据和视听证据等。书面证据和证明文件均应一式5份,如果被诉人一方有两人或两人以上的当事人时,所附材料应多备相应的份数。

(3)按照仲裁委员会的仲裁费用表缴纳仲裁费。仲裁费的计算是按争议金额的大小采取百分比递减的方法计算的。

(二)仲裁的受理

仲裁的申请与受理是紧密联系的,申请是受理的前提,受理是申请的进一步发展。通常只要当事人提出仲裁申请,仲裁程序旋即启动,但是实质性的仲裁程序——审理程序,则通常在仲裁申请被受理后才能开始。仲裁的受理指的是有关仲裁机构接到申请人提交的仲裁申请书以后,经审查认为符合申请商事仲裁的条件,然后决定对其立案审理的程序。① 仲裁机构在决定受理当事人提出的仲裁申请后,通常会依照其仲裁规则的规定及时通知全体当事人,并开始准备进入下一步的仲裁程序。

(三)仲裁答辩与反请求

仲裁答辩是指商事仲裁案件中的被诉方当事人,为了维护自己的权益,对申诉方当事人在商事仲裁申请书中提出的商事仲裁请求和该项请求所依据的事实及理由,进行答复和辩解。仲裁答辩是商事仲裁中被诉方当事人的一项十分重要的程序

---

① 一般来讲,在决定是否受理仲裁申请时,需对仲裁协议进行实质性审查,对仲裁申请书进行形式审查,并审查当事人提交的争议事项是否属于仲裁受案范围以及有无超过时效。

性权利,也是国际商事仲裁制度所公认的正当程序之一,符合仲裁应遵循公正原则的要求。从国际商事仲裁的相关规定来看,都允许被诉方当事人在仲裁庭开庭审理商事争议案件之前的一定期限内以书面形式进行答辩,也允许被诉方当事人在仲裁庭对案件进行开庭审理时以书面形式或口头形式进行答辩。一般而言,如果被诉方当事人不按期答辩,即可推定其自愿放弃进行答辩的权利,不影响仲裁程序的继续进行。

仲裁反请求是指在仲裁程序进行中,被诉方当事人为维护自己的权益,针对申诉方当事人提出的、与申诉方当事人的商事仲裁请求有直接联系的、独立的商事仲裁请求。反请求存在的基础是申诉方当事人和被诉方当事人之间联系的非单一性以及权利的交叉和重叠。反请求具有以下特点:

(1) 反请求对象和主体的特定性。反请求只能由被诉方当事人针对申诉方当事人提出,即申诉方当事人和被诉方当事人在商事仲裁中的地位对换。

(2) 反请求具有相对独立性。反请求虽然以商事仲裁请求的存在为前提,没有请求就没有反请求,但是反请求具有商事仲裁请求的所有要素,被诉方应当按提出商事仲裁申请的方式和程序向仲裁机构或仲裁庭提出。并且反请求一经受理,不因申诉方当事人撤回了商事仲裁申请而终结,也不因申诉方当事人放弃商事仲裁请求而失效。

(3) 反请求目的的对抗性。反请求的目的是针对请求的目的提出的,这种对抗目的是使申诉方当事人的仲裁请求部分或全部失效。

(4) 反请求理由的关联性。反请求是针对原来的商事仲裁请求提出,其关联性显而易见,如果两项请求毫无联系,反请求就不能成立。而且被诉方的反请求也必须符合仲裁的范围和仲裁协议的要求。

仲裁的反请求通常是在被诉方当事人向商事仲裁答辩的过程中提出。由于反请求的提出与商事仲裁申请的提出依据的是同一仲裁协议,因而反请求一般须向同一仲裁机构或仲裁庭提出,并且须在仲裁规则规定的时限内提出。

▶ 二、仲裁庭的组成

仲裁庭是指具体负责某项已交付仲裁的商事争议事项的仲裁审理,并最终作出实质性裁决的组织。在国际商事仲裁中,当事人的最重要的权利之一就是有权指定仲裁员审理提交的商事争议案件。一般来讲,当事人指定仲裁员时,需遵循选定的仲裁机构的仲裁规则。仲裁庭根据组成人数的不同,可以分为独任仲裁庭和多人仲裁庭。在国际商事仲裁实践中,最为常见的仲裁庭为独任仲裁庭和由三名仲裁员组成的合议仲裁庭。如《国际商会仲裁规则》和《中国国际经济贸易仲裁委员会仲裁规则》均规定,应由一名或三名仲裁员组成仲裁庭。独任仲裁庭由一名仲裁员负责案件的审理;三名仲裁员组成仲裁庭时,应指定首席仲裁员,由其负责主持案件的审理。

三、仲裁的审理

国际商事仲裁的审理一般包括开庭、调查事实和收集证据、和解及调解、仲裁裁决等主要步骤。

（一）开庭

仲裁庭审理案件有两种方式：一种是开庭审理，另一种是书面审理。对于本应开庭审理的案件，经双方当事人申请或征得双方当事人同意，也可以不开庭审理，只依据书面文件进行审理并作出裁决。

美国、日本和瑞典的仲裁规则都规定仲裁应以口头方式进行审理，但是美国和日本都同时允许双方当事人可以在仲裁条款中规定，仲裁员可以根据双方当事人的书面证实材料作出裁决，以利仲裁早日结案。其他国家，例如英国与澳大利亚也有类似规定。

（二）调查事实和收集证据

当事人应当就其申请、答辩或反请求所依据的事实提出证据加以证明。仲裁庭认为必要时，可以自行调查事实、收集证据，包括向当事人调查，通知证人到场作证，向专家咨询，指定鉴定人进行鉴定等。

（三）和解及调解

和解是当事人在仲裁庭之外自行协商解决争议，或者是仲裁庭通过说服教育和劝导协商，使当事人双方在互相谅解的基础上解决争议。庭外自行和解的当事人可以请求仲裁庭根据其和解协议的内容作出裁决书结案，也可以申请撤销案件。撤销案件由仲裁委员会主席（仲裁庭组成前）或仲裁庭作出决定。

当事人经仲裁庭调解达成和解的，双方当事人应签订书面和解协议，除当事人另有约定外，仲裁庭根据该和解协议的内容作出裁决书结案。

（四）仲裁裁决

仲裁裁决是指仲裁庭对仲裁当事人提交的争议事项进行审理以后作出的终局裁决，是整个仲裁程序的最后阶段。仲裁庭作出裁决以后，整个仲裁程序即宣告终结。

1. 仲裁裁决的种类

根据不同的标准，可以将仲裁裁决分为以下几种主要类型：

（1）对席裁决和缺席裁决。从仲裁当事人及其代理人是否出席仲裁庭的仲裁审理程序和行使辩论权的角度，可以将仲裁裁决区分为对席裁决和缺席裁决。对席裁决是指仲裁庭在仲裁当事人或其代理人都依法出席了整个庭审程序，行使了辩论权的基础上所作出的裁决；缺席裁决是指仲裁庭在被诉人或反请求中的被请求人及其代理人都没有依法出席庭审程序或没有出席整个庭审程序，没有行使辩论权的情况下所作出的裁决。

（2）中间裁决、部分裁决和终局裁决。以裁决内容和作出裁决的时间和效力为标准,可将裁决区分为中间裁决、部分裁决和终局裁决。中间裁决是指仲裁庭在仲裁程序进行过程中,就某一方面的问题所作出的临时性裁决。中间裁决的范围很广,是暂时性的,不具有终局性。例如仲裁庭的管辖权、商事仲裁中的财产或证据保全、商事仲裁可适用的法律等。部分裁决也称为初步裁决,是对整个争议中的某一个或某几个事实已经查明,且有必要现行作出裁决的,就该部分事实所作出的裁决。部分裁决是终局裁决,一经作出即对双方当事人产生约束力和强制执行力,具有实体性特点,这是其与中间裁决的根本区别之一。终局裁决又称最终裁决,是指仲裁庭在整个案件审理终结之后,就全部提交仲裁的争议事项作出的最后裁决。终局裁决一经作出,除了并不多见的裁决更正、修改或补充外,整个仲裁程序即宣告结束,任何当事人都不得就终局裁决中的实体问题向法院上诉,也不得申请其他机构进行审查或变更。

(3) 合意裁决和非合意裁决。从裁决是否反映了双方当事人的合意的角度,可将裁决分为合意裁决和非合意裁决。合意裁决是指仲裁庭依照双方当事人达成的和解协议所作出的裁决;非合意裁决则是指仲裁庭非依双方当事人达成的和解协议所作出的裁决。

(4) 补充裁决和被补充裁决。以裁决之间的补充与被补充关系为根据,还可将裁决分为补充裁决和被补充裁决。一般情况下,仲裁庭会在案件审结前就当事人交付仲裁的全部争议事项作出裁决,不存在补充裁决问题。但是由于仲裁庭的疏忽,往往会出现漏裁的事项,从而使补充裁决成为必要。许多国家以及国际条约都在相关立法和实践中确立了补充裁决制度,以弥补仲裁中的缺漏,同时也有效防止和减少了仲裁中不必要的司法干预。

2. 作出仲裁裁决的方式

仲裁庭作出裁决的方式主要有五种:(1) 仲裁员独自作出;(2) 仲裁庭依全体一致意见或多数意见作出;(3) 依首席仲裁员的意见作出[①];(4) 依公断人的意见作出[②];(5) 依双方当事人的协议作出。

(五) 国际商事仲裁中的财产保全

财产保全是为保护一方当事人的利益,根据仲裁案件当事人的申请就有关当事人的财产采取临时性的强制措施,以保证将来作出的裁决能够得到执行。所有的国家都承认当事人在仲裁程序进行中可以向法院或仲裁庭、仲裁机构申请财产保全,但财产保全应当具备三个条件:

第一,财产保全必须由仲裁案件的当事人提出申请。如果不提出申请,财产保全不会自动进行,这与诉讼保全不同,在诉讼程序中,除了当事人的申请外,法院考虑到审理案件的需要,也可以依照职权作出诉讼保全的决定。

[①] 仲裁庭未形成全体一致意见,也未形成多数意见,则依首席仲裁员的意见作出裁决。

[②] 若仲裁庭由两名仲裁员组成,就裁决事项未能达成一致意见,由该两名仲裁员推举一名公断人继续审理案件,该公断人即像独任仲裁员一样作出裁决。

第二,申请财产保全必须具备正当理由。

第三,申请人必须提供担保。提供担保的目的在于保全被申请人的合法权益。这项规定是为了保证申请人能够有效承担可能发生的责任并避免保全措施的滥用,不提供担保的,驳回财产保全申请。

第五节　国际商事仲裁裁决的承认和执行

在国际商事仲裁中,仲裁裁决的执行以当事人自觉履行为原则,强制履行为例外。只有在有关当事人拒不履行裁决所确定的义务时,才由对方当事人依法向有关国家的法院提出申请,请求法院协助予以强制执行,这是仲裁裁决强制力的体现,也是法院支持和协助仲裁的重要表现。仲裁裁决的承认与执行一般分为两种情况:内国仲裁裁决的承认与执行和外国仲裁裁决的承认与执行。[①] 实践中对外国仲裁裁决的承认和执行比内国仲裁裁决的承认和执行的条件更为严格。

▶ 一、内国仲裁裁决的承认与执行

内国裁决的承认和执行涉及两个方面:一方面是内国裁决在国内的承认和执行,另一方面是内国裁决在外国境内的承认和执行。

从各国的仲裁立法和司法实践以及相关国际仲裁规则来看,申请承认和执行内国仲裁裁决的程序一般为:首先,由一方当事人向有管辖权的法院提出执行申请。其次法院收到执行申请书后即对裁决进行形式审查。最后,法院经审查认定裁决符合有关法律规定的,即裁定承认其效力,需要执行的,由内国法院依照内国民事诉讼法中规定的程序像执行判决一样予以强制执行。

法院对内国仲裁裁决进行形式审查的内容一般包括仲裁协议是否有效、仲裁员是否具备法定资格、仲裁员的行为是否得当、仲裁庭的组成及仲裁程序是否符合法律或仲裁协议的规定、被申请执行人是否得到了仲裁程序上适当的通知、仲裁裁决事项是否超过了仲裁协议的范围、裁决的形式是否符合法律的要求等。当内国仲裁裁决需要到外国执行时,法院通常还要做公共秩序方面的审查,一般各国都授权有管辖权的法院,或者允许有关当事人直接向与本国存在条约关系或互惠关系的国家的法院提出申请,要求予以强制执行的协助。我国《仲裁法》规定,如果一方当事人申请执行本国涉外仲裁机构作出的已经发生效力的仲裁裁决,若被执行人或其财产不在中华人民共和国境内,他应直接向有管辖权的外国法院申请承认和执行。实践

---

① 区分内国裁决和外国裁决的标准包括两种:地域标准和裁决适用法律的标准。在国际商事仲裁实践中,几乎所有国家都采用地域标准作为确定国际商事仲裁裁决国籍的原则。在执行地国作出的裁决即为内国裁决,在执行地国以外的国家做出的裁决即为外国裁决。

中,中国涉外仲裁裁决主要通过《纽约公约》①在中国境外得以执行。

▶ 二、外国仲裁裁决的承认与执行

外国仲裁裁决的承认与执行不仅涉及当事人及其利害关系人的切身利益,而且关系到各国社会、政治、经济、文化、法律等各个方面,因此,各国都在授权内国法院或其他有权机构承认和执行外国仲裁裁决的同时,又为外国裁决的承认与执行规定了一定的条件和程序。

（一）承认与执行外国仲裁裁决的依据

由于仲裁裁决需经外国法院承认和执行,各国一般都将外国仲裁裁决的承认与执行纳入了国际民商事司法协助的范围。因此承认和执行外国仲裁裁决的依据便基本等同于承认与执行外国法院判决的依据,即有关的国际公约和互惠原则,目前,涉及外国仲裁裁决的承认与执行的国际公约很多,其中具有较大影响的主要有1958年《纽约公约》、1965年《华盛顿公约》、1961年《欧洲公约》、1975年《美洲公约》等。《纽约公约》作为内容专门涉及外国仲裁裁决的承认与执行、是目前拥有最大数目成员国且运作得最为成功的一个国际公约,无疑是各国承认与执行外国仲裁裁决最主要的依据。

（二）承认与执行外国仲裁裁决的条件

承认与执行外国仲裁裁决的条件,是指当事人请求有管辖权的法院承认与执行外国仲裁裁决所应满足的条件。一般具有以下要件：

（1）必须存在有效的仲裁协议；

（2）有关裁决是有关仲裁庭在管辖权范围内作出的裁决；

（3）作出有关裁决所依据的仲裁程序符合有关当事人之间订立的仲裁协议的规定,或在没有仲裁协议的规定时,不违反原裁决国的法律；

（4）有关仲裁程序为被执行人提供了适当的辩护机会；

（5）请求承认与执行的仲裁裁决应该是确定的裁决；

（6）有关国家是国际公约的成员国或者相互之间存在互惠关系；

（7）对该外国仲裁裁决的承认和执行不与内国的公共政策相抵触。

（三）承认与执行外国仲裁裁决的程序

根据国际商事仲裁实践中的一般做法,承认与执行外国仲裁裁决的程序是由有关当事人向执行地国家的法院或其他有执行权的机构提出书面申请,由该法院或机构进行审查,确认该外国裁决符合本国国内法所规定的条件以后,发给执行令。最后由执行国法院或有关机构按照执行与内国仲裁裁决同样的方式和程序予以执行。

---

① 《纽约公约》的全称为《承认及执行外国仲裁裁决公约》,是目前世界上关于承认和执行外国仲裁裁决的最主要的公约。

【参考书目】

1. 沈四宝、王军编著:《国际商法》,对外经济贸易大学出版社2010年版。
2. 邓杰:《商事仲裁法》,清华大学出版社2008年版。
3. 曹建明、丁成耀主编:《国际商法引论》,华东理工大学出版社2005年版。
4. 邹建华等编著:《国际商法》,中国金融出版社2006年版。
5. 〔英〕艾伦·雷德芬、马丁·亨特等:《国际商事仲裁法律与实践(第四版)》,林一飞、宋连斌译,北京大学出版社2005年版。
6. 赵秀文:《国际商事仲裁法原理与案例教程》,法律出版2010年版。
7. 周黎明:《国际商法》,浙江大学出版社2008年版。

【思考题】

一、名词解释

1. 国际商事仲裁
2. 仲裁答辩
3. 仲裁反请求

二、简答题

1. 国际商事仲裁协议的内容包括哪些?
2. 简述国际商事仲裁机构的分类及其职能。
3. 简述国际商事仲裁的程序。
4. 仲裁裁决的分类有哪些?
5. 简述国际商事仲裁的承认与执行。